Silvia Sarcletti / Elisabeth Zienitzer

Vom Gletscher zum Wein

Weitwandern in der Steiermark: Nord- und Südroute

60 Etappen

ROTHER
BERGVERLAG

ROTHER WANDERFÜHRER

Aargau
Abruzzen
Achensee
Adlerweg
Ahrsteig
Alb Südrand-Weg HW2
Albanien
Albsteig
Algarve
Allgäu 1, 2, 3, 4
Allgäuer Alpen
AlpeAdriaTrail
Altmühltal
Altmühltal-Panoramaweg
Andalusien Süd
Annapurna Treks
Antholz - Gsies
Aostatal

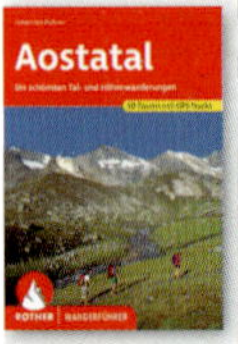

Appenzellerland
Apulien
Ardennen
Arlberg - Paznaun
Arnoweg
Asturien
Augsburg
Außerfern
Australien
Auvergne
Azoren
Baskenland
Bayerische Alpen Trekking
Bayerischer Wald
Berchtesgaden - Lienz
Berchtesgadener Land
Bergisches Land
Berlin
Bern
Berner Oberland Ost
Berner Oberland West
Bodensee Nord, Süd
Bodensee - Rätikon
Böhmerwald
Böhmische Schweiz
Bolivien
Bornholm
Bosnien u. Herzegowina
Bozen - Kaltern
Brandnertal
Bregenzerwald
Bremen - Oldenburg
Brenta
Bretagne
Bulgarien
Burgund
Cevennen
Chalkidiki - Thassos
Champagne - Ardennen
Chiemgau
Chiemsee
Chur - Hinterrhein
Cilento
Cinque Terre
Comer See
Cornwall-Devon
Costa Blanca
Costa Brava
Costa Daurada
Côte d'Azur
Dachstein-Tauern Ost
Dachstein-Tauern West
Dänemark-Jütland
Dalmatien
Dauphiné Ost, West
Davos - Prättigau
Dolomiten 1, 2, 3, 4, 5, 6, 7, 8
Dolomiten-Höhenwege 1-3, 4-7, 8-10
Donausteig
E1 Deutschland Nord
E1 Deutschland Süd
E5 Konstanz - Verona
Ecuador
Eifel
Eifelsteig
El Hierro
Elba
Elbsandsteingebirge
Elsass
Emmental
Ober-, Unterengadin
England Mitte, Nord, Ost, Süd
Fichtelgebirge
Fränkische Schweiz
Fränkischer Gebirgsweg
Frankfurt
Franziskusweg
Freiburg
Friaul-Julisch Venetien
Fuerteventura
Galicien
Gardaseeberge
Garhwal - Ladakh
Garmisch - Brixen
Gasteinertal
Genfer See
Georgien
Gesäuse
Glarnerland
Glockner-Region
Goldsteig
La Gomera
Gotthardweg
Gran Canaria
Grazer Hausberge
Grenzgänger-Weg
Griechenland - Pindosgebirge
Gruyère - Diablerets
GTA
Hamburg
Harz
Haute Route
Hawaii
Hochkönig
Hochschwab
Hohenlohe
Hunsrück
Ibiza
Innsbruck
Irland
Isarwinkel
Island
Israel
Istrien
Italienische Riviera
Jakobsweg - Camino Primitivo
Jakobsweg - Caminho Português
Jakobsweg - Camino del Norte
Französischer Jakobsweg Le Puy - Pyrenäen, Straßburg - Le Puy
Jakobsweg Marburg - Vézelay
Jakobswege Österreich
Jakobswege Schweiz
Spanischer Jakobsweg
Südfranzösischer Jakobsweg - Via Tolosana
Südwestdeutsche Jakobswege
Julische Alpen
Jura, Französischer
Jura, Schweizer
Kärntner Seen
Kalabrien
Kanadische Rocky Mountains
Kapverden Nord
Karawanken
Karnischer Höhenweg
Karwendel
Kaunertal
Kitzbüheler Alpen
Kleinwalsertal
Korfu
Korsika
Korsika - GR 20
Korsika - Mare e Monti
Kraichgau
Kreta
La Palma
La Réunion
Lago Maggiore
Lahnwanderweg
Languedoc-Roussillon
Lanzarote
Lappland
Lechweg
Lesbos - Chios
Limesweg
Lofoten
Lothringen
Lungau
Luxemburg - Saarland
Madeira
Mallorca
Malta - Gozo
Marken - Adriaküste
Marokko
Masuren
Maximiliansweg
Mecklenburgische Seenplatte
Menorca
Meran
Meraner Höhenweg
Mittelsachsen
Mont Blanc
Montafon
Montenegro
Mosel
Moselhöhenweg
Moselsteig
Mühlviertel
München
München - Venedig
Münsterland
Nationalpark Kalkalpen
Neanderlandsteig
Golf von Neapel
Neckarweg
Neuseeland
Neusiedler See
Niedere Tauern Ost
Niederlande
Niederrhein
Nockberge
Nordhessen
Normandie
Norwegen Mitte, Süd, Jotunheimen
Nürnberg
Oberlausitz
Oberpfälzer Wald
Oberschwaben
Odenwald
Odenwald Mehrtagestouren
Öland
Ötscher
Ötztal
Ötztal - Pitztal Trekking
Ossola
Ostfriesland
Ostseeküste
Ost-Steiermark
Osttirol Nord, Süd

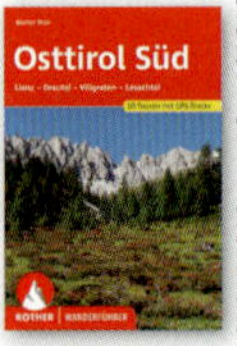

Patagonien
Peaks of the Balkans
Peloponnes
Peru
Pfälzer Weinsteig
Pfälzerwald
Pfaffenwinkel
Picardie
Picos de Europa
Piemont Nord, Süd
Pinzgau
Pitztal
Portugal Nord
Provence
Pyrenäen 1, 2, 3, 4
Pyrenäen - GR 11

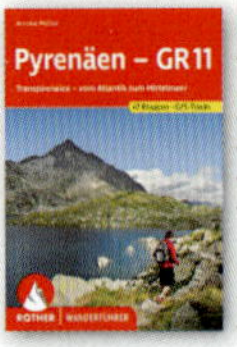

Regensburg
Rhein-Neckar
Rheinhessen
Rheinsteig
Rhodos
Rhön
Riesengebirge
Rom - Latium
Rota Vicentina
Route de Ländle
Rügen
Ruhrgebiet
Rumänien - Ostkarpaten
Rumänien - Südkarpaten
Saar-Hunsrück-Steig
Salzalpensteig
Salzburg
Salzburg - Triest
Salzkammergut Ost, West
Sardinien
Sauerland
Savoyen
Schaffhausen
Schottland
Schwabenkinder-Wege Oberschwaben, Schweiz - Liechtenstein, Vorarlberg
Schwäbische Alb Ost
Schwäbische Alb West
Schwarzwald Fernwanderwege
Schwarzwald Mehrtagestouren Mitte/Nord, Süd/Mitte
Schwarzwald Nord, Süd
Schweden Mitte, Süd
Seealpen
Seefeld - Leutasch
Sentiero della Pace
Sierra de Gredos
Sierra de Guadarrama
Sizilien
Spessart
Steigerwald
Steirisches Weinland
Sterzing
Stubai - Wipptal
Trekking im Stubai
Stuttgart
Südafrika West
Südniedersachsen
Surselva
Sylt, Amrum, Föhr
Tannheimer Tal
Tasmanien
Hohe Tatra
Niedere Tatra
Tauern-Höhenweg
Hohe Tauern Nord
Tauferer Ahrntal
Taunus
Tegernsee - Sterzing
Tegernseer und Schlierseer Berge
Teneriffa
Tessin
Teutoburger Wald
Thüringen Mitte/Nord
Thüringer Wald
Tiroler Höhenweg
Toskana Nord, Süd
Türkische Riviera
Uckermark
Umbrien
Ungarn West
USA Südwesten
Usedom
Vanoise
Veltlin
Vía de la Plata
Via Francigena
Via Gebennensis
Vierwaldstättersee
Vinschgau
Vizentiner Alpen
Vogelsberg
Vogesen
Vogesen Mehrtagestouren
Vogesen-Durchquerung
Vogtland
Vom Gletscher zum Wein
Trekking in Vorarlberg
Wachau
Waldviertel
Wales
Oberwallis
Unterwallis
Walliser Alpen
Weinviertel
Welterbesteig Wachau
Weserbergland
West Highland Way
Westerwald
Wien
Wien - Lago Maggiore
Wiener Alpenbogen
Wiener Hausberge Nord, Süd
Wilder Kaiser
Zillertal
Trekking im Zillertal
Zürichsee
Zugspitze
Zypern Süd & Nord

Vorwort

Weitwandern ist modern. Aber worin liegt die Faszination des Gehens über längere Etappen mit schwererem Gepäck? Wir wollten es wissen und haben im Jahr 2018 alle 60 Etappen der Nord- und Südroute des Fernwanderwegs »Vom Gletscher zum Wein« erwandert. Über mehrere Tage durchzugehen bedeutet, sich nur noch auf wenige Dinge konzentrieren zu müssen: Wandern, Essen, Schlafen.
Auf den 35. Etappen der Nord- und den 25. Etappen der Südroute erlebten wir hautnah den enormen Facettenreichtum der Steiermark. Wir wanderten über Gletscher, Berge, Hügel, Hochplateaus, Scharten, Kämme, Bergrücken, Schotterflächen, Dolinen und Schneefelder, wir durchstreiften Schluchten, Karstlandschaften, Kare, Täler und Wiesenflächen, kamen an Quellen, Bächen, Flüssen und Mooren vorbei, Wälder, Obstflächen, Weingärten, Hopfenplantagen, Ackerflächen, Städte, Dörfer und Streusiedlungen säumten den Weg. Weitwandern ist … oft schön, oft mühsam, oft ist man zufrieden, oft ist man erschöpft, oft mag man nicht mehr, aber meistens ist man einfach nur glücklich, unterwegs zu sein. Wir hatten viele schöne Erlebnisse in der Natur, mit Menschen und mit uns selbst. Fazit: Man geht durch die Steiermark und dabei auch in sich.
An dieser Stelle wollen wir uns für die Zusammenarbeit bei Günther Steininger (Steiermark Tourismus) bedanken, mit dem wir gemeinsam auf die Idee für dieses Buch gekommen sind, und bei vielen seiner Kolleginnen in den Tourismusregionen der Steiermark.
Knittelfeld, Frühsommer 2020 Silvia Sarcletti und Elisabeth Zienitzer
www.weg-es.at

Liebe Elisabeth, liebe Silvia,
schon nach wenigen Etappen ist klar, ihr seid jeden einzelnen Kilometer dieser Tour selbst gegangen.
Ihr habt in diesen Wanderführer so viel Wissen, Erfahrung und Herzblut hineingesteckt, dass er ein unverzichtbarer Teil auf den Wanderungen durch unsere schöne Steiermark ist.
Für mich vereint diese Wanderroute all die Besonderheiten, die die Steiermark ausmachen: imposante Berge, unberührte Naturschutzgebiete, geschichtsträchtige Kulturdenkmäler, heiß sprudelnde Thermen, sanfte Weinberge und regionale Spezialitäten. Und dazu noch die Gastgeber auf den Hütten, in den Buschenschänken und in den Unterkünften, die immer wieder Tipps und Geschichten auf Lager haben.
Ich wünsche allen wunderbare Erlebnisse, Aus- und Einsichten und herzliche Begegnungen.

Euer Erich Neuhold – Geschäftsführer Steiermark Tourismus

Inhaltsverzeichnis

Die Südroute

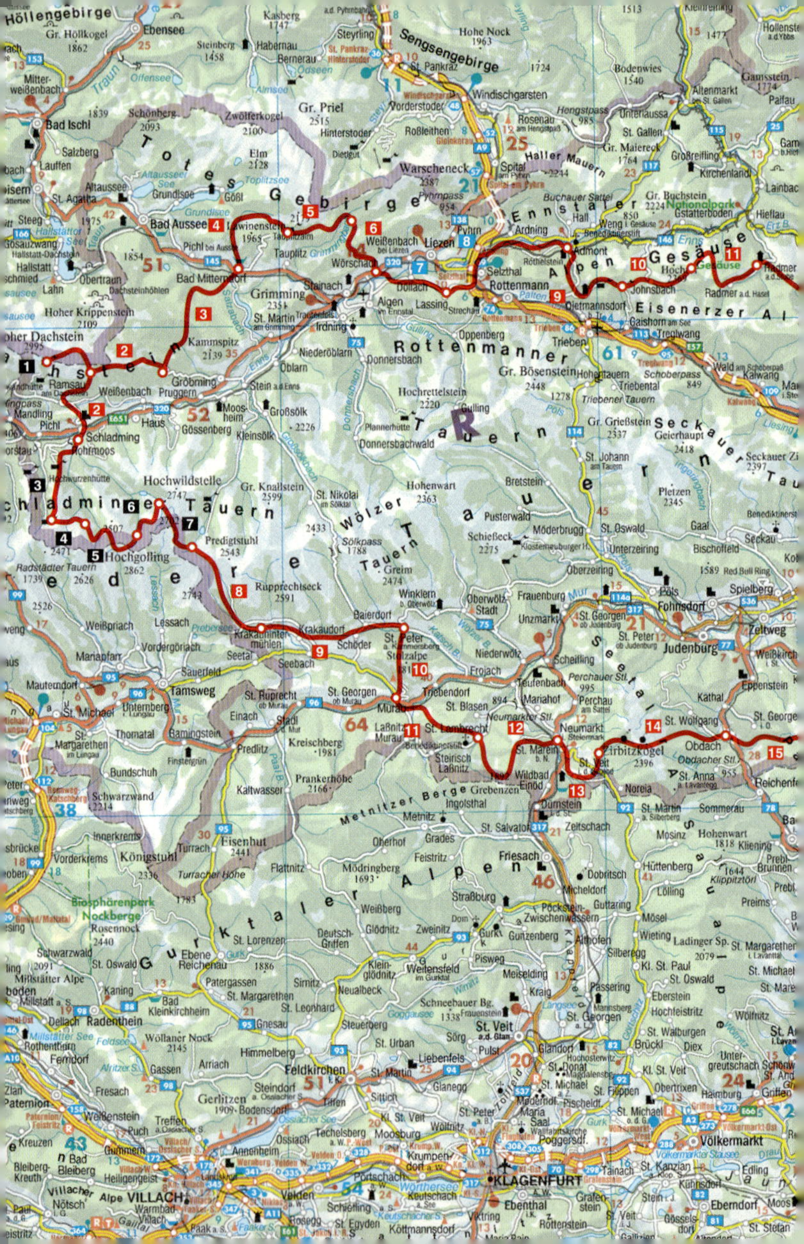

Höllengebirge
Ebensee
Bad Ischl
Totes Gebirge
Bad Aussee
Sengsengebirge
Windischgarsten
Liezen
Ennstaler Alpen
Gesäuse
Admont
Rottenmann
Eisenerzer Alpen
Dachstein
Schladming
Gröbming
Irdning
Rottenmanner Tauern
Seckauer Tauern
Schladminger Tauern
Hochwildstelle
Hochgolling
Wölzer Tauern
Judenburg
Zeltweg
Tamsweg
Murau
Niedere Tauern
Seetaler Alpen
Zirbitzkogel
Neumarkt
Obdach
Metnitzer Berge
Gurktaler Alpen
Nockberge
Radenthein
Feldkirchen
St. Veit a.d. Glan
Villach
Velden
Wörthersee
KLAGENFURT
Völkermarkt
Saualpe
1
2
3
4
5
6
7
8
9
10
11
12
13
14
15

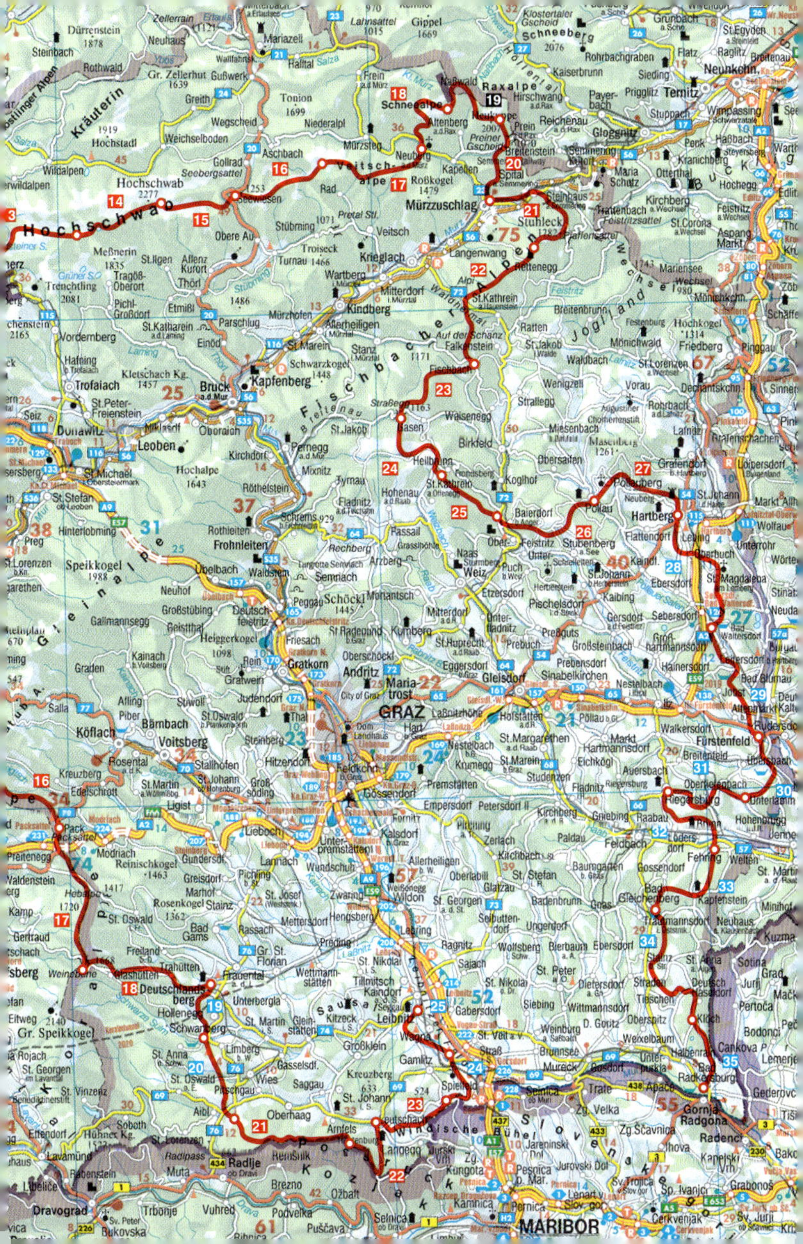

Etappenübersicht Nordroute

		Schwierigkeit	Auf-/Abstieg	Gehzeit
Vom Dachstein ins Ausseerland				
1	Dachsteinseilbahn – Guttenberghaus	S / M	250/800 Hm	3.30 Std.
2	Guttenberghaus – Steinerhaus	M	560/860 Hm	6.00 Std.
3	Steinerhaus – Bad Mitterndorf	M	510/1550 Hm	8.00 Std.
Vom Ausseerland ins Ennstal				
4	Bad Mitterndorf – Tauplitzalm	M	860/40 Hm	5.00 Std.
5	Tauplitzalm – Hochmölbinghütte	M	690/640 Hm	6.00 Std.
6	Hochmölbinghütte – Wörschach	M	210/1240 Hm	4.30 Std.
7	Wörschach – Lassing	L	230/100 Hm	3.30 Std.
8	Lassing – Admont	L	240/380 Hm	6.30 Std.
Durchs Gesäuse nach Eisenerz				
9	Admont – Mödlinger Hütte	M	1260/380 Hm	6.00 Std.
10	Mödlinger Hütte – Heßhütte	M	990/820 Hm	6.00 Std.
11	Heßhütte – Radmer an der Stube	M / S	610/1580 Hm	6.45 Std.
12	Radmer an der Stube – Eisenerz	L	780/770 Hm	7.00 Std.
Über den Hochschwab				
13	Eisenerz – Sonnschienalm	M	1300/510 Hm	8.00 Std.
14	Sonnschienalm – Schiestlhaus	M / S	1020/390 Hm	5.00 Std.
15	Schiestlhaus – Seewiesen	M / S	130/1320 Hm	4.30 Std.
Durch das Mürzer Oberland				
16	Seewiesen – Graf-Meran-Haus (Veitschalpe)	M	1250/390 Hm	7.00 Std.
17	Graf-Meran-Haus (Veitschalpe) – Neuberg a. d. Mürz	M	510/1610 Hm	6.45 Std.
18	Neuberg a. d. Mürz – Schneealpe	M	1350/290 Hm	5.30 Std.
19	Schneealpe – Rax	M / S	920/900 Hm	5.45 Std.
20	Rax – Mürzzuschlag	M	530/1670 Hm	6.15 Std.
Über die Fischbacher Alpen				
21	Mürzzuschlag – Roseggerhaus (Pretulalpe)	M	1410/490 Hm	8.00 Std.
22	Rosegger-Schutzhaus (Pretulalpe) – Fischbach	M / L	450/1040 Hm	6.00 Std.
23	Fischbach – Almgh. Stroßeggwirt	M / L	650/480 Hm	5.00 Std.
24	Almgh. Stroßeggwirt – Brandlucken	M / L	430/470 Hm	4.15 Std.
25	Brandlucken – Anger bei Weiz	M / L	270/920 Hm	4.30 Std.
Durch die Oststeiermark				
26	Anger bei Weiz – Pöllau	M / L	500/550 Hm	5.00 Std.
27	Pöllau – Hartberg	M / L	770/840 Hm	6.00 Std.
28	Hartberg – Bad Waltersdorf	L	300/360 Hm	5.15 Std.
Durch das Thermen- und Vulkanland				
29	Bad Waltersdorf – Fürstenfeld	L	220/240 Hm	5.30 Std.
30	Fürstenfeld – Unterlamm	L	250/240 Hm	4.30 Std.
31	Unterlamm – Riegersburg	L	470/380 Hm	5.15 Std.
32	Riegersburg – Fehring	L	230/330 Hm	4.00 Std.
33	Fehring – Bad Gleichenberg	L	380/330 Hm	4.30 Std.
34	Bad Gleichenberg – Klöch	L	600/620 Hm	6.30 Std.
35	Klöch – Bad Radkersburg	L	50/130 Hm	3.30 Std.

Etappenübersicht Südroute

		Schwierigkeit	Auf-/Abstieg	Gehzeit
Vom Dachstein in die Schladminger Tauern				
1	Dachsteinseilbahn – Guttenberghaus	S / M	250/800 Hm	3.30 Std.
2	Guttenberghaus – Rohrmoos	M	460/1620 Hm	7.15 Std.
3	Rohrmoos – Ignaz-Mattis-Hütte (Giglachseen)	S	1000/730 Hm	6.00 Std.
Über die Schladminger Tauern				
4	Ignaz-Mattis-Hütte (Giglachseen) – Keinprechthütte	S / M	570/680 Hm	4.00 Std.
5	Keinprechthütte – Gollinghütte	S	940/1170 Hm	6.00 Std.
6	Gollinghütte – Preintaler Hütte	S	1020/1010 Hm	6.00 Std.
7	Preintaler Hütte – Putzentalalm	S / M	850/1150 Hm	5.15 Std.
8	Putzentalalm – Krakauhintermühlen	M	880/930 Hm	6.45 Std.
Durch die Holzwelt Murau ins Zirbenland				
9	Krakauhintermühlen – St. Peter am Kammersberg	M	320/800 Hm	6.30 Std.
10	St. Peter am Kammersberg – Murau	M / L	1030/1020 Hm	6.30 Std.
11	Murau – St. Lambrecht	M / L	830/630 Hm	6.00 Std.
12	St. Lambrecht – Neumarkt	M	880/1060 Hm	7.30 Std.
13	Neumarkt – Tonnerhütte	M	930/180 Hm	7.00 Std.
14	Tonnerhütte – Obdach	M	830/1550 Hm	7.00 Std.
Vom Zirbenland ins Weinland				
15	Obdach – Salzstiegelhaus	M	1160/500 Hm	6.30 Std.
16	Salzstiegelhaus – Pack	M / L	410/840 Hm	6.00 Std.
17	Pack – Weinebene	M	990/440 Hm	6.30 Std.
18	Weinebene – Deutschlandsberg	M	240/1540 Hm	7.00 Std.
Vom Schilcherland in die Südsteiermark				
19	Deutschlandsberg – Schwanberg	L	430/370 Hm	3.45 Std.
20	Schwanberg – Eibiswald	L	390/450 Hm	4.00 Std.
21	Eibiswald – Serschenhof (Remschniggalm)	M	910/640 Hm	7.30 Std.
22	Serschenhof (Remschniggalm) – Leutschach	M / L	500/780 Hm	5.30 Std.
23	Leutschach – Ratsch	M	720/720 Hm	6.00 Std.
24	Ratsch – Ehrenhausen	L	420/510 Hm	4.45 Std.
25	Ehrenhausen – Leibnitz	L	310/300 Hm	4.00 Std.

Gemütliche Höhenwanderung auf der Schneealpe (Nordroute, Etappe 18).

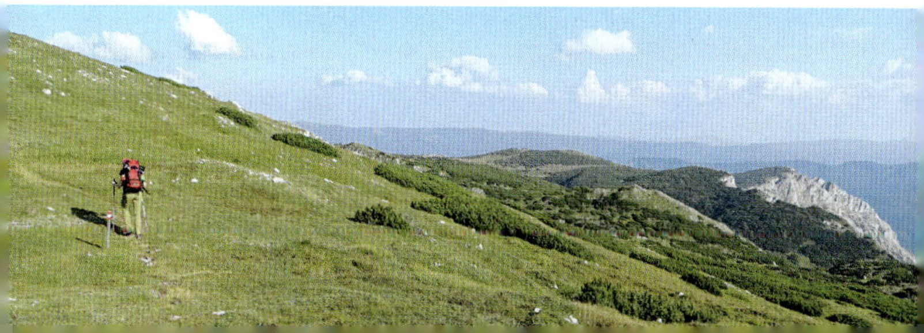

Allgemeine Hinweise

Anforderungen

Die meisten Etappen verlaufen auf deutlich gekennzeichneten Wanderwegen. Einige Wegabschnitte erfordern jedoch eine gute Kondition, Trittsicherheit, Schwindelfreiheit und Orientierungssinn. Beachten Sie, dass sich die Schwierigkeiten bei ungünstiger Witterung erheblich erhöhen können.
Zur besseren Einschätzung der jeweiligen Anforderungen wurden die Etappen mit verschiedenen Farben markiert. Diese erklären sich wie folgt:

Leicht Diese Wege sind meist ausreichend breit und nur mäßig steil, daher auch bei Schlechtwetter relativ gefahrlos zu begehen. Oft verlaufen sie auf Alm-, Forst- und Asphaltstraßen. Diese Wege weisen keine gehtechnisch gefährlichen bzw. ausgesetzten Stellen auf. Auch für Weitwander-Neulinge gut machbar.

Mittel Mittelschwere Wege stellen bereits etwas größere Anforderungen an die Wanderer, sie sind aber unter normalen Bedingungen gut begehbar; diese Kategorie umfasst die größte Bandbreite: steilere Wanderwege im Wald, aber auch in den Weinbergen, steile und steinige Wege und Pfade im alpinen Gelände oder durch Schluchten. Insgesamt ist bei mittelschweren Wegen Trittsicherheit Voraussetzung.

Altschneereste auch im Sommer (Nordroute, Etappe 14).

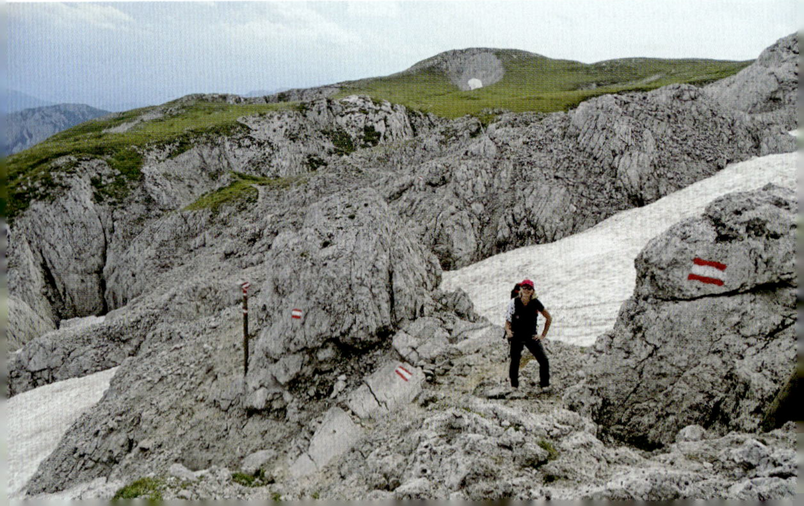

Symbole

	Ort mit Einkehrmöglichkeit		Burg, Schloss, Ruine
	Einkehrmöglichkeit		archäologische Stätte
	Übernachtungsmöglichkeit		Aussichtsturm/-warte
	Schutzhaus, Unterstand		Picknickplatz
P	eingerichteter Parkplatz		Aussichtsplatz
	Fahrt mit Seilbahn		besonderer Baum
†	Gipfel		Quelle
)( )(	Pass, Sattel / Brücke		Bademöglichkeit
	Kirche, Kapelle, Marterl/Bildstock		Wasserfall

Schwierig Schwierige Bergwege sind schmal, oft nur als Steigspur erkennbar, häufig steil angelegt, manchmal ausgesetzt bzw. absturzgefährlich. Es können versicherte Gehpassagen, teilweise auch leichte Kletterpassagen, die nur mit Unterstützung der Hände zu bewältigen sind, vorkommen. Trittsicherheit und Schwindelfreiheit sind unbedingt erforderlich.

Gehzeiten

Die Gehzeiten wurden mit einem Berechnungsschlüssel von Weglänge zu Höhendifferenz berechnet (s. u.) und sind Richtwerte. Mit dieser Zeitangabe ist ein Vergleich der Tourenlängen möglich. Die Gehzeiten sind vom Gelände, der individuellen Kondition, dem Gepäck und den Wetterbedingungen abhängig. Bitte beachten Sie, dass Rast- und Fotopausen hinzugerechnet werden müssen.
Die Gehzeit ergibt sich aus der Wegstrecke und den Höhenmetern im Auf- und Abstieg. In der Regel werden für 300 Hm im Aufstieg, 500 Hm im Abstieg und 4 km in der Ebene jeweils 1 Std. Gehzeit berechnet. Auch die Geländebeschaffenheit wurde bei der Berechnung der Gehzeit berücksichtigt.

Alpine Gefahren

Obwohl das Weitwandern auf markierten Pfaden, Steigen, Wegen und Straßen stattfindet, ist die **Orientierung** ein wichtiger Sicherheitsaspekt. Wer vom Weg abkommt oder falsch abzweigt, kann mitunter in unangenehme Situationen kommen. Wichtig ist, dass man unterwegs immer wissen muss, wo man sich befindet, wobei man sich nicht nur auf digitale Hilfsmittel (GPS-Gerät mit Track) verlassen sollte. Für den vorliegenden Weitwanderweg empfehlen wir, zusätzlich Karten in einem Maßstab von 1:50.000 mitzunehmen. Bei den Etappen wird jeweils angegeben, welche Karten relevant sind. Gutes **Wetter** ist ein bedeutender Faktor für eine sichere Bergwanderung. Im Gebirge herrschen andere »atmosphärische Zustände« als im Tal. Abge-

sehen von Temperatur- und Wetterstürzen (Schnee auch im Sommer) sind Wärmegewitter, Blitzschlag, schlechte Sicht und Regen – ggf. verbunden mit Erdrutschungen – besonders gefährlich.
Bei **Gewitter** sind Gipfel, Grate und ausgesetzte Geländepunkte sofort zu verlassen. Allein stehende Bäume, Drahtseile, Liftstützen und Wasserläufe sind unbedingt zu meiden; Metallgegenstände sollte man in sicherer Entfernung ablegen. Wenn das Gewitter über einem ist: absturzsicheren Platz suchen, Kauerstellung einnehmen und auf isolierende Unterlage (Rucksack) setzen. Möglichst eine kleine Bodenfläche berühren (Füße eng geschlossen halten).
Besonders zu Beginn der Wandersaison ist in höheren Regionen mit **Schneefeldern** zu rechnen. Gerade wenn der Schnee hart ist und sich die Schneefelder im steilen Gelände befinden, sind sie eine ernstzunehmende Gefahrenquelle. In diesem Fall empfehlen wir die Verwendung einer einfachen Form von Steigeisen (Grödel), um solche Schneefelder zu queren.
Ein weiterer Punkt alpiner Gefahren sind **Bäche**, da sich der Wasserstand – auch im Tagesverlauf – rasch ändern kann. Vor allem nach Gewittern können harmlose Rinnsale zu reißenden Wildbächen werden. Brücken über Wildbäche können oft unstabil bzw. durch die Witterung beschädigt sein.
Zum Abschluss machen wir noch auf **Steinschlag** aufmerksam. Im hochalpinen Gelände ist man häufig auf lockereren Steinen oder auf Geröll unterwegs. Wichtig ist, selbst keine Steine loszutreten, um dadurch andere Wanderer nicht in Gefahr zu bringen. Zudem ist darauf zu achten, dass nach Gewittern vermehrt mit Steinschlag zu rechnen ist.

Euronotruf 112: Österreich und EU-Raum

Mobiltelefone erlauben EU-weit (und in vielen anderen Ländern) das Absetzen eines Notrufs über die Notrufnummer 112. Dies funktioniert mit jedem Netzbetreiber kostenfrei (auch bei Roaming). Wenn Sie in Not geraten und

GPS-Tracks und Koordinaten der Ausgangspunkte

Zu diesem Wanderführer stehen auf www.rother.de GPS-Tracks und Koordinaten der Ausgangspunkte zum kostenlosen Download bereit.
2. Auflage, Passwort: **455002sgw**
Sämtliche GPS-Daten wurden von den Autorinnen im Gelände erfasst. Verlag und Autorinnen haben die Tracks und Wegpunkte nach bestem Wissen und Gewissen überprüft. Dennoch können wir Fehler oder Abweichungen nicht ausschließen, außerdem können sich die Gegebenheiten vor Ort zwischenzeitlich verändert haben. GPS-Daten sind zwar eine hervorragende Planungs- und Navigationshilfe, erfordern aber nach wie vor sorgfältige Vorbereitung, eigene Orientierungsfähigkeit sowie Sachverstand in der Beurteilung der jeweiligen (Gelände-)Situation. Man sollte sich für die Orientierung auch niemals ausschließlich auf GPS-Gerät und -Daten verlassen.

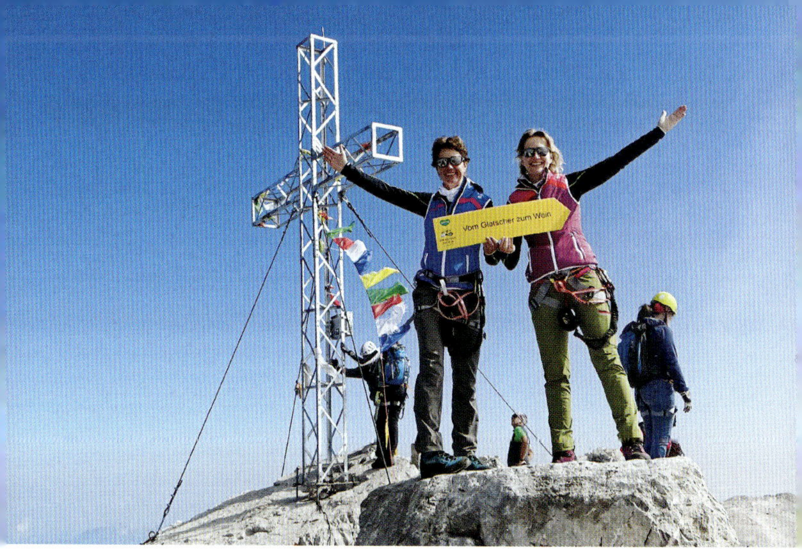

Die Autorinnen auf dem Gipfel des Hohen Dachstein.

über Ihren eigenen Mobilfunkanbieter keinen Empfang haben, schalten Sie das Telefon aus und wieder an. Anstelle der PIN-Zahl geben Sie dann die Euronotrufnummer 112 ein. Diese Nummer wählt sich in ein anderes verfügbares Netz (wenn vorhanden) ein und setzt den Notruf bei der nächstgelegenen Polizeidienststelle ab. Bedenken Sie: Wenn gar kein Netz vorhanden ist, können Sie keinen Notruf absetzen! Machen Sie sich schon vor der Abreise mit den Notruffunktionen Ihres Smartphones vertraut bzw. informieren Sie sich auch über spezielle Notruf-Apps, die eine schnelle Ortung ermöglichen.

Alpines Notsignal

Wer in Bergnot gerät, nicht mehr weiterkann und keine Möglichkeit hat, über Mobiltelefon Hilfe zu rufen, sollte eine Minute lang alle 10 Sekunden ein sichtbares oder hörbares Zeichen geben (Rufen, Licht …), dann 1 Minute Pause machen und die Signale wiederholen. Wer ein solches Notsignal erkennt, sollte umgehend über 140 oder 112 die Rettungskräfte über das Zeichen informieren und eine möglichst genaue Beschreibung der Örtlichkeit geben. Üblicherweise antworten Retter auf das alpine Notsignal mit dem »Antwortsignal«: ein Zeichen (Licht, Rufen …) alle 20 Sekunden über 1 Minute, 1 Minute Pause, Signale wiederholen. Dies signalisiert »Hilfe ist auf dem Weg«. Bitte stoppen Sie das alpine Notsignal nicht, wenn Sie die Antwort sehen, bleiben Sie sicht- und hörbar, damit die Retter Sie auch finden! (Quelle: www.bergrettung.at)

Die Etappen-Highlights »Vom Gletscher zum Wein«

Über keinen Stock, nur Stein

Das Gebiet »Am Stein« ist eine bizarre Karstlandschaft. Der Weg verläuft über den nackten Karst, der lediglich von Schneefeldern, Polstervegetation und Alpenanemonen unterbrochen wird, ab und zu begegnet man Schafherden. Eine atemberaubende Landschaft, die Trittsicherheit und gutes Wetter voraussetzt (Nordroute, Etappe 1 und 2, Südroute Etappe 1).

Mit jedem Schritt wird es ruhiger

Von der Tauplitzalm über den Steirer- und Schwarzsee mit gemütlichen Almhütten führt der Weg in eine ruhige und harmonische Landschaft. Weich geformte Berge, große Feuchtflächen mit zahlreichen Blumen und Gräsern, der Grimmingbach und der Blick zurück auf das Dachsteinmassiv sind beeindruckend (Nordroute, Etappe 5).

Stadt, See, Berg

Von der historischen Bergbaustadt Eisenerz geht es, vorbei am smaragdgrünen Wasser des Leopoldsteinersees, durch eine attraktive Kulisse von schroffen Kalkwänden und Almflächen auf den Hochschwab, der zu den beliebtesten Wanderzielen im Osten Österreichs zählt (Nordroute, Etappe 13 und 14).

Das Wandern ist des Genießers Lust

Mit der Schokoladenmanufaktur Zotter, der Fromagerie, der Vulcano-Schinkenmanufaktur, zahlreichen Buschenschänken und Weingütern durchwandern wir einen kulturellen und kulinarischen Hotspot in der Steiermark. Ein wahrer Genuss sind auch der Besuch und der Ausblick von der Riegersburg (Nordroute, Etappe 31 und 32).

Von der Therme zum Wein

Abwechslungsreich verläuft der Weg von Bad Gleichenberg durch schattige Laubwälder, an Weingärten und hohen Aussichtstürmen vorbei. Dann säumen Sonnenblumen-, Soja-, Hirse-, Kren (Meerrettich)- und Kürbisfelder und Holunder-Plantagen den Weg, bevor diese Etappe in dem bekannten Weinbauort Klöch endet (Nordroute, Etappe 34).

Ein Genuss: Wandern in Weingärten.

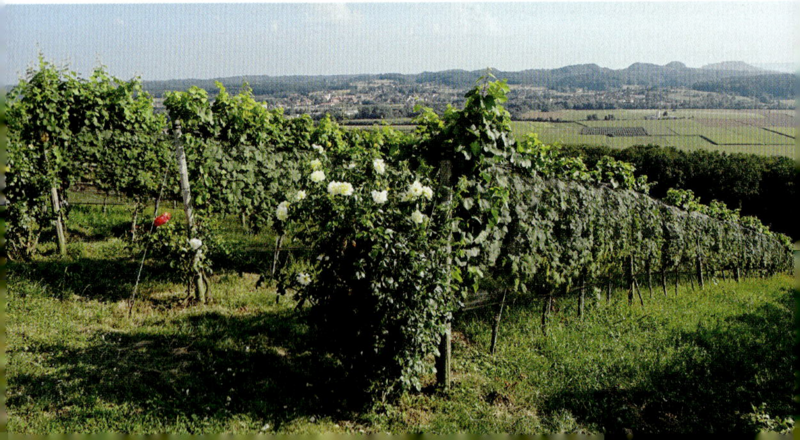

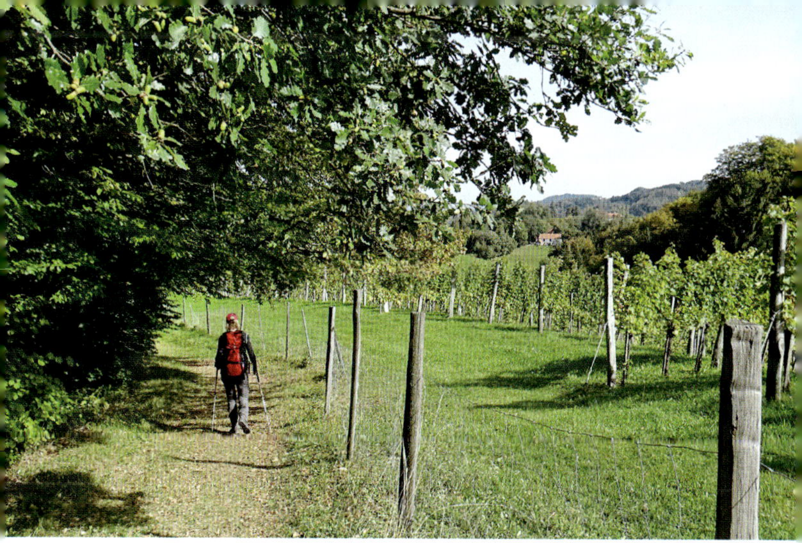

Wandern im »Grünen Herz Österreichs«.

Höhenwanderung par excellence

Mit der attraktiven Höhenwanderung von der Hochwurzen über die Guschen zu den Giglachseen taucht man in die Bergwelt der Schladminger Tauern ein. Einige Passagen sind mit Drahtseil versichert und für geübte Wanderer gut zu bewältigen. Trittsicherheit und Schwindelfreiheit werden vorausgesetzt (Südroute, Etappe 3).

Die letzte hochalpine Etappe

Der Auf- und Abstieg zum Prebertörl verläuft über auffallend breite, weich modellierte Talformen, die mit schönen Almböden, saftig grünen Wiesenmatten, mäandrierenden Bächen und mächtigen Schwemmkegeln beeindrucken (Südroute, Etappe 8).

Zirbe, Zirbitz, Zirbenland

Mit der Überschreitung der Seetaler Alpen kommt man vom Naturpark Zirbitzkogel-Grebenzen über den Zirbitzkogel, 2396 m, in das Zirbenland Steiermark. Bekannt ist auch das Zirbitzkogelschutzhaus, das nur 20 Höhenmeter unterhalb des Gipfels steht (Südroute, Etappe 14).

Eine wohltuende Höhenwanderung

Diese Wanderung verläuft entlang der steirisch-kärntnerischen Grenze über weichgeformte Bergrücken mit geringen Auf- und Abstiegen. Wunderbare Ausblicke, schöne Almflächen und einige Einkehrmöglichkeiten verleihen diesem Gebiet einen besonderen Wohlfühlcharakter (Südroute, Etappe 16).

Es wird der Wein sein

Von Weinberg zu Weinberg im ständigen Auf und Ab ist diese Etappe in der Südsteiermark als »Bergetappe« zu werten. Es ist ein mehrfacher Genuss, durch diese gepflegten Kulturlandschaften mit zahlreichen Weingütern und Buschenschänken zu wandern (Südroute, Etappe 23).

Ausrüstung

»So viel wie nötig, so wenig wie möglich« sollte die Devise beim Rucksackpacken sein. Wählen Sie keinen zu großen Rucksack, da man sonst automatisch mehr in den Rucksack packt. Moderne Funktionsbekleidung und Mikrofaserhandtücher sind leicht und unterwegs gut zu waschen. Viele Kosmetikartikel gibt es als Kleinpackungen, so kann man zusätzliches Gewicht sparen. Packen Sie den Rucksack mit der Waage und sparen Sie bei jedem Gramm, schnell werden daraus ein paar Kilo. Und jedes Kilo weniger zählt! Ein paar Nüsse oder Müsliriegel für unterwegs sind in der Regel ausreichend, bei fast allen Etappen gibt es unterwegs Hütten oder Einkehrmöglichkeiten. Gibt es diese nicht, ist es ratsam, in der Früh ein Lunchpaket mitzunehmen und darauf zu achten, dass der Wasservorrat für den ganzen Tag ausreicht.
Die folgende Auflistung mit kurzen Erläuterungen dient als Checkliste:

- Für die erste Etappe sind bedingungsabhängig leichte Steigeisen bzw. Grödel für die Überquerung von Schneefeldern zu verwenden
- Teleskopstöcke: Bei schwerem Gepäck sind Stöcke zu empfehlen
- Berg-/Wanderschuhe sollten den Anforderungen entsprechen
- Rucksack mit Regenhülle (ca. 40–50 Liter Fassungsvermögen)
- Handschuhe und Kopfbedeckung (Kappe und Haube), auch im Sommer
- Hosen mit abnehmbaren Hosenbeinen sind für alle Wetter- und Wegbedingungen praktisch
- Oberbekleidung: Zwiebelschichtsystem, T-Shirt, Pullover, Jacke mit Kapuze
- Sonnenbrille
- Cremes: sowohl gegen Sonne als auch gegen Wind und Kälte
- Stirnlampe (sollte grundsätzlich immer im Rucksack sein)
- Trinkflaschen; optimal sind zwei Flaschen zu mindestens je ¾ l
- Snack bzw. Jause: Oft reicht ein Müsliriegel und es geht gleich leichter weiter
- Erste-Hilfe-Set mit Blasenpflaster
- Handy plus Akku-Pack: Denken Sie daran, dass es bei Hütten oft schwierig ist, sein Handy aufzuladen
- Karten: Zur Übersicht eine Karte im Maßstab 1:50.000 der jeweiligen Region. Freytag & Berndt bietet flächendeckend für die gesamte Steiermark Wander-, Rad- und Freizeitkarten an (siehe auch S. 21 »Karten«)
- GPS-Gerät: Alle Touren in diesem Buch können als GPS-Track heruntergeladen werden

Zusätzliche Ausrüstung bei Hüttennächtigungen:

- Hüttenschlafsack
- Hüttenschuhe
- Mitgliedsausweis von alpinen Vereinen

Tipps für die Notfallausrüstung beim Wandern:

- Pflastersortiment
- Wundkompressen
- Verbandpäckchen DIN mittel

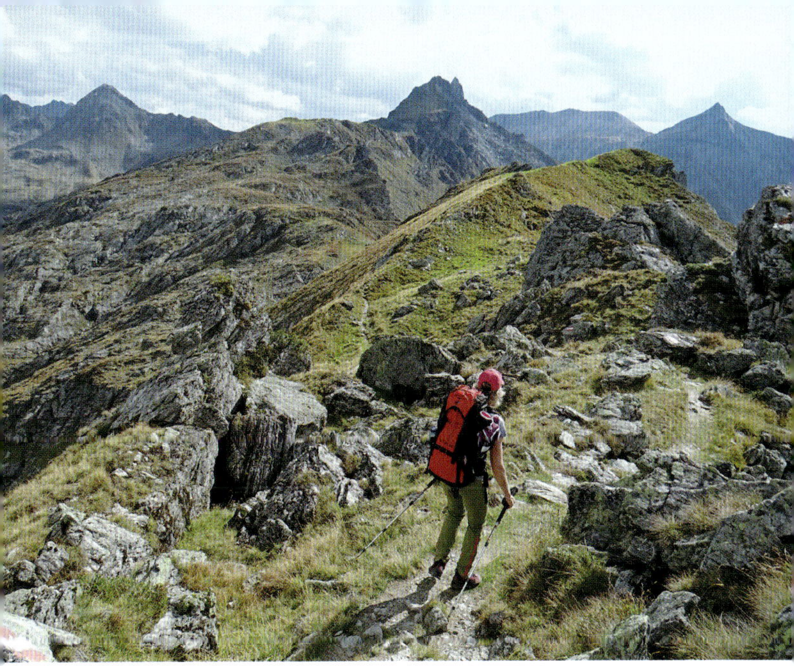

Höhenwanderung in den Schladminger Tauern (Südroute, Etappe 3).

- Erste-Hilfe-Handschuhe
- Lederfingerling zum Schutz eines Fingerverbandes
- Splitterpinzette (auch für Zecken wichtig)
- Wundreinigungstuch
- Rettungsdecke silber-gold
- Verbandklebestreifen
- Kleiderschere kniegebogen
- Universal-Binde
- Spezial-Druckverbandpäckchen
- Stoff-Dreiecktuch
- Beatmungstuch
- Klammerpflaster – Wundnahtstreifen
- Blasenpflasterset
- Tampon
- Sicherheitsnadeln
- Biwaksack / Ultraleicht-Biwaksack
- Medikamente für den eigenen Gebrauch

Umgang mit Weidevieh

Viele Wege führen auch über Weideflächen, auf denen Kühe, Ochsen, Pferde und Schafe weiden. Von Natur aus ist Weidevieh neugierig, jedoch nicht aggressiv. Für ein konfliktfreies Miteinander auf Almen und Weiden gilt es ein paar Regeln zu beachten, speziell wenn man mit Hunden unterwegs ist. Die wichtigsten sind: Verlassen Sie die Wanderwege und -pfade nicht und respektieren Sie Zäune und Absperrungen. Tore sind stets wieder gut zu schließen. Gehen Sie zügig, aber ruhig und in sicherem Abstand an den Tieren – insbesondere an Mutterkühen mit Kälbern – vorbei und versuchen Sie nicht, diese zu füttern. Nehmen Sie Ihren Hund an die kurze Leine. Weitere Informationen finden Sie auf www.sichere-almen.at.

Tourenplanung

Grundsätzlich ist Weitwandern eine Ausdauersportart mit hohem gesundheitlichen Wert. Die körperliche Beanspruchung kann von mäßiger Belastung von Kreislauf und Muskeln bis hin zur Maximalbelastung in anspruchsvollem und steilem Gelände variieren.

Nicht jeder hat die zeitlichen oder körperlichen Voraussetzungen, um den ganzen Weg vom Gletscher zum Wein durchzugehen. Wer nur einzelne Abschnitte wandern möchte, kann sich anhand der Einstufung in leicht, mittelschwer und schwierig die zu den eigenen Wünschen und Voraussetzungen passenden Etappen zusammenstellen.

Zur Übersicht listen wir hier die Etappen auf, die Bergerfahrung und Kenntnisse im alpinen Gelände voraussetzen. Rasche Wetterumschwünge, Gewitter, Nebel oder Schneefall (auch im Sommer) können den Weg deutlich erschweren.

Nordroute: Über das Dachsteinplateau (Etappen 1 und 2) sind bedingungsabhängig leichte Steigeisen bzw. Grödel zu empfehlen. Die Strecken im Gesäuse (Etappe 11) und am Hochschwab (Etappen 14 und 15) benötigen zwar keine zusätzlichen Hilfsmittel, sind jedoch als schwere Bergetappen zu betrachten. Der schwierigste Teil des gesamten Weges ist ein Stück der Etappe 19 auf die Rax. Hier ist ein seilversicherter Klettersteig (A/B Bewertung) zu überwinden.

Südroute: Über das Dachsteinplateau (Etappe 1) sind bedingungsabhängig leichte Steigeisen bzw. Grödel zu empfehlen. Der gesamte Abschnitt über die Schladminger Tauern (Etappen 3, 4, 5, 6 und 7) ist erfahrenen Wanderern vorbehalten. Im Frühsommer können bei Übergängen (Scharten) noch Schneereste liegen. Informationen dazu sind im Vorfeld beim Tourismusverband Schladming oder bei den Hüttenwirten einzuholen.

Informieren Sie sich bei der Etappenplanung im hochalpinen Gelände, ob es im Falle nicht vorhersehbarer Gegebenheiten (z. B. Schlechtwettereinbruch) die Möglichkeit gibt, die Wanderung zu verkürzen oder alternativ abzusteigen. Hüttenwirte und Tourismusverbände können diesbezüglich Auskunft geben.

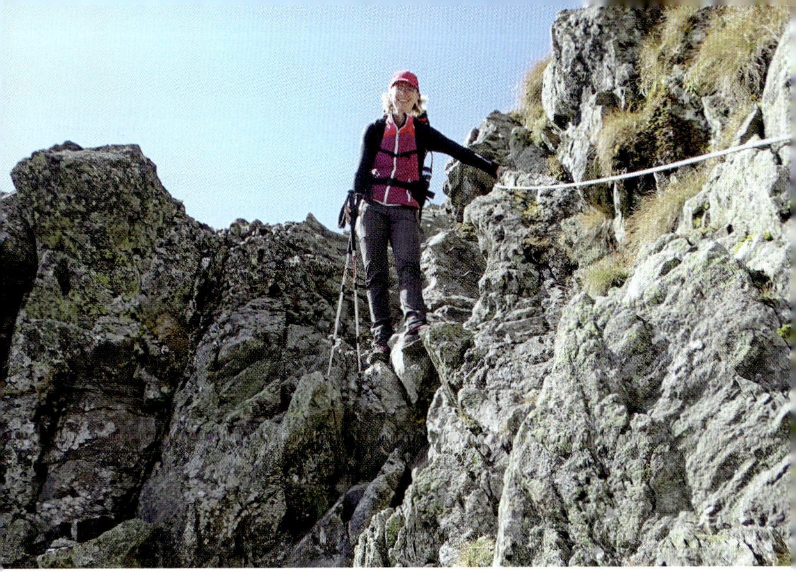

Schwierige Wege sind sehr gut gesichert (Südroute, Etappe 6).

Erreichen Sie aus irgendeinem Grund die reservierte Hütte spät oder gar nicht, informieren Sie unbedingt den Hüttenwirt!

Höhenangaben

Alle Höhenangaben wurden den Freytag & Berndt-Wanderkarten entnommen, auch wenn sie teilweise von ortsüblichen Höhenangaben abweichen.

Übernachtungsmöglichkeiten

Die Palette reicht von urigen Berghütten, gemütlichen Berg- bzw. Almgasthöfen über Frühstückspensionen und Gasthöfe bis hin zu exklusiven Hotels. Die Etappen sind so konzipiert, dass das Verhältnis von Wegstrecke und Nächtigungsmöglichkeit möglichst stimmig ist. Daher empfehlen wir, sich an die vorgegebenen Start- und Endpunkte zu halten. Viele längere Etappen können aber auch durch eine Zwischenübernachtung auf zwei Tage aufgeteilt werden.

Allgemein ist es wichtig, bei allen Unterkünften rechtzeitig, d. h. möglichst ein paar Tage im Voraus, zu reservieren. Auch der Wunsch nach Halbpension (Frühstück und Abendessen) sollte gleich bei der Reservierung angemeldet werden. Bei Hüttennächtigungen ist ein Hüttenschlafsack Pflicht, der aber auch bei vielen Hütten gekauft werden kann. Hütten verfügen grundsätzlich über Zimmer- und/oder Lagerplätze und gemeinsame sanitäre Ein-

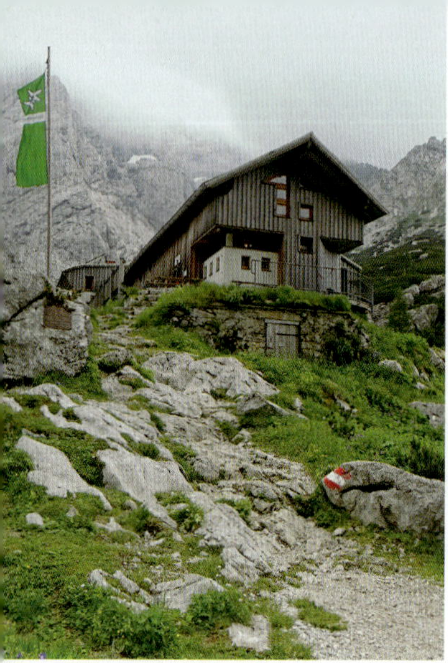

Die Heßhütte (Nordroute, Etappe 10),

richtungen. Fürs Duschen ist meistens extra zu bezahlen.
In Hotels und Gasthöfen besteht mitunter auch die Möglichkeit, einen Wäscheservice in Anspruch zu nehmen. Hier empfiehlt es sich, bereits bei der Reservierung nachzufragen, ob es einen solchen gibt und was er kostet. In der Regel muss man mit ca. 5–8 € pro Person rechnen.

Einkehrmöglichkeiten

Bei jeder Etappe wird darauf hingewiesen, ob und welche Möglichkeiten es gibt. Wenn es während einer Etappe keine Einkehrmöglichkeit gibt, ist es am einfachsten, bei der Unterkunft eine Jause zu kaufen. Je nach Betrieb kann man sich beim Frühstücksbuffet die Jause einpacken oder es werden die Jausenbrote auf Wunsch gerichtet. Die Kosten dafür belaufen sich um 5–10 € pro Person. In kleinen Gemeinden gibt es kaum noch Nahversorger und auch die Anzahl der Gasthäuser sinkt tendenziell. Die Einkaufsmöglichkeiten beschränken sich somit auf größere Ortschaften und Städte.

Halter- und Sennerhütten

Eine Halterhütte ist die Unterkunft des Viehhalters, der über die Sommermonate das Weidevieh hütet. Bei einer Sennerhütte werden zum Unterschied zur Halterhütte die Tiere nicht »nur« betreut, sondern ihre Milch wird direkt zu Butter, Buttermilch oder Käse verarbeitet.

Liebe Leserinnen und Leser,

infolge der Corona-Krise können sich Änderungen ergeben haben, die bei Redaktionsschluss noch nicht absehbar waren. Soweit möglich werden wir aktuelle Hinweise unter www.rother.de (beim Buch) zur Verfügung stellen. Bitte informieren Sie sich vor der Wanderung zusätzlich über die derzeitigen Gegebenheiten.
Sollten Sie geänderte Gegebenheiten vor Ort feststellen, freuen wir uns über Korrekturhinweise per E-Mail an leserzuschrift@rother.de.

Kosten

Eine Nächtigung mit Abendessen und Frühstück kostet in den Berghütten zwischen 35–50 € pro Person. Achten Sie darauf, genug Bargeld mitzunehmen, da in den Hütten fast ausschließlich bar zu zahlen ist. Wenn man von den Bergregionen in Ortschaften oder Tallagen kommt, sind meist Geldautomaten vorhanden.
In Gasthöfen und Pensionen sind für eine Übernachtung mit Halbpension ca. 45–60 € pro Person zu veranschlagen, Hotelübernachtungen kosten ab 60 €. In Gasthöfen und Hotels ist meist Bar- und Kartenzahlung möglich, in Privatpensionen muss man in der Regel bar zahlen.

Wegenetz und Markierungen

Der gesamte Wegverlauf der Wanderroute wird durch das einheitliche Logo kenntlich gemacht. Wie bei vielen Weitwanderwegen üblich, bedient sich die »Vom Gletscher zum Wein«-Route bereits existierender, regionaler und überregionaler Wanderwege mit ihren entsprechenden Markierungen. Achten Sie bei deren Beschilderungen stets auf die Aufkleber mit dem »Vom Gletscher zum Wein«-Logo auf durchsichtigem oder weißem Hintergrund.

VOM GLETSCHER ZUM WEIN
WANDERROUTE

Karten

Folgende Freytag & Berndt-Wanderkarten decken das Wandergebiet ab:
WK 022 – Semmering, Rax, Schneeberg, Schneealpe
WK 041 – Hochschwab, Veitschalpe, Eisenerz, Bruck an der Mur
WK 062 – Gesäuse, Ennstaler Alpen, Schoberpass
WK 082 – Bad Aussee, Totes Gebirge, Bad Mitterndorf, Tauplitz
WK 131 – Grazer Bergland, Schöckl, Almenland-Teichalm, Stubenbergsee
WK 132 – Gleinalpe, Lipizzanerheimat, Leoben, Voitsberg
WK 201 – Schladminger Tauern, Radstadt, Dachstein
WK 211 – Naturpark Zirbitzkogel-Grebenzen, Murau, Sölkpass
WK 212 – Seetaler Alpen, Seckauer Alpen, Judenburg, Knittelfeld
WK 411 – Steirisches Weinland, Südwest-Steiermark
WK 412 – Südoststeirisches Hügelland, Vulkanland, Bad Gleichenberg, Bad Radkersburg
WK 422 – Wechsel, Bucklige Welt, Bernstein
WK 423 – Steirisches Thermenland, Südliches Burgenland, Steirisches Vulkanland

Der Umwelt zuliebe ...

Auch als Wanderer hinterlassen wir einen ökologischen Fußabdruck, aber im Einklang mit der Natur unterwegs zu sein, ist gar nicht so schwer!

VORBEREITUNG UND ANFAHRT

- Sich vorab informieren, worauf in Bezug auf Natur und Umwelt in der jeweiligen Wanderregion besonders zu achten ist.
- Mit Bus und Bahn anreisen, Wander- und Rufbusse nutzen.
- Ist eine Anfahrt mit dem Auto nötig, Fahrgemeinschaften bilden.
- Bei weiten Anfahrten Mehrtagestouren planen oder von einem Quartier vor Ort aus mehrere Touren absolvieren.
- Flugreisen möglichst reduzieren und durch Beiträge zu Klimaschutzprojekten kompensieren.

KLEIDUNG UND AUSRÜSTUNG

- Beim Kauf von Outdoor-Kleidung auf umweltfreundliche und faire Herstellung achten und Kleidungsstücke möglichst viele Jahre nutzen.
- Ausrüstung kann man eventuell auch gebraucht kaufen oder ausleihen.
- Reparieren statt neu kaufen.

VERPFLEGUNG

- Beim Einkauf Bio-Ware, regionale und saisonale Erzeugnisse bevorzugen.
- Hütten und Gasthäuser auswählen, die regionale Produkte verwenden.
- Auf Einwegflaschen und Plastikverpackungen verzichten.
- Wiederverwendbare Brotzeitboxen und Trinkflaschen verwenden.

ÜBERNACHTUNG

- Bei lokalen Anbietern buchen, damit Menschen vor Ort profitieren.
- Auf Hütten und in anderen Unterkünften Strom und Wasser sparen.

UNTERWEGS

- Wege benutzen und Abkürzer vermeiden.
- Sperrungen von Wegen und Schutzgebieten respektieren.
- Wiesen und Felder in der Nutzzeit nur auf Wegen betreten.
- Keine Blumen pflücken und keine Pflanzen entnehmen.
- Waldbrandgefahr beachten.
- Müll wieder mit nach Hause nehmen und dort entsorgen.
- Toilettengänge in freier Natur möglichst vermeiden.
- Lärm vermeiden.
- Hunde an die Leine nehmen.

ROTHER
BERGVERLAG

Anreise

Schladming ist mit Bahn und Bus gut erreichbar. Auskünfte unter: ÖBB (www.oebb.at) oder Verbundlinie Steiermark (www.busbahnbim.at). Vom Bahnhof in Schladming fahren regelmäßig Busse bis zur Talstation der Dachsteinseilbahn. Die Informationen dazu erhält man über den Tourismusverband Ramsau am Dachstein (✆ +43 3687 818338, www.ramsau.com).
Von der Talstation fährt man mit der Gondel hinauf zum Ausgangspunkt der 1. Etappe »Vom Gletscher zum Wein«. Für die Auffahrt wird eine Gondelreservierung über www.derdachstein.at empfohlen.

An- und Abreise zu den Etappen

Zahlreiche Etappen kann man mit öffentlichen Verkehrsmitteln und Taxi erreichen. In bekannteren touristischen Regionen der Steiermark werden auch ortsspezifische touristische Verkehrsmittel angeboten. So haben z. B. Schladming und Ramsau ein gut ausgebautes Tälerbus-System mit fixen Fahrplänen (Auskünfte über die Tourismusverbände Ramsau und Schladming).
Auf den Etappen 23–29 der Nordroute gibt es die Möglichkeit, das Sammeltaxi SAM in Anspruch zu nehmen. Haltepunkte, Betriebszeiten und das Tarifsystem sind folgender Homepage zu entnehmen: https://istmobil.at/istmobil-regionen/sam.

Los geht's! Die Talstation der Dachsteinseilbahn.

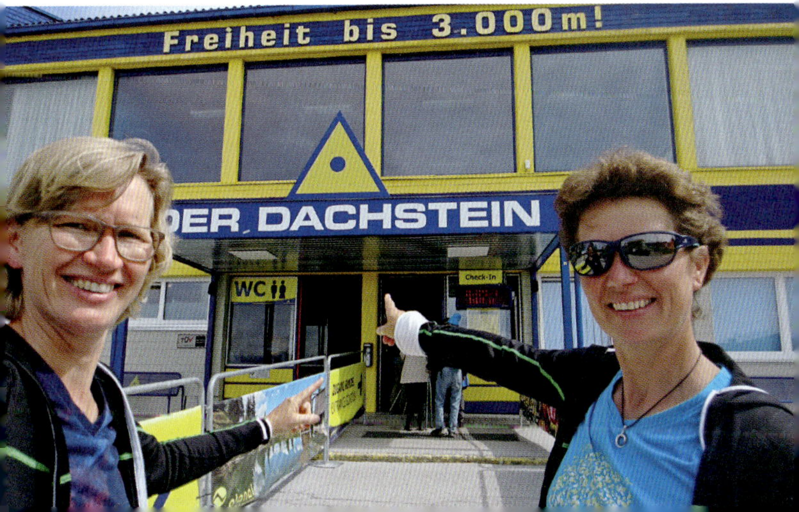

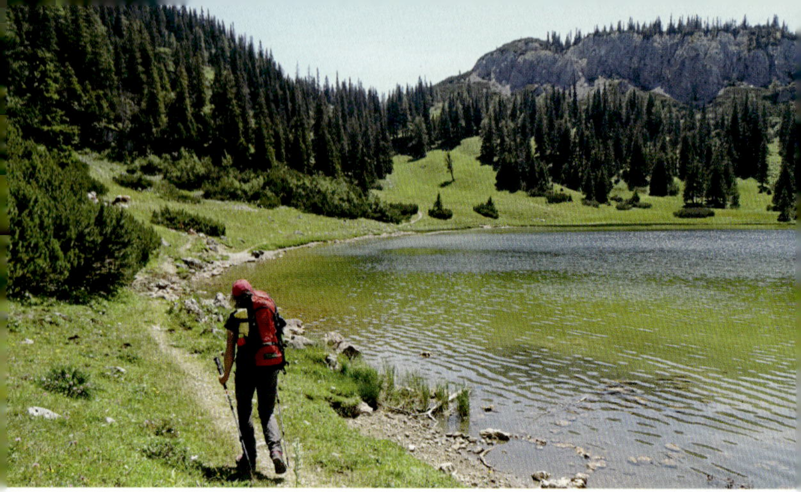

Ein Kleinod am Hochschwabmassiv: der Sackwiesensee (Nordroute, Etappe 14).

In der Südsteiermark (Südroute Etappen 21–24) kann man das WEINmobil in Anspruch nehmen, das einem zu seinem Zimmervermieter, in die Ortszentren, zu den Bahnhöfen und zu den Ausgangspunkten der Wanderungen bringt. Das tarifsichere Taxi ist tgl. 10–23.30 Uhr unterwegs: ✆ +43 123500 4411, www.weinmobil.at.

Vorteilskarten

Die »Steiermark-Card« ist im gesamten Bundesland gültig (www.steiermark-card.net). In der Region Schladming-Dachstein sollte man sich über die Vorteile der Sommercard (www.sommercard.info) bei Bergfahrten mit den Seilbahnen – Dachstein Gletscherbahn (1. Etappe Nord- und Südroute) und Gipfelbahn Hochwurzen (Südroute, 3. Etappe) informieren. Für die Oststeiermark, das Thermen- & Vulkanland sowie die Süd & West Steiermark gibt es die GenussCard (www.genusscard.at). Auch die Unterkünfte und die jeweiligen Tourismusverbände können diesbezüglich Informationen geben.

Tourismusverbände

In der Steiermark gibt es zahlreiche Tourismusverbände. Allein entlang der Nord- und der Südroute sind es mehr als 30 verschiedene Verbände. Wenn man ortspezifische Auskünfte braucht, geben diese regionalen Büros aktuellste Informationen zu Unterkünften, Öffnungszeiten, Ruhetagen, Taxis, Schneesituation und vielem mehr. Aus diesem Grund werden bei jeder Etappe die Eckdaten (Name, Telefonnummer und Homepage) des jeweils zuständigen Verbandes angeführt.

Allgemeine Auskünfte zur Steiermark:

- Steiermark Tourismus / Steirische Tourismus GmbH, St. Peter Hauptstraße 243, 8042 Graz, ✆ +43 316 4003 0, www.steiermark.com.

Viele zusätzliche Informationen zur Wanderroute »Vom Gletscher zum Wein« findet man auf www.steiermark.com/gletscher-wein. Die Steiermark Touren-App, kostenlos erhältlich für Android und iOS, ist ein zusätzlicher und nützlicher Wegweiser für Ihre Touren während Ihres Urlaubs in der Steiermark.

Wetter

Vor jeder Tour ist es wichtig, sich Informationen zur Wetterprognose einzuholen, damit man sich auf die Bedingungen gut einstellen kann. Abgesehen von Online-Diensten sollte man Gebietskenner – auf Berghütten oder in Almgasthäusern – befragen, die oft gute Auskünfte zur regionalen Wettersituation geben können. Grundsätzlich gibt es zahlreiche Wetterdienste, wobei hier speziell auf die Seite der ZAMG verwiesen wird:

- Zentralanstalt für Meteorologie und Geodynamik (ZMAG): www.zamg.ac.at. Persönliche Beratung für die Steiermark (kostenpflichtig): ✆+43 900 566 566 8.

Beste Jahreszeit

Grundsätzlich sind alle Etappen ab Mitte Juni bis Ende September gut machbar, da die Hütten geöffnet und die Wanderwege gut zu begehen sind. Zu beachten sind ggf. Schneefelder im Hochgebirge und die befristete Sperre im Hochschwabgebiet (vgl. S. 26). Auskünfte dazu erhalten Sie von den örtlichen Tourismusverbänden, deren Kontaktdaten bei jeder Etappe zu finden sind.

Besondere Hinweise gelten für folgende Etappen:

Etappen im Hochgebirge: Der Start sowohl der Nord- als auch der Südroute hängt in erster Linie von den Öffnungszeiten der Hütten ab. Das Guttenberghaus (Nächtigung der 1. Etappe beider Wege) öffnet Anfang Juni, wobei die Hütten in den Schladminger Tauern (Südroute, Etappen 3–8) erst Mitte Juni den Betrieb aufnehmen. Aber nicht nur die Öffnungszeiten, sondern auch die Schneesituation in den Schladminger Tauern (Südroute) ist wesentlich. In diesem Fall sollte mit

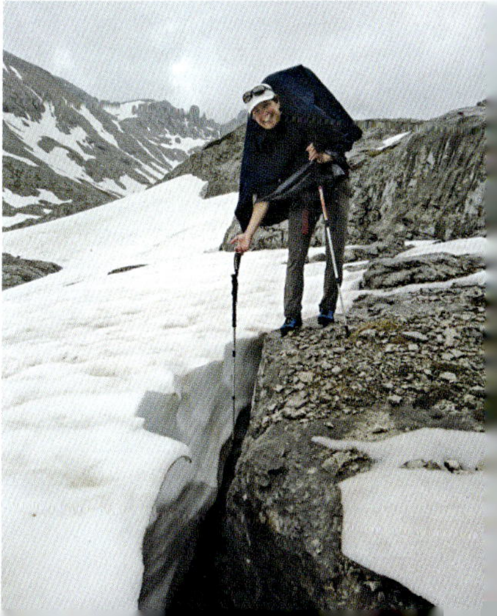

Kluft zwischen Schnee und Fels.

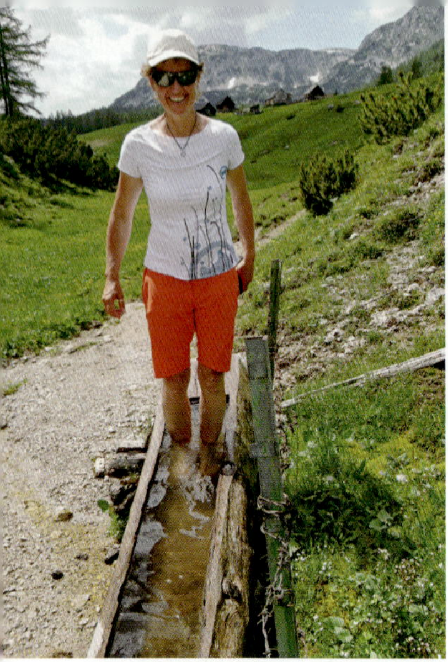

Eine Abkühlung tut gut.

den zuständigen Tourismusverbänden bzw. Bergführern Kontakt aufgenommen werden. Bitte bedenken Sie, dass auch im Sommer im Hochgebirge mit Schnee gerechnet werden muss.

Etappen Hochschwabgebiet: In der Zeit vom 15. September bis 15. Oktober sind die Hütten rund um die Sonnschienalm (Nordroute, Etappen 13 und 14) aus jagd- und forstwirtschaftlichen Gründen gesperrt. Die Alternativroute führt von Eisenerz über den Grünen See und den Gasthof Bodenbauer auf das Schiestlhaus. Eine kurze Beschreibung des Wegverlaufs wird bei Etappe 13 gegeben. Die genaue Wegbeschreibung ist im Wanderführer »BergZeitReise« nachzulesen. Das Buch kann über den Online-Shop der Hochsteiermark bestellt werden: www.hochsteiermark.at.

Südliche Etappen: Die Etappen der Nordroute in Südosten der Steiermark (etwa ab Etappe 29) und die Etappen der Südroute im Südwesten und Süden der Steiermark (etwa ab Etappe 19) sind für Frühsommer oder Herbst zu empfehlen. Im Sommer kann es aber vor allem auf den Asphaltwegen unangenehm heiß werden.

Gerne stehen auch wir als Autorinnen für Auskünfte zur Verfügung, schreiben Sie uns einfach eine Mail unter der Adresse office@weg-es.at.

Notruf

Alpine Notrufnummer 140: In Notfällen in Österreich erreichen Sie über diese Nummer die Bergrettung.

Euronotruf 112: allgemeiner Notruf für Österreich und den EU-Raum.

Speichern Sie am besten beide Notrufnummer in Ihr Handy ein.

Geld

In Gasthöfen und Hotels kann man meist mit Bank- bzw. Kreditkarte bezahlen. Auf den Berghütten und Privatpensionen ist in der Regel jedoch nur Barzahlung möglich, weshalb man stets ausreichend Bargeld dabeihaben sollte. Geldautomaten sind in den meisten kleineren Ortschaften und in den Tallagen vorhanden.

Unterwegs vom Gletscher zum Wein

Die Steiermark – ein Überblick

In der Steiermark mit der Hauptstadt Graz leben ca. 1,2 Mio. Einwohner auf einer Fläche von 16.401 km². Die Steiermark ist in 13 Bezirke untergliedert und grenzt an die Bundesländer Kärnten, Salzburg, Oberösterreich, Niederösterreich und Burgenland sowie an Slowenien. Da die zwei Routen des Fernwanderwegs »Vom Gletscher zum Wein« zwischendurch auch in grenznahen Gebieten verlaufen, lernt man nicht nur die Steiermark, sondern auch ihr landschaftliches Umfeld kennen.

Der Wanderweg »Vom Gletscher zum Wein« bietet sicherlich eine der schönsten Möglichkeiten, die Vielfalt der steirischen Landschaft zu Fuß kennenzulernen. Der komplexe geologische Aufbau und die daraus resultierende Landschaftsgliederung spiegeln sich auch in den unterschiedlichen Etappen wider. Von anspruchsvollen Bergwanderungen über Alm- und Waldwanderungen bis hin zu leichten Touren ist alles dabei. Schon allein die Tatsache, dass der Höhenunterschied zwischen dem höchsten Punkt (Hoher Dachstein, 2995 m) und dem tiefsten Punkt (nahe Bad Radkersburg, 200 m) knapp 2800 m beträgt, weist auf eine abwechslungsreiche Landschaft hin. Auch zahlreiche Flüsse und Seen prägen die Steiermark, wobei die Mur mit 291 km der längste und bedeutendste Fluss der Steiermark ist.

Viele Etappen der Nordroute führen durch die Nördlichen Kalkalpen.

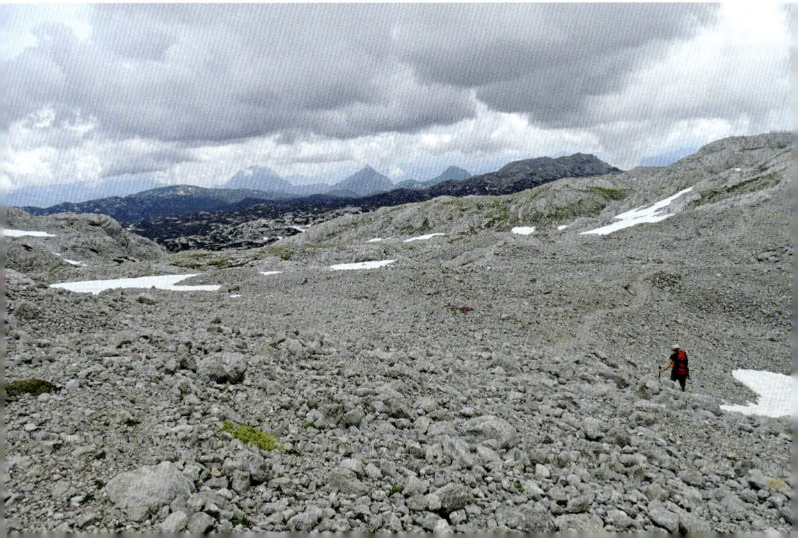

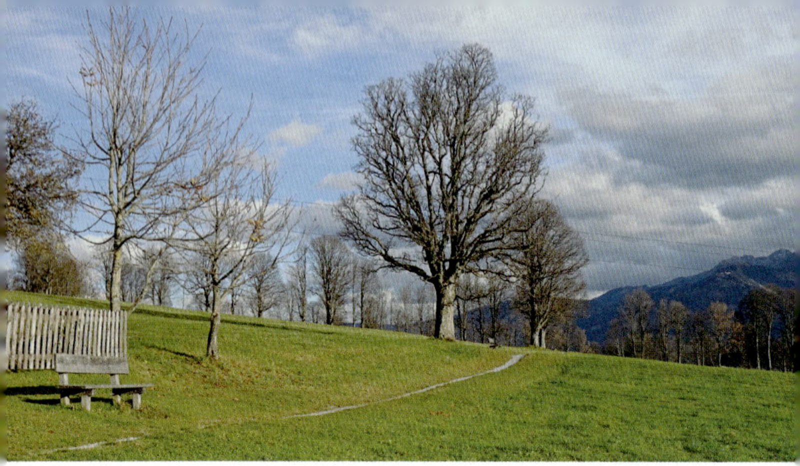

Wohltuende Herbststimmung in der Ramsau (Südroute, Etappe 2).

Die Landschaften der Steiermark

Die Steiermark kann in drei große naturräumlich abgegrenzte Landschaftseinheiten – sozusagen Großlandschaften – gegliedert werden:

Nordalpen: Die nördlichen Landesteile sind Teil der Kalkalpen, die überwiegend aus Kalk und Dolomit bestehen. Erkennungsmerkmale dafür sind verkarstete Hochflächen, mächtige Flanken und Gipfel aus hellgrauem Fels. Die Wanderwege in diesem Gelände sind dementsprechend anspruchsvoll und erfordern Berg- bzw. Wandererfahrung. Da diese Gebiete zudem durch Wasserarmut geprägt sind, sollte man bei Wanderungen stets ausreichend Trinkwasser mitnehmen.

Zwischen den Kalkalpen im Norden und den Zentralalpen schiebt sich der schmale Streifen der Grauwackenzone, die aus sehr unterschiedlichen Gesteinen besteht und von Erzreichtum geprägt ist. So wurden u. a. die Städte Eisenerz (Steirischer Erzberg) und Schladming (silberhaltigen Kupfererze) bedeutend.

Zentralalpen: Der flächenmäßig größte Teil der Steiermark, zu dem die Niederen Tauern und das Steirische Randgebirge gehören, besteht aus Silikatgesteinen (z. B. Glimmerschiefern und Gneise). Charakteristisch für die Schladminger Tauern (Teil der Niederen Tauern) sind zahlreiche Bergseen, Wasserfälle, Täler, Kessel und Kare. Das Steirische Randgebirge hingegen ist durch breite, sanft geformte Bergrücken gekennzeichnet; die durchschnittliche Seehöhe beträgt zwischen 1500 und 2000 m.

Eine Sonderstellung nehmen das Grazer Bergland und die Region um Murau und Neumarkt ein, wo durch den Wechsel von Silikat- und Kalkgesteinen sehr vielfältige Bergregionen entstanden sind.

Vorland: Der außeralpine Anteil der Steiermark wird vorherrschend aus Lockergesteinen wie Sand und Kies aufgebaut. Das landschaftliche Erscheinungsbild ist geprägt von lang gestreckten Hügelzügen, die von Einzelerhebungen und kleinen Bergländern unterbrochen werden. Hier handelt es sich um eine Übergangslandschaft zu den Niederungen der Ungarischen Tiefebene. Die Wanderwege sind hier entsprechend einfach und verlaufen meist auf breiten Wegen bzw. Forst-, Wiesen- und Asphaltstraßen.

Klima

Die Steiermark kann sehr vereinfacht in zwei Klimaregionen unterteilt werden. Im nördlichen Teil herrscht alpines Klima vor, d. h. mit der Zunahme der Seehöhe sinken die Temperaturen, die Niederschlagsmengen und die Windstärken steigen. Das Klima des Alpenvorlandes im südlichen bzw. außeralpinen Bereich wird gekennzeichnet durch mäßig kühle, schneearme Winter und warme Sommer, oft verbunden mit Gewitter und Hagel. In diesem Zusammenhang wird noch auf ein häufig auftretendes Phänomen der Temperaturumkehr (Inversionswetterlage) in den Tal- und Beckenlagen aufmerksam gemacht.

Flora

Insgesamt gibt es in der Steiermark 2000 heimische und eingebürgerte Baum-, Strauch- und Blumenarten. Eine Besonderheit ist dabei der hohe

Wandern durch die waldreiche Steiermark (Nordroute, Etappe 2).

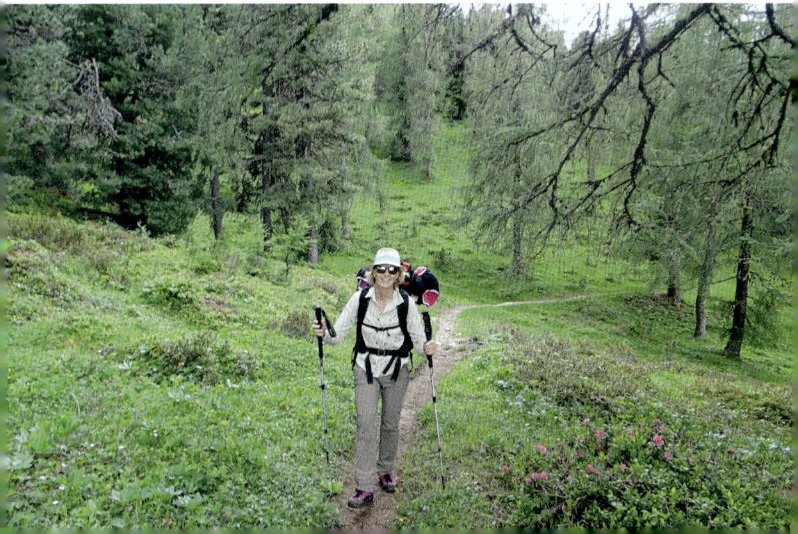

Waldanteil: Ca. 60% der Gesamtfläche des Bundeslandes sind von Wald bedeckt. Verständlich, dass die Steiermark oft als das »Grüne Herz Österreichs« bezeichnet wird.
Der Baum des Hochgebirges ist die Zirbe (Zirbelkiefer, bot. *Pinus cembra*), die sich den rauen klimatischen Bedingungen sehr gut anpassen kann und sogar Fröste von unter –40°C aushält. Zusammen mit Lärchen und Latschen ist sie an der oberen Baumgrenze beheimatet.
Geschlossene Waldflächen sind bis auf eine Seehöhe von 1800 bis 2000 Meter zu finden. Darüber wachsen niedrige Gehölze wie z. B. Latschen und Grünerlen, die mit ihren biegsamen Zweigen dem Schneedruck gut standhalten können. Diese Pflanzen festigen durch ihr Vorkommen lockeres Gestein, wodurch sie als Erosionsschutz dienen und in weiterer Folge Erdrutsche verhindern.
Im Südosten und Süden der Steiermark sind vermehrt Laubwälder beheimatet, die ca. 8 % des gesamten steirischen Waldbestandes bilden.
Grundsätzlich gilt in Österreich laut Forstgesetz, dass der Wald von jedermann zu Erholungszwecken betreten werden darf, wobei das Wissen über grundlegende Verhaltensregeln an dieser Stelle vorausgesetzt werden darf.
Auf dem Weg vom Gletscher zum Wein lernt man auch eine Vielzahl von Farn- und Blütenpflanzen kennen: von seltenen Orchideen bis hin zu häufig vorkommenden Berg- und Wiesenblumen, deren Vorkommen von Faktoren wie Temperatur, Feuchtigkeit und Gesteinsuntergrund abhängen. Sehr häufig sieht man den in der gesamten Steiermark verbreiteten »Almrausch« (Alpenrose, Pflanzenart der Gattung Rhododendron). Die auffallende und teils flächendeckende Pflanze gedeiht an der Waldgrenze und blüht von Juni bis Juli. Besonders interessant ist, dass sich bei der Alpenrose aus einer gemeinsamen Stammform zwei Arten entwickelt haben, nämlich eine für Kalk- und eine für Silikatgestein. Bei genauerer Betrachtung kann man die Unterschiede zwischen der Rostblättrigen Alpenrose (im Silikatgestein der Niederen Tauern, bot. *Rhododendron ferrugineum*) und der Bewimperten Alpenrose (auch Steinrose genannt, bot. *Rhododendron hirsutum*) im Kalk erkennen. Ebenso begegnet man auf vielen Etappen den leuchtend blauen, großen Blütenglocken des Enzians (Stengelloser Kalk-Enzian oder auch Echter Alpenenzian, bot. *Gentiana clusii*), der auch im Silikat- und Kalkgestein zu finden ist.

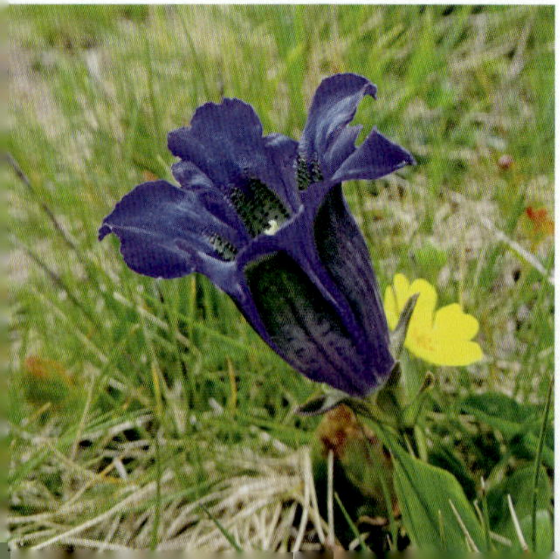

Echter Alpenenzian.

Fauna

Ebenso vielfältig wie die Pflanzen sind die in den verschiedenen klimatischen Regionen der Steiermark lebenden Tiere. Beim Wandern teilen wir uns den Naturraum mit Tieren, von denen wir einen Großteil nie bemerken, da Wildtiere meist scheu sind und den Menschen meiden. Im Hochgebirge trifft man als Wanderer auf das Revier der Murmeltiere, Gämsen, Steinböcke und Schnee- und Birkhühner. Tiere wie Rehwild, Hase, Dachs, Fuchs, Eichhörnchen sind überall zu Hause, wobei man im Herbst auch das urige Röhren der Hirsche durch Wälder und Hochtäler der Bergregionen hören kann.

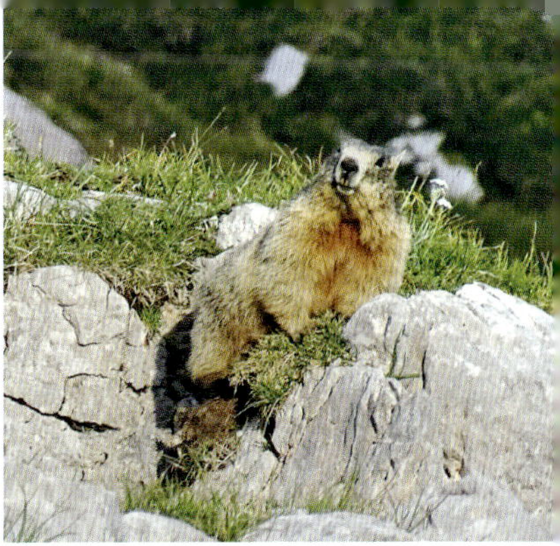

Neugieriges Murmeltier.

In den luftigen Höhen der Bergregionen sind Dohlen, Kolkraben und – mit etwas Glück – auch Adler zu sehen. Im Oststeirischen Hügelland sind die Nester der Weißstörche auffallend, die auf den Schornsteinen der Häuser mitten in den Dörfern zu sehen sind.

Bei welchen Tieren ist Vorsicht geboten?

Bei Wanderungen durch die Steiermark begegnet man zwar immer wieder Wildtieren, wobei man die scheuen Tiere meist nur aus der Ferne beobachten kann. Selten, aber doch, sieht man Schlangen auf den Wanderwegen. Sollte man von einer heimischen Schlange gebissen werden, muss man nicht in Panik geraten. In der Regel sind Schlangenbisse heimischer Tiere nicht lebensbedrohlich. Deutlich wahrscheinlicher als mit Schlangen kommt man mit Zecken in Berührung. Zecken findet man vornehmlich auf Sträuchern, hohen Gräsern, Farnen oder im Unterholz. Führen Wanderungen durch »Zeckengebiete«, sollte man auf jeden Fall nach der Wanderung den gesamten Körper, insbesondere Kör-

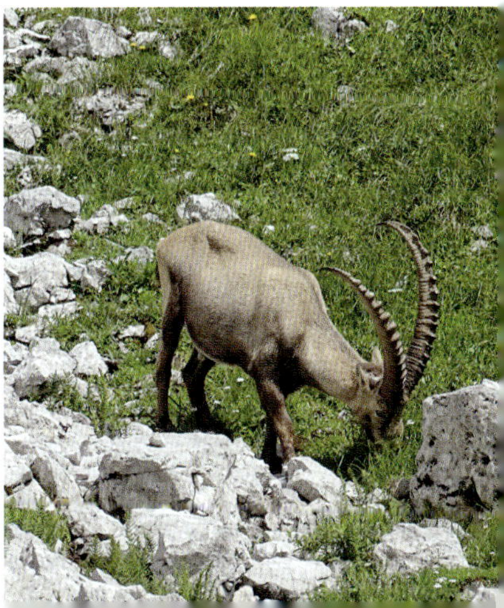

Imposant behörnt, aber friedfertig: ein stattlicher Steinbock.

perfalten, Achselhöhlen und Bauchnabel auf Zecken absuchen. Grundsätzlich ist eine Zeckenschutzimpfung (FSME) empfehlenswert.

Ein Weg – zwei Routen

Der Weg »Vom Gletscher zum Wein« wurde 2015 vom Steiermark Tourismus initiiert und so konzipiert, dass der Weitwanderweg aus einer Nord- und einer Südroute besteht, die sich in Wegstrecke, Dauer und Endziel unterscheiden. Der Streckenverlauf für beide Routen wurde auf bereits bestehenden Wanderwegen geführt, wodurch man abschnittsweise auch auf anderen Wander- und Pilgerwegen unterwegs ist. Durch die Wanderungen vom Gletscher zum Wein lernt man Land und Leute auf eine entschleunigende und wohltuende Art und Weise kennen.

Beide Routen starten auf 2700 m Höhe in der atemberaubenden Gletscherlandschaft. Von hier verläuft die 1. Etappe über die bizarre Karstlandschaft »Am Stein« zum Guttenberghaus, wo sich die Nord- und die Südroute trennen.

Die Nordroute – Natur, Kultur und Genuss

Die 560 km lange Nordroute führt in 35 Etappen und mit 21.180 m im Auf- und 23.660 m im Abstieg bis nach Bad Radkersburg. Die ersten drei Tage sind geprägt vom hochalpinen Charakter des Dachsteinmassivs, das zu den Nördlichen Kalkalpen gehört. Empfehlenswert ist der kurze Abstecher zum Friedenskircherl (2. Etappe), das am Fuße des Stoderzinkens direkt in die Felswand gebaut ist und durch die exponierte Lage einen traumhaften Ausblick über das Ennstal und die sich dahinter aufbauenden Schladminger Tauern bietet. Beim Abstieg nach Bad Mitterndorf sollte man auf der Viehbergalm (3. Etappe) eine kulinarische und zudem regionale Besonderheit ausprobieren, nämlich die Ennstaler Roggenkrapfen mit Steirerkas. Weiter geht es auf die Tauplitzalm, das höchstgelegene Seenhochplateau Europas, und über die eindrucksvolle, mit Holzstegen passierbar gemachte Wörschachklamm (6. Etappe) ins Ennstal. Dem kulturellen Hochgenuss in Admont (8. Etappe) mit dem altehrwürdigen Stift Admont, in dem sich

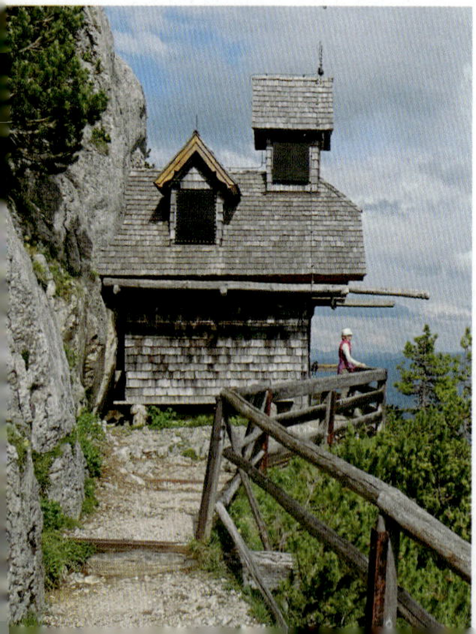

Friedenskircherl am Stoderzinken.

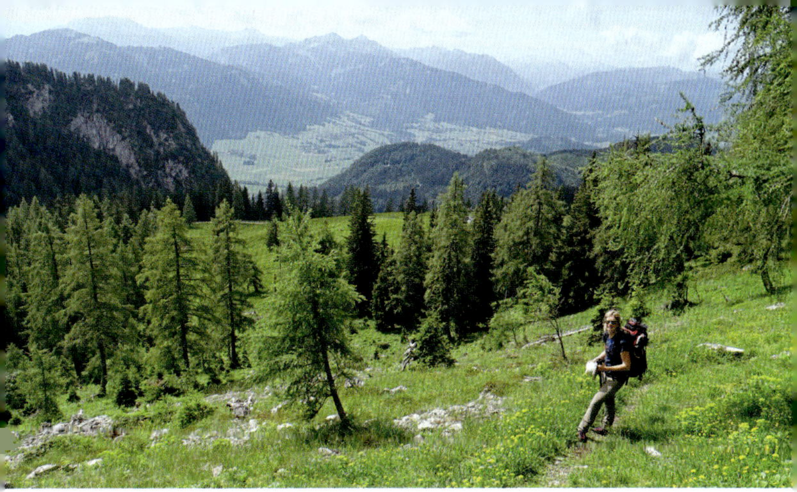

Der Abstieg nach Wörschach führt über Lärchwiesen und Almen (Nordroute, Etappe 6).

die größte Klosterbibliothek der Welt befindet, folgt ein spektakuläres Naturerlebnis in der Bergwelt des Nationalparks Gesäuse. Im Johnsbachtal (10. Etappe) sollte man sich Zeit für den Bergsteigerfriedhof nehmen. Die Etappen 12 und 13 stehen ganz im Zeichen des Bergmannsgrußes »Glück auf«: Mit dem Kupferschaubergwerk in der Radmer und dem Erzberg bei Eisenerz durchwandert man ein bedeutsames Bergbaugebiet Österreichs.

In den folgenden drei Tagen steht der Hochschwab im Mittelpunkt. Das Kalkhochplateau gehört zu den beliebtesten Wandergebieten im Osten Österreichs, was auch auf die vielseitige Flora und Fauna zurückzuführen ist. Der Weg führt hier durch eines der gämsenreichsten Gebiete Europas, und nicht selten bekommt man auch Steinböcke zu sehen.

Von der kleinen Ortschaft Seewiesen (15. Etappe) geht es die nächsten Tage auf teils anspruchsvollen Wegen auf die Kalkmassive der Hohen Veitsch, der Schneealm und der Rax. Dabei gibt es im Naturpark Mürzer Oberland mit seinen weitläufigen Almflächen und gemütlichen Hütten allerlei Naturpark-Spezialitäten zu entdecken. Als kulinarischen Tipp empfehlen wir die Produkte der Bio-Käserei & Sennerei Lurgbauerhütte auf der Schneealm (19. Etappe), an der man direkt vorbeikommt. Kulturelle Akzente setzen das Neuberger Münster und die Glasmanufaktur in Neuberg a. d. Mürz (17. Etappe).

Mit der 20. Etappe verlassen wir endgültig die Nördlichen Kalkalpen, eine der drei großen Landschaftseinheiten der Steiermark, und wandern in Richtung Steirisches Randgebirge (Teil der Zentralalpen). Vorbei an der steirisch-niederösterreichischen Grenze geht es nach Mürzzuschlag, das als Wiege

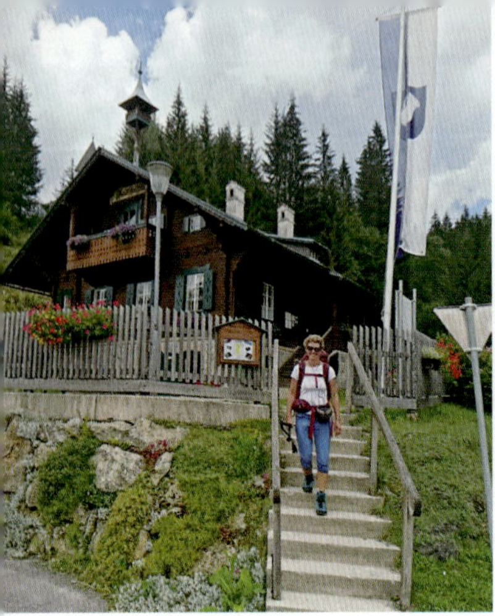

Peter Roseggers Waldschule.

des alpinen Skilaufs gilt und ein sehenswertes Wintersportmuseum hat. Die nächsten Etappen verlaufen über die sanften, waldreichen Mittelgebirgszüge der Fischbacher Alpen und durch die Heimat des berühmten steirischen Dichters und Schriftstellers Peter Rosegger (1843–1918). Die Waldschule und Peter Roseggers Geburtshaus (22. Etappe) geben einen Einblick in das bäuerliche Leben im 19. Jh. und in die Kindheit des bekannten steirischen Waldbauernbuben. Auf den Etappen 23 und 24 im oststeirischen Hügelland gelangt man vom Luftkurort Fischbach in das Gebiet des Naturparks Almenland, wo über den Sommer rund 3000 Ochsen weiden, bevor sie als ALMO (wie Almochse) auf den Tellern der lokalen Wirtshäuser angeboten werden. Mit der 26. Etappe erreichen wir die fruchtbaren Flächen des Apfellandes und des Naturparks Pöllauertal (für die Hirschbirne bekannt) und die bezaubernden Ortschaften Anger bei Weiz und Pöllau. Die Oststeiermark wird wegen ihrer kulinarischen Produktvielfalt auch als der »Garten Österreichs« bezeichnet. Für die rund fünf Millionen Apfelbäume herrschen hier optimale Bedingungen, da die Fischbacher Alpen das Gebiet gegen Norden hin abschirmen und sich dadurch die pannonisch-klimatischen, d. h. warmen und trockenen Einflüsse sehr positiv auswirken können.

Mit dem Abstieg vom 789 m hohen Ringkogel, auf dem die 30 m hohe Ringwarte steht (27. Etappe), erreichen wir endlich den Wein und auch wieder eine Stadt, nämlich Hartberg. Weiter geht es in Richtung Süden, wodurch wir naturräumlich den außeralpinen Anteil der Steiermark, das sogenannte Vorland durchwandern. Touristisch gesehen sind wir hier im Thermen- & Vulkanland unterwegs, wobei man entlang des Weges alle bekannten Thermenorte (Bad Walterdorf, Bad Blumau, Loipersdorf, Bad Gleichenberg, Bad Radkersburg) kennenlernt. Als kultureller und kulinarischer Hotspot der gesamten Steiermark gelten die Riegersburg (31. Etappe) und Umgebung. Die Burg, die auf einem 482 m hohen Basaltfelsen thront, ist von weither sichtbar und gilt als das eindrucksvolle Wahrzeichen der Südoststeiermark. Wir wandern hier im ca. 1400 Hektar großen Weinanbaugebiet der Südoststeiermark, das vorrangig von Klein- und Kleinstweinbauern bewirtschaftet wird, die zahlreiche Qualitätsweine (z. B. der berühmte Klöcher Traminer) produzieren. Am besten – so sagt man – schmeckt der Wein mit einer guten Jause direkt bei einer Buschenschänke, einem Gastronomiebetrieb, in dem die eigenen landwirtschaftlichen Erzeugnisse verkauft werden. Buschenschänken haben erst nachmittags geöffnet und servieren zum Wein ausschließlich kalte Speisen und hausgemachte Mehlspeisen. Den reizvollen Abschluss der Nordroute bildet Bad Radkersburg mit seiner sehenswerten Altstadt, den engen Gässchen, Arkadenhöfen und schönen Wirtshäusern.

Die Südroute – Hochgebirge und Weingärten vom Feinsten

Wer sich für die knapp knapp 385 km lange Südroute nach Leibnitz entscheidet, hat insgesamt 25 Etappen und 17.270 m im Auf- und 20.420 m im Abstieg vor sich. Im Vergleich zur Nordroute sind das zwar rund 175 km und knapp 4000 Höhenmeter im Aufstieg weniger, dafür sind die hochalpinen Etappen in den Schladminger Tauern wandertechnisch umso anspruchsvoller.
Bevor man in die Bergwelt der Schladminger Tauern (Teil der Niederen Tauern) eintaucht und somit naturräumlich die Zentralalpen kennenlernt, ist man rund um Ramsau und Schladming im steirischen Outdoorzentrum unterwegs. Hier findet man alles, was Wandererherzen höherschlagen lässt: ein gut ausgebautes Wanderwegenetz, Wanderbusse, Wanderhotels, zahlreiche Seil-

Klettersteig auf den Gipfel des Dachstein.

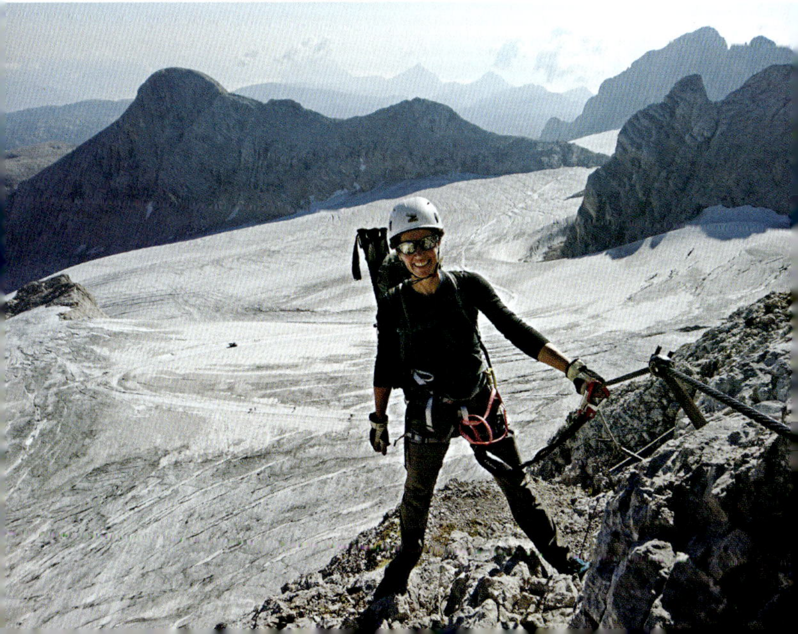

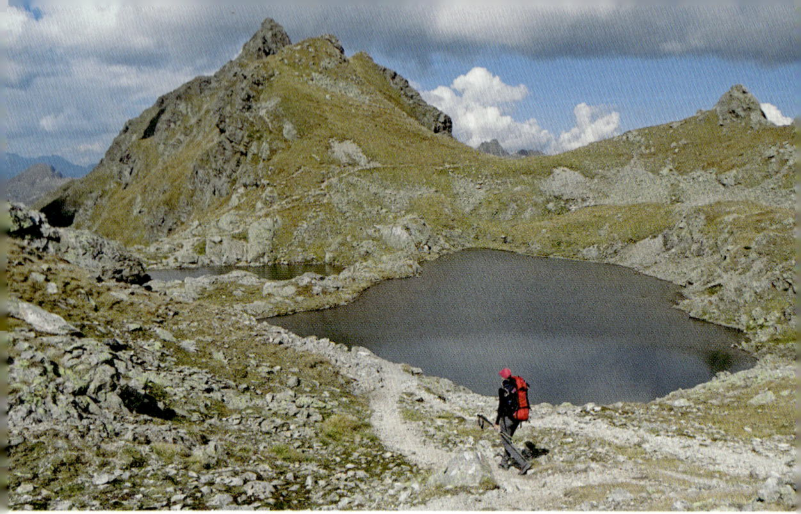

Traumhafte Wanderungen in den Schladminger Tauern (Südroute, Etappe 6).

bahnen als Aufstiegshilfen wie etwa die Hochwurzen Gipfelbahn (3. Etappe) und vieles mehr. Verständlich, dass sich hier unzählige Wanderer tummeln.
Auf den Etappen 3–8 überschreiten wir die Schladminger Tauern und gelangen in das klimatisch begünstigte Kraukautal auf der Südseite der Niederen Tauern. Auf diesen sechs Tagesetappen ist man auf Hüttenübernachtungen angewiesen, wobei es bis auf die Landawirseehütte (5. Etappe) unterwegs keine anderen Nächtigungsmöglichkeiten gibt, d. h. man muss die jeweilige Etappe einhalten oder, wenn es die Situation erfordert, über die Täler absteigen. Wenn man das Glück einer stabilen Wetterlage hat, sind die Schladminger Tauern der Traum eines jeden Wanderers, da die wasserreiche Berglandschaft mit zahlreichen Gipfeln, Graten, Tälern, Kesseln und Karen eine besondere Herausforderung darstellt. Daher erfordern diese Etappen hochalpine Erfahrung und Trittsicherheit. Mit der 7. und 8. Etappe lernen wir den Naturpark Sölktäler und auch die Putzentalalm kennen: Dort wird der Kaiserschmarrn noch auf offenem Feuer zubereitet und das Duschen in einer echten Outdoordusche ist ein wahres Erlebnis.
Über das Prebertörl verlässt man die Ennstaler Seite der Schladminger Tauern, um in die Murauer-Murtaler Urlaubsregion einzutauchen. Vom Bergsteigerdorf Krakau über den Günster Wasserfall, den höchsten der Steiermark, wandern wir entlang von Streusiedlungen, Dörfern und schönen Wäldern zu kulturhistorischen Kleinoden. Eines davon erreichen wir mit der 10. Etappe: die historische Braustadt Murau, wo wir zum Abschluss einer wunderbaren Wanderung ein Glas Murauer Bier empfehlen.

Bei Murau kommen wir auch an den längsten und bedeutendsten Fluss der Steiermark, die Mur. Bereits am nächsten Tag erreichen wir St. Lambrecht mit dem gleichnamigen Benediktinerkloster, das 1076 gegründet wurde und durch den gigantischen barocken Neubau aus dem 17. Jh. beeindruckt. Weiter geht es im Naturpark Zirbitzkogel-Grebenzen über Neumarkt zum höchsten Gipfel der Seetaler Alpen, dem 2396 m hohen Zirbitzkogel. Der Abstieg führt durch wunderschöne Zirbenwälder nach Obdach, das harmonisch in die weichgeformte Passlandschaft eingebettet ist und mit regionalen Zirbenprodukten punktet.
Mit dem Aufstieg auf die Stubalpe (15. Etappe) erreichen wir das Steirische Randgebirge, zu dem auch die Fischbacher Alpen (Nordroute 21.–22. Etappe) gehören. Hier wandern wir durch die Heimat der Lipizzaner, wobei wir die edlen Pferde des Bundesgestüts Piber leider nicht zu Gesicht bekommen, es sei denn, man legt eine Zusatznacht im Salzstiegelhaus (15. Etappe) ein, um zum Alten Almhaus zu wandern, wo etwa fünfzig ein- bis dreijährige Junghengste den Sommer verbringen.
Über sanft geformte Bergrücken, die lediglich von sogenannten Öfen (meterhohen Gesteinsformationen) unterbrochen werden, führt der Weg weiter nach Süden. Mit herrlichen Ausblicken auf das benachbarte Bundesland Kärnten wandern wir über die Pack- und Koralpe, bevor der Abstieg nach Deutschlandsberg (18. Etappe) und damit auch »zum Wein« beginnt, und zwar zum Schilcher, der auch namensgebend für die touristische Region »Schilcherland« ist. Von Anfang September bis Ende Oktober, je nach Zeitpunkt der Weinlese, kommt man hier in den Genuss von »Sturm (Traubenmost) und Kastanien (Maroni)«, wobei der Schilchersturm ein besonders gutes Tröpfchen ist.
Die Etappen bis Eibiswald sind kurz, wodurch genügend Zeit für kulinarische und kulturelle Erkundungen bleibt, bevor wir das südlichste, bis zu 1000 m hohe Gebirge der Steiermark erwandern. Ab Leutschach (23. Etappe) steht die Südroute nun ganz im Zeichen des Weins. Wir wandern im ständigen Auf und Ab von Weingarten zu Weingarten und können diese besondere Kulturlandschaft so richtig genießen. Einen herrlichen Abschluss für die Südroute bildet die Weinhauptstadt des Naturparks Südsteiermark: Leibnitz.

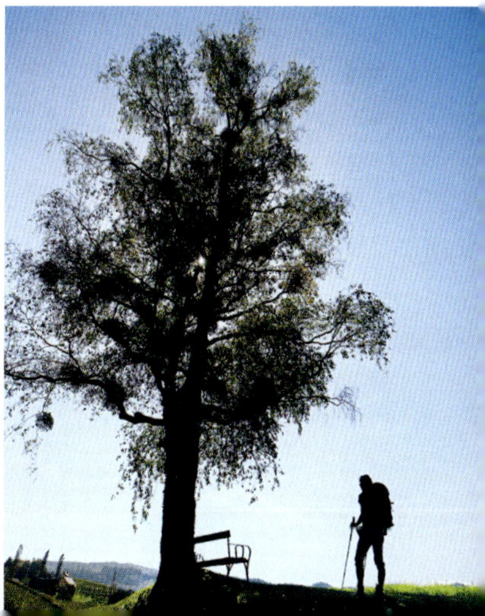

Stimmungsvolles Wandern

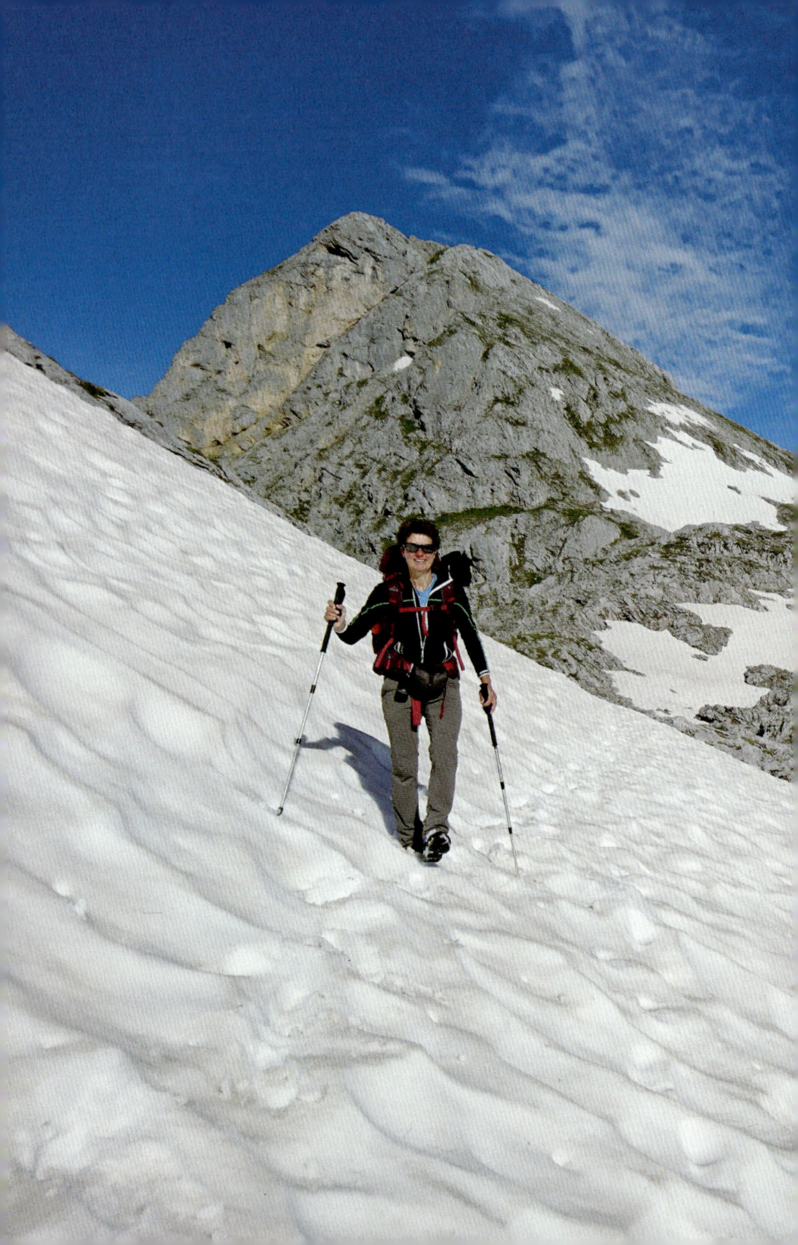

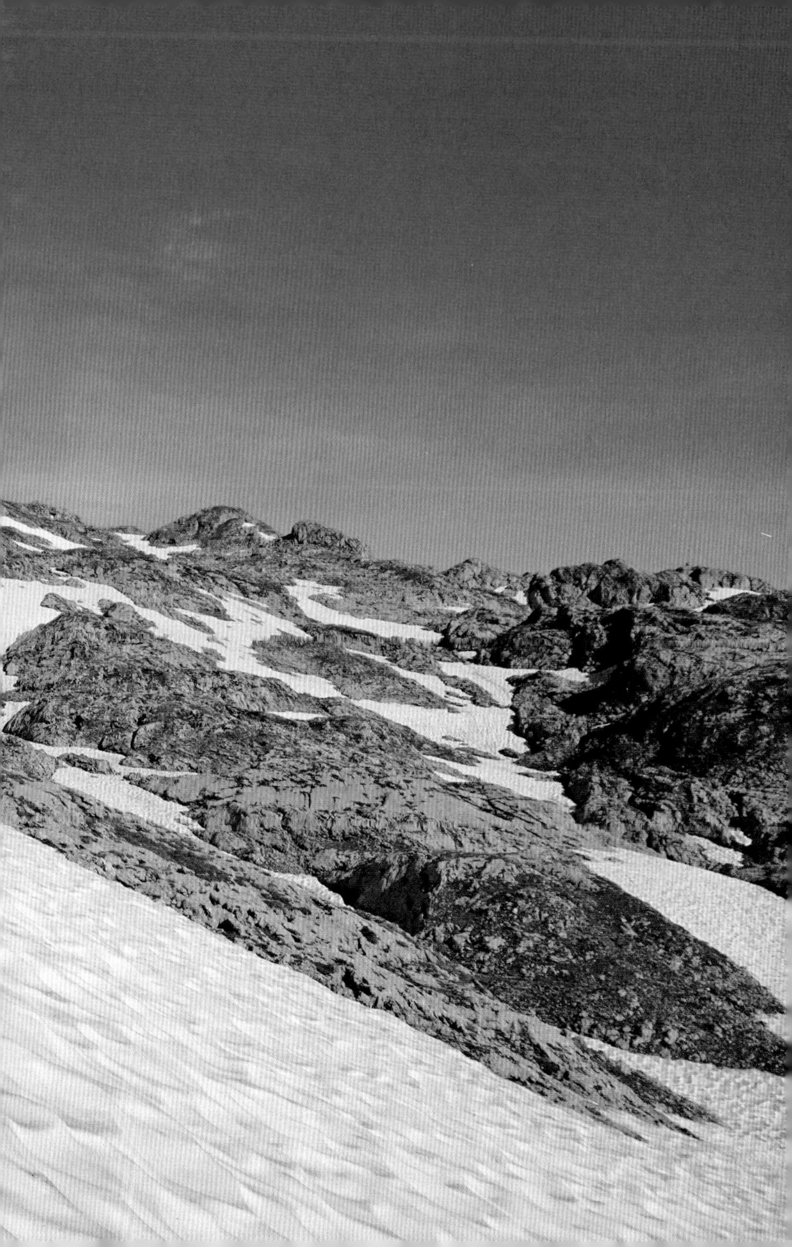

1 Dachsteinseilbahn – Guttenberghaus

3.30 Std.

↑250 ↓800

Der Start – eine hochalpine Wanderung über Eis und Fels

Die erste Etappe ist ein imposanter Einstieg in die Wanderroute »Vom Gletscher zum Wein«. Schon die Auffahrt mit der Dachsteinseilbahn ist ein Erlebnis, da die Gondel über die mächtigen Dachstein-Südwände auf eine Höhe von 2700 m schwebt und man einen ersten Eindruck von der Bergwelt des Dachsteins bekommt. Dabei sollte man auf jeden Fall genügend Zeit für die Dachstein-Hängebrücke, die »Treppe ins Nichts« und den Eispalast einplanen. Wer noch ein i-Tüpfelchen draufsetzen will und über die nötige Klettersteigerfahrung verfügt, kann sogar noch den Hohen Dachstein, 2995 m, besteigen. Bereits kurz nach dem Start verlassen wir auf unserer Wanderroute dann das bunte Treiben rund um die Bergstation und können die Landschaft am Schladminger Gletscher und auf dem ca. 20 km² großen Kalkplateau »Am Stein« richtig genießen. Eine bizarre Karstlandschaft, die lediglich von Schneefeldern, Polstervegetation, Alpenanemonen und Schafherden unterbrochen wird.

Ausgangspunkt: Bergstation der Dachsteinseilbahn, 2700 m.
Streckenlänge: 7,9 km.
Anforderungen: Für diese Etappe ist gutes Wetter Voraussetzung und feste Bergschuhe sind notwendig. Zu beachten ist, dass aufgrund der Gletscherbedingungen die Wegweiser umgesteckt werden können und somit Abweichungen zum GPX-Track möglich sind. Grundsätzlich ein anspruchsvolles Gelände, zuerst auf einem präparierten Weg über den Schladminger Gletscher

Der Start der Wanderroute »Vom Gletscher zum Wein«, im Hintergrund der Hohe Dachstein.

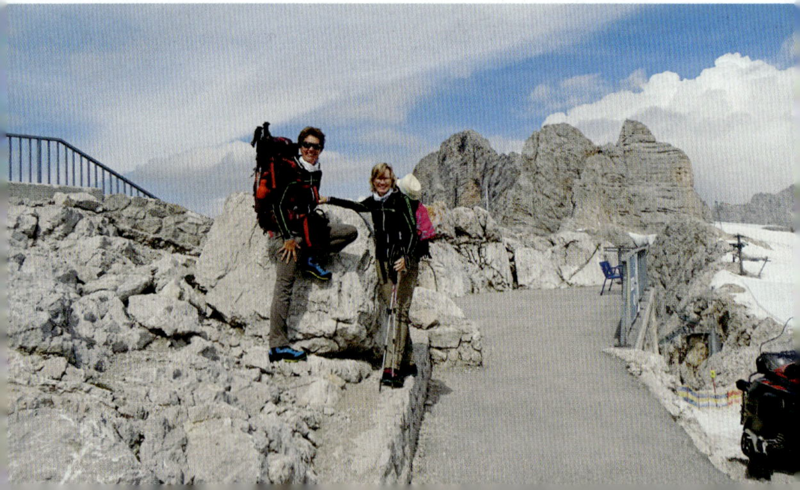

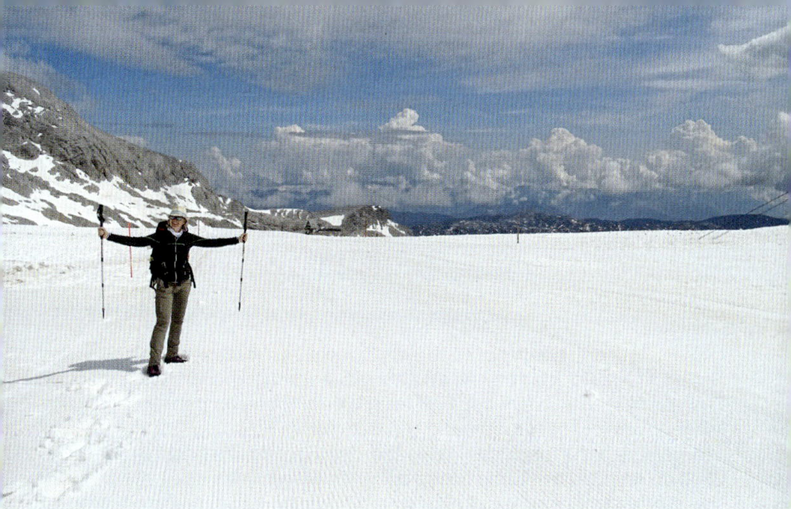

Der Weg über den Schladminger Gletscher ist präpariert und mit Stangen markiert.

und dann Pfade über das steinige Karstplateau. Außerdem sind je nach Jahreszeit Schneefelder zu überqueren. Am Gletscher sind bedingungsabhängig leichte Steigeisen bzw. Grödel zu verwenden. Auch wenn die 1. Etappe eher kurz erscheint, ist es nicht empfehlenswert, die 1. und 2. Etappe zusammenzulegen. Die daraus resultierende Gesamtstrecke und Höhendifferenz ist sehr anspruchsvoll.

Einkehr: Gletscher-Restaurant in der Bergstation der Dachsteinseilbahn, ✆ +43 3687 22042820, www.derdachstein.at.

Unterkunft: Guttenberghaus, Alpenvereinshütte, 21 Betten, 53 Matratzenlager, Hütte: ✆ +43 664 3022 956 und +43 3687 81345, www.guttenberghaus.at; Schlafplatz unbedingt reservieren, Hüttenschlafsack-Pflicht, kostenpflichtige Warmwasser-Dusche, 1. Juni–Anfang Okt. durchgehend.

Verkehrsmittel: Schladming ist mit Bahn und Bus erreichbar. Auskünfte unter: ÖBB, www.oebb.at, oder Verbundlinie Steiermark, www.busbahnbim.at. Vom Bahnhof in Schladming fahren regelmäßig Busse bis zur Talstation der Dachsteinseilbahn.

Information: Tourismusverband Ramsau am Dachstein, ✆ +43 3687 818338, www.ramsau.com, Wetter ✆ +43 3687 22042 555.

Hinweis: Die Gondelreservierung wird über www.derdachstein.at empfohlen. Mit etwas Glück fährt man mit der dachlosen »Cabrio«-Gondel, in der man die Auffahrt so richtig genießen kann.

Karten: Freytag & Berndt-Wanderkarte: WK 201 – Schladminger Tauern, Radstadt, Dachstein.

Von der **Bergstation der Dachsteinseilbahn (1)**, 2700 m, bzw. dem Gletscher-Restaurant führt der Weg bergab in Richtung Eispalast und Hängebrücke. Unmittelbar danach orientieren wir uns an den Wegweisern in Richtung »Guttenberghaus Nr. 674« (gelbe Hinweistafeln mit blauer Aufschrift auf Schneestangen angebracht). Gleich beim ersten Schlepplift zweigt die präparierte Spur rechts unten ab. Nachdem die erste Steilstufe überwunden ist,

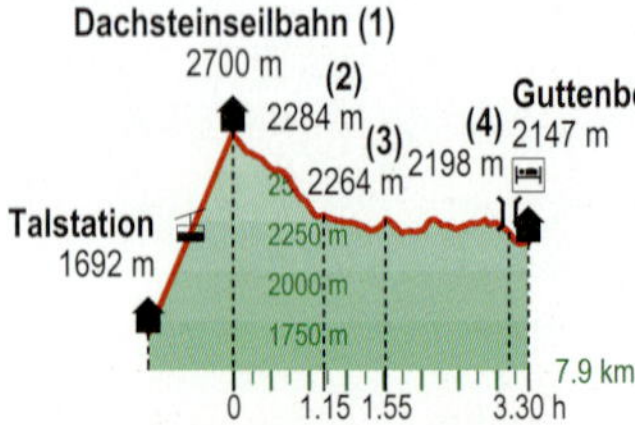

geht es über den Gletscher nach links in Richtung Norden zur Talstation des Schleppliftes. Rechts von uns sind Langlaufloipen präpariert. Wir folgen der Präparierung bzw. den am Fels sichtbaren Markierungen kontinuierlich bergab. Vorsicht beim Übergang von Schnee auf Fels!

Wir gelangen zur nächsten Talstation des Schleppliftes, wo sich auf ca. 2300 m Seehöhe das Ende des gesicherten **Skigebietes (2)**, 2284 m, befindet. Weiter geht es bergab in Richtung Südosten, wobei zahlreiche Markierungen und ein deutlich zu erkennender Weg vorhanden sind. Bei der **Wegkreuzung (3)**, 2264 m, halten wir uns rechts in Richtung »Guttenberghaus«. Die nächsten 4 km verlaufen ständig bergauf und bergab über das verkarstete Hochplateau bis zur **Feistererscharte (4)**, 2198 m. Die letzten Höhenmeter bergab sind stellenweise mit einem Seil versichert. Nach einem kleinen Gegenanstieg erreichen wir das **Guttenberghaus (5)**, 2147 m.

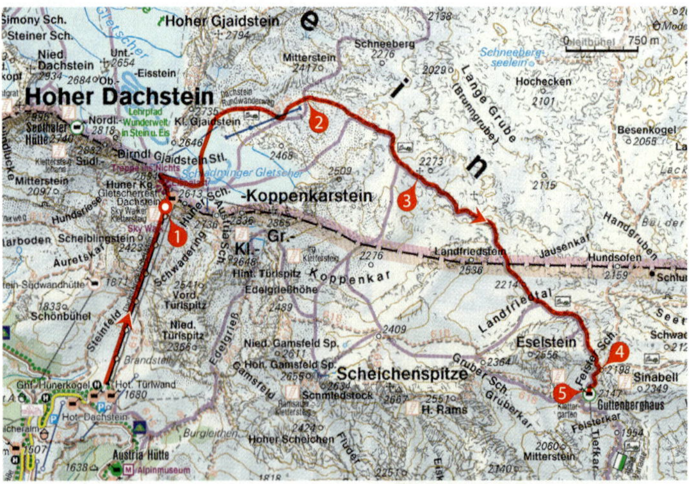

6.00 Std.

↑560 ↓860

Guttenberghaus – Steinerhaus beim Stoderzinken

2

Vom Fels über Almen zum Friedenskircherl, einem Aussichtsbalkon über dem Ennstal

Die heutige Etappe verläuft anfangs durch eine schroffe, nackte Karstlandschaft, die nach und nach in ein Gelände mit weichen Mulden und Hügeln sowie Wiesen- und Latschenflächen übergeht. Der Blick in Richtung Ennstal und zum dahinter aufragenden Alpenhauptkamm im Süden und auf das umliegende Karstplateau »Am Stein« beeindruckt über lange Zeit. Der Wanderweg führt uns über idyllisch gelegene Almen, an intensiv blauen Dolinenseen vorbei und gegen Ende durch Latschen- und Zirbenwälder. Als krönender Abschluss der Etappe ist die Wanderung zum Friedenskircherl und zum Stoderzinken zu sehen. Ein Ort, an dem schon Peter Rosegger verweilte. Zum Gedenken wurde eine Rosegger-Skulptur mit der Inschrift »Was soll ich schreiben, mir fällt nichts ein in diesen Bergen voll Sonnenschein, als schweigen und selig sein.«

Ausgangspunkt: Guttenberghaus, 2147 m.
Streckenlänge: 14,3 km.
Anforderungen: Der erste Teil der Wanderung verläuft noch im anspruchsvollen Gelände, möglicherweise auch über Schneefelder. Die restliche Wegstrecke führt über gut erkennbare und immer einfacher werdende Wanderwege. Besondere Vorsicht ist bei schlechter Sicht geboten. Wenn man vom Weg abkommt, muss man zurückgehen und den Weg wieder suchen.
Einkehr: Unterwegs keine, daher genug Wasser mitnehmen.

Der attraktiv angelegte Wanderweg führt durch die mit Latschen bedeckte Karstlandschaft.

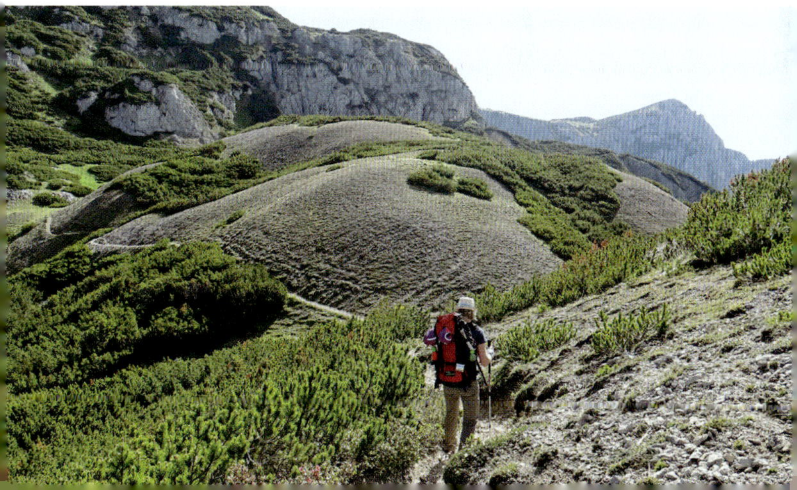

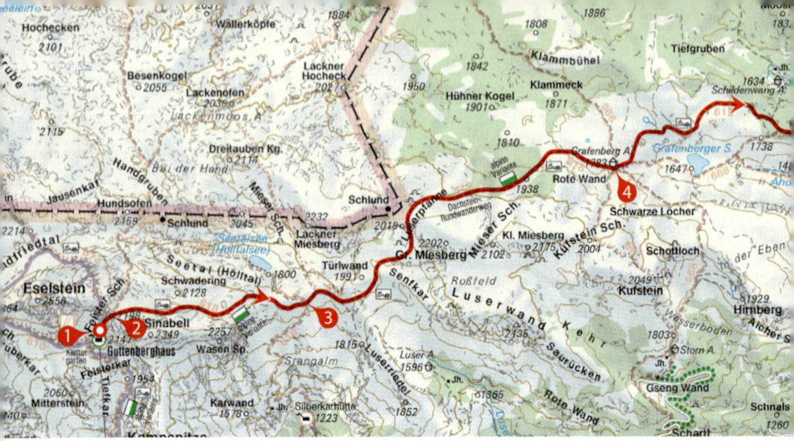

Unterkunft: **Berggasthof Steinerhaus**, ✆ +43 3686 2646, www.steinerhaus.at; Bitte den Schlafplatz unbedingt vorher reservieren. Mitte Mai–Ende Okt.
Verkehrsmittel: Der Berggasthof Steinerhaus ist mit dem Auto über eine Mautstraße erreichbar.
Information: **Tourismusverband Ramsau am Dachstein**, ✆ +43 3687 818338, www.ramsau.com, Wetter ✆ +43 3687 22042 555.
Tipp: Sehr zu empfehlen ist vom Steinerhaus aus die Wanderung auf dem Weg Nr. 676 zum Friedenskircherl und auf den Gipfel des Stoderzinken, 2048 m (hin und zurück: 1.15 Std./3 km und 240 Hm im Auf- und Abstieg).
Karten: Freytag & Berndt-Wanderkarte: WK 201 – Schladminger Tauern, Radstadt, Dachstein.

Vom **Guttenberghaus (1)**, 2147 m, gehen wir zurück zu der uns bereits bekannten **Feistererscharte (2)**, 2198 m. Ab diesem Kreuzungspunkt wandern wir nach Osten und folgen den Wegweisern in Richtung »Grafenbergalm«. Anfangs verläuft der Weg über eine nackte Karstlandschaft, die gerade im Frühsommer von einzelnen Schneefeldern unterbrochen wird. Vorsicht beim Übergang (Kluft) von Fels auf Schnee!
Kurz vor der Wegkreuzung **Grubach (3)**, 1923 m, liegt links unten in einem Kessel eingebettet der Silberkarsee (Hölltalsee). Wir wandern die nächsten 4,5 km mit Weg 618 durch Wiesen- und Latschenflächen bis zur wunderschön gelegenen **Grafenbergalm (4)**, 1783 m, die schon seit Jahren im

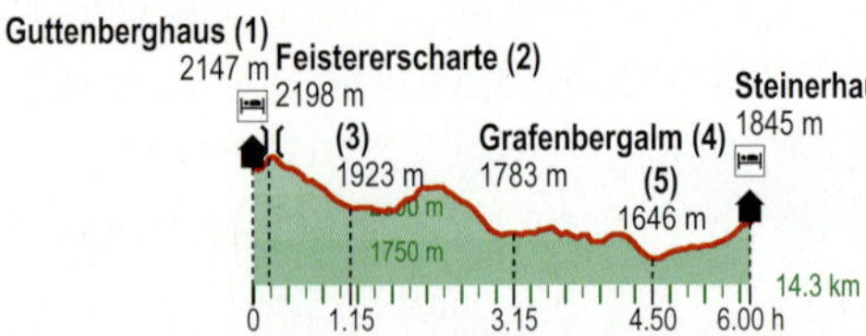

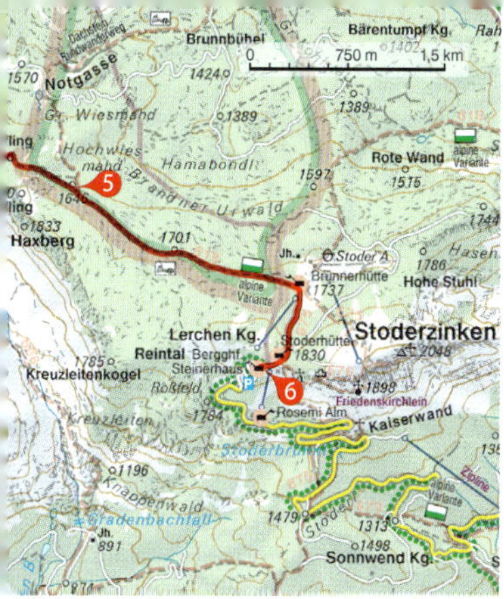

Sommer vom Dichter Bodo Hell bewirtschaftet wird.

Die Wegbeschaffenheit hat sich schön langsam geändert und wir gehen nun über weiche Almböden. Wir wandern weiterhin mit Weg 618 in Richtung »Brünnerhütte« und kommen dabei durch schöne Waldbestände und auch am tief gelegenen Ahornsee vorbei. Der Ausblick auf den Ahornsee ist gewaltig, da wir hier von einem steilen Abbruch aus auf den See hinunterschauen. Ein Holzschild mit der Aufschrift »Schwiegermuttersprung« lädt an dieser Stelle auch zum Schmunzeln ein. Weiter der Wegnummer 618 folgend, erreichen wir die **Kreuzung »Brünnerhütte« (5)**, 1646 m. Auf der nächsten Etappe zweigen wir hier in Richtung »Notgasse« ab; heute wandern wir durch den Brandner Urwald zur unbewirtschafteten Brünnerhütte. Hier geht es rechts leicht bergauf auf einer Forststraße zum **Steinerhaus (6)**, 1845 m.

Kurze Pause mit Blick auf den Ahornsee.

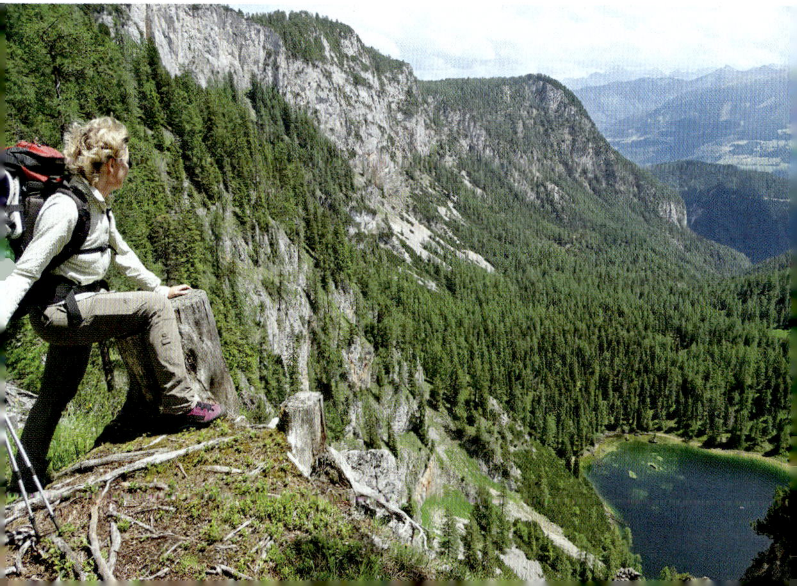

3 Steinerhaus beim Stoderzinken – Bad Mitterndorf

8.00 Std.

↑510 ↓1550

Eine lange Etappe durch ein abwechslungsreiches Wandergebiet

Mit der heutige Etappe verlassen wir das Dachsteinmassiv und kommen ins Ausseerland-Salzkammergut. Zu Beginn der Wanderung beeindruckt die »Notgasse«, ein alter Säumer- und Schmugglerpfad durch eine trockene Schlucht mit denkmalgeschützten, bis zu 2000 Jahre alten Felsritzzeichnungen. Im weiteren Tagesverlauf wandern wir größtenteils durch Lärchen- und Fichtenwälder und kommen zu mehreren idyllisch gelegenen Almen. Auf der Viehbergalm, einem größeren Almdorf mit bewirtschafteten Almhütten, gibt es bei der Ritzingerhütte eine kulinarische Besonderheit: die in heißem Schmalz herausgebackenen Ennstaler Roggenkrapfen mit dazugehörigem Steirerkas. Sicherlich nicht jedermanns Geschmack, aber probieren sollte man diese regionale Spezialität auf jeden Fall. Weiter geht es über das Hochmühleck, mit Ausblicken auf das Mitterndorfer Becken und auf das Tote Gebirge. Nach einem langen Abstieg durch den Wald kommen wir vor Bad Mitterndorf an reich blühenden Wiesenorchideen-Flächen rund um die Steinitzenalm vorbei.

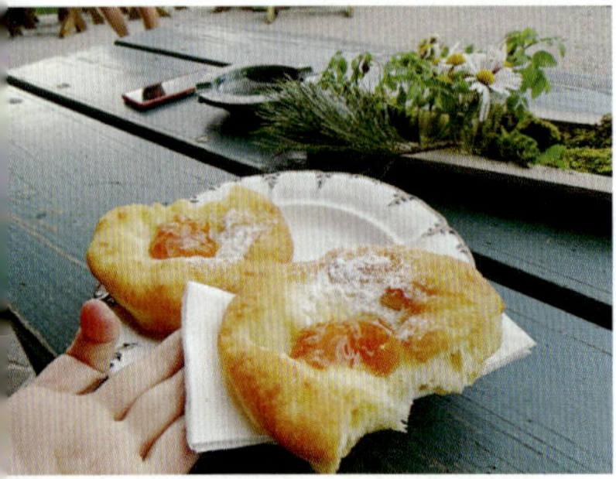

Die berühmten Bauernkrapfen auf der Viehbergalm.

Ausgangspunkt: Berggasthof Steinerhaus, 1845 m.

Streckenlänge: 23,3 km.

Anforderungen: Eine lange, teils anspruchsvolle Wanderung durch Wälder über mittelschwere Wanderwege mit steileren Passagen. Dazwischen immer wieder Abschnitte auf Forststraßen und einfachen Wanderwegen. Bei den steileren, steinigen Stellen ist bei Nässe Vorsicht geboten.

Einkehr: **Ritzingerhütte** auf der Viehbergalm, vgl. »Unterkunft«. **Steinitzenalm**, vgl. »Unterkunft«.

Unterkunft: **Ritzingerhütte**, ✆ +43 676 9459817, www.ritzingerhuette.at; Schlafmöglichkeit für 8 Personen in einer Hütte, Mitte Juni–Mitte Sept. **Steinitzenalm**, ✆ +43 664 75057479, Ende Juni–Anfang Sept. Bad Mitterndorf: **Hotel 4 Jahreszeiten**, ✆ +43 3623 2553, www.hotel-4jahreszeiten.at; **Wander- & Landhotel Kanzler**, Krungl 2, ✆ +43 3623 2260, www.landhotel-kanzler.at, Abholservice von Bad Mitterndorf; **Hotel-Restaurant Grimmingblick**, ✆ +43 3623 2491, www.hotelgrimmingblick.at.

Verkehrsmittel: Bad Mitterndorf ist mit Bahn und Bus erreichbar. Auskünfte unter: ÖBB, www.oebb.at, oder Verbundlinie Steiermark, www.busbahnbim.at.

Information: **Tourismusverband Gröbminger Land**, ✆ +43 3685 2213122, www.groebmingerland.at. **Tourismusverband Ausseerland-Salzkammergut**, Infobüro Bad Mitterndorf, ✆ +43 3623 2444, www.ausseerland.at.

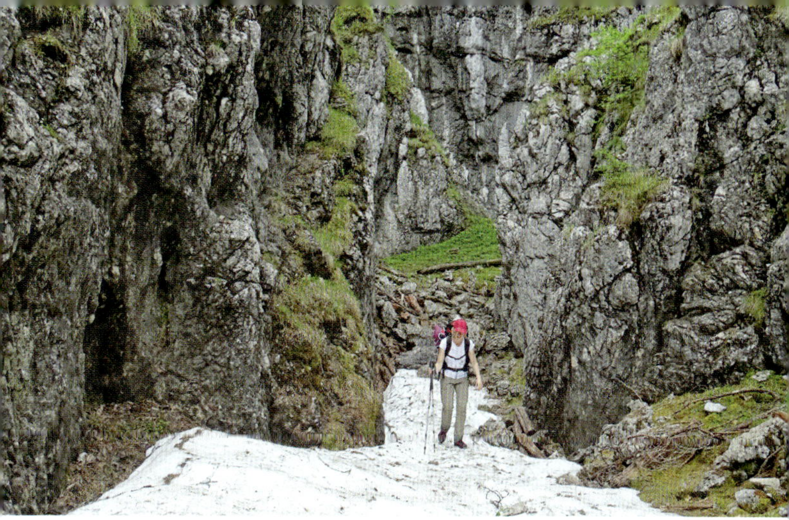

In der Schlucht »Notgasse« hält sich der Schnee oft sehr lange.

Hinweis: Die Wanderung früh genug starten, da es sich um eine lange, teils anspruchsvolle Tour handelt.

Tipps: 1. Bei der Ritzingerhütte auf der Viehbergalm sollte man unbedingt die Ennstaler Roggenkrapfen, eine regionale Spezialität, kosten. 2. Nach der Wanderung gibt es in der Grimming Therme in Bad Mitterndorf noch die Möglichkeit zur Entspannung, www.grimming-therme.com.

Karten: Freytag & Berndt-Wanderkarten: WK 201 – Schladminger Tauern, Radstadt, Dachstein und WK 082 – Bad Aussee, Totes Gebirge, Bad Mitterndorf, Tauplitz.

Wir wandern vom **Steinerhaus (1)**, 1845 m, zurück zur unbewirtschafteten **Brünnerhütte (2)**, 1737 m, halten uns links und gehen auf dem bereits bekannten Weg 618 ca. 2 km leicht bergab bis zur **Abzweigung »Notgasse« (3)**, 1646 m. Wir orientieren uns an den gelben Wegweisern in Richtung »Notgasse« und »Viehbergalm«. Der Wanderweg führt an einer lichten Wie-

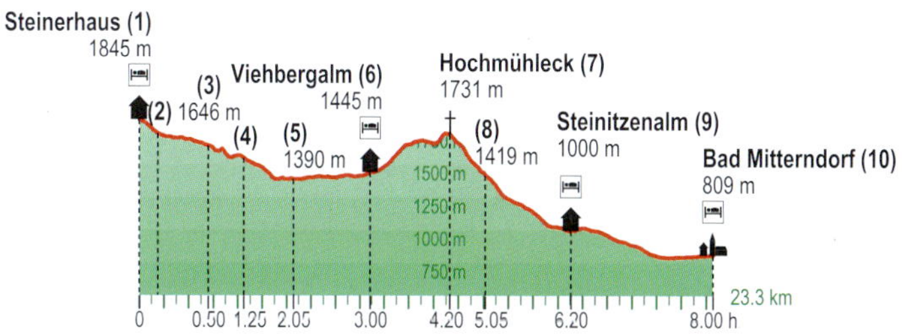

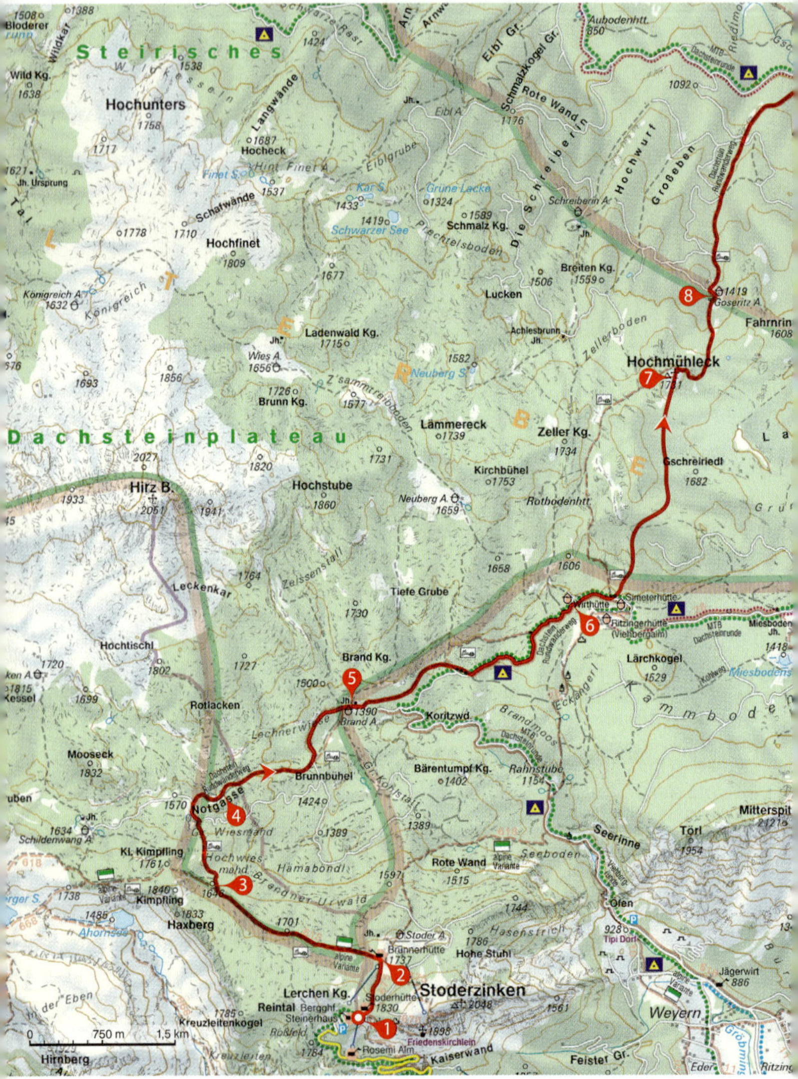
Steirisches
Hochunters
Hocheck
Schafwände
Hochfinet
Königreich A.
Ladenwald Kg.
Brunn Kg.
Dachsteinplateau
Hirz B.
Hochstube
Leckenkar
Hochtischl
Rotlacken
Mooseck
Notgasse
Brunnbühel
Brand Kg.
Brand A.
Koritzwd.
Bärentumpf Kg.
Tiefe Grube
Lämmereck
Kirchbühel
Zeller Kg.
Hochmühleck
Gschreiriedl
Lucken
Schmalz Kg.
Breiten Kg.
Goseritz A.
Fahrnrin
Rote Wand
Schreiberin A.
Hochwurf
Großeben
Simetsrhütte
Wirthütte
Ritzingerhütte
Lärchkogel
Seerinne
Törl
Mitterspit
Ofen
Tipi Dorf
Jägerwirt
Weyern
Stoderzinken
Brünnerhütte
Stoderhütte
Steinerhaus
Rosemi Alm
Friedenskirchlein
Kaiserwand
Lerchen Kg.
Reintal
Kreuzleitenkogel
Kimpfling
Kl. Kimpfling
Haxberg
Hirnberg
Feister Gr.
Hohe Stuhl
Rote Wand
Hämabödl
Brandner Urwald
Neuberg A.
Rotbodenhtt.
Miesboden
Schwarzer See
Grüne Lacke
Hochwiesmahd
Wiesmahd
Schildenwang A.
Ahornsee
Aubodenhtt.
0 750 m 1,5 km

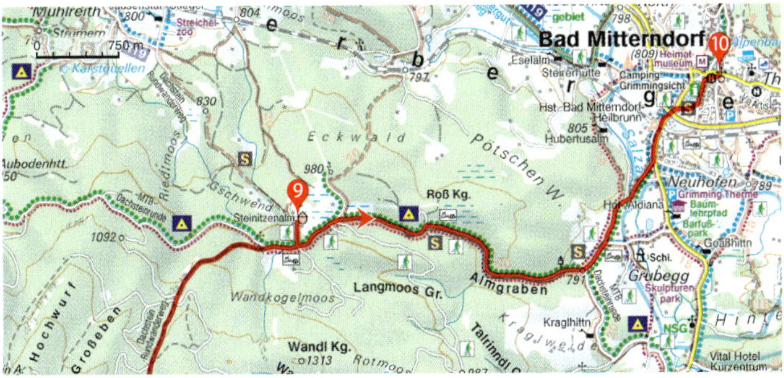

senfläche (Hochwiesmahd) vorbei, an der im Frühsommer zahlreiche kräftig gelb-blühende Trollblumen zu sehen sind. Wir kommen zu einer Forststraße und folgen dieser nach links. Nach wenigen Metern geht es rechts auf den Wanderweg und weiter durch die **Notgasse (4)**, 1551 m, bis zur einer Forststraße, auf der wir nach links bis zur **Brandalm (5)**, 1390 m, wandern.

Gleich nach der Brandalm zweigt der Wanderweg links ab. Wir orientieren uns an den gelben Hinweistafeln mit der Aufschrift »Dachsteinrundwanderweg«. Ein Mix aus Forststraßen und Wanderwegen bringt uns zur **Viehbergalm (6)**, 1445 m, mit mehreren bewirtschafteten Hütten. Am Ende der Almflächen steigen wir bergan bis zum **Hochmühleck (7)**, 1731 m, mit Gipfelkreuz. Ab nun geht es steil bergab in Richtung Norden bis zur **Goseritzalm (8)**, 1419 m. Auf einem jetzt breiteren Wanderweg (Weg Nr. 697) und einer Forststraße gelangen wir zum Abzweig zur nur wenige Minuten vom Wanderweg entfernten **Steinitzenalm (9)**, 1000 m, wo sich ein Besuch aufgrund der freundlichen Bedienung und der guten Jause auf jeden Fall lohnt. Der letzte Teil des Weges verläuft auf Forst- bzw. Asphaltwegen (Weg Nr. 20) bis nach Bad Mitterndorf. Wir orientieren uns am Kirchturm und gehen auf der Promenade ins Ortszentrum von **Bad Mitterndorf (10)**, 809 m.

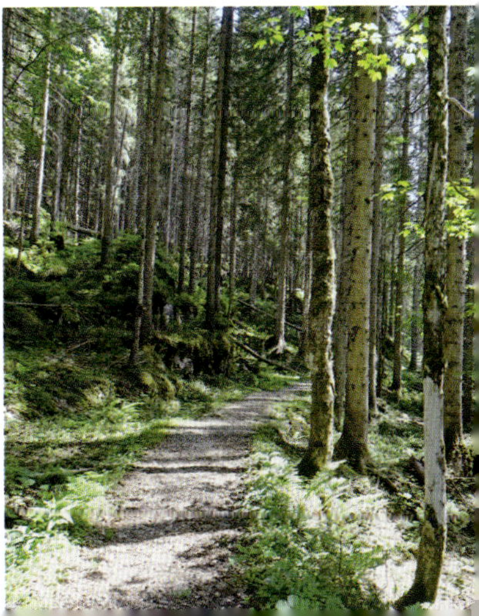

Ein wunderschöner Abstieg durch den Wald nach Bad Mitterndorf.

4 Bad Mitterndorf – Tauplitzalm

5.00 Std.

↑860 ↓40

Über das Öderntal auf das höchstgelegene Seenhochplateau Europas

Nach den ersten drei Bergetappen ist die Ortschaft Bad Mitterndorf eine willkommene Abwechslung. Rund um die 5000 Einwohner große Marktgemeinde erstreckt sich ein gut erschlossenes Wanderwegenetz. So ist es auch nicht verwunderlich, dass es mehrere Wandermöglichkeiten auf die Tauplitzalm gibt, die als höchstgelegenes Seenhochplateau Europas gilt. Wir wählen eine landschaftlich sehr attraktive Variante durch das im Norden von Bad Mitterndorf gelegene, glazial geprägte Öderntal, das über schützenswerte Feuchtflächen verfügt. Der erste Teil der heutigen Etappe verläuft über mehrere Straßenkilometer entlang der Salza. Danach wird das Tal breiter und die moorige Landschaft auf knapp 1200 m Seehöhe, mit der umliegenden Bergkulisse des südlichen Teils des Toten Gebirges, versprüht einen ganz besonderen Charme. Ein kurzer und kräftiger Aufstieg auf die Tauplitzalm bildet den Abschluss der heutigen Wanderung.

Ausgangspunkt: Bad Mitterndorf, 809 m.
Streckenlänge: 15 km.
Anforderungen: Erst leichte Wanderung auf einer schmalen Asphaltstraße, dann Forststraße und anschließend mittelschwerer Wanderweg bis zur Tauplitzalm.

Einkehr: **Steinbrecherhütte** auf der Ödernalm, ✆ +43 664 5195516.
Unterkunft: Tauplitzalm: **Hotel Hierzegger**, ✆ +43 3688 2316, www.hierzegger.at; **Wander- & Sporthotel Kirchenwirt**, ✆ +43 3688 2306, www.sporthotel-kirchenwirt.at; **Hotel Berghof**, ✆ +43 3688 2325, www.berghof-tauplitz.at.
Verkehrsmittel: Die Tauplitzalm ist mit dem Bus erreichbar. Auskünfte unter: Verbundlinie Steiermark, www.busbahnbim.at.
Information: **Tourismusverband Ausseerland-Salzkammergut**, Infobüro Bad Mitterndorf, ✆ +43 3623 2444, www.ausseerland.at.
Tipp: Wer noch Kraft und Lust hat, sollte von der Tauplitzalm aus den Lawinenstein erwandern, da der Ausblick zurück auf das Dachsteinmassiv und auf die bereits erwanderten Etappen beeindruckend ist (hin und zurück: 2.30 Std./8,7 km und 440 Hm im Auf- und Abstieg).
Karten: Freytag & Berndt-Wanderkarte: WK 082 – Bad Aussee, Totes Gebirge, Bad Mitterndorf, Tauplitz.

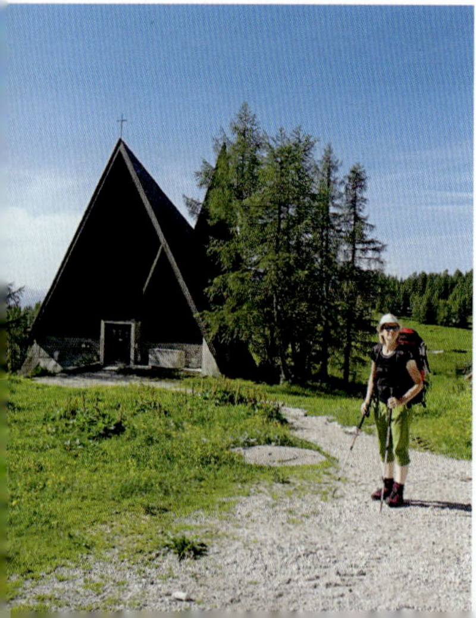

Unser heutiges Etappenziel: die Kirche der Tauplitzalm.

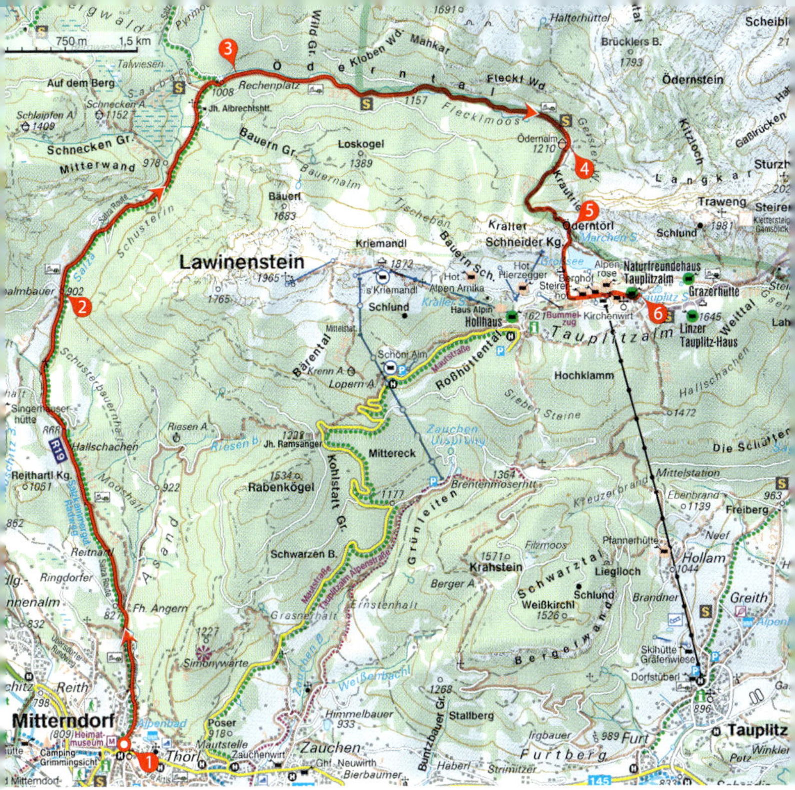

Von der Kirche bzw. dem Hotel Post in **Bad Mitterndorf (1)**, 809 m, gehen wir in Richtung Norden und folgen den Wegmarkierungen des Wanderweges 272 (»Ödernalm–Tauplitzalm«). Knapp 1,5 km gehen wir leicht bergauf bis zur ersten Abzweigung, bei der wir uns links halten. Geradeaus würde eine kürzere, aber landschaftlich nicht so attraktive Variante auf die Taup-

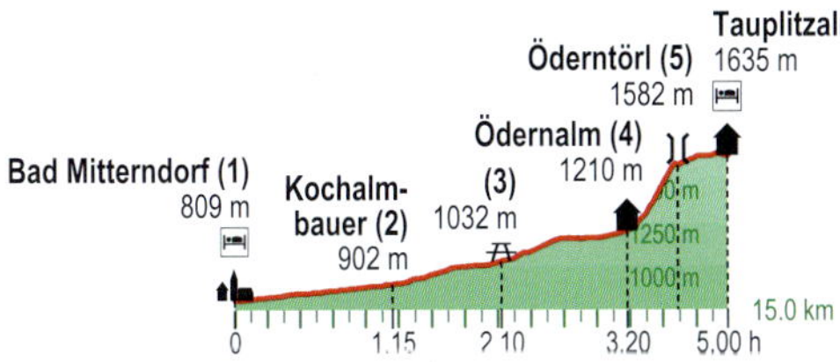

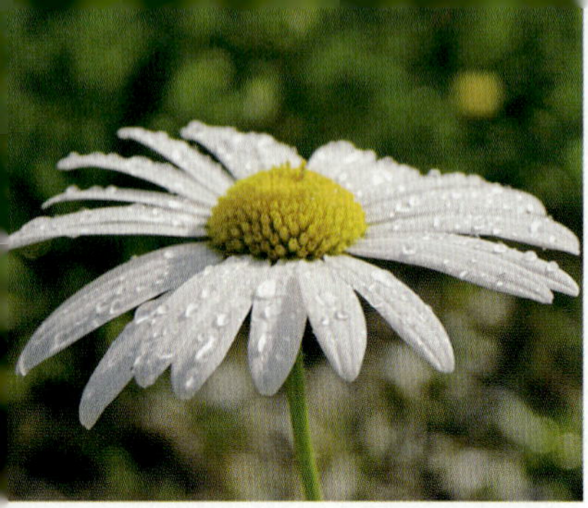

Weitwandern ist … die Liebe zum Detail.

litzalm führen. Weitere 3 km geht es gemütlich entlang der Asphaltstraße bis zum Parkplatz beim **Kochalmbauer (2)**, 902 m. Dann wandern wir noch immer entspannt auf einer Forststraße taleinwärts bis zur Abzweigung rechts zur Ödernalm. Das Tal öffnet sich und der Weg verläuft durch lichtere Abschnitte, die schöne Ausblicke freigeben. An einem **Rastplatz (3)** mit Brunnen, 1032 m, vorbei wandern wir weiter in Richtung Osten durch das idyllische Öderntal leicht bergauf bis zum Flecklmoos und weiter bis zur **Ödernalm (4)**, 1210 m, wo sich auch die Steinbrecherhütte befindet.

Nun geht es auf einem markierten Steig steiler bergauf durch den Wald zum **Öderntörl (5)**, 1582 m. Wir kommen am Märchensee vorbei zum Großsee, an dem wir oberhalb der westlichen Uferseite vorbeiwandern. Bei der nächsten Abzweigung halten wir uns links und gelangen zur Tauplitzalm-Kirche und somit ins »Zentrum« der **Tauplitzalm (6)**, 1635 m.

Einer der zahlreichen Seen auf der Tauplitzalm, der Großsee.

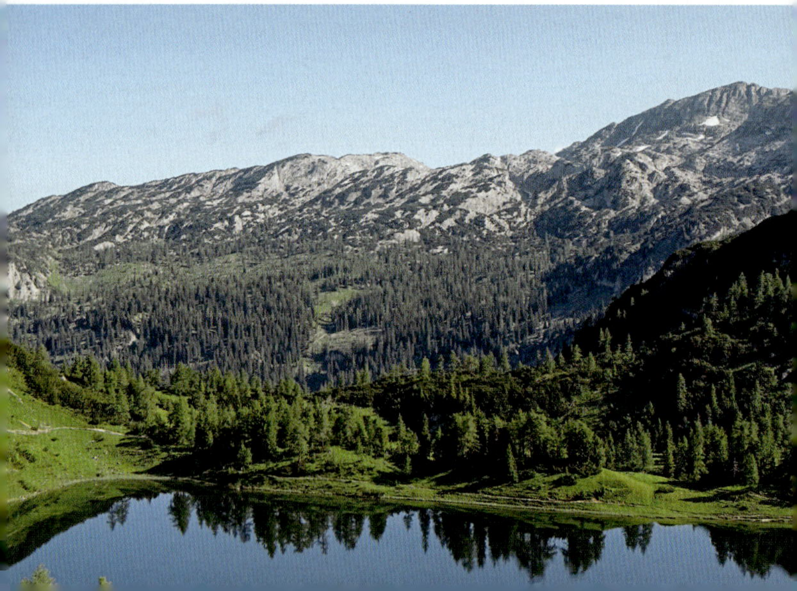

6.00 Std.

↑690 ↓640

Tauplitzalm – Hochmölbinghütte

5

Von Alm zu Alm entlang eines riesigen, blühenden Alpengartens

Diese Tour zählt sicherlich zu einer der schönsten Almwanderungen auf der gesamten Nordroute. Auf der Tauplitzalm herrscht an schönen Tagen grundsätzlich ein reger Wander- und Ausflugsbetrieb. Doch je weiter man sich vom Steirer- und Schwarzsee entfernt, umso ruhiger und idyllischer wird es um einen herum. Die Etappe führt durch eine harmonische Landschaft mit weichen abgerundeten Formen, schönen großen Feuchtflächen mit zahlreichen Blumen und Gräsern bis zu einem kleinen Kaskadenwasserfall. Mitten im Kalk und trotzdem so viel Wasser ist ein fast unwirklich erscheinendes Landschaftsbild. Doch nicht nur die unmittelbare Umgebung beeindruckt, sondern auch der Blick in die Ferne – so begleiten uns immer wieder das bereits erwanderte Dachsteinmassiv und der nahe gelegene Grimmingstock.

Ausgangspunkt: Kirche auf der Tauplitzalm, 1635 m.

Streckenlänge: 15,3 km.

Anforderungen: Einfache Wanderung hauptsächlich auf Wanderwegen mit wenigen Steilabschnitten.

Einkehr: **Trawenghütte**, ✆ +43 664 9736697, www.ausseerland.at, Mitte Juni–26. Okt.; Tipp: Hausgemachte Produkte. **Leistalm »Wia dahoam Hittn«**, ✆ +43 664 9207730, Mitte Juni–Mitte Okt.

Unterkunft: **Hochmölbinghütte**, ÖTK-Hütte, ✆ +43 676 9003909, www.hochmoelbinghuette.at; großes Lager (24 Personen) und kleines Lager (18 Personen), 2 Zimmer für je 2 Personen und ein eigenes Hundezimmer, tgl. Anfang Juni–26. Okt. Hinweis: Auf der Hütte gibt es nur Kaltwasser und keine Dusche.

Verkehrsmittel: Die Hochmölbinghütte ist nur zu Fuß erreichbar.

Information: **Tourismusverband Ausseerland-Salzkammergut**, Infobüro Bad Mitterndorf, ✆ +43 3623 2444, www.ausseerland.at. **Tourismusverband Grimming-Donnersbachtal**, ✆ +43 3682 23999, www.grimming-donnersbachtal.at, www.derbergdastal.at.

Hinweis: Kurz nach der Interhüttenalm befindet sich eine Quelle.

Karten: Freytag & Berndt-Wanderkarte: WK 082 – Bad Aussee, Totes Gebirge, Bad Mitterndorf, Tauplitz.

Blick auf die Hütten und den Steirersee

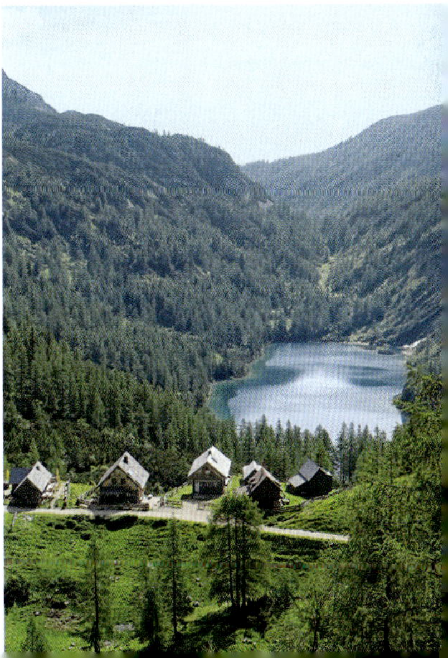

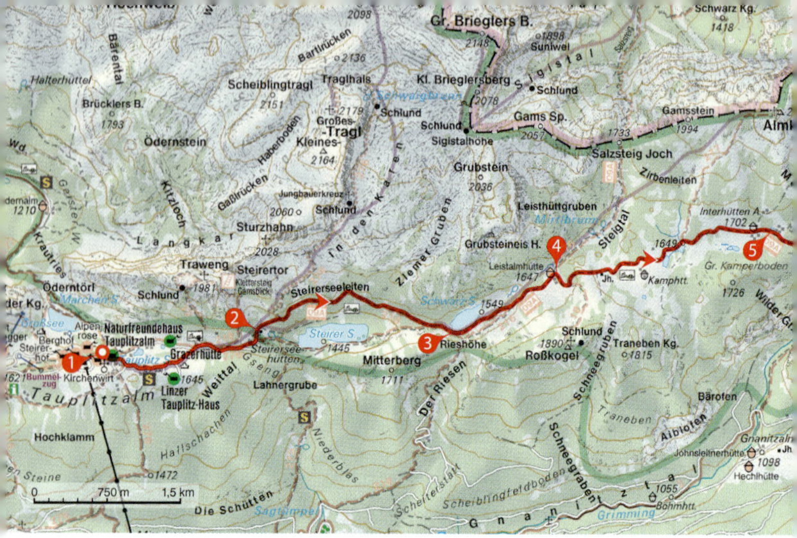

Die Wanderung startet bei der Kirche auf der **Tauplitzalm (1)**, 1635 m; vor Aufbruch lohnt der bunte Fensteraltar einen Besuch der Kirche. Über das Tauplitz-Plateau geht's in Richtung Osten zum Steirersee. Zunächst führt uns

Urige Holzbrücke während der Wanderung über gepflegte Alm- und Wiesenflächen.

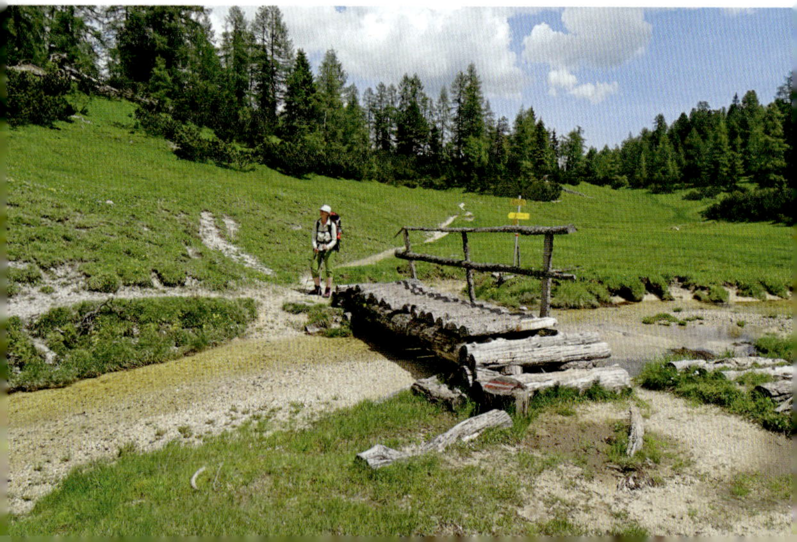

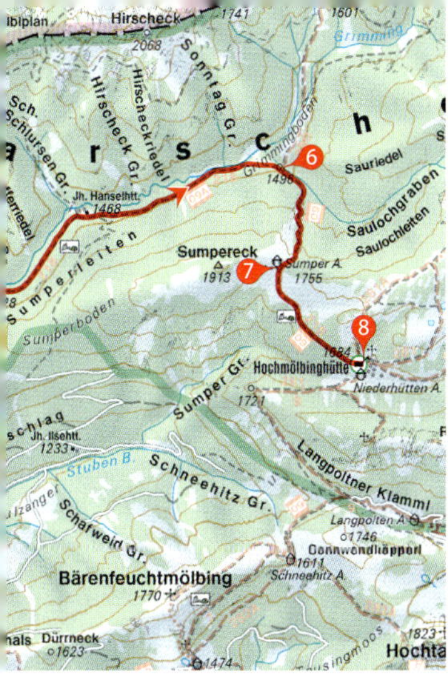

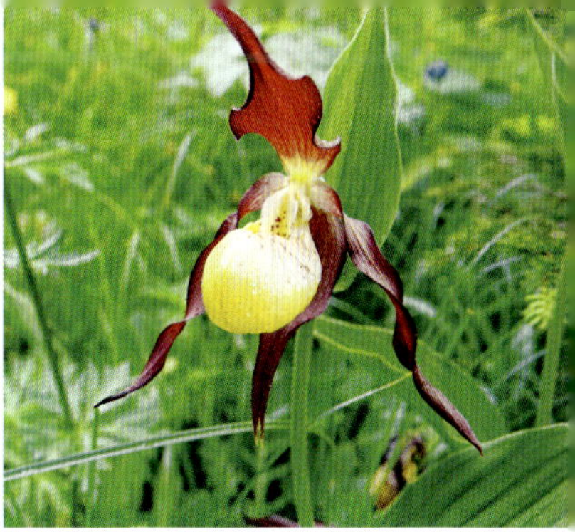

Frauenschuh am Wegesrand.

eine Asphaltstraße über die weiten Almflächen des Hochplateaus. Dann wandern wir auf einer Schotterstraße und einem Wanderweg hinunter zu einem Rast- und Aussichtsplatz oberhalb des Steirersees. Von hier geht es direkt bergab zu den Steirerseehütten und links zur **Trawenghütte (2)**, 1538 m.

Mit Blick auf den Steirersee und den markanten Grimming folgen wir Weg 218 zum **Schwarzsee (3)**, 1552 m, und steigen anschließend mäßig steil hinauf zur **Leistalm (4)**, 1647 m, mit der bewirtschafteten »Wia dahoam Hittn«. Wir bleiben auf dem Weg 218 und wandern durch lichte Lärchenwälder und über freie Almflächen mit Latschen, bis wir zu einem Quellschutzgebiet kommen. Wir halten uns hier links, überqueren eine eher unscheinbare Brücke und gehen weiter über eine beeindruckende Almlandschaft bis zur unbewirtschafteten Interhüttenalm.

Kurz nach den Hütten kommen wir zu einer **Quelle (5)**, 1647 m, dann geht es alsbald 250 Höhenmeter steiler bergab in den Grimminggraben. Der Weg überquert die Brücke und verläuft dann auf der rechten Seite des Baches taleinwärts bis zu den **Grimmingböden (6)**, 1496 m. Jetzt geht es zum Abschluss noch 250 Höhenmeter bergauf bis zur unbewirtschafteten **Sumperalm (7)**, 1755 m, dann wandern wir noch knapp 1 km leicht bergab direkt zur **Hochmölbinghütte (8)**, 1684 m.

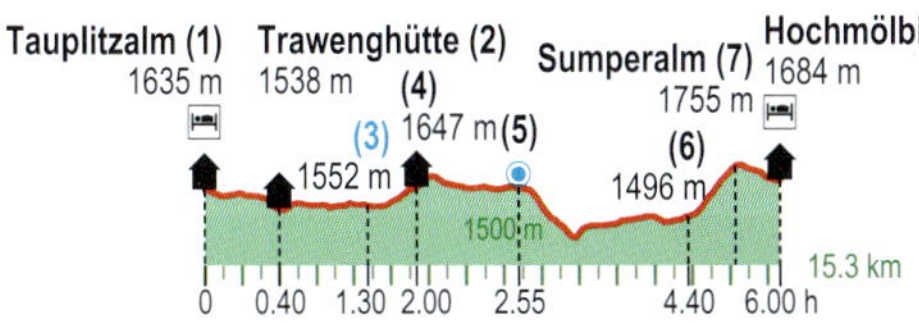

6 Hochmölbinghütte – Wörschach

4.30 Std.

↑210 ↓1240

Von den Almflächen über die Wörschachklamm ins Ennstal

Die heutige Etappe führt über 1000 Höhenmeter bergab, von der Hochmölbinghütte im Toten Gebirge bis nach Wörschach ins Ennstal. Noch begleitet uns – zurückblickend – das Dachsteinmassiv und immer wieder finden sich schöne Foto- bzw. Postkartenmotive entlang des Wanderweges: blühende Almwiesen, traditionelle Almhütten und im Hintergrund der markante Grimming. Als »Mons Styriae altissimus« (höchster Berg der Steiermark) wurde der Grimming, der imponierend über dem Ennstal aufragt, einst bezeichnet. Beim Abstieg sollte man auch auf die zahlreichen Orchideen achten, da es im Gemeindegebiet von Wörschach ca. 30 nachgewiesene Arten von Orchideen gibt, die alle streng geschützt sind. Das Ende der heutigen Wanderung verläuft über gesicherte Holzstege durch die Wörschachklamm, ein bekanntes und beliebtes Naturerlebnisausflugsziel der Steiermark. Zu beachten ist, dass die Wörschachklamm um 18.00 Uhr geschlossen wird.

Ausgangspunkt: Hochmölbinghütte, 1684 m.
Streckenlänge: 11,9 km.
Anforderungen: Einfache Wege mit wenigen Steilabschnitten; Holzstege durch die Wörschachklamm.
Einkehr: Am unteren Eingang der Wörschachklamm: **Klammstüberl**, ✆ +43 3682 22045 oder ✆ +43 676 87837334, Anfang Mai–Ende Okt. tgl. 8.00–18.00 Uhr; Tipp: hausgemachte Mehlspeisen.
Unterkunft: Wörschach: **Poschenhof**, ✆ +43 3682 22277, www.poschenhof.at. **Haus Moser**, ✆ +43 3682 24407, www.hausmoser.com, Wellnessbereich und Kochgelegenheit im Haus; **A nett's Gasthaus**, ✆ +43 660 7704334, www.anetts-gasthaus.at.
Verkehrsmittel: Wörschach ist mit Bahn und Bus erreichbar. Auskünfte unter: ÖBB, www.oebb.at, oder Verbundlinie Steiermark, www.busbahnbim.at.
Information: Tourismusverband Grimming-Donnersbachtal, ✆ +43 3682 23999, www.grimming-donnersbachtal.at, www.derbergdastal.at.
Hinweis: 1. Der Eintrittspreis für die Wörschachklamm ist beim Eingang im Tal zu bezahlen (Erwachsene 4,50 €). Achtung: Ab 18.00 Uhr ist die Wörschachklamm geschlossen. 2. In Wörschach gibt es ein Lebensmittelgeschäft und einen Sportfachhandel.
Karten: Freytag & Berndt-Wanderkarte: WK 082 – Bad Aussee, Totes Gebirge, Bad Mitterndorf, Tauplitz.

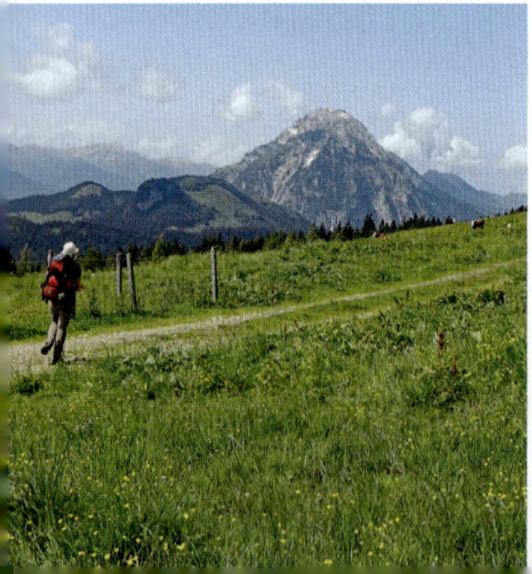

Blick von der Alm auf den Grimming.

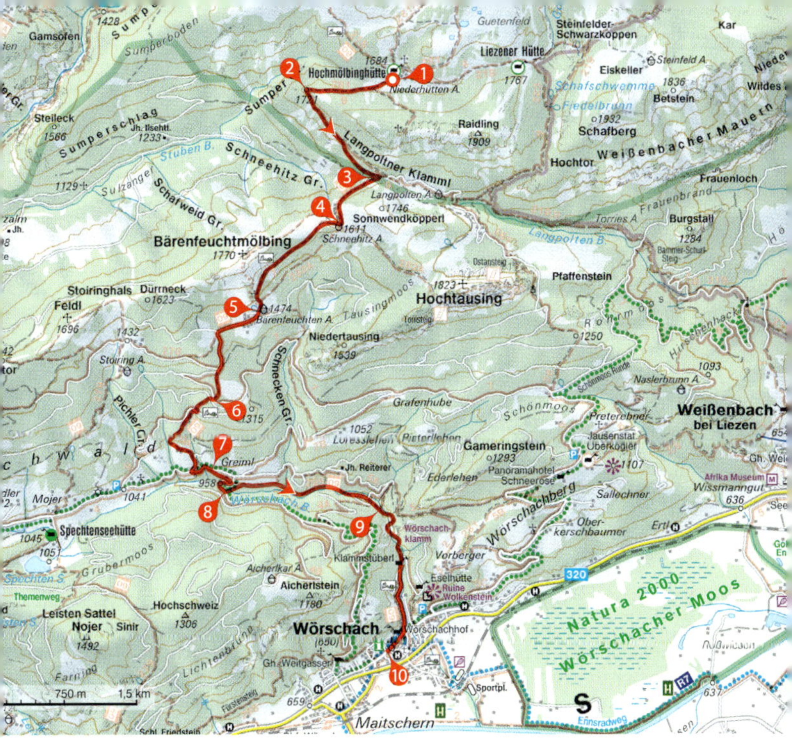

Wir gehen von der **Hochmölbinghütte (1)**, 1684 m, leicht bergab über die Almfläche zu einer Holzbrücke. Dann wandern wir auf dem Wanderweg 09 in Richtung »Wörschach« durch einen lichten Lärchenwald zum **Gottseidank-Bankerl (2)**, 1721 m, einem wunderbaren Aussichts- und Rastplatz. Weiter auf einem Fahr- und Winterweg gelangen wir zu einem Platz mit einer Schranke, der als **Langpoltner Klamml (3)**, 1570 m, ausgeschildert ist.

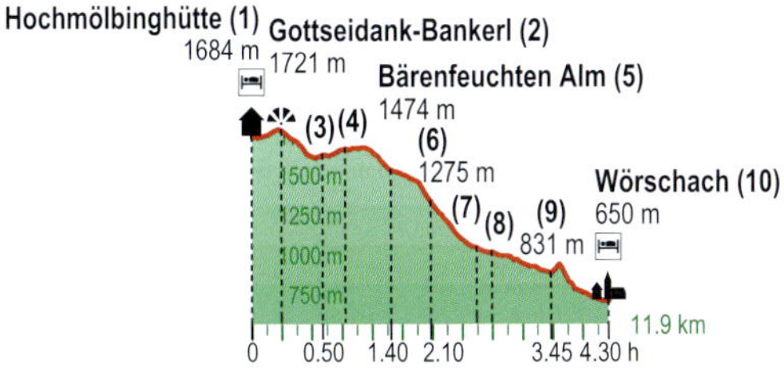

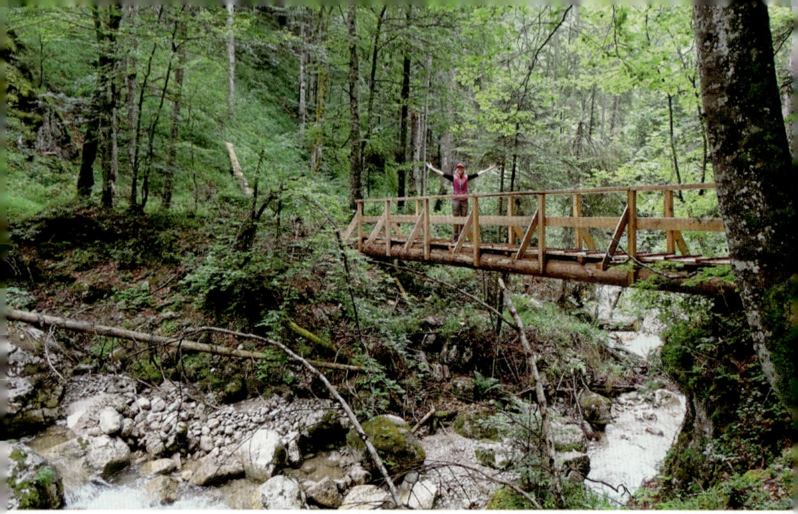

Über den neu angelegten Wanderweg geht es zum oberen Eingang der Wörschachklamm.

Hier gehen wir nach rechts in Richtung »Bärnfeuchtenalm–Wörschach« (Weg Nr. 278/09) auf einer Forststraße an einem Brunnen vorbei zur unbewirtschafteten **Schneehitzalm (4)**, 1611 m. Gleich danach geht es nach rechts über die Wiesen- bzw. Feuchtfläche, wobei hier auf die kleinen Markierungsstangen geachtet werden muss. Danach verläuft der Wanderweg (teils abschüssig) bergab zur **Bärenfeuchten Alm (5)**, 1474 m.
Nun folgen wir, anfangs leicht bergab, der Forststraße bis zur Abzweigung in den Wald in Richtung »Wörschach« (Weg Nr. 295/09). Nachdem wir durch ein dicht bewachsenes Waldstück abgestiegen sind, kommen wir wieder zu einer Forststraße, gehen nach links unten und kommen zu einer **Wegkreuzung (6)**, 1275 m. Achtung! Hier zweigt unser Wanderweg rechts ab. Die rot-weiß-roten Markierungen sind erst im Wald zu erkennen. Weiter geht es bergab durch den Wald, dann über eine Almfläche zu einer Asphaltstraße, der wir nach links unten folgen. Bei einer **Weggabelung (7)**, 990 m, zweigen wir rechts auf die Forststraße ab (Burgstaller Lehen) und orientieren uns an einem grünen Wegweiser in Richtung »Wörschach«. Wir gehen auf der Forststraße bis zum **Abzweig (8)** links, 965 m, gut erkennbar an der gelben Wandertafel in Richtung »Wörschachklamm«. Es folgt ein sehr schön angelegter Wanderweg mit Brücken, Holzgeländer und Rastmöglichkeiten bis zum oberen Eingang **(9)**, 831 m, der Wörschachklamm.
Durch die mit Holzstegen befestigte Wörschachklamm gehen wir bergab bis zum Eingang im Tal, wo sich auch das Klammstüberl befindet, und weiter über die Asphaltstraße ins Zentrum bzw. zur Kirche von **Wörschach (10)**, 650 m.

3.30 Std.

↑230 ↓100

Wörschach – Lassing

7

Eine Regenerationsetappe im Ennstal, die so richtig gut tut

Die Talwanderung von Wörschach durch kleinere Ortschaften bis nach Lassing ist eine willkommene Abwechslung nach den sechs Bergetappen zuvor. Es ist schön, eben dahinzuwandern, ohne auf jeden Schritt achten zu müssen, die Enns mit ihrer üppigen Ufervegetation und das nahe gelegene Wörschacher Moos wahrzunehmen und einen freien Blick auf die umliegende Bergwelt zu haben. Wir wandern zunächst entlang des breiten Talbodens, um anschließend ein höher gelegenes Seitental zwischen dem Enns- und Paltental zu erreichen, in dem die Ortschaft Lassing eingebettet liegt. Lassing ist auch ein Etappenort des Hemma-Pilgerweges, auf den wir auf unserer Wanderroute »Vom Gletscher zum Wein« immer wieder treffen. Der Hemma-Pilgerweg führt über sieben Etappen von Admont nach Lassing, dann nach Donnersbachwald und über das Glattjoch nach Oberwölz. Von dort geht es nach Murau und St. Lambrecht und dann nach Gurk, in dessen Domkrypta die heilige Hemma beigesetzt ist.

Ausgangspunkt: Wörschach, 650 m.
Streckenlänge: 12,3 km.
Anfordorungen: Einfache Wege mit leichten Auf- und Abstiegen auf Schotter- und Asphaltstraßen.
Unterkunft: Lassing: **Privatzimmer Moar in der Feicht'n**, ✆ +43 3612 82508 und +43 650 3200762, www.lassing.at; **Jugendgästehaus Strechau**, ✆ +43 660 1569751, www.muendlers.at; **Biobauernhof Pension Matlschweiger**, ✆ +43 3612 82260, www.matlschweiger.at.
Verkehrsmittel: Lassing ist mit dem Bus erreichbar. Auskünfte unter: Verbundlinie Steiermark, www.busbahnbim.at.
Information: Tourismusverband Grimming-Donnersbachtal, ✆ +43 3682 23999, www.grimming-donnersbachtal.at, www.derbergdastal.at. **Tourismusverband Lassing**, ✆ +43 664 4122860, www.lassing.at.
Hinweis: In Lassing gibt es ein Lebensmittelgeschäft.

Karten: Freytag & Berndt-Wanderkarte: WK 082 – Bad Aussee, Totes Gebirge, Bad Mitterndorf, Tauplitz.

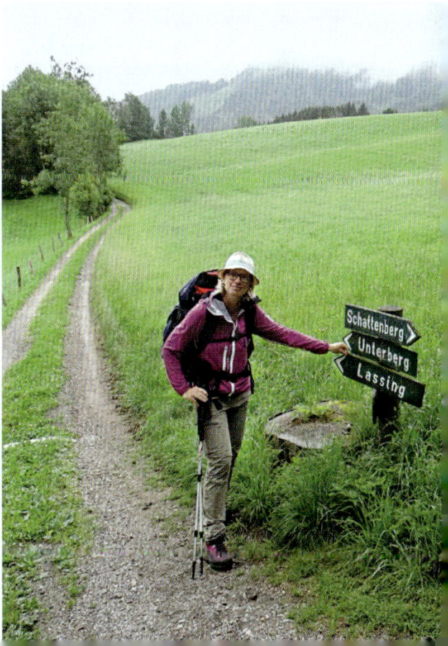

Hölzerne Wegweiser entlang gepflegter Kulturflächen.

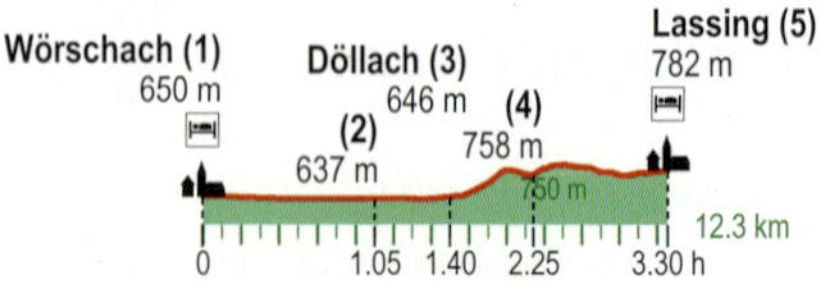

Von der Kirche in **Wörschach (1)**, 650 m, gehen wir auf der Dorfstraße in Richtung Wörschachklamm und zweigen nach rechts auf den R7, den »Ennsradweg«, ab. Weiter entlang der Straße kommen wir am Sporthandel Scherz vorbei und gehen gleich nach einer Unterführung nach links. Immer dem R7 folgend gehen wir am Gemeindebauhof und einem Sportplatz vorbei und durch eine Bahnunterführung in Richtung »Wörschacher Moos« und zur Enns. Nun folgen wir ca. 2 km der Enns flussabwärts, bis wir sie nach rechts auf einer **Straßenbrücke (2)**, 637 m, überqueren. Weiter geht es auf Schotterstraßen durch Wiesen- und Ackerflächen bis zu einer kleinen Holzbrücke. Achtung, hier verlassen wir den Radweg und gehen rechts nach »Döllach«. Bei der Hauptstraße halten wir uns rechts bis zur großen Kreuzung in **Döllach (3)**, 646 m, wo wir gemäß der gelben Hinweistafel »Goldgräberroute« links in eine Seitenstraße einbiegen. An der Feuerwehr vorbei und dann nach rechts kommen wir wieder zur Hauptstraße, die wir queren; danach folgen wir der Wandermarkierungen Nr. 10 in Richtung »Hohe Trett«. Erst wandern wir auf Asphalt- und Forststraßen leicht bergauf durch den Wald, dann geht es nach links auf einer Asphaltstraße weiter.
Wir kommen zu einer **Kreuzung (4)**, 758 m, mit gelben Briefkästen und einem Bankerl. Hier müssen wir nach rechts bergauf gehen, bis linker Hand grüne Wegweiser mit einer weißen Aufschrift zu sehen sind. In Richtung

Auf dem Hemma-Pilgerweg.

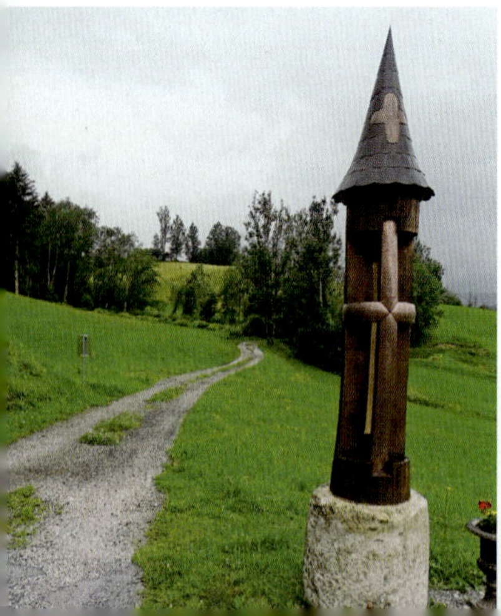

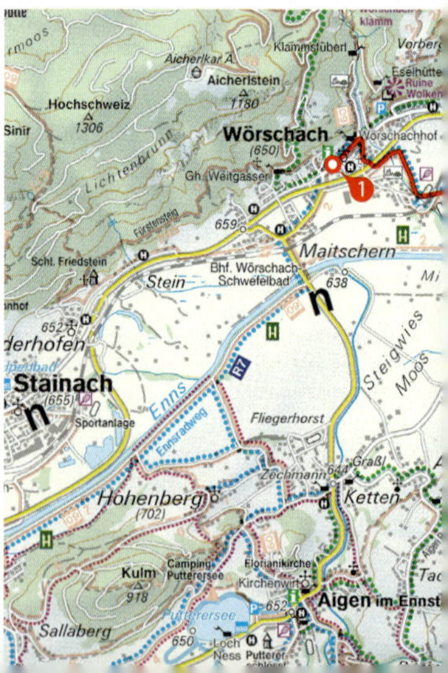

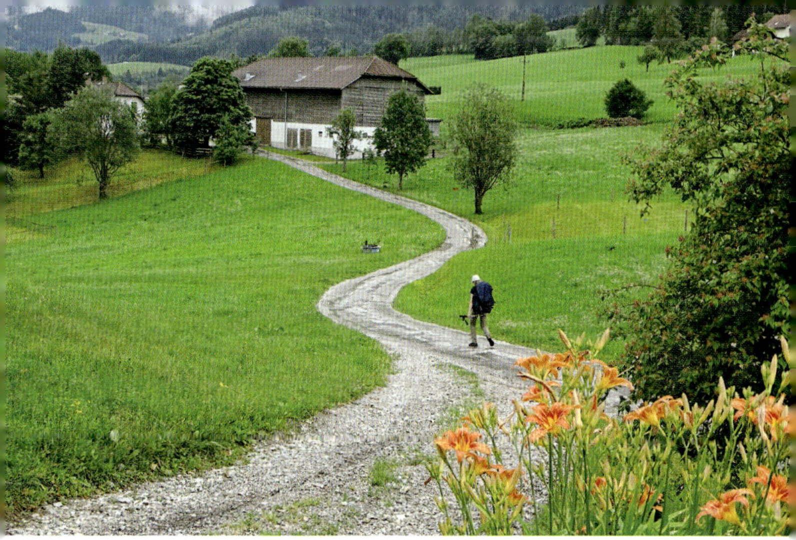

Harmonisch schmiegt sich der Weg in die Landschaft.

»Lassing« wandern wir auf Forst- und Asphaltstraßen durch Streusiedlungen. Dann folgen wir der »Talrunde Lassing« (Weg 14) nach Treschmitz und erreichen in Kürze unser Tagesziel **Lassing (5)**, 782 m.

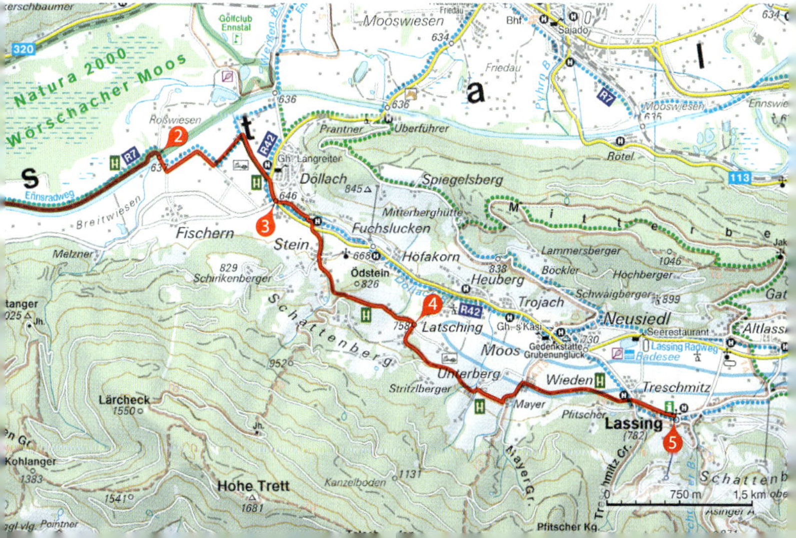

8 Lassing – Admont

6.30 Std.

↑240 ↓380

Eine Talwanderung mit Pilgercharakter

Bei der heutigen Etappe sind wir den ganzen Tag auf dem Hemma-Pilgerweg unterwegs. Der erste Teil der Wanderung bringt uns nach wenigen Höhenmetern zur zweitgrößten Burg der Steiermark. Die Burg Strechau, mit einer teils romanischen und teils gotischen Wehranlage, wurde Mitte des 16. Jh. zu einem Renaissanceschloss umgebaut und ist auch aufgrund der Oldtimer-Sammlung einen Besuch wert. Die weitere Wanderung ist geprägt von den Tallandschaften der Flüsse Palten und Enns mit den entsprechenden Moor- und Feuchtgebieten, die teilweise auch unter Naturschutz stehen. Hauptsächlich sind wir heute auf Asphalt- und Schotterwegen unterwegs, die aber gerade beim Weitwandern mitunter auch vorteilhaft sind. Man muss sich nicht auf den Weg konzentrieren und kann den Gedanken freien Lauf lassen. Mit Admont und seinem berühmten Stift findet dieser Tag einen krönenden Abschluss.

Kurz nach Lassing wandern wir auf Nebenstraßen zur Burg Strechau.

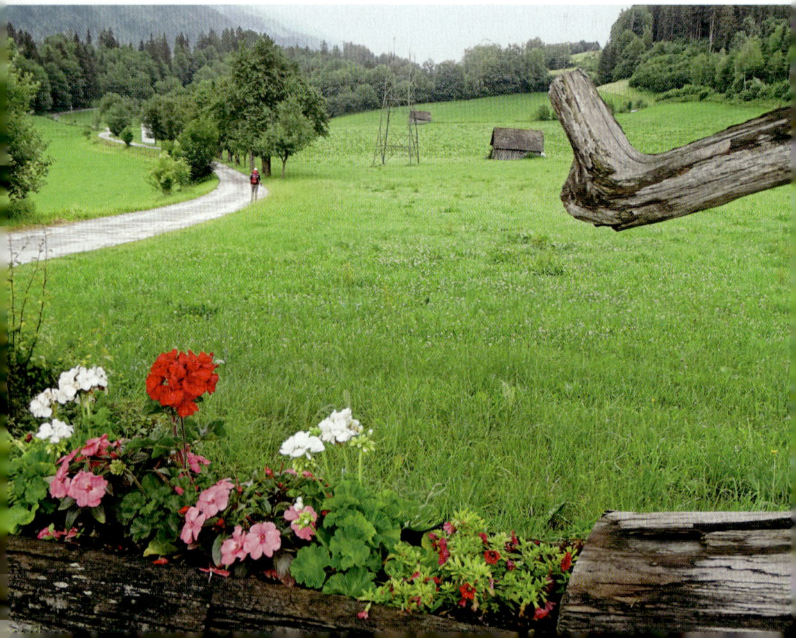

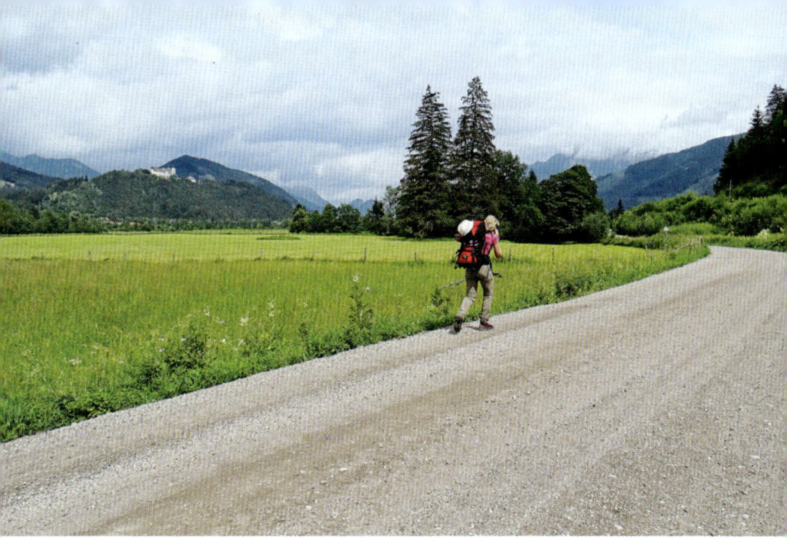

Eine Talwanderung mit Pilgercharakter – auf dem Hemma-Pilgerweg in Richtung Admont.

Ausgangspunkt: Lassing, 782 m.
Streckenlänge: 23,2 km.
Anforderungen: Einfache Wanderung mit leichten Auf- und Abstiegen auf Schotter- und Asphaltstraßen. Kurze Abschnitte auf schmalen Wanderwegen.
Einkehr: In **Selzthal**.
Unterkunft: Admont: **Landgasthof Buchner**, ✆ +43 3613 2801, www.landgasthof-buchner.at; **Gasthof Zeiser**, ✆ +43 3613 2147, www.gasthof-zeiser.at; **Gasthof Admonterhof**, ✆ +43 3613 2323, www.admonterhof.at.
Verkehrsmittel: Admont ist mit dem Bus erreichbar. Auskünfte unter: Verbundlinie Steiermark, www.busbahnbim.at. Von Selzthal aus gibt es Bahnverbindungen nach Graz, Linz und Salzburg.
Information: **Tourismusverband Lassing**, ✆ +43 664 4122860, www.lassing.at. **Tourismusverband Gesäuse** in Admont, ✆ +43 3613 21160 10, www.gesaeuse.at.
Karten: Freytag & Berndt-Wanderkarten: WK 082 – Bad Aussee, Totes Gebirge, Bad Mitterndorf, Tauplitz und WK 062 – Gesäuse, Ennstaler Alpen, Schoberpass.

Von **Lassing (1)**, 782 m, geht es entlang der Asphaltstraße in Richtung Osten, vorbei an schönen Wiesenflächen, bis wir beim Moar in der Feichten nach links abzweigen. An schönen Holzhäusern vorbei kommen wir leicht bergauf direkt zur **Burg Strechau (2)**, 835 m. Nach der Besichtigung der Anlage gehen wir beim Parkplatz durch den Wald nach unten. Der Einstieg in den Weg ist nicht beschildert, jedoch gut zu erkennen. Zusammen mit dem Wanderweg Nr. 12 und dem Hemma-Pilgerweg wandern wir um die Südseite der Burg herum. Wir gehen durch einen dichten Wald und haben zwischendurch immer wieder Aussicht auf das Paltental. Es geht kontinuierlich bergab bis zum **Heiligen Bründl (3)**, 679 m, einer Kapelle mit einer

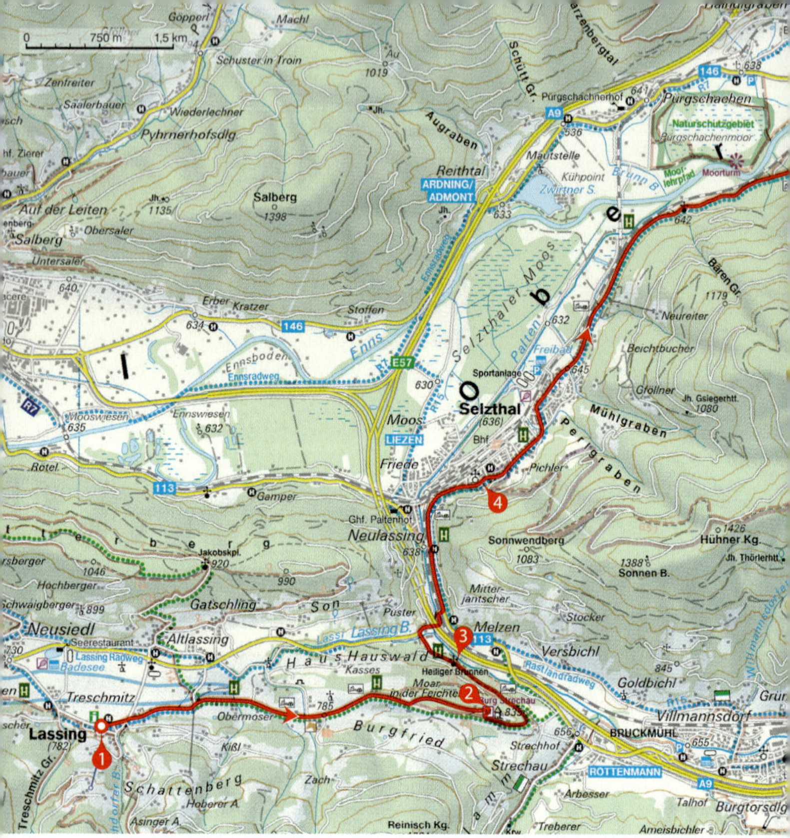

Quelle. Weiter bergab kommen wir ins Tal, gehen durch ein Firmengelände und bei der Bundesstraße nach rechts. Wir unterqueren die Autobahnbrücke und halten uns dann gleich wieder nach links in Richtung »Selzthal«. Bis zum Ortszentrum von **Setzthal (4)**, 636 m, verläuft der Weg direkt auf der Landesstraße. Durch die Ortschaft bleiben wir auf einer weniger befahrenen

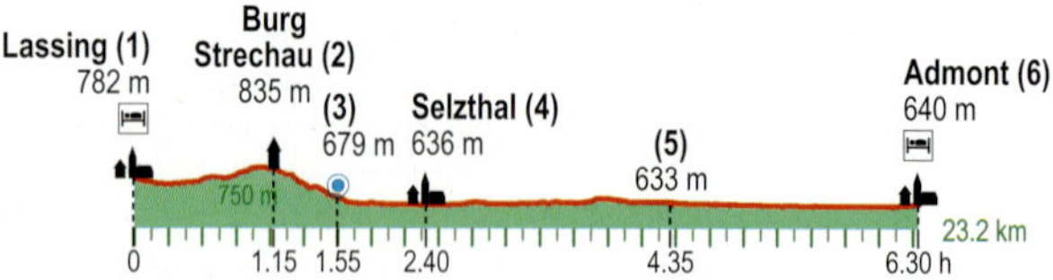

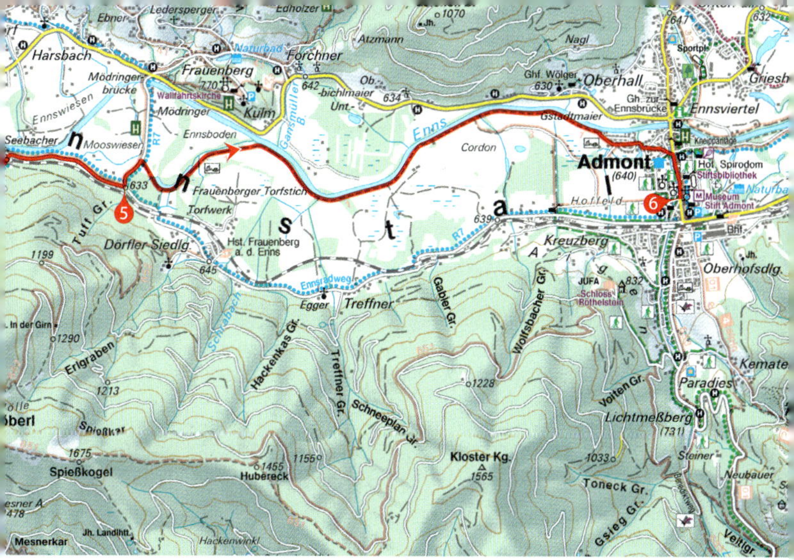

Straße in Richtung »Admont«. Die großen Wiesenflächen ermöglichen uns einen schönen Ausblick auf die Umgebung. Beim **Bahnwärterhäuschen (5)**, 633 m, schlagen wir nach links die Asphaltstraße ein und sehen vor uns, leicht erhöht, die Wallfahrtskirche Frauenberg. Nach rund 400 m zweigt rechts eine Forststraße ab. Ab jetzt sind wir im weitläufigen Uferbereich der Enns auf einem gut markierten, zum Teil schmalen Weg am rechten Flussufer unterwegs. Wenn wir auf das besiedelte Gebiet von Admont zukommen, folgen wir erst dem Ennsweg, dann der Wagnerstraße bis zur Durchfahrtsstraße, d. h. der Hauptstraße von Admont. Hier gehen wir nach rechts und kommen zum Informationsbüro und in weiterer Folge zum Stift von **Admont (6)**, 640 m.

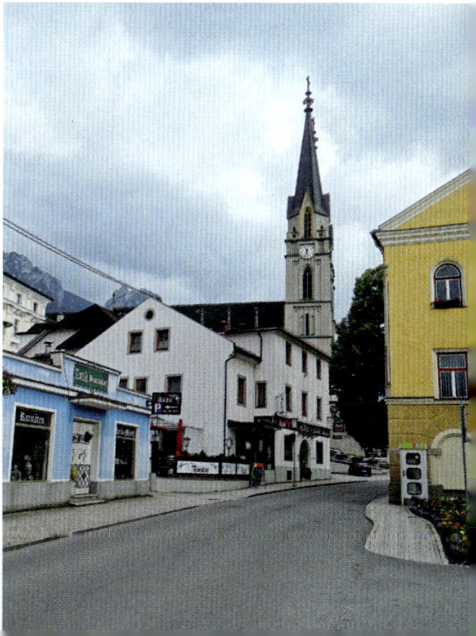

Klein und sehr fein – unser Tagesziel Admont

9 Admont – Mödlinger Hütte

6.00 Std.
↑1260 ↓380

Wir betreten die Universität des Bergsteigens

Mit der heutigen Etappe geht es in die imposante Kulisse des Gesäuses und somit auf eine Bergwanderung par excellence. Doch bevor man Admont und damit die Zivilisation verlässt, um die nächsten drei Tage in die Bergwelt der Ennstaler Alpen einzutauchen, sollte noch ein wenig Zeit für den Ort und das Stift Admont, mit der größten Klosterbibliothek der Welt, eingeplant werden. In der Region hat das Wandern und Bergsteigen eine lange Tradition, so ist es auch verständlich, dass das Gesäuse als »Universität des Bergsteigens« bezeichnet wird. Seit 150 Jahren wird hier Alpinismus gelebt und das spiegelt sich heute in einem 500 km langen Wanderwegenetz mit gemütlichen Hütten und gastfreundlichen Wirtsleuten, die regionale Speisen und beste Weine servieren, wider. Der Slogan vom Gesäuse lautet »Gibt Kraft« und das spürt man.

Ausgangspunkt: Admont, 640 m.
Streckenlänge: 15,1 km.
Anforderungen: Teilweise stark frequentierte, steile Wanderwege mit Bachquerungen.

Einkehr: Kurz nach dem Schloss Kaiserau: **Sportalm**, ✆ +43 3613 21794, www.sportalm-kaiserau.at, Anfang Mai–Ende Okt. **Klinkehütte**, Alpenvereinshütte, vgl. »Unterkunft«.

Wandern im Gesäuse »Gibt Kraft« und das spürt man.

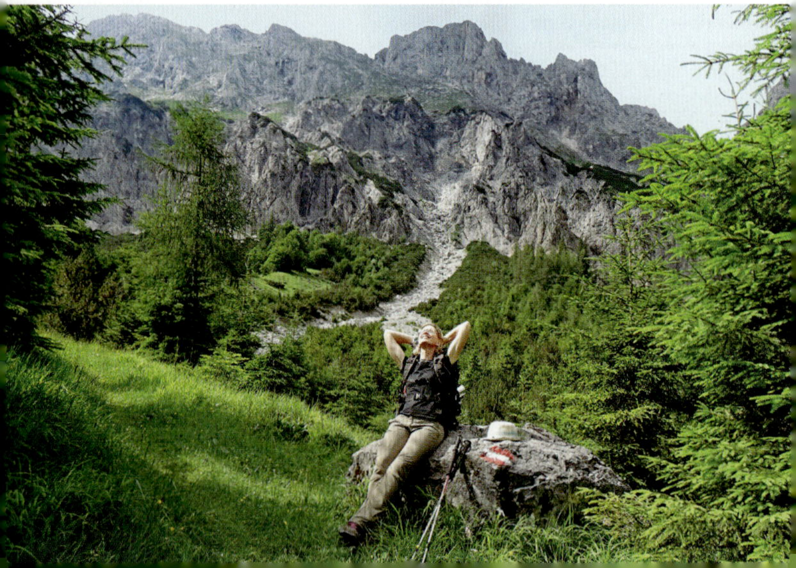

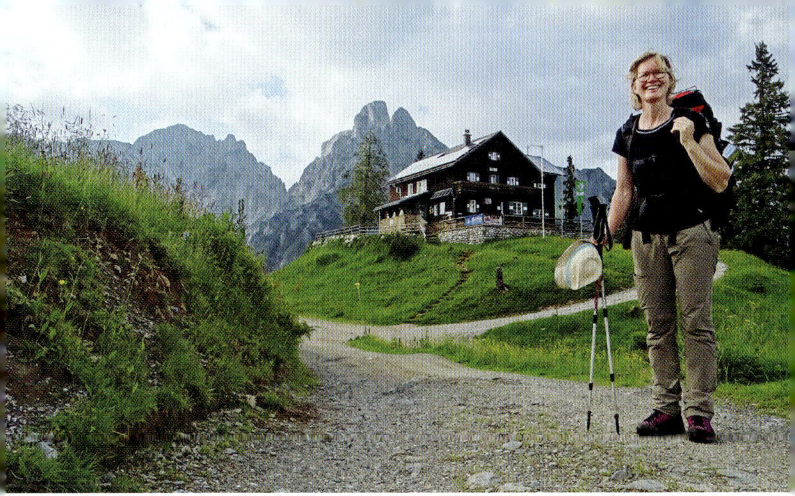

Wir haben unser Etappenziel erreicht: die Mödlinger Hütte.

Unterkunft: Klinkehütte, Alpenvereinshütte, ✆ +43 3613 2601 oder +43 664 4804271, www.alpenverein.at/klinkehuette, Anf. Mai–Ende Okt. **Mödlinger Hütte**, Alpenvereinshütte, ✆ +43 720 516762, oder Alfred Stieg ✆ +43 676 7888825, www.moedlingerhuette.at; die Hütte verfügt über 34 Betten und 24 Lagerplätze und ein Nebengebäude mit 3 Zimmern (8 Betten), Warmwasserdusche; Mitte Mai–Ende Okt.

Verkehrsmittel: Die Mödlinger Hütte ist nur zu Fuß erreichbar.

Information: Tourismusverband Gesäuse in Admont, ✆ +43 3613 2116010, www.gesaeuse.at.

Hinweis: Im Hochsommer sollte diese Etappe so früh wie möglich gestartet werden, da heiße Temperaturen in Kombination mit steileren Abschnitten die Wanderung recht mühsam machen können.

Karten: Freytag & Berndt-Wanderkarten: WK 062 – Gesäuse, Ennstaler Alpen, Schoberpass.

Wir verlassen **Admont (1)**, 640 m, in Richtung Süden, gehen gleich über die Bahngleise in die Paradiesstraße und wandern dann weiter in Richtung Kaiserau, bis nach ca. 3 km rechts der Wanderweg 653 in Richtung »Lichtmessbach–Ghf. Nagelschmiede« abzweigt. Wir sind hier auch auf dem Weitwanderweg »Via Alpina« unterwegs. Nun geht es entlang des Lichtmeßbaches mitunter recht steil bergauf bis zum Wasserkraftwerk, wo wir nach ca. 400 Höhenmetern die erste Steilstufe überwunden haben und die Straße erreichen. Dieser folgen wir bergauf und gehen dann links in Richtung des Hochplateaus der Kaiserau. Wir umrunden den Speicherteich und gehen dann nach rechts auf der Forststraße zum **Schloss Kaiserau (2)**, 1127 m, und zur **Sportalm-Hütte** kurz danach. Nach dem Gebäude geht es nach links auf der Forststraße erst leicht bergan, dann auf Wanderwegen etwas steiler hinauf zur **Klinkehütte (3)**, 1486 m (früher Oberst-Klinke-Hütte).

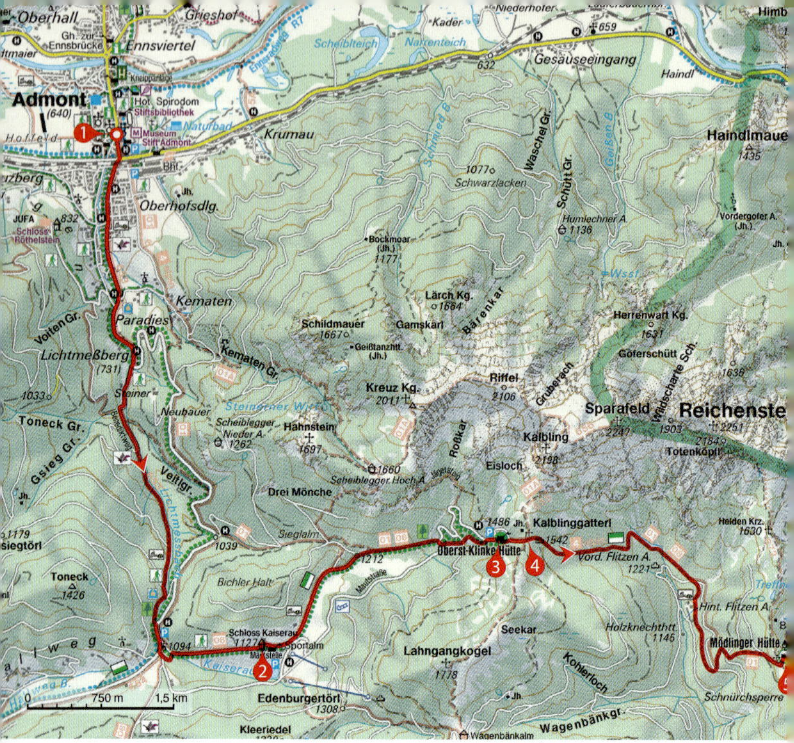

Von der Hütte wandern wir auf dem Wanderweg 01 bis zum **Kalbinggatterl (4)**, 1542 m, dem höchsten Punkt unserer heutigen Etappe. Gleich darauf geht es auf Wanderwegen steiler bergab. Wir queren ein breites Kalk-Bachbett, das je nach Wettersituation mehr oder weniger Wasser führt. Danach steigt der Weg gut markiert und eindeutig erkennbar bergan bis zur **Mödlinger Hütte (5)**, 1523 m.

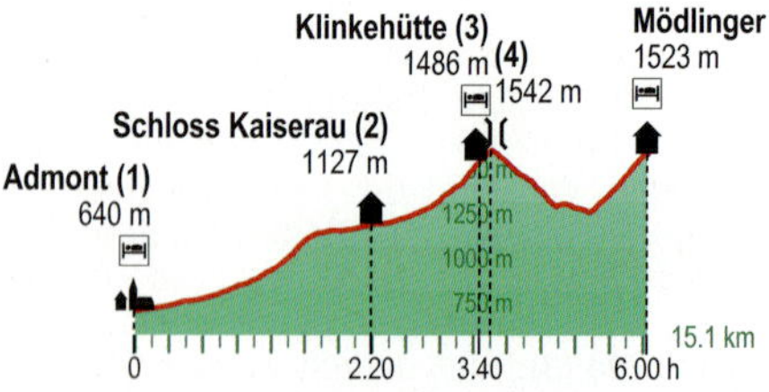

6.00 Std.

↑990 ↓820

Mödlinger Hütte – Heßhütte 10

Von Hütte zu Hütte inmitten der Gesäuseberge

Eine Wanderung im Gesäuse verbindet die Komponenten Wasser, Fels, Wald und Almen auf eindrucksvolle Art und Weise. So wird die heutige Etappe von steilen Auf- und Abstiegen, mächtigen Felswänden und dem kleinen, feinen Johnsbachtal geprägt. Mit der Mödlinger Hütte und der Heßhütte lernen wir zwei bekannte und beliebte Alpenvereinshütten kennen. Zudem sind wir hier teilweise im Nationalpark Gesäuse unterwegs, der der jüngste Nationalpark Österreichs und der einzige Nationalpark in der Steiermark ist und seinen Namen vom gewaltigen Tosen der Enns bekommen hat. Auf jeden Fall zu empfehlen ist der Besuch des Bergsteigerfriedhofes in Johnsbach, auf dem viele in den Bergen verunglückte Bergsteiger ihre letzte Ruhestätte gefunden haben.

Ausgangspunkt: Mödlinger Hütte, 1523 m.
Streckenlänge: 14,3 km
Anforderungen: Forstwege und mittelschwere Wanderwege wechseln sich auf einem gut beschilderten Wanderwegnetz ab.
Einkehr: **Gasthof zum Donner** (in Johnsbach) und **Kölblwirt**, vgl. beide auch bei »Unterkunft«.
Unterkunft: Johnsbach: **Gasthof zum Donner**, ✆ +43 3611 218, www.donnerwirt.at. **Kölblwirt**, ✆ +43 3611 216, www.koelblwirt.at. **Heßhütte**, Alpenvereinshütte Sektion Austria, ✆ +43 664 4308060, www.hesshuette.at; 40 Zimmerlagerbetten und 75 Matratzenlager, keine Duschmöglichkeit; 25. Mai–26. Okt.
Verkehrsmittel: Die Heßhütte ist nur zu Fuß erreichbar.
Information: **Tourismusverband Gesäuse** in Admont, ✆ +43 3613 2116010, www.gesaeuse.at.
Karten: Freytag & Berndt-Wanderkarten: WK 062 – Gesäuse, Ennstaler Alpen, Schoberpass.

Ein Weg zum Entspannen: entlang des Johnsbachs vom Gasthof zum Donner zum Kölblwirt.

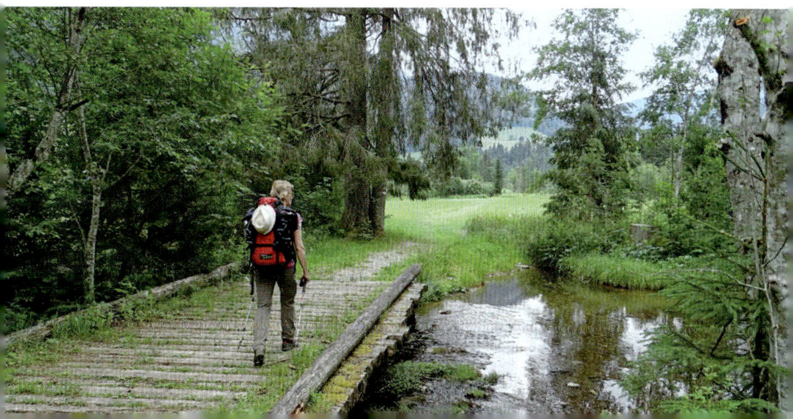

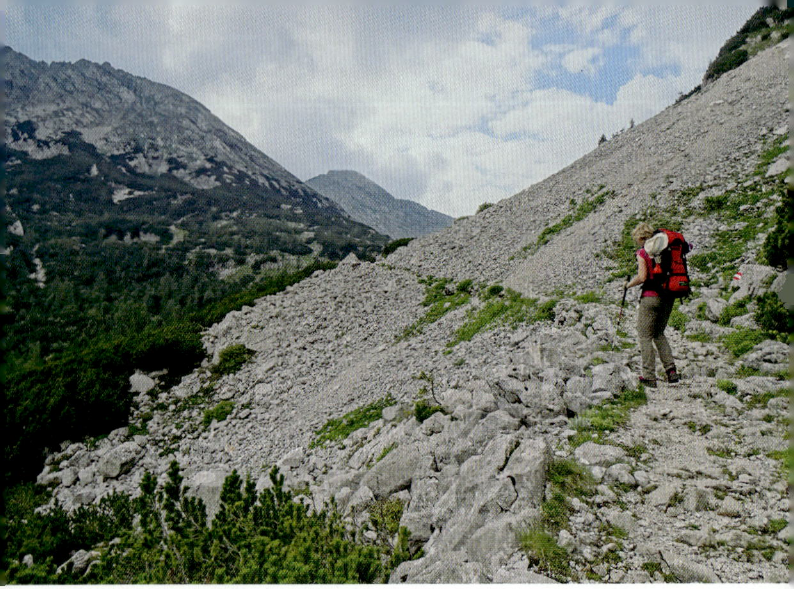

In Kürze erreichen wir unser Tagesziel, die Heßhütte.

Von der **Mödlinger Hütte (1)**, 1523 m, folgen wir der Forststraße und der rot-weiß-roten Markierung bergab in Richtung »Johnsbach« (Weg Nr. 601/608). Der Wanderweg führt in Serpentinen bis in den Talboden und zum Gasthof zum Donner in **Johnsbach (2)**, 753 m. Hier machen wir einen kurzen Abstecher nach links über die Holzbrücke zum Bergsteigerfriedhof. Zurück beim Gasthof geht es auf der Asphaltstraße leicht bergan bis zu einer scharfen Linkskurve. Hier gehen wir geradeaus, folgen dem Wanderweg 75 in Richtung »Fußweg GH Kölblwirt«. Leicht bergauf, erst auf Wanderwegen, dann auf Forststraßen, orientieren wir uns immer am Johnsbach. Am Staubecken vorbei errei-

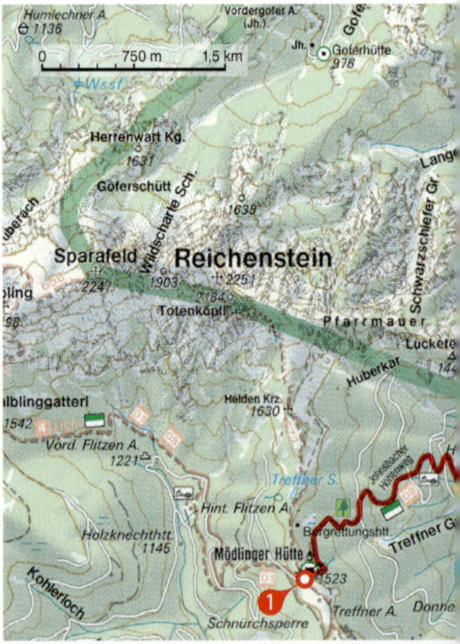

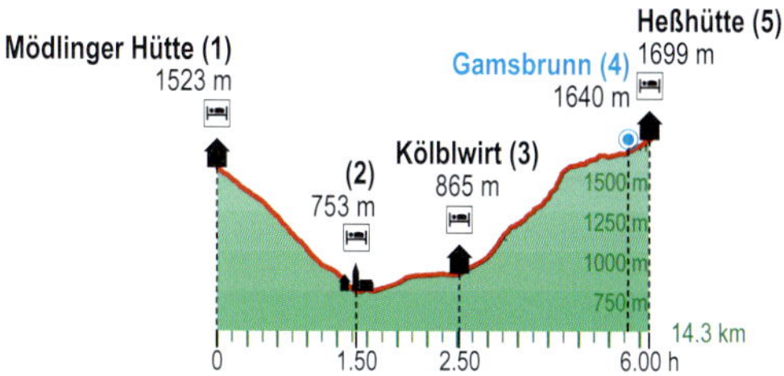

chen wir den breiten Talboden mit Wiesen- und Feuchtflächen, geologische Informationstafeln stehen am Weg. Nach kurzer Zeit gelangen wir zum an der Straße gelegenen **Kölblwirt (3)**, 865 m.

Gleich nach dem Gasthof zweigen wir links auf den Wanderweg in Richtung »Heßhütte« ab. Der Weg steigt kontinuierlich, zwischendurch etwas steiler, durch den Wald bergan. Kleine Almflächen mit Rastmöglichkeiten geben dem Aufstieg eine äußerst attraktive Note. Auf ca. 1500 m Seehöhe lassen wir den steileren Anstieg hinter uns, kommen zu breiten Almflächen und in der Folge zur Quelle **Gamsbrunn (4)**, 1630 m.

Das letzte Teilstück verläuft über Schutthänge, die einfach über einen breiten Wanderweg zu begehen sind. Auf dem Passübergang Ennseck befindet sich unser Tagesziel, die **Heßhütte (5)**, 1699 m (auch: Hesshütte).

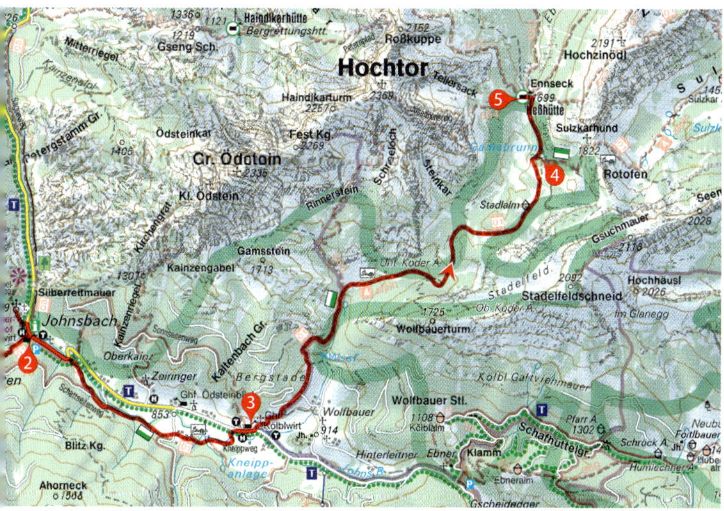

11 Heßhütte – Radmer an der Stube

6.45 Std.

↑610 ↓1580

Eine eindrucksvolle Wanderung im Nationalpark Gesäuse

Mit der heutigen Etappe verlassen wir die spektakuläre Kulisse der Gesäuseberge auf teils anspruchsvolleren Wegabschnitten. Am Sulzkarhund betreten wir den Nationalpark Gesäuse und mit jedem Schritt durch das breite, schön geformte Sulztalkar mit den umliegenden Kalkwänden schlägt unser Herz höher. Man kann sich nicht satt sehen an den Kontrasten zwischen dem nackten Felsen und den blühenden Almflächen, die von den Farben zahlreicher Orchideen noch unterstrichen werden. Eindrucksvoll ist auch ein markanter Gipfel und ständiger Begleiter des heutigen Tages: der Lugauer, auch Steirisches Matterhorn genannt, der heute vom Westen her umwandert wird. Mit dem Abstieg in das Radmertal verlassen wir nicht nur den Nationalpark Gesäuse, sondern auch den Verwaltungsbezirk Liezen, in dem wir seit der ersten Etappe unterwegs waren.

Ausgangspunkt: Heßhütte, 1699 m.
Streckenlänge: 17 km.
Anforderungen: Teilweise steile Wanderwege, die stark begangen werden und bei Nässe mitunter sehr rutschig sein können. Beim ersten Teil des Abstieges vom Sulzkarhund in Richtung Sulzkaralm ist erhöhte Vorsicht geboten. Der Weg ist ausgesetzt und der Boden lehmig. Vom Wegpunkt Gspitzter Stein ist der Abstieg nach Radmer in der Hasel sehr ausgesetzt und steil, zum Teil sind Seilversicherungen vorhanden.

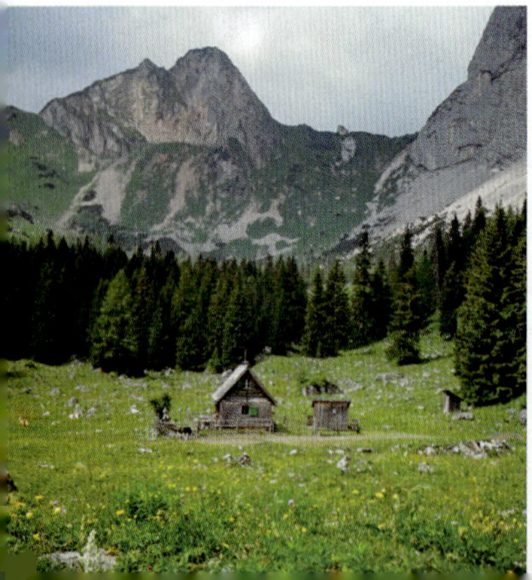

Einkehr: Unterwegs keine.
Unterkunft: Radmer an der Stube: **Gasthof zum Erzberg**, ✆ +43 3635 2145, www.gh-erzberg.at.
Verkehrsmittel: Radmer ist mit dem Bus erreichbar. Auskünfte unter: Verbundlinie Steiermark, www.busbahnbim.at.
Information: Tourismusbüro Gesäuse, ✆ +43 3613 2116010, www.gesaeuse.at. **Tourismusverband Erzberg Land / Informationsbüro Eisenerz**, ✆ +43 3848 3700, www.erzbergland.at.
Hinweis: 1. In Radmer an der Stube gibt es ein Lebensmittelgschäft. 2. Bei der Halterhütte Sulzkarhütte gibt es einen Brunnen.
Tipps: 1. Das Kupferschaubergwerk in der Radmer mit der kleinsten Stollenbahn Österreichs Infos unter: www.kupferschaubergwerk.at. 2. Bäckerei und Kaufhaus Strasser in Radmer an der Stube 19a, ✆ +43 3635 2109.
Karte: Freytag & Berndt-Wanderkarten: WK 062 – Gesäuse, Ennstaler Alpen, Schoberpass.

Die idyllisch gelegene Sulzkaralm – im Hintergrund der Sulzkarhund.

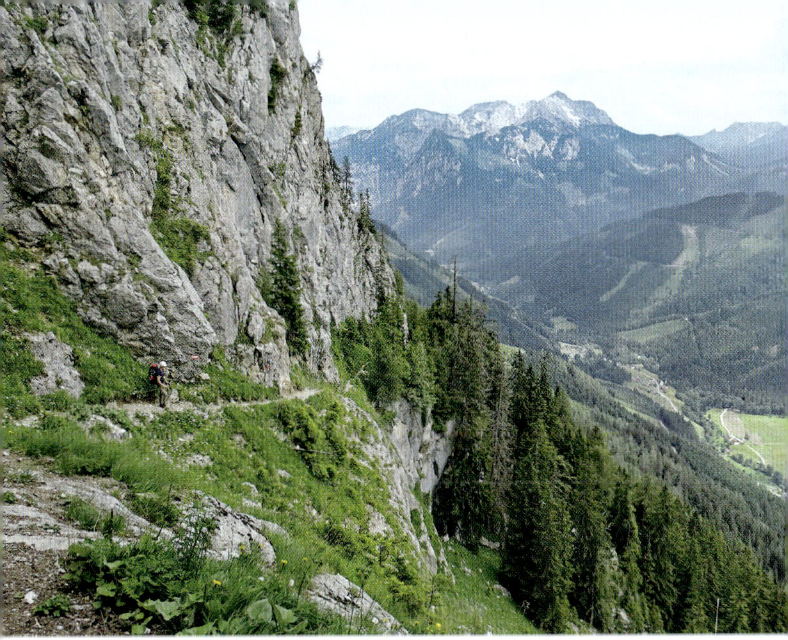

Ein steiler, teils ausgesetzter Weg vom Passübergang Gspitzter Stein in die Radmer.

Wir gehen von der **Heßhütte (1)**, 1699 m, ein Stück der gestrigen Etappe zurück und zweigen nach ca. 10 Min. beim Gamsbrunn nach links in Richtung »Sulzkar« und »Radmer« ab. Der Weg 601 steigt bergan. Je nach Jahreszeit sind die Wiesenflächen mit zahlreichen Blütenpflanzen und Orchideen übersät. Den höchsten Punkt der heutigen Etappe erreichen wir beim Passübergang **Sulzkarhund (2)**, 1822 m. Von hier aus haben wir einen traumhaften Ausblick auf das Sulzkar und den uns bevorstehenden Abstieg. Aufgrund des ausgesetzten Weges und des lehmigen Bodens ist erhöhte Vorsicht geboten, gerade bei schlechter Sicht oder ungünstigen Wetterbedingungen.

Anschließend wandern wir gemütlicher über die weiten Almflächen des Sulzkars bis zur **Sulzkarhütte (3)**, 1453 m. Die Hütte liegt nördlich des Sulzkarsees, der starken Wasserschwankungen unterliegt und der einzige See im Nationalpark ist. Der Wanderweg führt geradeaus weiter bis zur Wegkreuzung Sulzkar. Wir halten uns in Richtung »Kohl Anger« und »Radmer« und gehen zuerst auf einem Wanderweg und in Folge auf einer Forststraße bergab. Bei der Kreuzung **Kohl Anger (4)**, 1134 m folgen wir nach rechts der Forststraße (Weg 665) hinauf in Richtung »Haselkar Alm«. Bei einer Forststraßenkreu

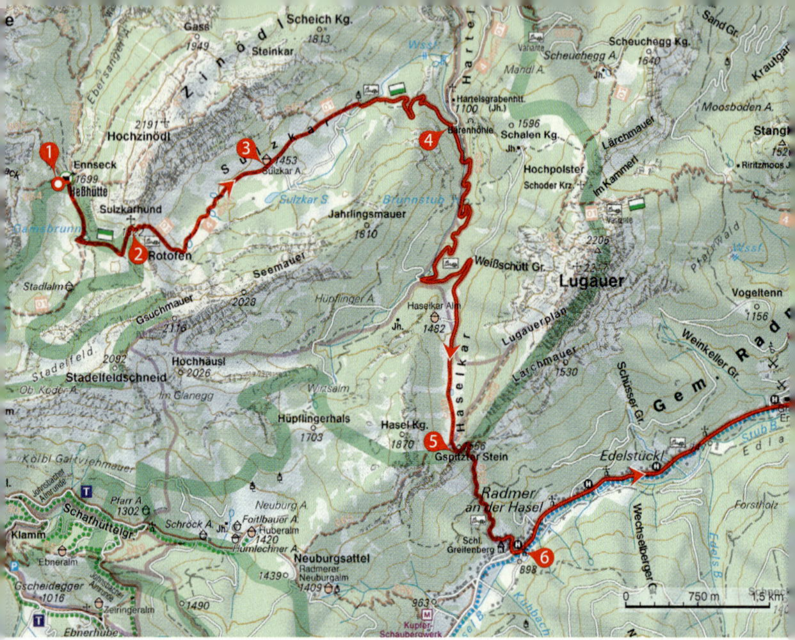

zung gehen wir links, wobei wir uns hier an der Skitourenmarkierung (hohe Stangen orange/blau) orientieren können. Wir bleiben immer auf dem Hauptweg, bis wir die breiten, weichen Almflächen der Haselkar Alm erreichen und die Forststraße endet. Der Wanderweg führt geradeaus weiter – ist aber nicht immer eindeutig markiert – bis zur Wegkreuzung auf dem Passübergang **Gspitzter Stein (5)**, 1556 m.

Achtung! Nun geht es auf dem Weg 668 fast direkt in einer Linie steil bergab nach **Radmer an der Hasel (6)**, 898 m. Das letzte Teilstück verläuft dann bequem auf der Asphaltstraße entlang des Talbodens bis zu unserer Unterkunft Gasthof zum Erzberg in **Radmer an der Stube (7)**, 729 m.

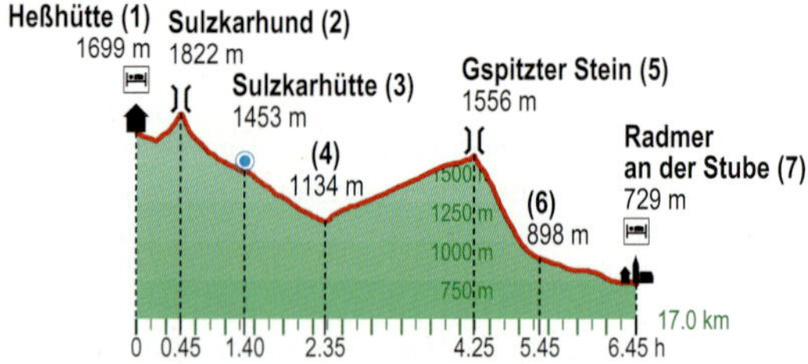

7.00 Std.
↑780 ↓770

Radmer an der Stube – Eisenerz

12

Unterwegs mit dem Blick auf die Gipfel der Eisenerzer Alpen

Lange Abschnitte der heutigen Wanderung führen über befestigte Wege, was jedoch eine angenehme Abwechslung zu den vergangenen Tagen im Gesäuse darstellt. Die gleichmäßig verlaufenden Auf- und Abstiege ermöglichen ein ausgeglichenes Gehtempo, wodurch man zur Ruhe und zu sich selbst kommen kann. Der Blick auf die Kaiserschild-Gruppe während des ersten Abschnittes, das breite Ramsautal und der markante, reizvolle Erzberg im Verlauf des Tages geben der Wanderung eine ganz besondere Note. Ein schöner Abschluss ist der Blick vom Schichtturm aus auf die historische Bergbaustadt Eisenerz. Auch bei anspruchsvolleren Wetterbedingungen, wie Regen, Kälte oder Nebel, kann diese Etappe unbedenklich gewandert werden.

Ausgangspunkt: Radmer, 729 m.
Streckenlänge: 18,9 km.
Anforderungen: Einfache Wege, hauptsächlich Forststraßen.
Einkehr: **Alpengasthaus Ramsau** auf der Gemeindealm der Eisenerzener Ramsau, ✆ +43 3848 60295. Kurz nach der Gemeindealm: **Gasthof Pichlerhof**, vgl. auch »Unterkunft«.
Unterkunft: Kurz nach der Gemeindealm: **JUFA Hotel Eisenerz**, ✆ +43 57 083340, eisenerz@jufa.eu. **Gasthof Pichlerhof**, ✆ +43 3848 3414, www.pichlerhof.at. Eisenerz: **Gästehaus Tegelhofer**, ✆ +43 3848 2086, oder +43 664 8659466, www.gaestehaus-tegelhofer.at; **JUFA Hotel Eisenerz**, ✆ +43 57 083340, eisenerz@jufa.eu; **Gasthof Pichlerhof**, ✆ +43 3848 3414, info@pichlerhof.at.
Verkehrsmittel: Eisenerz ist mit dem Bus erreichbar. Auskünfte unter: Verbundlinie Steiermark, www.busbahnbim.at.
Information: **Tourismusverband Erzberg Land / Informationsbüro Eisenerz**, ✆ +43 3848 3700, www.erzbergland.at.
Tipp: Abenteuer Erzberg (Schaubergwerk), ✆ +43 3848 3200, abenteuer-erzberg.at.
Karte: Freytag & Berndt-Wanderkarten: WK 062 – Gesäuse, Ennstaler Alpen, Schoberpass.

Mit Blick auf den markanten Erzberg wandern wir in Richtung Eisenerz.

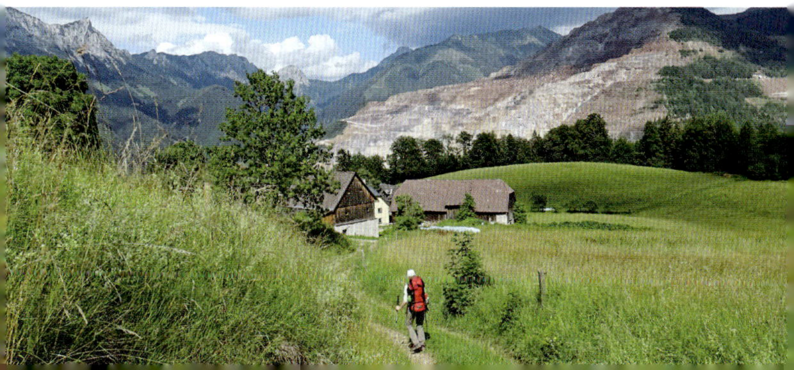

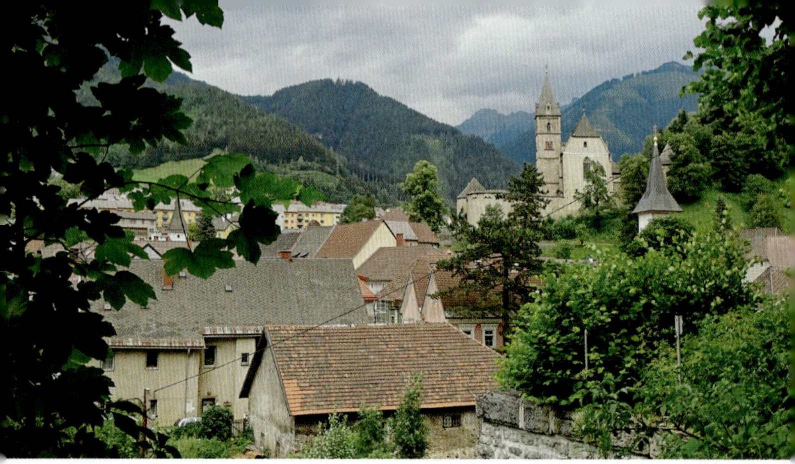

Nach mehreren Bergetappen erreichen wir die Stadt Eisenerz.

Von unserer Unterkunft bei **Radmer an der Stube (1)**, 729 m, gehen wir in den Ort selbst, wo wir im Lebensmittelgeschäft unseren Proviant auffüllen können. Bei der Straßenkreuzung im Zentrum wandern wir mit Wanderweg 601 in Richtung »Radmerhals«; dieser Wanderweg wird uns während der gesamten Etappe bis nach Eisenerz begleiten. Wir folgen ein Stück der Asphaltstraße, zweigen aber alsbald mit dem gelben Wegweiser (»Radmerhals«) nach links ab. Ab nun geht es durch den Wald entlang einer breiten Forststraße bergauf. Der Weg ist gut beschildert, zur Orientierung kann auch die »Mountain-Bike-Tour« in Richtung »Radmerhals« dienen. Wir verlassen den Hauptweg bei einer gelb-blauen Schranke und erreichen den höchsten Punkt der heutigen Etappe, den **Radmerhals (2)**, 1305 m, der am Holzkreuz erkennbar ist.

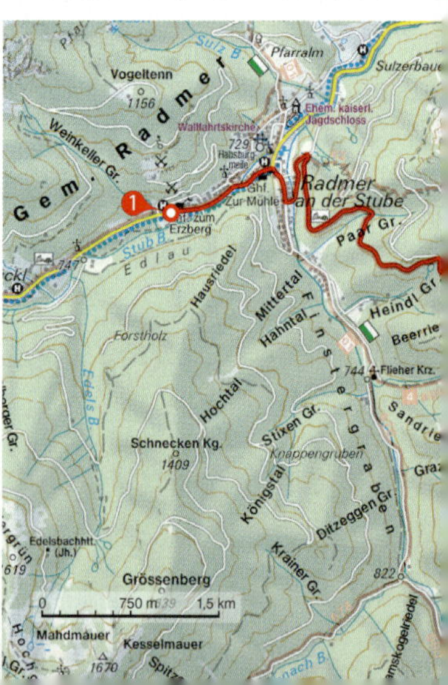

Der Abstieg folgt ebenfalls hauptsächlich auf einer Forststraße mit kleinen Abkürzungsmöglichkeiten ins Tal des Ramsaubaches. Auf der **Gemeindealm (3**), 1018 m, der Eisenerzer Ramsau befindet sich das Alpengasthaus Ramsau. Wenig später passieren wir den Gasthof

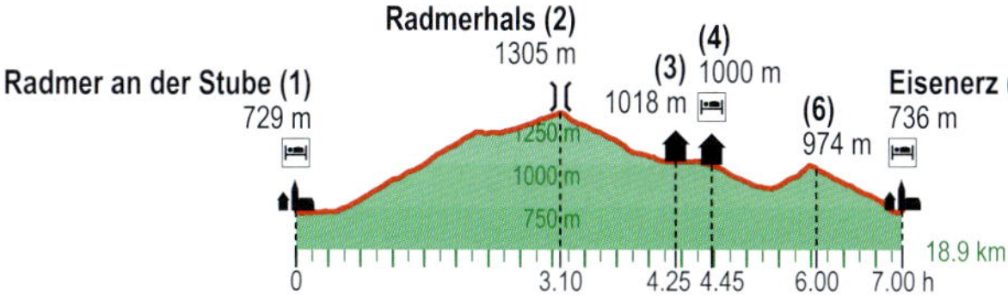

Pichlerhof und das **JUFA Hotel Eisenerz (4)**, 1000 m, und gelangen weiter entlang der Asphaltstraße zur **Abzweigung »Wanderweg Hohenegg« (5)**, 865 m (auf den gelben Wegweiser auf der linken Straßenseite achten). Wir gehen nach links über die Brücke, an ein paar Häusern vorbei und dann nach rechts auf dem Wanderweg bergan durch den Wald. Bei einer Weggabelung nehmen wir links den steileren Weg, den »Mariazeller Gründerweg«. Aus dem Waldstück heraustretend geht es nach rechts entlang der Wiesen mit einem wunderbaren Blick auf den Erzberg weiter. Bei einem Bodensitz (jagdliche Einrichtung) halten wir uns nach rechts unten und gehen durch die Haus- und Hofstelle **Hohenegg (6)**, 974 m, hindurch.

Auf Schotter- und Wanderwegen, wobei wir uns weiterhin am »Mariazeller Gründerweg« orientieren, gelangen wir zum Schichtturm. Nach einem kleinen Rundumblick gehen wir nur wenige Meter auf der Zufahrtsstraße zum Turm, um dann dem »Stadterlebnisweg« nach rechts unten zu folgen. Im Siedlungsgebiet angekommen, geht es auf der Lindmoserstraße weiter und über eine Brücke immer geradeaus bis zum Bergmannsplatz im Zentrum von **Eisenerz (7)**, 736 m.

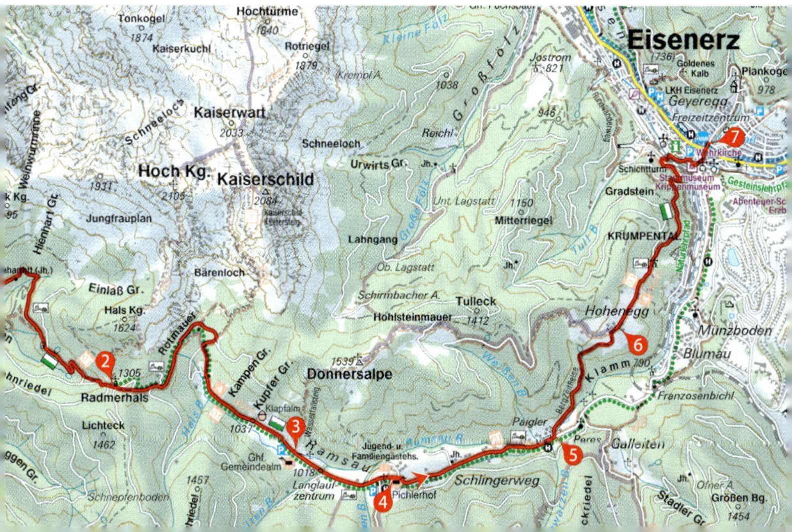

13 Eisenerz – Sonnschienalm

8.00 Std.
↑1300 ↓510

Der Aufstieg auf den »Schwaben«

Die heutige Etappe beginnt mit einem wunderschönen Aufstieg auf das Hochschwabmassiv. Los geht's in der historischen Bergbaustadt Eisenerz, vorbei am smaragdgrünen Wasser des Leopoldsteinersees, der an schönen Sommertagen ein beliebtes Ausflugsziel ist, um anschließen schön langsam in die Bergwelt des Hochschwabs einzutauchen. Die attraktive Kulisse der schroffen Kalkwände, die Almflächen in der verkarsteten Landschaft und die zahlreichen Hütten machen den »Schwaben« sicherlich zu einer der beliebtesten Wanderdestinationen im Osten von Österreich. Zu beachten ist, dass der Weg vom 15. Sept. bis 15. Okt. gesperrt ist (vgl. »Hinweis« und »Variante«).

Ausgangspunkt: Eisenerz, 736 m.
Streckenlänge: 21,6 km.
Anforderungen: Lange, anspruchsvolle Bergwanderung auf gut markierten und eindeutigen Wanderwegen. Bei schlechter Sicht kann es am Hochschwabplateau zu Orientierungsschwierigkeiten kommen.
Einkehr: **Seestüberl Leopoldsteinersee**, ✆ +43 3848 3135, www.leopoldsteinersee.at. **Androthalm**, Halterhütte, Mitte Juni–Mitte Sept. bewirtschaftet. **Bärnsbodenalm**, ✆ +43 660 1875232, ca. 10 Gehminuten vom Weg entfernt. Abzweig bei der Androthalm.
Unterkunft: **Sonnschienhütte**, Alpenvereinshütte auf der Sonnschienalm, ✆ +43 664 5112474 (nur telefonisch erreichbar, keine SMS oder E-Mails), www.sonnschienhuette.at; die Hütte verfügt über 50 Schlafplätze, 1. Mai–15. Sept.
Verkehrsmittel: Die Sonnschienhütte ist nur zu Fuß erreichbar.
Information: **Tourismusverband Erzberg Land / Informationsbüro Tragöß-Grüner See**, ✆ +43 3868 8330, www.erzbergland.at.
Hinweis: 1. In der Zeit vom 15. Sept. bis 15. Okt. sind die Hütten rund um die Sonnschienalm aus jagd- und forstwirtschaftlichen Gründen gesperrt. Die Alternativroute (vgl. »Variante«) führt in drei Etappen von Eisenerz über den Grünen See und den Alpengasthof Der Bodenbauer auf das Schiestlhaus. 2. An heißen Sommertagen früh genug aufbrechen und genug Wasser mitnehmen. Auf der Fobisalm gibt es in der Nähe der Hütte einen Brunnen, wo man Wasser nachfüllen kann.
Variante: 1. Etappe (mittelschwer, 5.30 Std./16 km, 710 m im Auf- und 860 m im Abstieg): Eisenerz / Gsoll / Neuwald-

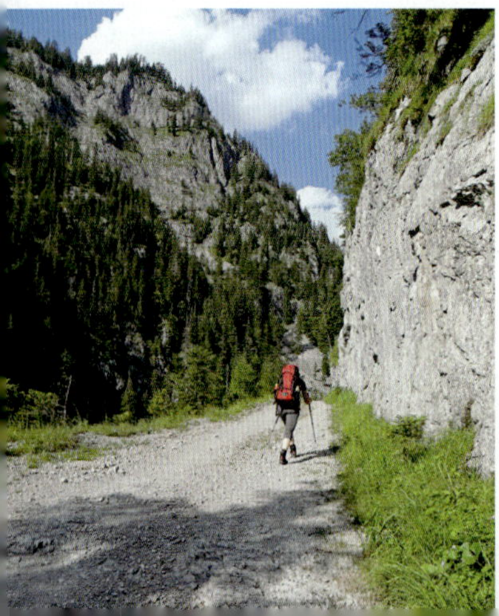

Beeindruckende Kulisse beim Aufstieg vom Leopoldsteinersee auf die Fobisalm.

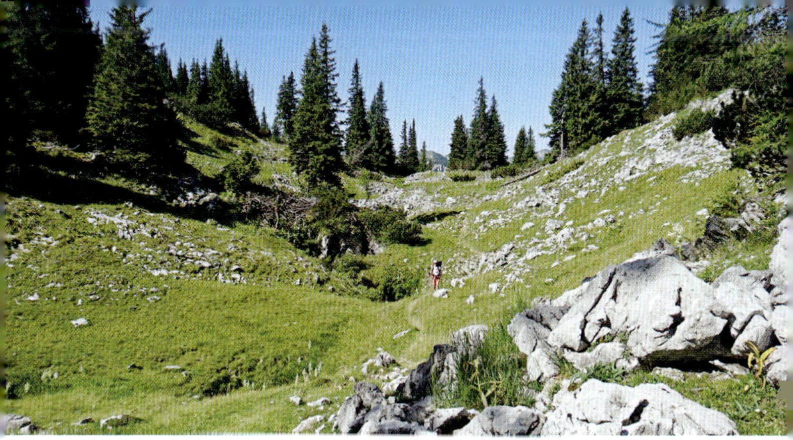

Wir wandern über die dolinenreiche Landschaft des Hochschwabs.

eggsattel / Jassing / Grüner See / Tragöß; Unterkunft: **Gasthof Seehof**, ✆ +43 699 11491720, www.seehof-gruenersee.com. 2. Etappe (mittelschwer, 3.30 Std./9,5 km, 510 m im Auf- und 410 m im Abstieg: Tragöß / Klamm / Scheideck / Heinzler Alm / Alpengasthof Der Bodenbauer; Unterkunft: **Alpengasthof Der Bodenbauer** ✆ +43 664 5032653, www.der-bodenbauer.at. 3. Etappe (schwer, 5 Std./8 km, 1440 m im Auf- und 160 m im Abstieg. Alpengasthof Bodenbauer / Trawiestal / Das G'hackte / Schiestlhaus. Unterkunft: **Schiestlhaus**, ÖTK-Hütte, ✆ +43 699 10812199, www.schiestlhaus.at; die Hütte verfügt über 15 Zimmerlagerbetten und 46 Matratzenlager, keine Duschmöglichkeit, Mitte Mai–26. Okt.

Der Weg ist rot-weiß-rot markiert, Routeneintrag s. Karten S. 78/79 und 80/81. Eine genaue Wegbeschreibung ist im Wanderführer »BergZeitReise« nachzulesen, der über den Tourismusregionalverband Hochsteiermark (www.hochsteiermark.at) erhältlich ist.

Karten: Freytag & Berndt-Wanderkarten: WK 041 – Hochschwab, Veitschalpe, Eisenerz, Bruck an der Mur.

Vom Bergmannsplatz in **Eisenerz (1)**, 736 m, gehen wir auf der Geyereggstaße zur Bundesstraße und dort nach links, bis auf der rechten Seite ein großer Parkplatz liegt und ein gelber Wegweiser in Richtung »Urlaubkreuz / Pfaffenstein« (Wanderweg 801) zeigt. Zuerst geht es auf der Asphaltstraße leicht bergauf, dann auf Forststraßen und Wanderwegen durch den Wald hinunter zum **Leopoldsteinersee (2)**, 628 m. Der kurze Abstecher zum viel besuchten See ist auf jeden Fall empfehlenswert.

Nahezu eben verläuft Weg 801 dann entlang des Seeaubaches taleinwärts, bis wir nach ca. 3 km ein **Wildgatter (3)** mit Fahrverbotszeichen (auch für Radfahrer) erreichen, 659 m. Hier folgen wir nach rechts der Forststraße, die durch die Klamm, über Holzbrücken und an einer Holzhütte vorbei durch den Hinterseeaugraben führt. Wir bleiben immer auf dem Weg, der ca. 200 Höhenmeter steil bergauf durch den Wald ansteigt. Auch danach geht es kontinuierlich bergauf,

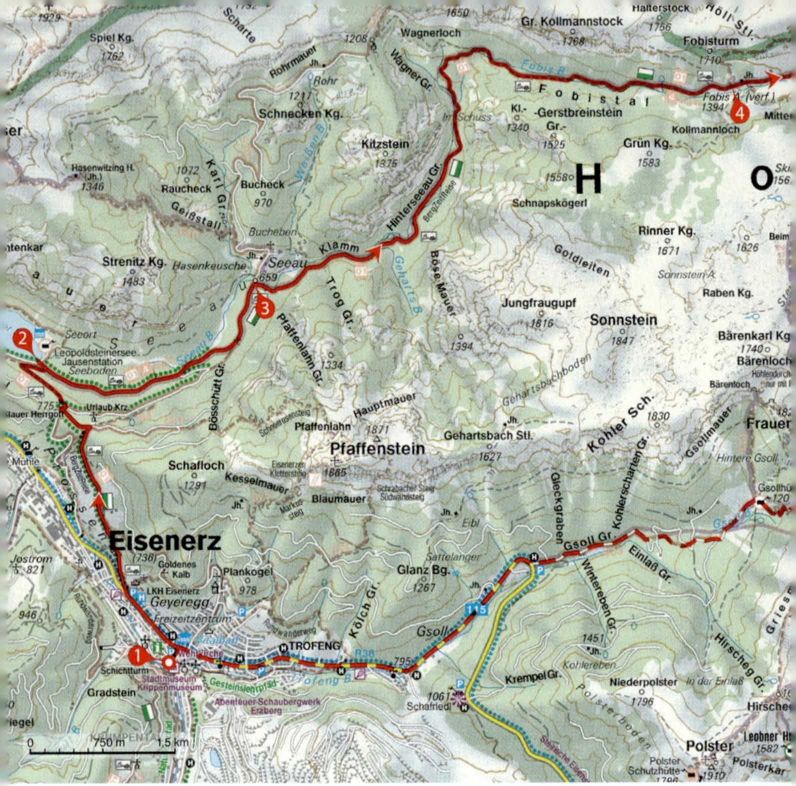

mit schönen freien Blicken auf die Kalkwände und -gipfel des Hochschwabmassivs, bis zur **Fobisalm (4)**, 1394 m. Hier gibt es auch einen Brunnen in der Nähe der Almhütte, wo Wasser nachgefüllt werden kann. Weiter wandern wir über eine zum Teil mit Latschen verwachsene Dolinenlandschaft über

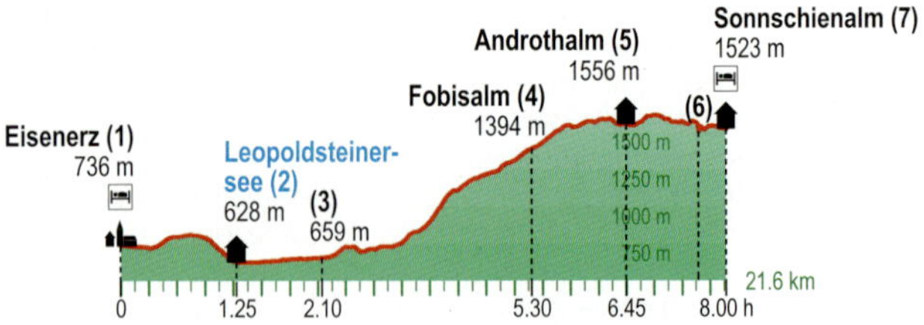

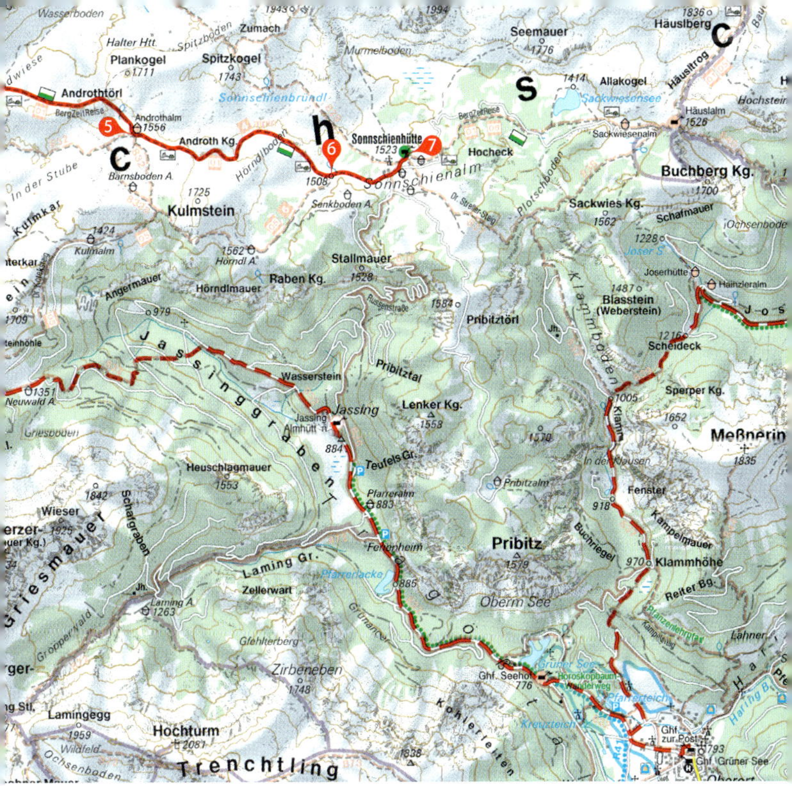

das **Fobistörl**, 1544 m, bis zur bewirtschafteten **Androthalm (5)**, 1556 m.

Ab hier ist es ein gemütliches Auf und Ab auf einer Seehöhe von ca. 1500 m. An der Wegkreuzung **Stoanbrunn (6)**, 1508 m, vorbei verläuft Weg 801/805 oberhalb der Senkbodenalm und erreicht die **Sonnschienalm (7)**, 1523 m, mit der in der Mitte der großen Almfläche liegenden Sonnschienhütte.

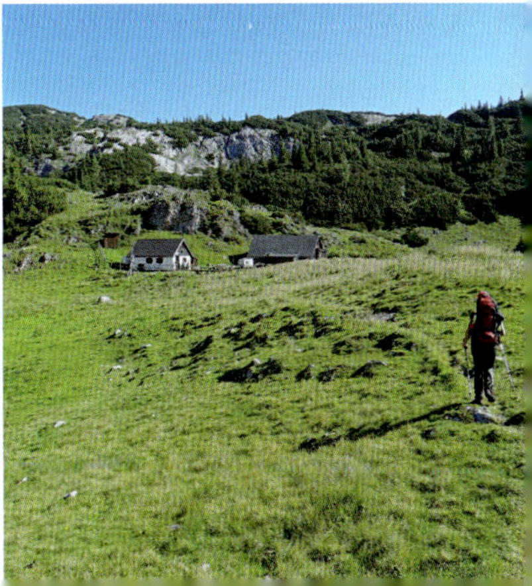

Auf der Androthalm.

14 Sonnschienalm – Schiestlhaus

5.00 Std.

↑1020 ↓390

Auf geht's zum Hochschwabgipfel

Mit der Überschreitung der abwechslungsreichen Dolinenlandschaft des Hochschwabs und der Besteigung des gleichnamigen Gipfels auf 2277 m Seehöhe, erfahren wir auf unserer »Vom Gletscher zum Wein«-Tour ein beeindruckendes Naturerlebnis. Wir durchstreifen dabei ein beliebtes Wandergebiet, das eine langjährige Wander- und Bergsteigergeschichte aufweist. Bereits Ende des 19. Jh. war der Bedarf einer Schutzhütte gegeben und das erste Schiestlhaus mit 20 Schlafplätzen wurde im Jahr 1884 vom Österreichischen Touristenklub errichtet. Heute ist das Schiestlhaus ein modernes Passivhaus, das als Pilotprojekt für ökologischen und energieautarken Schutzhüttenbau gilt. Das geschlossene, kompakte Hochschwabmassiv wird auch unweigerlich mit einem kostbaren Schatz in Verbindung gebracht: Trinkwasser bester Qualität, das nach Wien und Graz geleitet wird. Im Jahr 1910 wurde eine 180 km lange Wasserleitung eröffnet, um Wien mit Wasser zu versorgen. Die heutige Wanderung zählt sicherlich zu einer der beeindruckendsten Bergetappen der Nordroute.

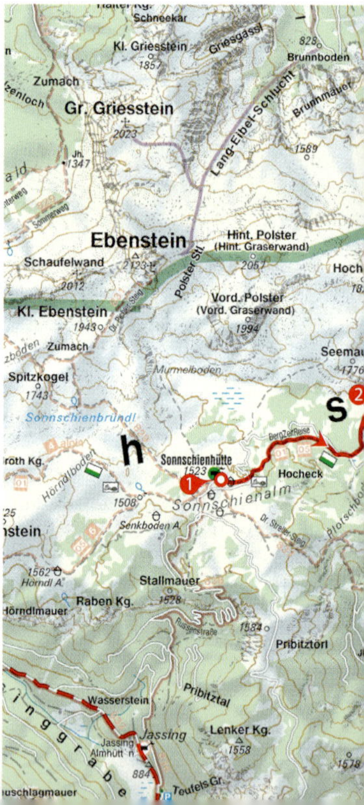

Ausgangspunkt: Sonnschienhütte, 1523 m.
Streckenlänge: 11,9 km.
Anforderungen: Anspruchsvolle Etappe über mittelschwere Wanderwege. Im Gipfelbereich ein paar schwierigere Passagen. Bei schlechter Sicht kann es am Hochschwabplateau zu Orientierungsschwierigkeiten kommen.
Einkehr: Häuslalm, vgl. »Unterkunft«.
Unterkunft: Häuslalm, ✆ +43 664 9503352, www.haeuslalm.at; die Hütte verfügt über 16 Zimmerlagerbetten, 1. Juni–9. Sept. **Schiestlhaus**, ÖTK-Hütte, ✆ +43 699 10812199, www.schiestlhaus.at; die Hütte verfügt über 15 Zimmerlagerbetten und 46 Matratzenlager, keine Duschmöglichkeit, Mitte Mai–26. Okt.
Verkehrsmittel: Das Schiestlhaus ist nur zu Fuß erreichbar.

Information: **Tourismusverband Hochschwab** in Aflenz, ✆ +43 3861 3700, www.regionhochschwab.at.
Hinweis: An heißen Sommertagen früh genug aufbrechen und genug Wasser mitnehmen. Auf der Häuslalm gibt es einen Brunnen, wo man Wasser nachfüllen kann.
Karten: Freytag & Berndt-Wanderkarte: WK 041 – Hochschwab, Veitschalpe, Eisenerz, Bruck an der Mur.

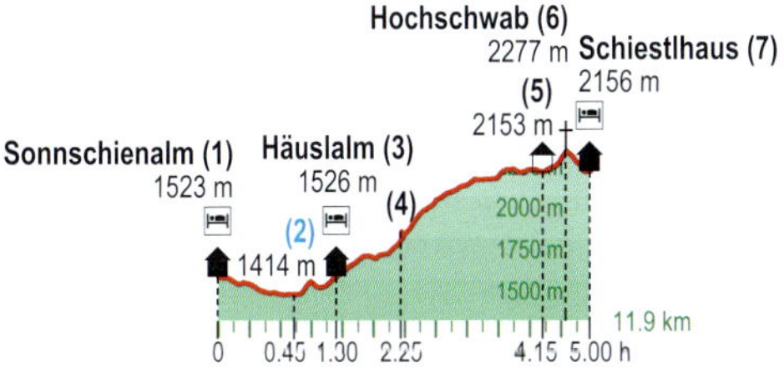

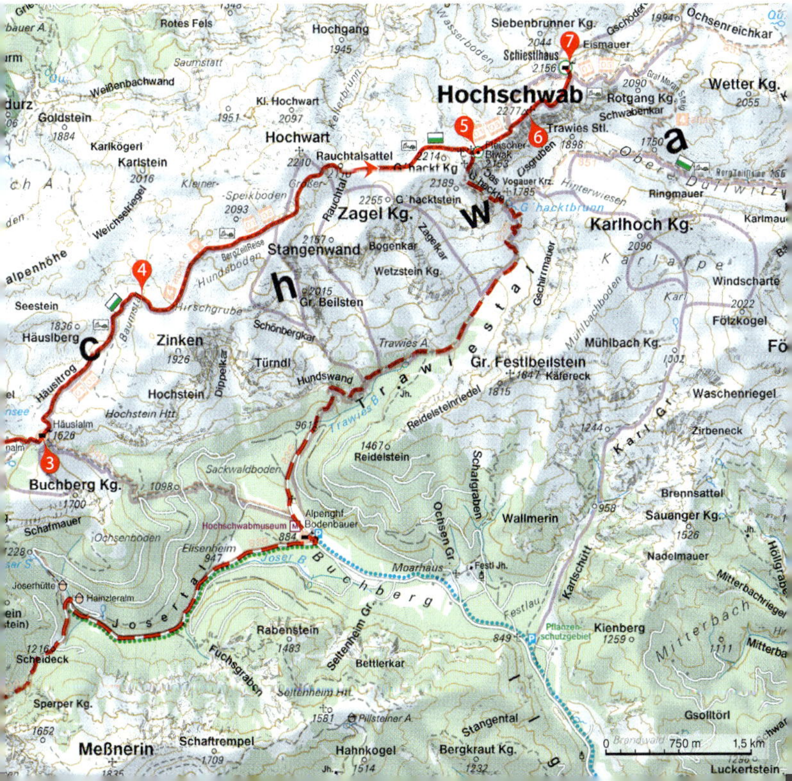

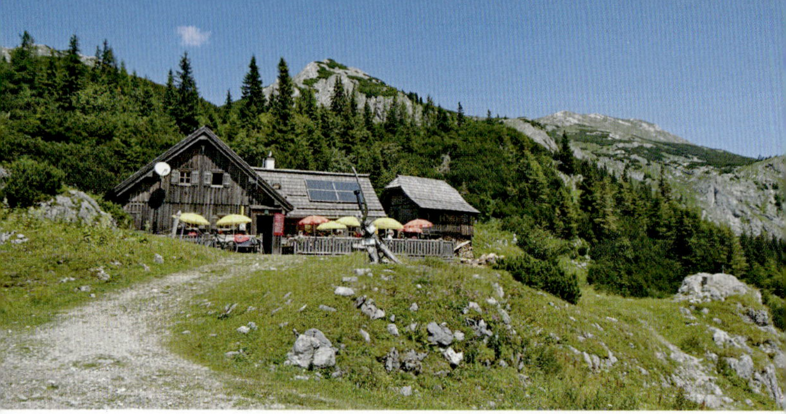

Die Häuslalm, heute unsere einzige Einkehrmöglichkeit unterwegs.

Die Sonnschienhütte auf der **Sonnschienalm (1)**, 1523 m, liegt am Kreuzungspunkt mehrerer Wanderwege. Wir folgen dem Wanderweg in Richtung Osten zur »Sackwiesenalm« bzw. zum »Sackwiesensee«. Die Wegnummern 801 und 805 begleiten uns heute während der gesamten Etappe. Gemütlich im leichten Auf und Ab wandern wir über Rothmoos zum **Sackwiesensee (2)**, 1414 m, der von einer großen, pflanzenreichen Verlandungszone umgeben ist.

Der in eine idyllische Landschaft eingebettete Sackwiesensee.

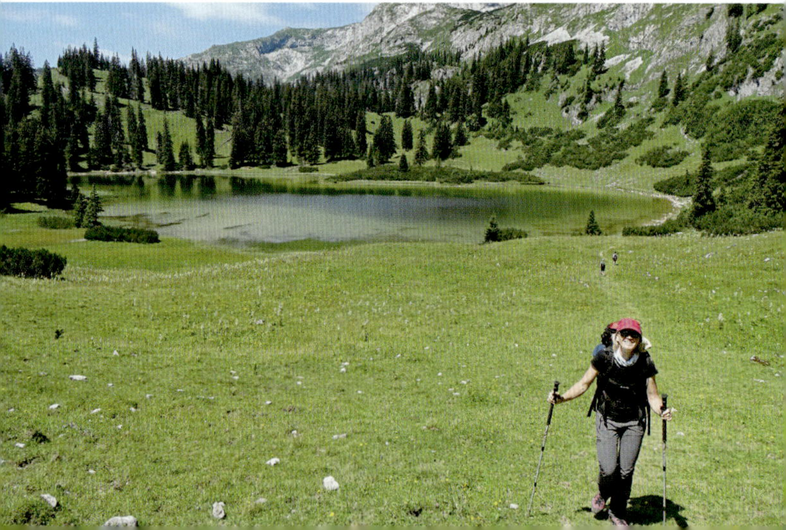

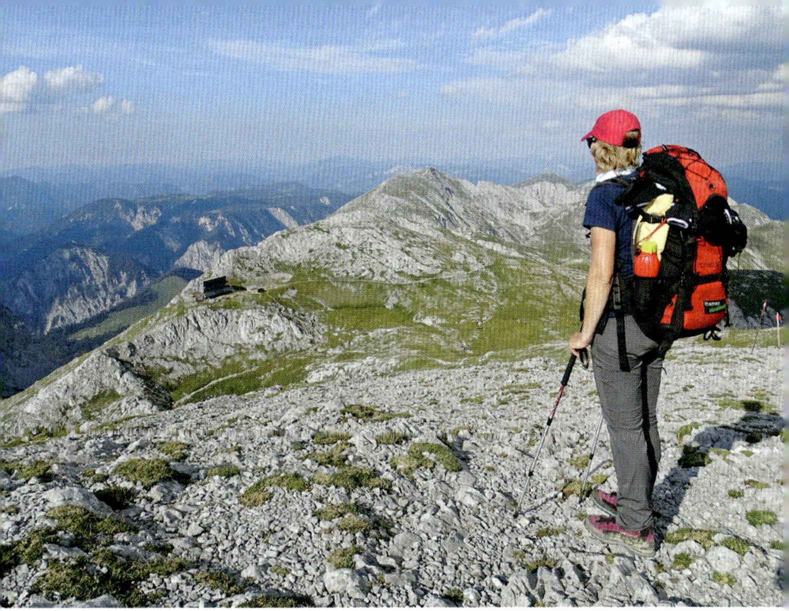

Vom Gipfelbereich des Hochschwabs sieht man bereits das Schiestlhaus, unser heutiges Etappenziel.

Ab nun geht es kontinuierlich, mitunter auch etwa steiler bergauf bis zum Hochschwabgipfel. Nach kurzer Zeit erreichen wir die Sackwiesenalm und danach die **Häuslalm (3)**, 1526 m, eine bekannte und gut frequentierte Hütte. Wichtig! Vor der Hütte sollte man beim Brunnen Wasser nachfüllen, da es bis zum Schiestlhaus keine Möglichkeit mehr dazu gibt.

Nach einer gemütliche Pause gehen wir direkt zwischen Hütte und Stallgebäude hindurch und folgen dem Weg durch die Latschen; der Wanderweg ist eindeutig und gut markiert. Wir kommen am Wegpunkt **Hirschgrube (4)**, 1795 m, vorbei, die Latschen werden immer weniger. Wir wandern über die Hundsböden, die ihren Namen vor allem an heißen Sommertagen verdient haben. Etwa ab dem Speikboden erreichen wir die Hochebene auf ca. 2100 m Seehöhe und sehen den Hochschwabgipfel bereits vor uns. Bis zur **Fleischer Biwakschachtel (5)**, 2153 m, einer gelb-grauen, wenig einladendem alpinen Schutzeinrichtung, ist es nicht mehr weit, und danach geht's das letzte Stück hinauf zum Gipfel des **Hochschwab (6)**, 2277 m.

Vom Gipfel steigen wir auf einem teils steilen Weg – vor allem bei schlechteren Wetterbedingungen ist Vorsicht geboten – noch gut 100 Höhenmeter ab und erreichen unser Tagesziel, das **Schiestlhaus (7)**, 2156 m.

15 Schiestlhaus – Seewiesen

4.30 Std.

↑130 ↓1320

Abstieg mit Steinböcken, Gämsen und Murmeltieren bis ins Tal

Die dritte und gleichzeitig auch letzte Etappe über das Hochschwabmassiv verläuft durch eine beeindruckende Karstlandschaft: Dolinen, Klüfte und Karren begleiten uns auf dem Weg hinunter in das sanft geformte Seetal, ein U-Tal wie aus dem Lehrbuch. Für den Abstieg sollte man sich Zeit lassen, da der Ausblick auf die weitreichenden Gebirgsregionen ebenso interessant ist wie die zahlreichen Blütenpflanzen und die mitunter wenig scheuen Gämsen und Steinböcke. In der Zeit des Erzherzogs Johann wurde der Hochschwab als »Steirisches Gamsgebirg'« bezeichnet. Bereits 1803 unternahm der Erzherzog im Alter von 21 Jahren eine mehrtägige Bergwanderung auf den Hochschwab, die als erste »touristische« Besteigung des Hochschwabs gilt. Einst oder jetzt, der Hochschwab war und ist eine attraktive Wanderregion.

Ausgangspunkt: Schiestlhaus, 2156 m.
Streckenlänge: 12,5 km.
Anforderungen: Mittelschwere bzw. stellenweise schwere Wanderwege beim Abstieg vom Schiestlhaus bis zum breiten Talboden. Teilweise steile und steinige Abschnitte im felsigen Gelände, besondere Vorsicht ist auch bei den Dolinen geboten. Bei schlechter Sicht kann es am Hochschwabplateau zu Orientierungsschwierigkeiten kommen und man sollte den Weg nicht verlassen! Danach bis nach Seewiesen einfache Wege und Forststraßen.
Einkehr: **Voisthaler Hütte**, Eröffnung der neuen Voisthaler Hütte voraussichtlich 2020. Die alte Hütte wird nach Fertigstellung der neuen Hütte abgerissen. In der Zwischenzeit sollte der Ausschank gewährleistet sein. Kontaktdaten der Hütte findet man auf der Homepage des ÖAV: www.alpenverein.at/voisthalerhuette.
Unterkunft: Seewiesen: **Alpengasthof Schuster**, ✆ +43 676 9385055, www.al-

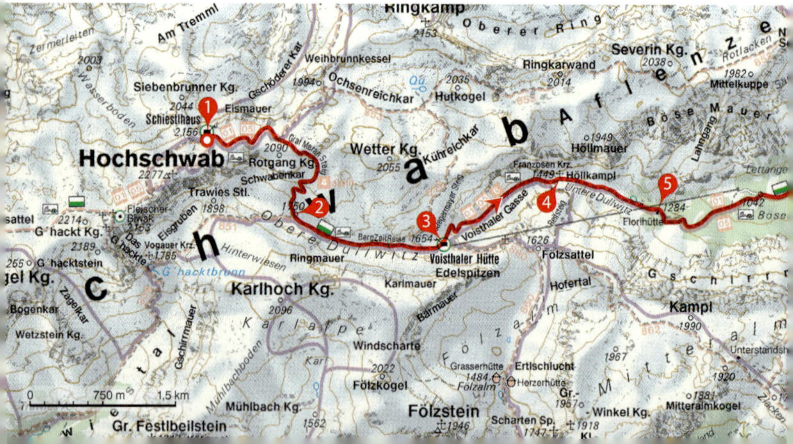

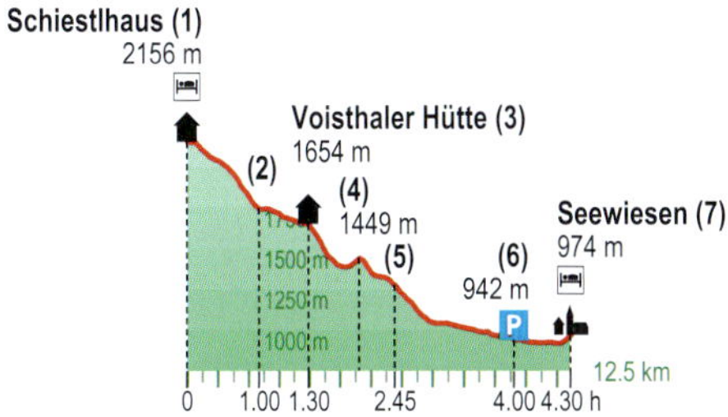

pengasthof-schuster.at; **Hotel Seeberghof**, ✆ +43 681 84152238, www.seeberghof.at.

Verkehrsmittel: Seewiesen ist mit dem Bus erreichbar. Auskünfte unter: Verbundlinie Steiermark, www.busbahnbim.at.

Information: Tourismusverband Hochschwab in Alfenz, ✆ +43 3861 3700, www.regionhochschwab.at. **Tourismusverband Turnau**, ✆ +43 664 3548485, www.turnau.gv.at.

Karten: Freytag & Berndt-Wanderkarte: WK 041 – Hochschwab, Veitschalpe, Eisenerz, Bruck an der Mur.

Vom **Schiestlhaus (1)**, 2153 m, wandern wir in Richtung Südosten zuerst eben und in der Folge über felsige und steinige Wege bis zum **Kreuzungspunkt (2)** »Voisthalerhütte« (Wege 805/801) und »Aflenzer Staritzen« (Weg 853), 1750 m. Weiter in Richtung »Voisthalerhütte« kann man mit etwas Glück auch Steinböcken und Gämsen begegnen, die oft unweit des Wanderweges verweilen und sich von Wanderern auch nicht gestört fühlen. Dann geht es steil und steinig auf dem »Graf-Meran-Steig« bergab, ein Teilstück, das als schwerer Wanderweg einzustufen ist, bis wir in den breiten Talboden der Oberen Dullwitz kommen. Ab hier wandern wir gemütlich und weniger steil hinunter zur **Voisthaler Hütte (3)**, 1654 m.

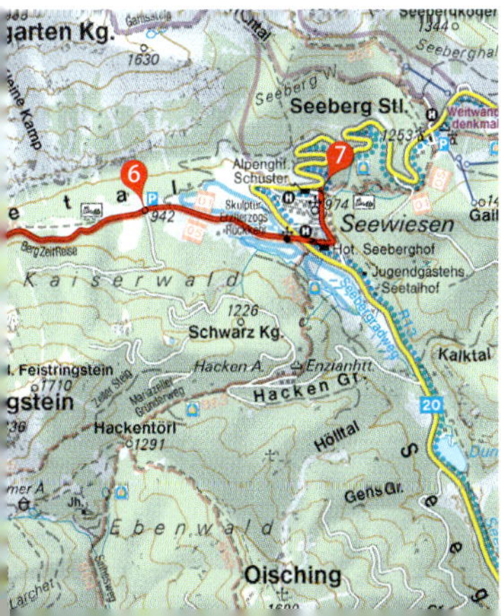

Steiniger Abstieg von der Voisthaler Hütte.

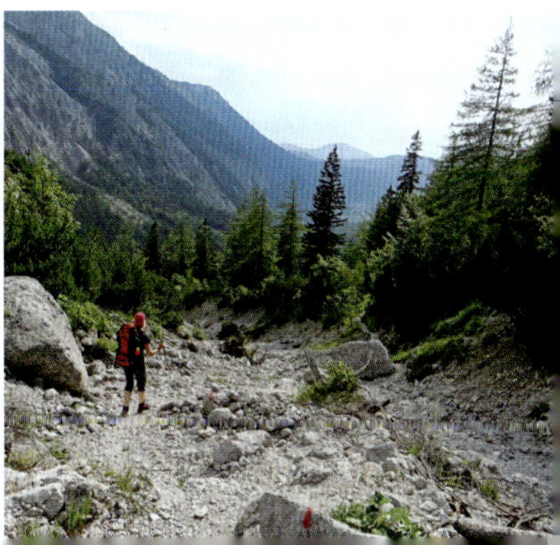

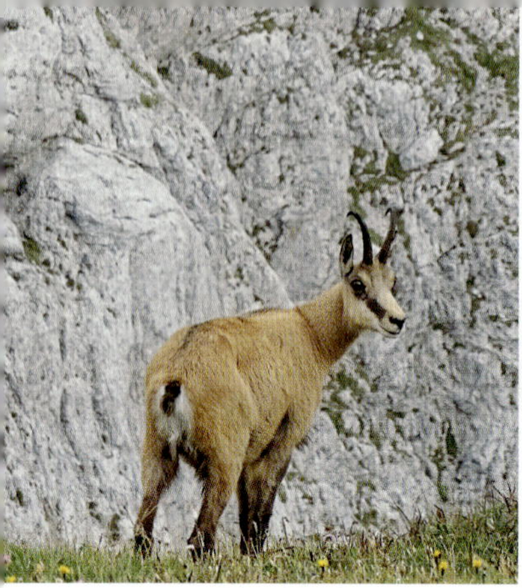

Gar nicht scheue Gämsen.

Der Wanderweg führt links an der Hütte vorbei und ca. 200 Höhenmeter bergab, anfangs wieder etwas steiler. Dann wandern wir auf einer Seehöhe von ca. 1400 m zum **Franzosenkreuz (4)**, 1449 m. Das Holzkreuz erinnert an die Besetzung der Franzosen im Jahr 1805 und daran, dass die Bevölkerung von Seewiesen auf dieser Höhe eine sichere Stellung gefunden hatte.

Vom Kreuz aus steigen wir hinunter zur nicht bewirtschafteten **Florlhütte (5)**, 1284 m, und kommen danach durch schöne Mischwälder. Zwischendurch verläuft der Weg dabei im trockenen Bachbett. Auf ca. 1000 m Seehöhe erreichen wir den Talboden, wo wir nach rechts auf eine Forststraße abzweigen. Nach ca. 3 km gelangen wir zum **Dullwitz-Parkplatz (6)**, 942 m, dem Ausgangspunkt für den Aufstieg zur Voisthaler Hütte. Weiterhin der Forststraße talauswärts folgend gelangen wir zur Bundesstraße, über die wir geradeaus in die Siedlungsstraße gehen; an deren Ende gelangen wir nach links ins »Zentrum« von **Seewiesen (7)**, 974 m.

Durch Mischwälder wandern wir hinunter ins Tal.

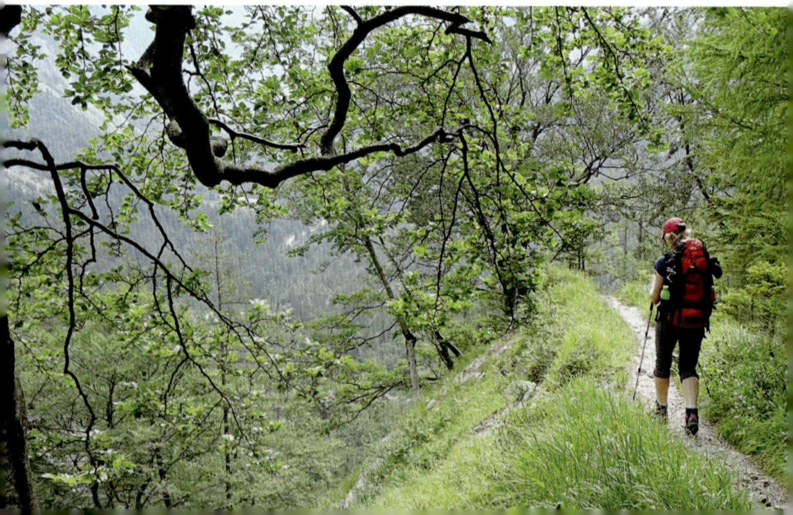

7.00 Std.

↑1250 ↓390

Seewiesen – Graf-Meran-Haus (Veitschalpe)

16

Von Alm zu Alm und zu guter Letzt der Aufstieg zum Graf-Meran-Haus

Diese Etappe hat die Bezeichnung »von Alm zu Alm« wahrlich verdient, wobei noch hinzugefügt werden muss, dass nicht nur die Almen, sondern auch die bewirtschafteten Almhütten im Sommer zu Rast und Erholung einladen. Man hat mitunter das Gefühl, dass die Almen mit den traditionellen Holzhäusern das Rad der Zeit ein wenig zurückdrehen und damit auch uns ganz entschleunigt entspannen lassen. Die Pausenlängen sollte man sich dennoch gut einteilen, da die heutige Etappe eher lang und auch anspruchsvoll ist. Auf diesem Weg trifft man neben den Tageswanderern auch zahlreiche Pilger auf dem Weg nach Mariazell und Weitwanderer, was zeigt, dass weite Strecken zu wandern wieder modern ist. In Österreich ist der bekannte Weitwanderweg 01 (vom Neusiedlersee bis zum Bodensee), auf dem auch wir hier unterwegs sind, bereits 1975 eröffnet worden. Dieser Weg ist wiederum nur ein Teil des europäischen Fernwanderweges E4, der von der Straße von Gibraltar in Spanien bis nach Larnaka auf Zypern führt. Fazit: Dem Weitwandern sind also keine Grenzen gesetzt.

Ausgangspunkt: Seewiesen, 974 m.
Streckenlänge: 16,8 km.
Anforderungen: Hauptsächlich einfach zu begehende Wanderwege oder Forststraßen. Lediglich der Aufstieg zum Graf-Meran-Haus ist etwas steiler und steinig.
Einkehr/Unterkunft: **Almgasthaus Seebergalm**, ✆ +43 3863 24114 oder ✆ +43 664 4951593, seebergalm.blogspot.com. **Almgasthaus Strobl**, Görlacher Alm, ✆ +43 3863 2192 oder +43 650 8272834, Anfang Juni–Mitte Sept. **Turnauer Alm**, Schutzhütte, ✆ +43 664 1270676, www.turnaueralm.at. **Rotsohlalm**, ✆ +43 664 2716463, 1. Juni–15. Sept. **Graf-Meran-Haus**, ÖTK-Hütte, ✆ +43 664 1513220, geo1206@hotmail.com (bitte Nächtigung unbedingt vorreservieren); die Hütte verfügt über 12 Zimmerlagerbetten und 36 Matratzenlager, Gemeinschaftswaschraum mit Kaltwasser und Duschmöglichkeit; Mitte Mai–Mitte Okt.
Verkehrsmittel: Das Graf-Meran-Haus ist nur zu Fuß erreichbar.

Information: **Tourismusverband Turnau**, ✆ +43 664 3548485, www.turnau.gv.at. **Tourismusverband Semmering-Waldheimat-Veitsch** in Mürzzuschlag, ✆ +43 3852 2556 oder +43 3855 2404, www.semmering-waldheimat-veitsch.at.
Karten: Freytag & Berndt-Wanderkarte: WK 041 – Hochschwab, Veitschalpe, Eisenerz, Bruck an der Mur.

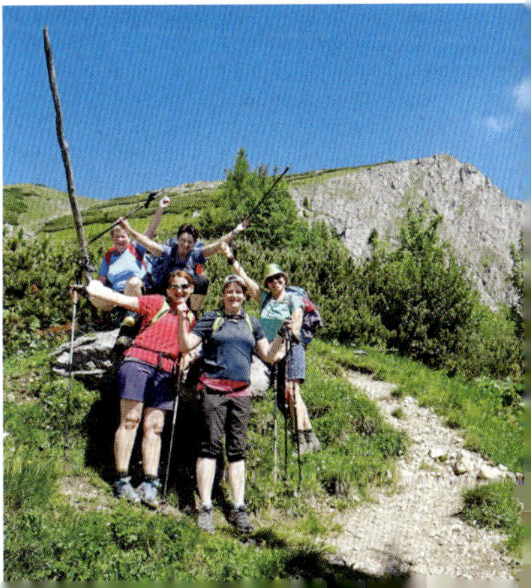

Gut gelaunte Pilger.

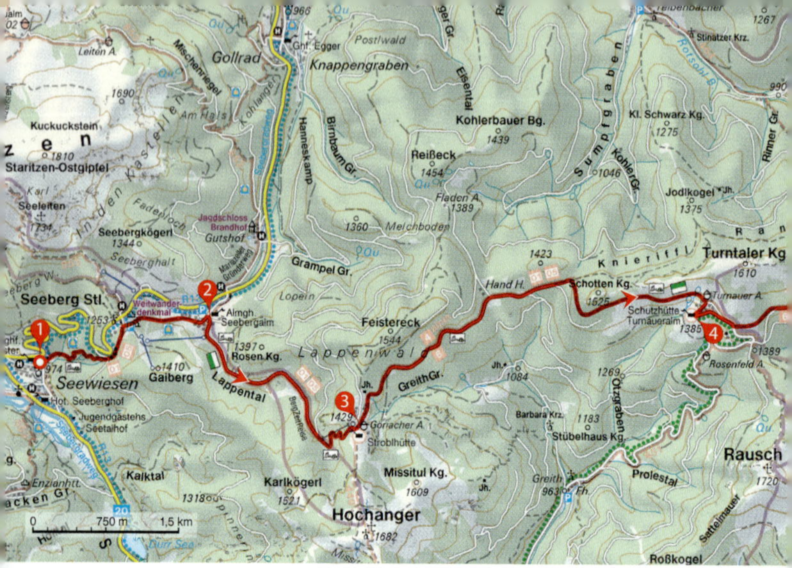

Vom »Zentrum« in **Seewiesen (1)**, 974 m, gehen wir leicht bergauf und an der Kirche vorbei, um dann nach rechts auf den Wanderweg abzuzweigen. Der Einstieg in den Wanderweg ist durch die gelben Wegweiser leicht zu finden. Der erste Teil des Wanderweges führt uns durch den Wald steil bergauf, immer in Richtung »Seebergalm«. Beim Seebergsattel angekommen, wandern wir auf einer Forststraße leicht bergab zur **Seebergalm (2)**, 1180 m. Hier gehen wir nach rechts im Lappental weiter.

Die Forststraße verläuft zuerst eben und steigt dann bergan. In einer scharfen Rechtskurve zweigen wir links in den Wanderweg ein. Bei der **Göriacher Alm (3)**, 1429 m, einer Almfläche mit mehreren Hütten (bewirtschaftetes Almgasthaus Strobl) und Weidevieh, halten wir uns in Richtung Nordosten und folgen dem Wanderweg bzw. der Forststraße durch den Wald zur **Turnauer Alm (4)**, 1385 m, auf der sich zahlreiche Hütten inmitten einer

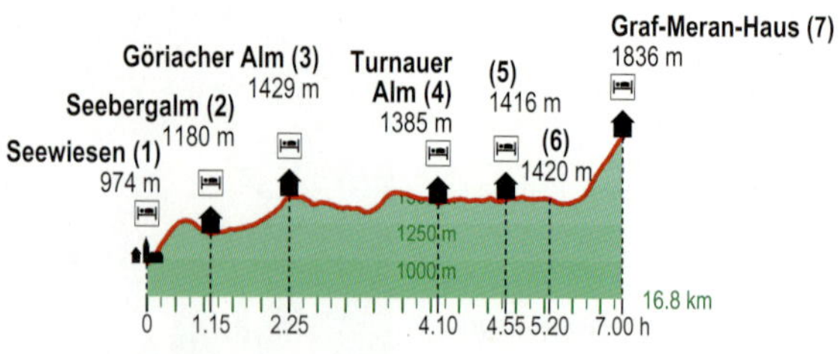

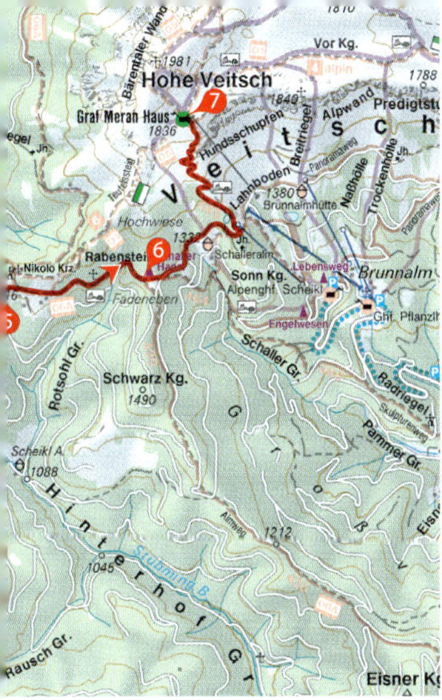

großen Almfläche befinden. Das Turnauer Schutzhaus, ein großes Holzhaus, befindet sich im unteren Teil der Almfäche.

Weiter geht es ca. 2 km über Wald- und Forstwege zur **Rotsohlalm (5)**, 1416 m, mit einer bewirtschafteten Almhütte. Ab hier wandern wir auf der rot-weiß-rot markierten Forststraße in Richtung Osten bis zum Wegpunkt **Fadeneben (6)**, 1420 m. Ab hier empfehlen wir, der Forststraße, die oberhalb der Schalleralm entlangführt, zu folgen. In der Nähe der Bergstation des Schleppliftes steigt der Schallerweg in Serpentinen ca. 400 Höhenmeter steil bergauf bis zum **Graf-Meran-Haus (7)**, 1836 m, auf der Veitschalpe.

Und zu guter Letzt noch der Aufstieg zum Graf-Meran-Haus.

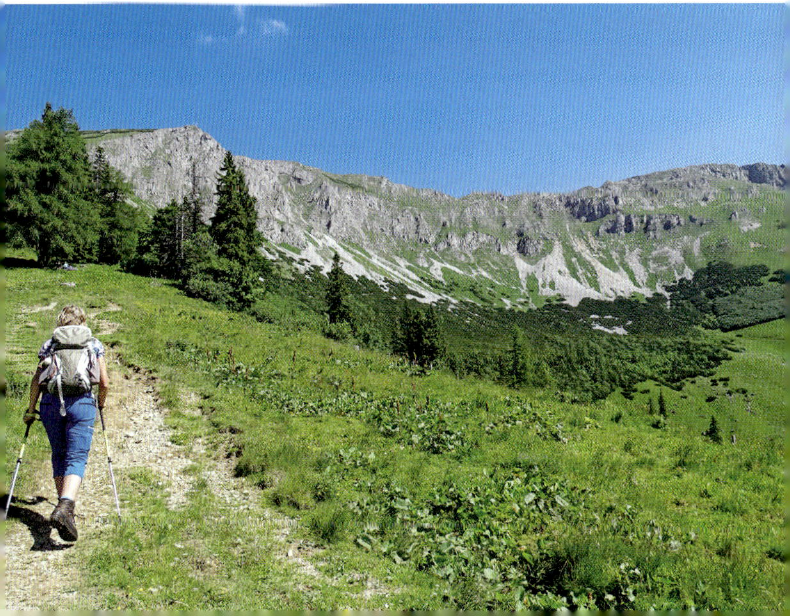

17 Graf-Meran-Haus (Veitschalpe) – Neuberg a. d. Mürz

6.45 Std.

↑510 ↓1610

Von nun an geht's bergab und in Richtung Zivilisation

Vom Graf-Meran-Haus, das auch als Pilgerunterkunft auf dem Weg nach Mariazell bekannt ist, sind es nur 150 Höhenmeter hinauf zum Gipfel der Hohen Veitsch. Das völlig freistehende Bergmassiv beschert uns traumhafte Ausblicke, besonders im Gipfelbereich. Das ist ein Platz zum Verweilen, Genießen und Schauen. Nach Westen blickt man auf die bereits erwanderten Regionen, den Hochschwab allen voran, im Osten sieht man die bevorstehenden Wandergebiete der Nordroute »Vom Gletscher zum Wein«, wie u. a. die Rax oder die Fischbacher Alpen. Charakteristisch für die Veitschalpe ist das Plateau mit seinen teils schroffen Abbrüchen und seiner Blumenvielfalt. So sollte der Blick sowohl in die Ferne als auch auf die unmittelbare Umgebung des Weges gerichtet sein. Der restliche und größte Teil der heutigen Etappe verläuft durch Wälder. Mit Neuberg a. d. Mürz erreichen wir zum Abschluss wieder einmal die Zivilisation.

Ausgangspunkt: Graf-Meran-Haus (Veitschalpe), 1836 m.
Streckenlänge: 18,3 km.
Anforderungen: Lange und anstrengende Bergwanderung. Zuerst geht es über das Kalkplateau der Veitschalpe. Bei Nebel oder Schlechtwetter ist besonders in diesem Bereich Vorsicht geboten. Dann folgt der Abstieg über Almen und Forststraßen durch den Wald, immer wieder spärlich beschildert.
Einkehr: **Kleinveitschalmhütte**, ✆ +43 699 12913835, Pfingsten–26. Okt. an den Wochenenden.
Unterkunft: Neuberg an der Mürz: **Gasthof Schäffer**, ✆ +43 3857 8332, www.gasthofschaeffer.at; **Restaurant-Pizzeria Borkenkäfer**, ✆ +43 3857 8835; **Teichwirt Urani**, ✆ +43 3857 20555, www.teichwirt-urani.at.

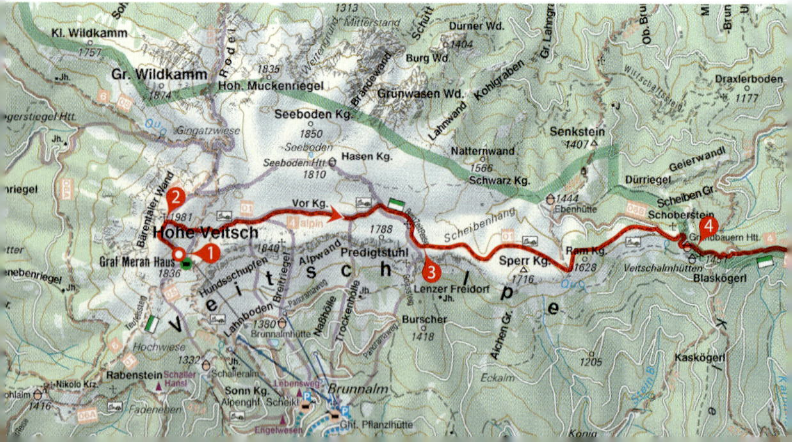

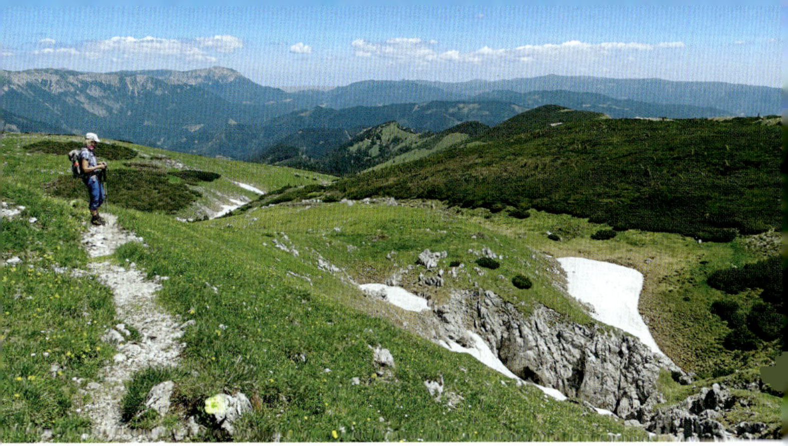

Ein schöner und aussichtsreicher Weg über das Kalkplateau.

Verkehrsmittel: Neuberg a. d. Mürz ist mit dem Bus erreichbar. Auskünfte unter: Verbundlinie Steiermark, www.busbahnbim.at.
Information: Tourismusverband Naturpark Mürzer Oberland in Neuberg an der Mürz, ✆ +43 3857 8321, www.muerzeroberland.at.

Hinweis: In Neuberg a. d. Mürz gibt es einen Arzt, ein Lebensmittelgeschäft und das Tourismusinformationsbüro im Ort.
Karten: Freytag & Berndt-Wanderkarten: WK 041 – Hochschwab, Veitschalpe, Eisenerz, Bruck an der Mur und WK 022 – Semmering, Rax, Schneeberg, Schneealpe.

Vom **Graf-Meran-Haus (1)**, 1836 m, steigen wir mit dem Wanderweg 405 in etwa 30 Min. auf den Gipfel der **Hohen Veitsch (2)**, 1981 m. Ab hier wandern wir in Richtung Osten leicht bergab über das einladende, blütenreiche

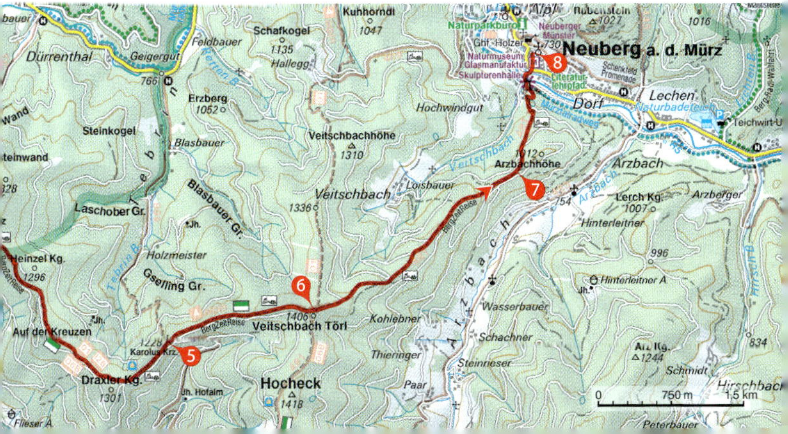

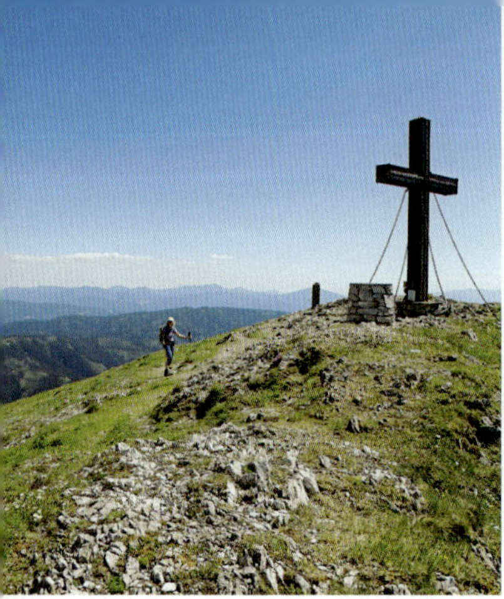

Der Gipfel der Hohen Veitsch.

Kalkplateau. Über Wanderwege und Forststraßen kommen wir zu einem kleinen Teich und danach zu einer **Wegkreuzung (3)** mit alten, kaum lesbaren Wegweisern, 1644 m. Wir verlassen den breiten Weg und folgen rechts in Richtung »Klein-Veitschalm« (Weg 401) dem Wanderweg durch Latschenwälder und über freie Wiesenflächen. Bei einer Forststraße angekommen, halten wir uns rechts in Richtung »Klein-Veitschalm«, die nur noch 10 Min. entfernt liegt. Nach einer kurzen Pause bei der **Kleinveitschalmhütte (4)**, 1451 m, halten wir uns wieder mit Weg 401 in Richtung »Hocheck«. Teilweise führt der Wanderweg durch Schwarzbeerflächen, die oft nur einen schmalen Streifen als Wanderpfad übriglassen. Wir kommen wieder zu einer Forststraße. Achtung! Bei einer Rechtskurve setzt sich der Wanderweg geradeaus fort. Die rot-weiß-rote Markierung ist sehr schwer zu erkennen, als Orientierung helfen die gelben Punkte auf den Steinen oder der Straße. Der vor uns liegende Abschnitt ist spärlich markiert. Schmale Wanderpfade, die von Gräsern und Sträuchern verwachsen sind, bringen uns zum **Karoluskreuz (5)**, 1228 m.

Kurz nach dem Karoluskreuz gabelt sich der Weg: Rechts geht es in Richtung Hocheck und Krieglach. Wir müssen links gehen und kommen zum Wegpunkt **Veitschbachtörl (6)**, 1406 m. Danach steigen wir mit Weg 481 mitunter steil und geradlinig durch den Wald ab. Ab dem Schild **Arzbachhöhe (7)**, 950 m, weiter bergab zur Sieberwarte, wo uns eine auffallend große »GRIASS DI«-Hinweistafel begrüßt. Ab nun leiten uns Schilder und Aufkleber bis zum Münster in **Neuberg a. d. Mürz (8)**, 730 m.

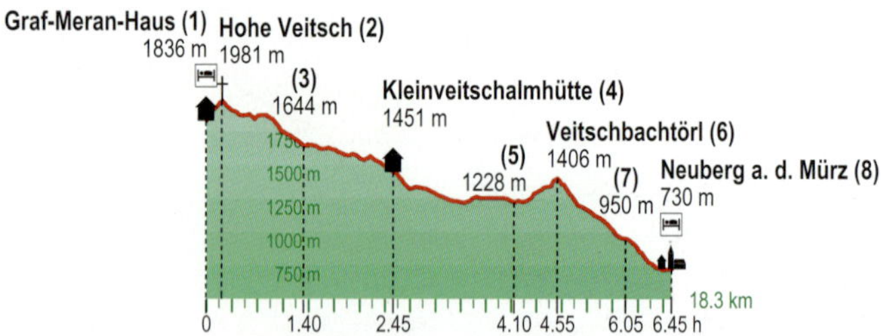

5.30 Std.

↑1350 ↓290

Neuberg a. d. Mürz – Schneealpe

18

Ein sportlicher Aufstieg auf das Kalkplateau Schneealpe

Bevor man die heutige Etappe mit knapp 1300 Höhenmetern Aufstieg beginnt, sollte man durch Neuberg a. d. Mürz schlendern. Prägend für die Ortschaft ist das Neuberger Münster, ein prachtvoller gotischer Bau mit einem sehenswerten gotischen Kreuzgang, einem Renaissance-Hochaltar und einem imposanten Holzdachstuhl. Auffallend sind aber auch die zahlreichen Farbglas-Kunstwerke, die seit 2010 von der Glasmanufaktur »Kaiserhof« hergestellt werden und im Außengelände des Stiftes bewundert werden können. Hat man sich von Neuberg erst einmal losgerissen, wird es ernst: Ein steiler und beeindruckender Anstieg bringt uns auf das 1700 bis 1900 m hohe Hochplateau Schneealpe. Der Weg verläuft über das wunderschöne Karstplateau, das mit den weiten Hochflächen und den zahlreichen weidenden Rindern an alte Wild-West-Filme erinnert. Gegen Ende der Wanderung überrascht eine Ortstafel mit der Aufschrift »Schneealpe«, die mit der Umgebung ein schönes Fotomotiv ergibt.

Ausgangspunkt: Neuberg a. d. Mürz, 730 m.
Streckenlänge: 11,0 km.
Anforderungen: Im Aufstieg steile, teils schmale Wanderpfade.
Einkehr: **Halterhütte Schneealm** (nahe der Michlbauerhütte), ✆ +43 660 2907557 oder +43 650 3118359.
Unterkunft: **Michlbauerhütte**, private Hütte, ✆ +43 664 9235900, www.michlbauerhütte.at; die Hütte verfügt über Doppel- und Familienzimmer (unbedingt reservieren), Ende Mai–Ende Okt. Auf der Schneealpe **Schneealpenhaus**, ÖAV-Hütte, ✆ +43 3857 2190 (Hüttentelefon), www.schneealpenhaus.com; die Hütte verfügt über 18 Zimmerbettenlager und 25 Matratzenlager, 1. Mai–Ende Okt.
Verkehrsmittel: Die Unterkünfte auf der Schneealpe sind nur zu Fuß erreichbar.
Information: **Tourismusverband Naturpark Mürzer Oberland** in Neuberg a. d. Mürz ✆ +43 3857 8321, www.muerzer-oberland.at.
Hinweis: Genügend Wasser und auch Jause mitnehmen, da erst kurz vor Etappenende eine Einkehrmöglichkeit besteht.
Karten: Freytag & Berndt-Wanderkarten: WK 022 – Semmering, Rax, Schneeberg, Schneealpe.

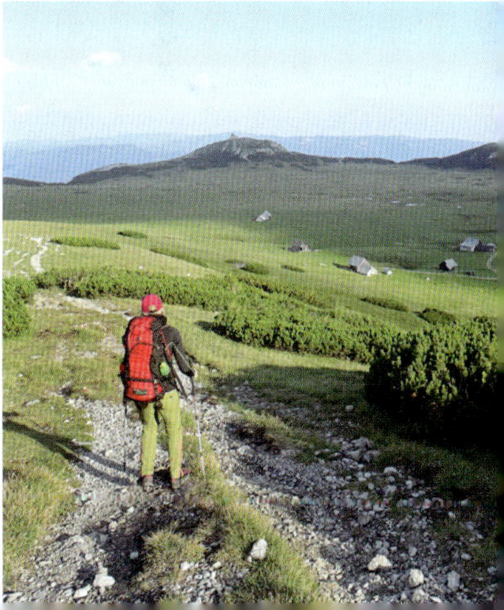

Der Abstieg mit Blick auf die weitläufigen Almflächen der Schneealpe.

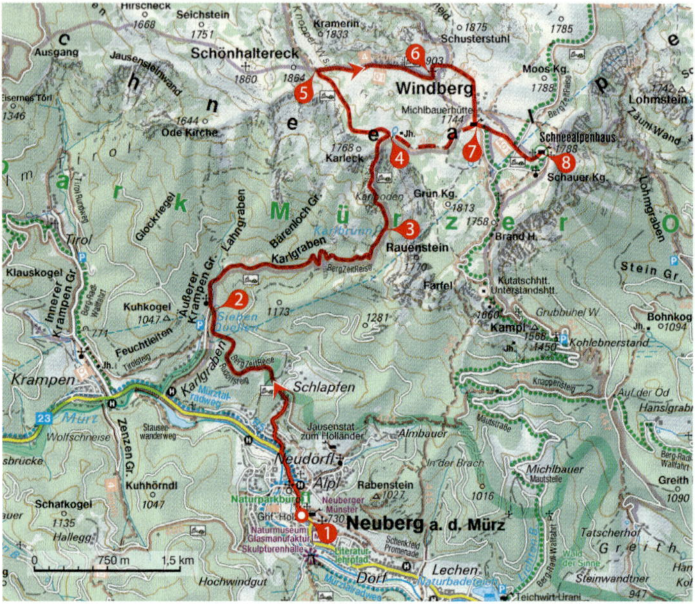

Vom Münster in **Neuberg a. d. Mürz (1)**, 730 m, gehen wir knapp 1 km an der Bundesstraße entlang in Richtung Mürzsteg, vorbei an einem Lebensmittelgeschäft und dem Tourismusinformationsbüro. Die gelben Wegweiser mit sehr großen Vom-Gletscher-zum-Wein-Pickerln zeigen bereits im Ort die Richtung »Sieben Quellen – Karlgraben und Schneealpenhaus« an. Von der Bundesstraße zweigen wir nach rechts ab und folgen der Asphaltstraße bergauf. Schließlich gehen wir auf dem Rudolfsteig links in den Wald und in

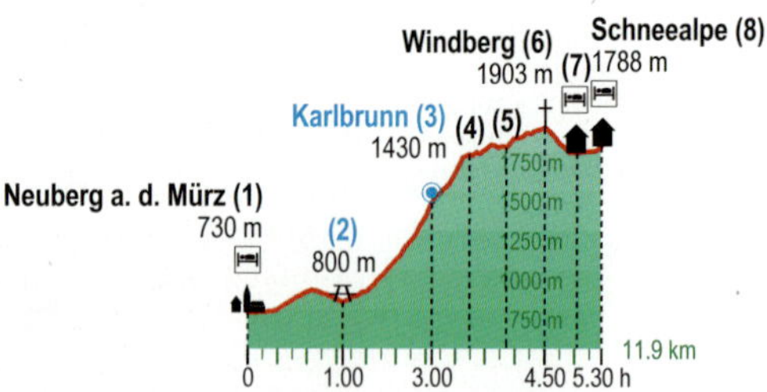

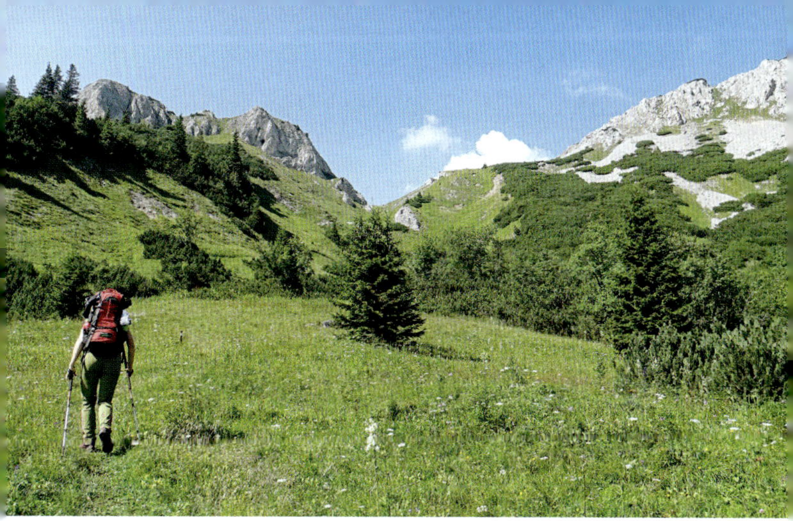

Nach dem steilen Anstieg vom Rastplatz der Sieben Quellen erreichen wir alsbald die Brunnwiese.

der Folge bergab zum Rastplatz **Sieben Quellen (2)**, 800 m, mit einer Kapelle. Wir überqueren die Holzbrücke und wandern dann nach rechts über den Karlgraben kontinuierlich bergauf. Wir folgen dem Weg 441 über Schotterwege, schmale Wanderwege in Serpentinen durch den Wald bis zur Quelle **Karlbrunn (3)**, 1430 m. Das Platzerl eignet sich für eine Pause und zum Nachfüllen von Wasser.

Ein Stück noch, dann kommen wir aus dem Wald auf eine schöne freie Fläche mit vereinzeltem Latschenbewuchs und zur Wegkreuzung **Brunnwiese (4)**, 1736 m, und haben somit das Kalkplateau erreicht. Der Wanderweg verläuft nach links über die Knoppenwiese, der kürzere Weg zur Michlbauerhütte und weiter zum Schneealpenhaus zweigt hier nach rechts ab. Bei schönen Wetterbedingungen empfehlen wir auf jeden Fall die längere Variante mit Wanderweg 401 über das Kalkplateau.

Ab der **Knoppenwiese (5)**, 1780 m, wandern wir auf gut markierten Wanderwegen in Richtung Osten über diese wunderschönen Karstflächen auf den **Windberg (6)**, 1903 m, mit einem markanten Gipfelkreuz und dem Blick auf die vor uns gelegene weite Hochebene, die unser Tagesziel ist. Der Abstieg auf Weg 401 führt uns erst ein Stück in Richtung Norden, dann nach Osten zur Hochalm. Nun sind es nur noch wenige Höhenmeter Abstieg, bis wir den Almboden mit der Halterhütte Schneealm und der **Michlbauerhütte (7)**, 1744 m, erreichen. Kurz darauf beenden wir am Schneealpenhaus auf der **Schneealpe (7)**, 1788 m, die Etappe.

19

Schneealpe – Rax (Karl-Ludwig-Haus)

5.45 Std.

↑920 ↓900

Von Kalkstock zu Kalkstock

Eine anspruchsvolle Wanderung steht heute auf dem Programm, wobei der Beginn und das Ende der Etappe ganz gemütlich sind. Der restliche Teil ist als mittelschwer zu bewerten und ein Teilstück (ca. 50 Minuten) führt über einen leichten Klettersteig, den Gamsecksteig. Hierbei ist zu bedenken, dass Weitwanderer mit schwereren Rucksäcken unterwegs sind und Klettersteige, wenn auch als leicht eingestuft (Bewertung A/B), trotzdem Klettersteige bleiben. Für Wanderer mit Trittsicherheit und Schwindelfreiheit sicherlich eine interessante Herausforderung am Weitwanderweg. Das heutige Ziel ist die Rax, ein mächtiger Kalkstock mit weitläufigen, blumenreichen Plateaus, die mit felsigen Flanken abbrechen. Die Rax ist ein ideales Wander- und Klettersteiggebiet, wobei der größte Teil des gesamten Raxstockes in Niederösterreich liegt und der höchste Gipfel, die Heukuppe (2007 m), zur Steiermark gehört – sie ist gleichzeitig der Höhepunkt der heutigen Etappe.

Eine faszinierende Felskulisse erwartet uns heute.

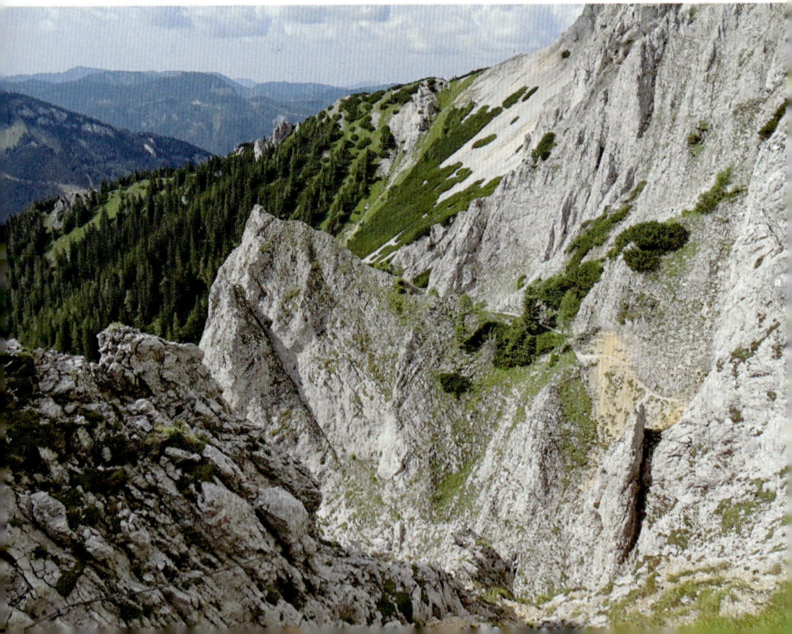

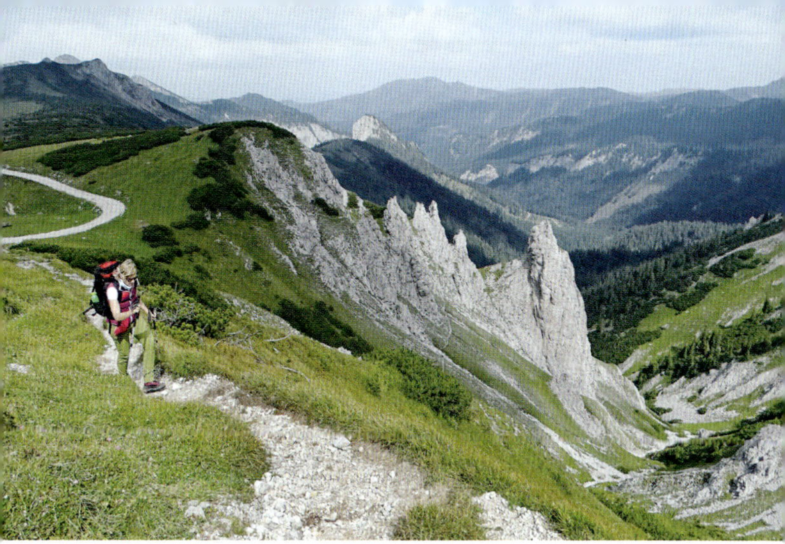

Beeindruckend: die steilen Abbrüche der Schneealpe.

Ausgangspunkt: Schneealpe, 1788 m.
Streckenlänge: 13,4 km.
Anforderungen: Bis auf den Gamsecksteig auf die Rax, der als Klettersteig mit einer A/B-Bewertung eingestuft ist (ca. 50 Min.), sind die Wanderwege einfach bis mittelschwer. Besondere Vorsicht gilt auf dem Klettersteig bei Nässe! Grundsätzlich ist bei schlechter Sicht die Orientierung auf dem breiten Rücken der Rax schwierig.
Einkehr: **Lurgbauerhütte**, vgl. auch »Unterkunft«.
Unterkunft: **Lurgbauerhütte**, ✆ +43 676 6335456, www.lurgikas.at. Rax: **Karl-Ludwig-Haus**, ÖTK-Hütte, ✆ +43 2665 380 oder +43 699 11888972, www.karlludwighaus.at; zertifizierter Bio-Betrieb; die Hütte hat 58 Betten, kostenpflichtige Warmwasserdusche. Juli–Aug. tgl. geöffnet, Mai, Juni und Okt. Di Ruhetag. Unbedingt reservieren!
Verkehrsmittel: Das Karl-Ludwig-Haus ist nur zu Fuß erreichbar.
Information: **Tourismusverband Naturpark Mürzer Oberland**, Neuberg a. d. Mürz, ✆ +43 3857 8321, www.muerzer-oberland.at.
Variante: Um den versicherten Klettersteig zu umgehen, gibt es eine Alternativroute ab der Wegkreuzung Naßkamm: mit Weg Nr. 831 zum Ghf. Moassa und über den Altenbergsteig / 824 zum Gipfel.
Hinweis: Oberhalb der privaten Gamsecker Hütte befindet sich eine Quelle.
Karten: Freytag & Berndt-Wanderkarte: WK 022 – Semmering, Rax, Schneeberg, Schneealpe.

Wir gehen vom Schneealpenhaus auf der **Schneealpe (1)**, 1788 m, leicht bergab in Richtung Norden. Zur Orientierung dienen die gelben Wegweiser des Wegs 401, die in Richtung »Lurgbauerhütte« und »Rax/Gamseck« (versicherter Klettersteig) zeigen. Ein kurzes Stück führt der Weg durch eine Latschenfläche, dann erreichen wir alsbald den Weg- und Kreuzungspunkt

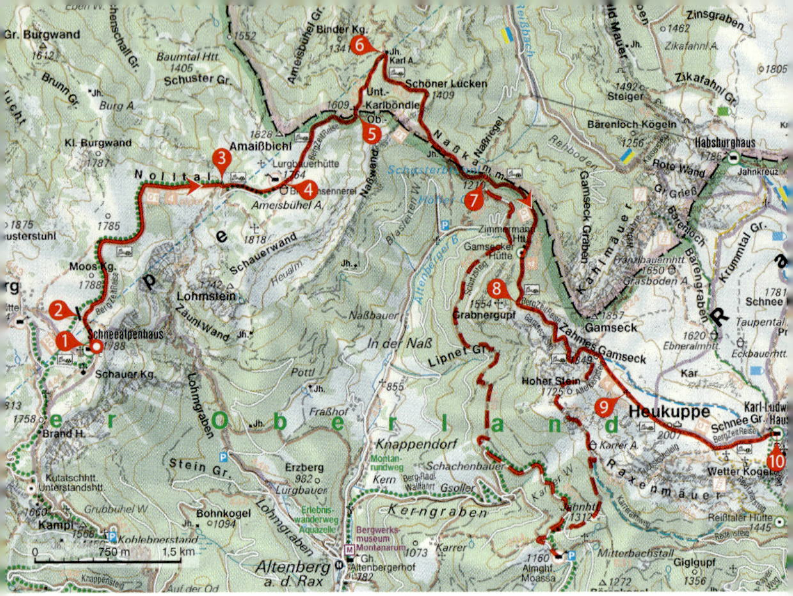

Almboden (2), 1735 m, wo wir nach rechts der breiten Almstraße folgen. Gemütlich, fast eben dahinwandernd, sind wir hier auch auf einer Mountainbike-Route unterwegs. Beim Wegpunkt **Almgraben (3)**, 1710 m, verlassen wir die Forststraße und gelangen nach links leicht bergauf zur Bio-Käserei und Sennerei **Lurgbauerhütte (4)**, 1764 m.

Wir gehen über Almflächen leicht bergab und sehen schon die Rax, unser Tagesziel, vor uns. Beim Weg- und Kreuzungspunkt **Ochsenboden (5)**, 1609 m, zweigen wir auf den Weg 442 ab und umgehen so ein steiles Wegstück: Über Latschenflächen und durch Wald kommen wir zur unbewirtschafteten **Jh.-Karl-Alm (6)**, 1407 m. Von hier geht es über die Schöner Lucken zum Kreuzungspunkt »Nasskammweg«, womit wir wieder auf die Wege 401 / 801 treffen und nach links unten über die Almfläche weitergehen. Am Wegpunkt »Große Nass« vorbei gelangen wir zum Weg- und Kreuzungspunkt **Naßkamm (7)**, 1210 m. Hier zweigt als einfachere Variante Weg Nr. 831 über den Gasthof Moassa ab. Wir gehen weiter in Richtung »Gamseck versichert«, teils auf einer Forststraße und in Folge auf dem Wanderweg an der privaten, unbewirtschafteten Gamsecker Hütte vorbei. Knapp oberhalb dieser Hütte befindet sich eine Quelle. Nun geht es bergauf zum **Gupf-Sattel (8)**, 1477 m, geradeaus über den Sattel und vorerst eben durch den Hochwald. Bald kommen wir zum Einstieg in den Gamsecksteig, bei dem Schutthänge zu queren sind, auf schweren Steigen auf allen Vieren zu kraxeln ist und steilere Stellen über Leitern zu passieren sind. Nachdem wir den Gamsecksteig

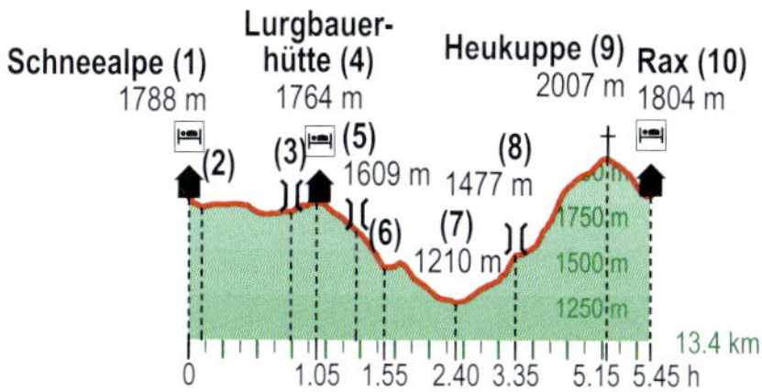

verlassen haben, erreichen wir die weiche Plateaufläche im westlichen Teil der Rax. Nun verläuft der Weg über freie Almflächen leicht bergauf bis zur **Heukuppe (9)**, 2007 m, der höchsten Erhebung der Rax.

Danach wandern wir dem Rücken folgend leicht bergab in Richtung Südosten und weiter in Richtung Osten und sehen bald das Karl-Ludwig-Haus und das Raxkircherl. Achtung: Bei schlechter Sicht ist die Orientierung auf dem breiten Rücken schwierig. Wir erreichen das **Karl-Ludwig-Haus** auf der **Rax (10)**, 1804 m, das knapp 1 km Luftlinie von der niederösterreichischen Grenze entfernt liegt.

Auf dem versicherten Gamsecksteig geht es hinauf zur Heukuppe.

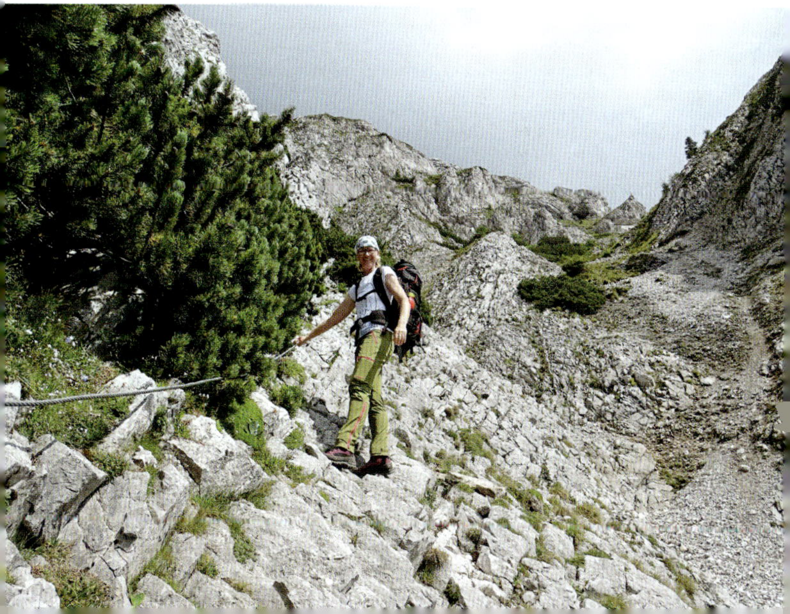

20 Rax (Karl-Ludwig-Haus) – Mürzzuschlag

6.15 Std.

↑530 ↓1670

Eine Etappe, so vielfältig wie die Steiermark

Heute erwartet uns eine landschaftlich sehr abwechslungsreiche Etappe. Mit dem ersten Teil des Weges verlassen wir die Nördlichen Kalkalpen und damit auch die steinigen, anspruchsvolleren, aber auch sehr attraktiven Wanderwege im Kalk. Mit dem Preiner Gscheid, einem Passübergang an der steirisch-niederösterreichischen Grenze, ändert sich endgültig der Wegcharakter: Wir verabschieden uns vom Kalkgestein, das seit dem Beginn der Nordroute vorherrschend war. Bei dem Passübergang sollte man unbedingt ein Foto beim Steiermark-Herz machen. Der restliche und längere Teil der heutigen Etappe verläuft durch einsameres Wandergebiet. Obwohl der Weg bis Mürzzuschlag hauptsächlich durch den Wald führt, haben wir zwischendurch schöne Ausblicke auf die bereits von uns bewanderten Gebiete. Der Abstieg nach Mürzzuschlag ist neu markiert und sehr gut zu finden. Mürzzuschlag gilt als Wiege des alpinen Skilaufs und besitzt neben dem sehenswerten WinterSportMuseum auch das Brahmsmuseum und das SÜDBAHN-Museum.

Ausgangspunkt: Karl-Ludwig-Haus auf der Rax, 1804 m.
Streckenlänge: 15,6 km.
Anforderungen: Beim Abstieg steinige, aber leicht zu gehende Wanderwege, danach folgen einfache Wege und Forststraßen durch Wälder.
Einkehr: **Waxriegelhaus**, Naturfreundehütte, vgl. auch »Unterkunft«. **Edelweißhütte** am Preiner Gscheid, ✆ +43 660 3930408, oder +43 676 7554881.
Unterkunft: **Waxriegelhaus**, Naturfreundehütte, ✆ +43 2665 237, www.waxriegelhaus.at; die Hütte verfügt über 27 Zimmerbettenlager und 30 Matratzenlager, ganzjährig. Mürzzuschlag: **Hotel Winkler**, ✆ +43 3852 42000 oder +43 664 2169856, www.hotel-winkler.at; **Gästehaus Auer** (Ortsteil Schöneben, östlich von Mürzzuschlag), ✆ +43 3852 4464, www.hausauer.at.
Verkehrsmittel: Mürzzuschlag ist mit Bahn und Bus erreichbar. Auskünfte unter: ÖBB, www.oebb.at, oder Verbundlinie Steiermark, www.busbahnbim.at.
Information: **Tourismusverband Semmering-Waldheimat-Veitsch** in Mürzzuschlag, ✆ +43 3852 2556, oder in Krieglach +43 3855 2404, www.semmering-waldheimat-veitsch.com.
Tipp: In Mürzzuschlag sind das Brahms-Museum (✆ +43 3852 3434, www.brahmsmuseum.at), das SÜDBAHN Museum (✆ +43 3852 2556, www.sued-

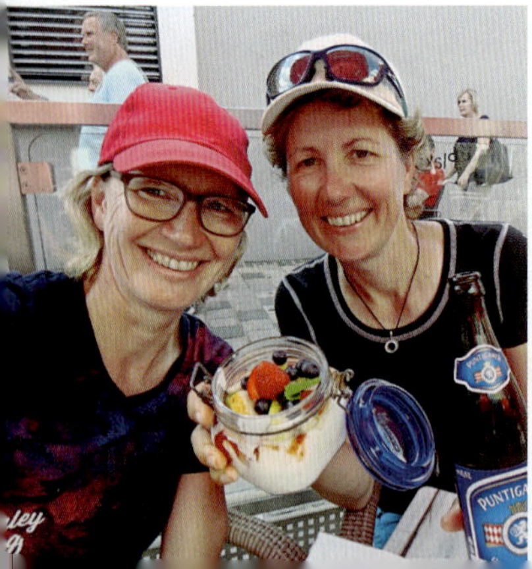

Nach zahlreichen Bergetappen freut man sich wieder über die Zivilisation.

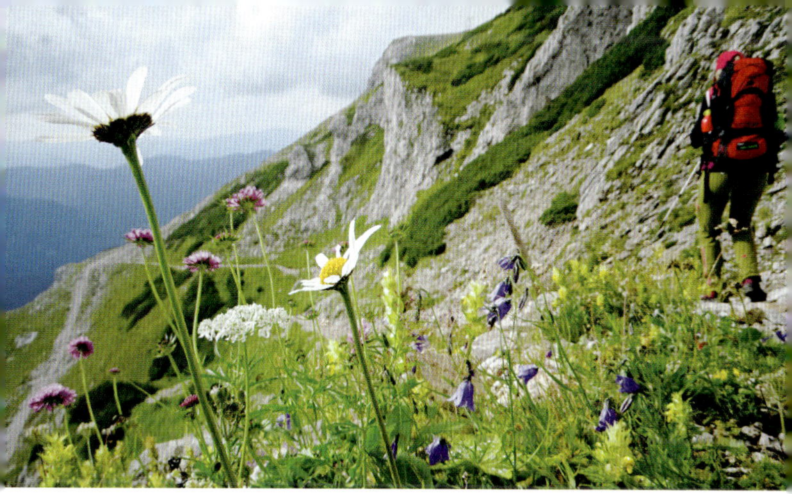

Vom Karl-Ludwig-Haus geht es auf dem Schlangenweg bergab.

bahnmuseum.at) und das WinterSport-Museum (✆ +43 3852 2556, www.wintersportmuseum.com) sehenswert.

Karten: Freytag & Berndt-Wanderkarte: WK 022 – Semmering, Rax, Schneeberg, Schneealpe.

Vom Karl-Ludwig-Haus auf der **Rax (1)**, 1804 m, folgen wir dem Wegweiser »Törl / Schlangenweg / Preiner Gscheid« in Richtung Norden und gehen beim Kreuzungspunkt »Törl«, 1760 m, auf dem »Schlangenweg« mit einem traumhaften Ausblick bergab. Der breite Wanderweg schlängelt sich in Serpentinen den aussichtsreichen Hang östlich des Karl-Ludwig-Hauses hinunter und wird dem Namen Schlangenweg jedenfalls gerecht. Nach ca. 2 km und gut 300 Höhenmeter Abstieg kommen wir zur **Abzweigung (2)** zum »Waxriegelhaus«, 1450 m, und verlassen den Hauptweg nach links. Der Wanderweg verläuft durch Latschenflächen und in Kürze erreichen wir das **Waxriegelhaus (3)**, 1361 m. Nun geht es ein kurzes Stück der Forststraße entlang und gleich in der Kurve zweigt der Wanderweg 829 nach links unten ab. Wir folgen dem Weg, der zwischen Wanderwegen und Forststraßen abwechselt und in unmittelbarer Nähe der steirisch-niederösterreichischen Landesgrenze verläuft. Beim **Preiner Gscheid (4)**, 1070 m, angekommen, haben wir den Rax-Abstieg hinter uns.

Nun führt der Wanderweg am Parkplatz vorbei, ein kurzes Stück die Bundesstraße entlang, dann ist der Einstieg in den Wald durch die rot-weiß-roten Markierungen und den Wegweiser gut sichtbar. Es geht leicht bergauf durch den Wald mit großen Schwarzbeerflächen weiter. Teilweise ist der Weg stark zugewachsen, aber dennoch erkennbar. Bei einer **Waldkapelle (5)**, 1127 m,

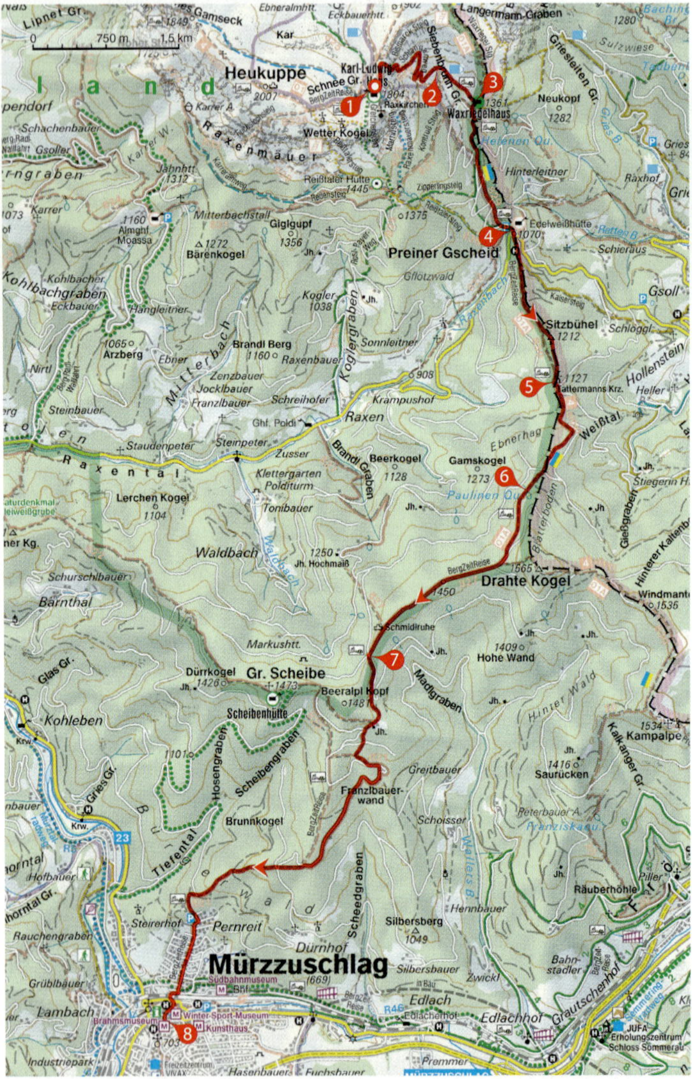

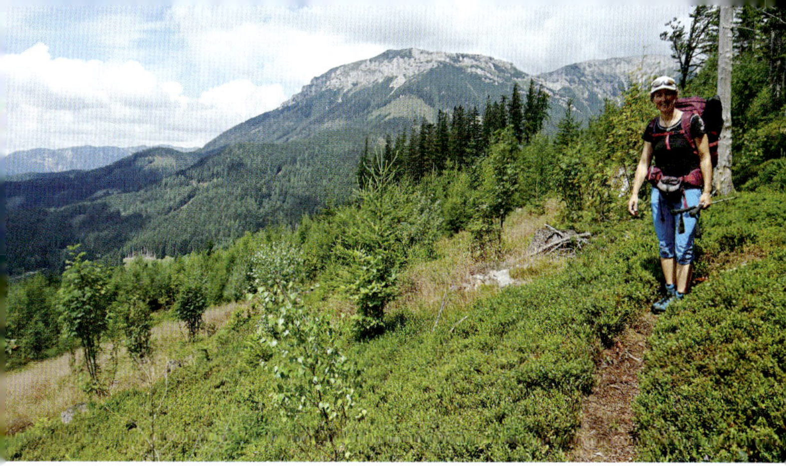

Nach dem Preiner Gscheid ändert sich das Landschaftsbild – das Kalkgestein lassen wir nun hinter uns.

angekommen, wandern wir auf Forststraßen mit Wanderweg 830 zur **Paulinen Quelle (6)**, 1385 m, und bis zur einer Wegkreuzung. Hier gehen wir in Richtung »Beeralpl über Schmiedelruhe« (Weg 827) auf einer Forststraße bis zu einer **Forststraßenkreuzung (7)**, 1405 m. Hier halten wir uns links und gleich rechts in den Wald. Auf den Einstieg achten, da hier keine Tafel oder Markierung zu sehen ist. Nach kurzer Zeit sind wieder gelbe Hinweistafeln und Wegmarkierungen vorhanden, und es wird deutlich leichter, den Weg zu finden. Ab jetzt geht es immer bergab und wir können uns an den Wegweisern in Richtung »Mürzzuschlag« (Weg 821) orientieren, bis wir zur Asphaltstraße und zum Beginn des Siedlungsgebietes von Mürzzuschlag kommen. Wir gehen in einer Linie geradeaus bergab, durch die Bahnunterführung in die Untere Berggasse und bei der Berg-Apotheke nach rechts durch die Toni-Schruf-Gasse ins Zentrum von **Mürzzuschlag (8)**, 669 m.

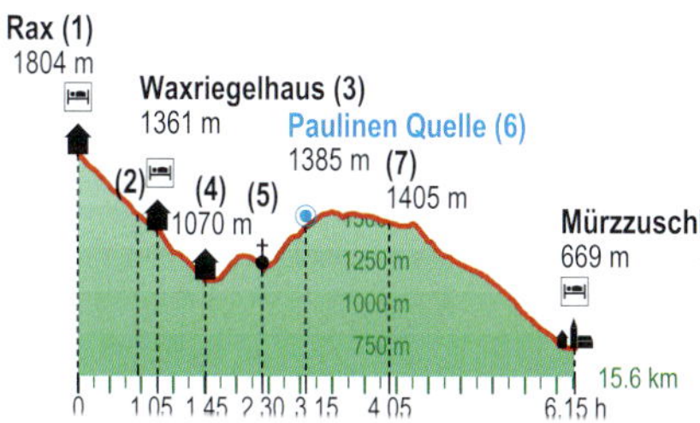

21 Mürzzuschlag – Roseggerhaus (Pretulalpe)

8.00 Std.

↑1410 ↓490

Vom Tal auf die sanft geformten Bergrücken der Fischbacher Alpen

Für diesen Tag gilt: Früh aufstehen, da eine lange Etappe bevorsteht. Von Mürzzuschlag bis nach Spital am Semmering wandern wir auf dem Bahnwanderweg, der durch nostalgische grün-weiße Holztafeln und mehrere Schautafeln gekennzeichnet ist. Es geht leicht bergauf, hauptsächlich auf Asphalt- und Forstwegen, wodurch dieses Teilstück unter »gemütliches Dahinwandern« einzustufen ist. Die kleine Ortschaft Spital am Semmering eignet sich perfekt für eine Pause, bevor es in einem Stück ca. 1000 Höhenmeter zu überwinden gilt: Der Weg steigt durch den Wald hinauf auf das 1782 m hohe Stuhleck, den höchsten Punkt der Fischbacher Alpen. Das Stuhleck gilt als Wiege des Skilaufs, da bereits im Jahr 1892 der Gipfel mit Skiern bestiegen wurde. Was vor vielen Jahren begann, hat heute immer noch Bestand, da das Stuhleck nach wie vor ein kleines, aber feines Wintersportgebiet ist. Die Fischbacher Alpen, mit den sanften Bergrücken und dem traumhaften Rundumblick, gelten ganzjährig als beliebtes Wandergebiet.

Ausgangspunkt: Mürzzuschlag, 669 m.
Streckenlänge: 22 km.
Anforderungen: Erst leichte Wanderung auf schmalen Asphaltstraßen, Forst- und Wanderwegen bis Spital am Semmering. Aufstieg über Wanderwege im Wald und dann auf einfachen Wegen entlang von weiten Rücken der Fischbacher Alpe. Bei Nebel kann es auf den Bergrücken zu Orientierungsschwierigkeiten kommen.
Einkehr: In **Spital am Semmering** mehrere Einkehrmöglichkeiten und ein Lebensmittelgeschäft im Ort. **Karl-Lechner-Haus**, Alpenvereinshütte, vgl. auch »Unterkunft«. **Alois-Günther-Haus** auf dem Stuhleck, vgl. auch »Unterkunft«.
Unterkunft: Karl-Lechner-Haus, Alpenvereinshütte, ✆ +43 676 4464643 oder +43 676 6388425, www.alpenverein.at/stuhlecker; die Hütte verfügt über 25 Matratzenlager, erstes Wochenende im Juni bis letztes Wochenende im Oktober an Wochenenden und Feiertagen geöffnet. **Alois-Günther-Haus** auf dem Stuhleck, ✆ +43 3853 300; die Hütte verfügt über Zimmerlagerbetten auf Anfrage, Mitte Juni–26. Okt. **Roseggerhaus**, Naturfreundehütte, ✆ +43 664 88168 959, roseggerhaus@gmail.com; die Hütte verfügt über 11 Zimmerbettenlager und 42 Matratzenlager, Etagenduschen und Waschraum für Lager. Schlafplatz unbedingt vorreservieren.
Verkehrsmittel: Spital am Semmering ist mit dem Bus erreichbar. Auskünfte unter: Verbundlinie Steiermark, www.busbahnbim.at. Das Rosegger-Schutzhaus ist über eine Mautstraße erreichbar.
Information: Tourismusverband Semmering-Waldheimat-Veitsch in Mürzzuschlag, ✆ +43 3852 3399 oder +43 3855 2404, www.semmering-waldheimat-veitsch.at. **Tourismusverband Joglland-Waldheimat** in St. Jakob im Walde, ✆ +43 3336 20255, www.joglland-waldheimat.at.
Hinweis: 1. Früh genug starten, um die Anforderungen der Wanderung gut bewältigen zu können. 2. Beim Karl-Lechner-Haus gibt es eine Quelle.
Karten: Freytag & Berndt-Wanderkarte: WK 021 – Fischbacher Alpen, Roseggers Waldheimat, Mürzzuschlag.

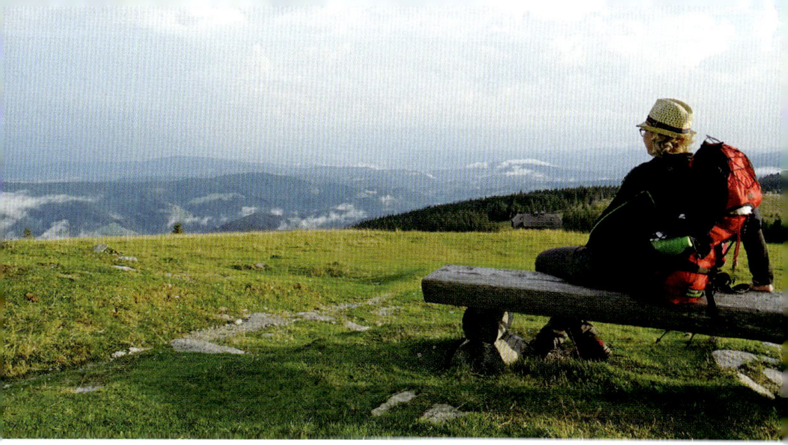

Noch ein kurze Rast, bevor wir in wenigen Minuten das Roseggerhaus erreichen.

Von **Mürzzuschlag (1)**, 670 m, gehen wir ein Stück der gestrigen Etappe zurück, durch die Bahnunterführung, dann bergauf und bevor der in Serpentinen angelegte Gehweg beginnt, zweigen wir nach rechts in die Viktor-Kaplan-Gasse ab. Weiter geradeaus den Zöchlingweg entlang kommen wir zu einer Forststraße. Ab hier folgen wir dem »Bahnwanderweg« (grün-weißer Wegweiser mit Zugsymbol). Er durchquert die Bahnunterführung, verläuft ein Stück neben der Bundesstraße, überquert die Bahnlinie nach links und kehrt erneut über die Bahn zur Bundesstraße zurück. Schließlich verlassen wir diese beim **Edlachweg (2)**, 716 m, nach links. Nun verläuft der Weg auf Forst- und Asphaltwegen oberhalb der Bahngleise über schöne Wiesenflächen und durch Haus- und Hofstellen hindurch, bis wir wieder eine Forststraße erreichen. Achtung, bei der Gabelung der Forststraßen folgen wir der rechten Straße mit einem hohen Zaun. Bevor wir zum Tor kommen, zweigt der Weg nach links in den Wald ab. Leider sind hier nur veraltete oder gar keine Markierungen sichtbar. Aber der Weg durch den Wald ist gut erkenn-

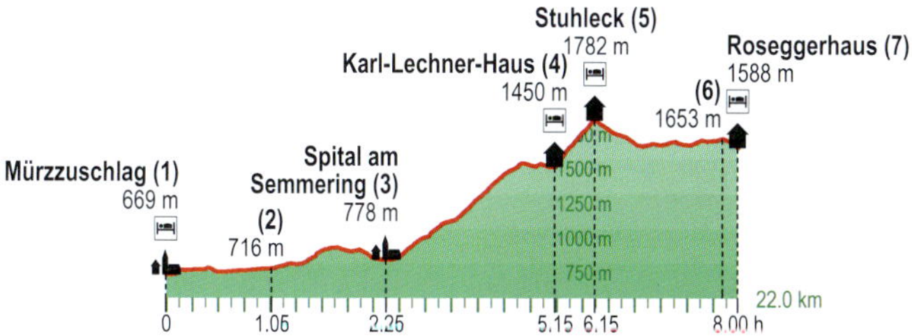

bar. Bei einer Forststraße angekommen, folgen wir dieser nach rechts. Leicht bergab geht es auf einer Asphaltstraße direkt auf Spital am Semmering zu, wobei wir den Markierungen bis ins Zentrum von **Spital am Semmering (3)**, 778 m, folgen.

Wir überqueren die Bundesstraße und gehen in Richtung Kirche. Ab hier folgen wir dem Weg 5 über das Hocheck auf das Stuhleck mit dem Alois-Günther-Haus. Durch das besiedelte Gebiet wandern wir immer leicht bergauf, wobei wir uns bei Gabelungen links halten, bis wir auf eine Forststraße kommen. Ab hier muss man auf die rot-weiß-roten Markierungen achten, die u. a. über Wiesenflächen an den Liftanlagen vorbeiführen. Im Wald geht es dann kontinuierlich bis auf eine Seehöhe von ca. 1500 m bergauf. Danach verläuft der Weg gemütlich eben dahin bis zum **Karl-Lechner-Haus (4)**, 1450 m. Ab hier ist noch ein kurzer Aufstieg auf das **Stuhleck (5)**, 1782 m, nötig, dann haben wir den höchsten Punkt der heutigen Etappe erreicht.

In unmittelbarer Nähe befindet sich das Alois-Günther-Haus. Vom Gipfelkreuz wandern wir leicht bergab

Auf dem Stuhleck.

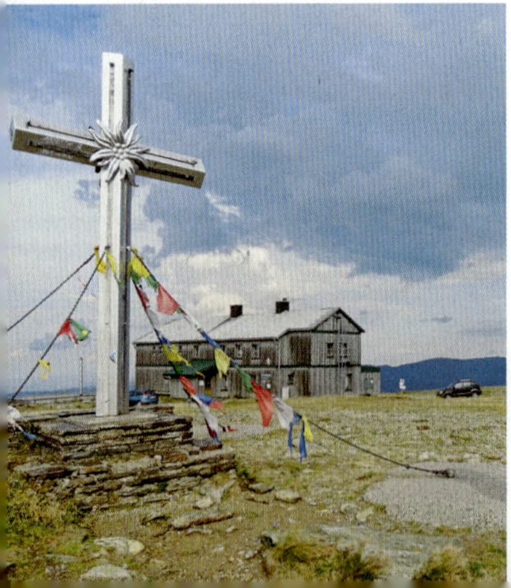

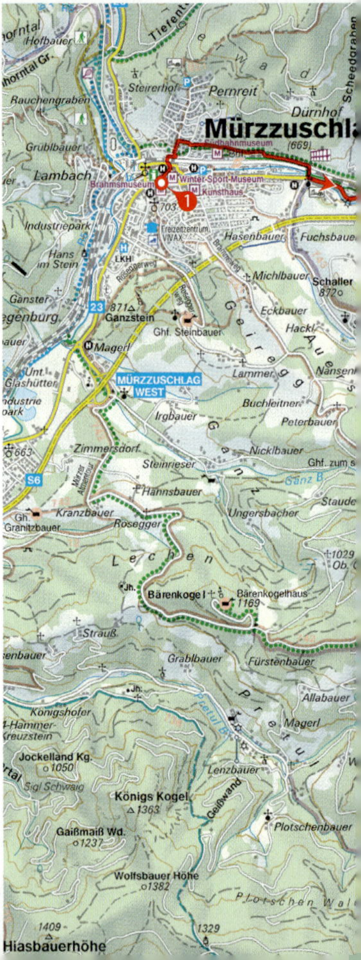

und orientieren uns jetzt am Symbol des »Alpannonia«-Wanderweges (weißes Symbol auf rotem Untergrund). Wir sehen bereits den Windpark und den vor uns liegenden Höhenweg. Zuerst entlang des »Planetenweges« und in Folge über die neu errichtete Steganlagen durch das Schwarzriegelmoor weiter an den Windrädern vorbei zur **Peter-Bergner-Warte (6)**, 1653 m. Nun steigen wir noch wenige Höhenmeter ab und wir haben unser Tagesziel, das **Roseggerhaus (7)**, 1588 m, auf der Pretulalpe erreicht.

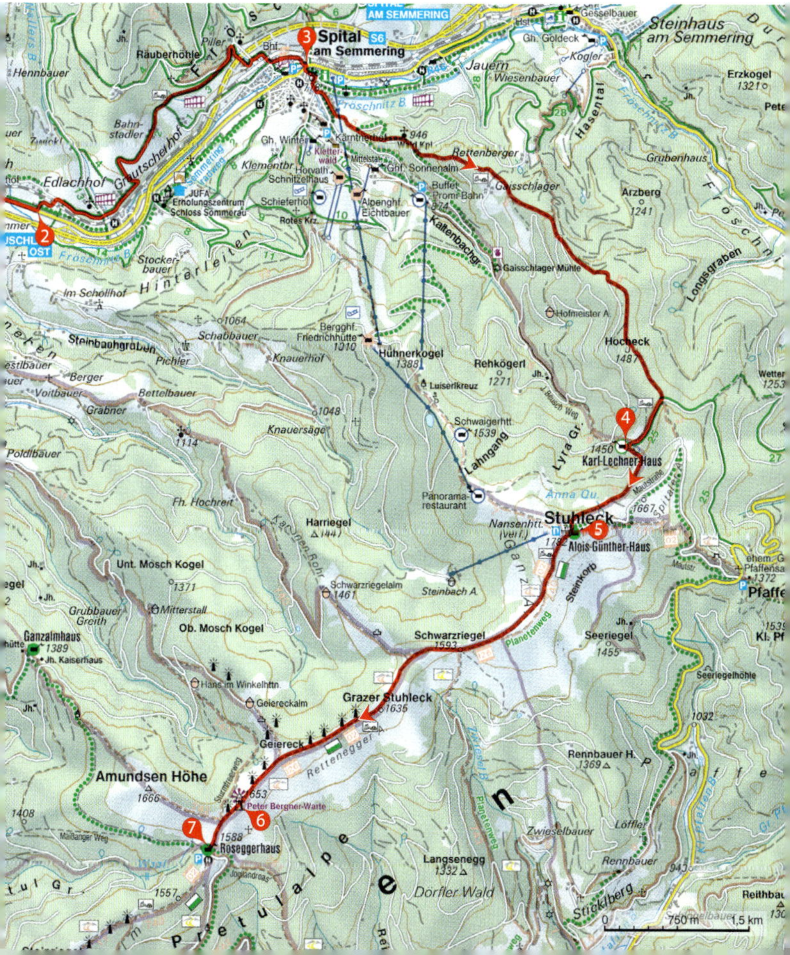

22 Roseggerhaus (Pretulalpe) – Fischbach

6.00 Std.

↑450 ↓1040

Durch Peter Roseggers Waldheimat

»Wenn ich durch meine heimatlichen Gegenden wandere, da bin ich ganz ich. Da fühle ich eine ungelöste Einheit zwischen mir und den Bergen, Matten, Wäldern und Bächen, die um mich sind, eine Einheit, die mein Lebtag so war und sein muss, die meine volle Ganzheit ausmacht, in der ich mich ausfülle, kurz, in der ich bin – ich kann's nicht anders sagen.« Dieses Zitat von Peter Rosegger (1843–1918), dem bekannten steirischen Dichter, Schriftsteller und Journalisten, sagt viel über den Charakter der heutigen Etappe aus. Eine gemütliche, fast meditative Wanderung, die durch Peter Roseggers Waldheimat, vorbei an der Waldschule und als Variante auch zu seinem Geburtshaus, führt. Mit der Ortschaft Fischbach, die bereits mehrmals als »shönstes Gebirgsdorf der Steiermark« ausgezeichnet wurde, schließen wir eine schöne Wanderung in einer attraktiven Umgebung ab. Fazit: Berg, Wald, Dorf … eine schöne und lange Etappe.

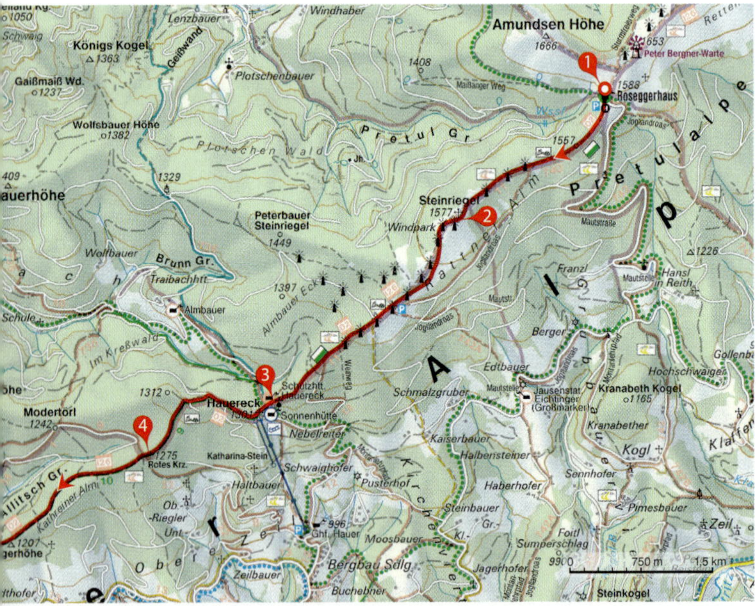

Ausgangspunkt: Roseggerhaus (Pretulalpe), 1586 m.
Streckenlänge: 18,8 km.
Anforderungen: Einfache Wege über Almböden und durch Wälder.
Einkehr/Unterkunft: **Gästehaus »Zur Waldschule«**, ✆ +43 3855 45531 oder +43 699 12361999, www.gaestehauszur-waldschule.at. Fischbach: **Restaurant Zum Forsthaus**, ✆ +43 3170 201, www.forsthaus.co.at; **Dorfhotel Fasching**, ✆ +43 3170 262, www.dorfhotel-fasching.at; **Urlaub am Bauernhof Kerschenbauer vlg. Hönigshof**, ✆ +43 3170 300, www.uab-kerschenbauer.at.
Verkehrsmittel: Fischbach ist mit dem Bus erreichbar. Auskünfte unter: Verbundlinie Steiermark, www.busbahnbim.at.
Information: **Tourismusverband Joglland-Waldheimat** in St. Jakob im Walde, ✆ +43 3336 20255, www.joglland-waldheimat.at.
Tipp: Bei Alpl sind die Rosegger-Waldschule (✆ +43 3855 8238, www.waldheimat-semmering-veitsch.at) und das Rosegger-Geburtshaus (✆ +43 699 13308911, www.rosegger-geburtshaus.at) sehenswert.
Karten: Freytag & Berndt-Wanderkarte: WK 021 – Fischbacher Alpen, Roseggers Waldheimat, Mürzzuschlag.

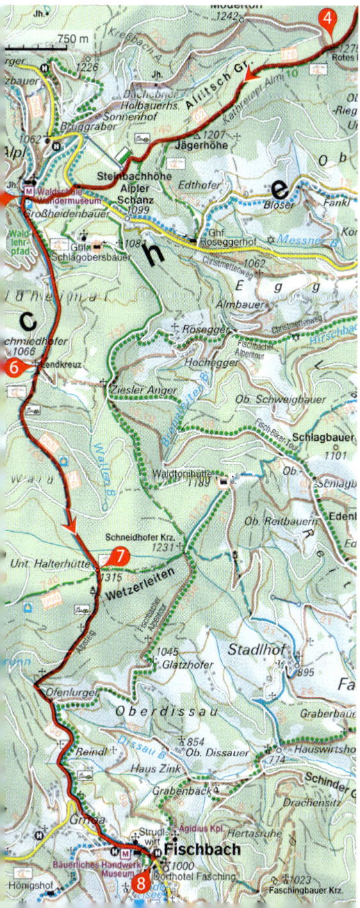

Vom **Roseggerhaus (1)**, 1586 m, gehen wir mit Wanderweg 740/02 leicht bergab über die sanften Bergrücken, auf denen sich Wiesen und lichte Wälder abwechseln. Unser erstes Etappenziel ist der **Steinriegel (2)**, 1577 m, mit Gipfelkreuz in unmittelbarer Nähe eines Windrades. Nun folgen wir der Forststraße in Richtung »Hauereck« und »Alpl Waldschule«. In diesem Bereich ist der Weg sehr gut beschildert und markiert. Ab der nicht mehr bewirtschafteten **Schutzhütte Hauereck (3)**, 1301 m, geht es noch auf der Forststraße weiter, bis links der Wanderweg in Richtung »Alpl« und »Rotes Kreuz« abzweigt. Nach kurzer Zeit erreichen wir bereits den Kreuzungspunkt **Rotes Kreuz (4)**, 1275 m. Der Weg führt weiter durch den Wald leicht bergab, wobei wir uns einfach nach den Wegweisern in Richtung »Alpl Waldschule« halten. Wir queren die Bundesstraße B72 und folgen der Forststraße,

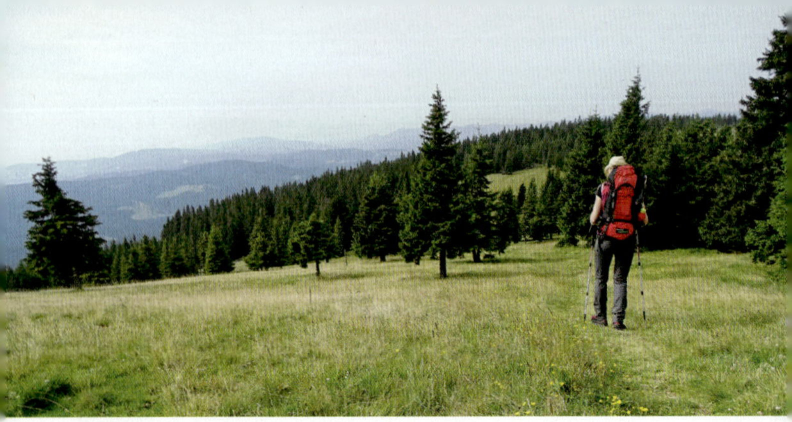

Wunderschöne sanfte Bergrücken zum Dahinwandern.

später dem Wanderweg, zum Teil etwas steiler bergab bis zur **Waldschule (5)**, 967 m. Peter Roseggers Waldschule und das nahe gelegene Gasthaus »Zur Waldschule« eignen sich sehr gut für eine längere Pause, da es bis zu unserem Etappenende in Fischbach keine Einkehrmöglichkeiten mehr gibt.
Nun folgen wir der Asphaltstraße in Richtung Süden und kommen zu den Parkmöglichkeiten und zum Ausgangspunkt der Wanderung zu Peter Roseggers Geburtshaus. Hier besteht die Möglichkeit, die längere Alternativrunde am Geburtshaus vorbei zu gehen (zusätzlich ca. 1,7 km und 200 Höhenmeter). Unser Weg verläuft fast eben dahin bis zum **Lendkreuz (6)**, 1066 m. Kurz darauf zweigt der Wanderweg über eine Holzbrücke nach rechts ab. Die Orientierung ist dank der Wegweiser in Richtung »Fischbach« und der Markierungen einfach. Über Wanderwege und Forststraßen geht es kontinuierlich bergauf bis zur **Abzweigung (7)** »Teufelstein / Alpsteig Fischbach«, 1315 m. Hier verlassen wir den »Alpannonia«-Wanderweg und folgen der Markierung (weiß/blau) nach Fischbach. Der Weg verläuft bergab durch den Wald, bis wir auf eine Asphaltstraße treffen und dieser nach rechts folgen. Ab hier haben wir schon einen schönen Blick auf die Ortschaft Fischbach. Nach kurzer Zeit erreichen wir das Zentrum bzw. die Kirche von **Fischbach (8)**, 1000 m.

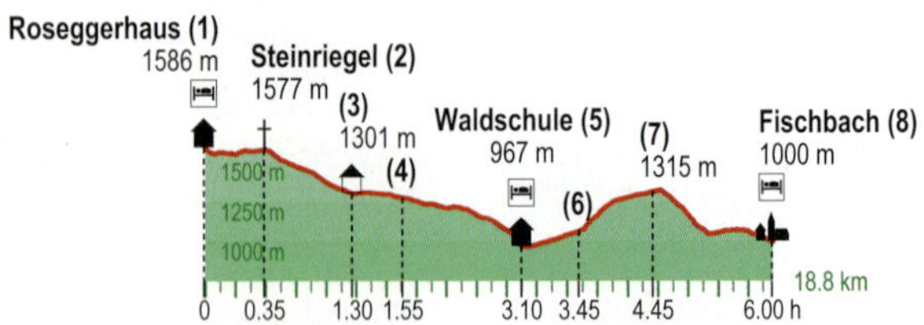

5.00 Std.

↑650 ↓480

Fischbach – Almgasthaus Stroßeggwirt

23

Vom Höhenluftkurort zu einer der bekanntesten Pilgerunterkünfte in der Oststeiermark

Wer Wald- und Wiesenwanderungen mag, kommt bei dieser Etappe ganz auf seine Kosten. Bevor man mit der Wanderung beginnt, sollte man sich noch ein wenig Zeit für Fischbach nehmen, dem Höhenluftkurort auf 1000 m Seehöhe mit einem ganz besonderen Charakter. Hier ist die Bezeichnung »klein und fein« zutreffend, da man auf relativ kleinem Raum alles hat, was man nach mehreren Tagen Weitwandern braucht: eine Bäckerei, eine Konditorei mit einer Schokoladenmanufaktur, ein Lebensmittelgeschäft, zahlreiche Gasthäuser und sogar einen Badeteich. Anschließend wandern wir, zum Teil auch auf dem Mariazeller Pilgerweg, zum Stroßeggwirt, einer der bekanntesten Pilger- und Wanderunterkünfte der Oststeiermark.

Ausgangspunkt: Fischbach, 1000 m.
Streckenlänge: 14,3 km.
Anforderungen: Einfache Wanderung auf Forststraßen und Wanderwegen über Almen und durch viel Wald und Wiesen.
Einkehr: Unterwegs keine.
Unterkunft: **Almgasthaus Stroßeggwirt**, ✆ +43 3171 260, www.strossegg-wirt.at; eine Schlafplatzreservierung ist unbedingt erforderlich. Ganzjährig außer 26. Okt.–7. Dez.
Verkehrsmittel: Straßegg ist mit dem Taxi erreichbar. Information im Almgasthaus Stroßeggwirt.
Information: **Tourismusverband Naturpark Almenland** in Fladnitz, ✆ +43 3179 23000, www.almenland.at.
Karten: Freytag & Berndt-Wanderkarte: WK 021 – Fischbacher Alpen, Roseggers Waldheimat, Mürzzuschlag.

In unmittelbarer Nähe des Gasthofes Zum Forsthaus in **Fischbach (1)**, 1000 m, zweigt der Wanderweg von der Hauptdurchfahrtsstraße ab. Ein gelber Wegweiser in Richtung »Herrnalm« dient zur Orientierung. Wir gehen die Straße entlang, am Badeteich vorbei bis zu einem Marterl. Hier geht es über eine Wiese leicht bergab und gleich darauf auf einer Forststraße wieder bergauf. Mit den weiß-rot-weißen Markierungen und älteren Wandertafeln werden wir an Haus- und Hof-

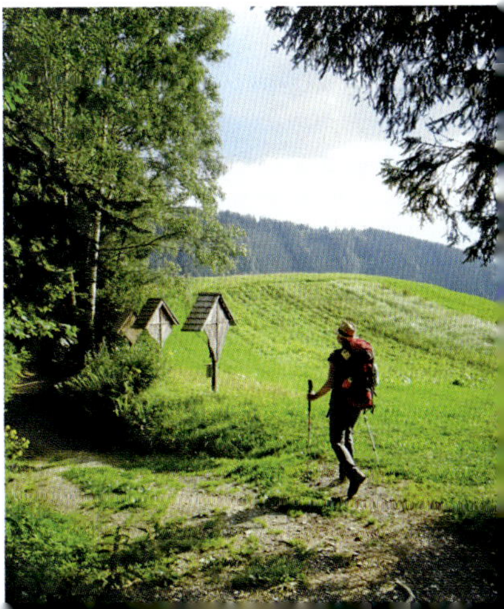

Pilgerkreuze am Weg.

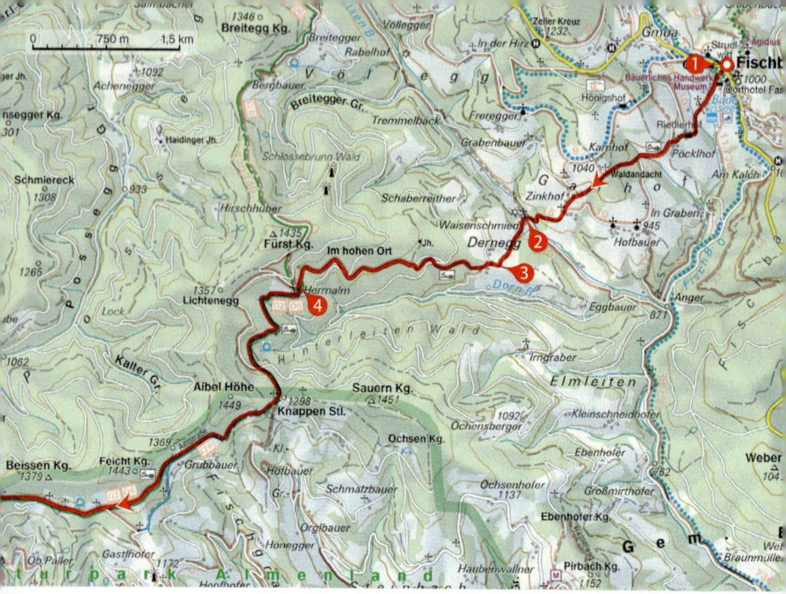

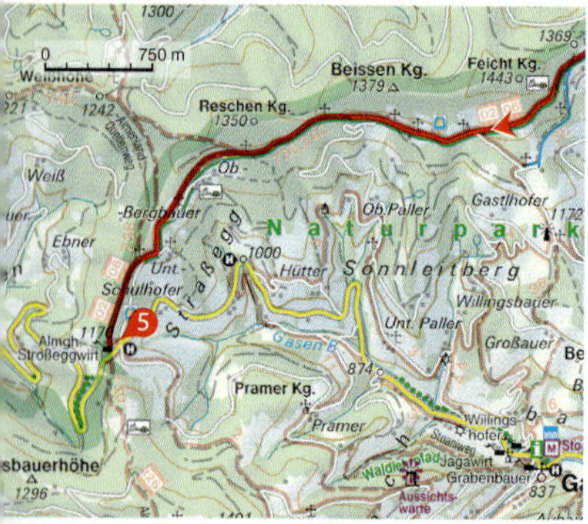

stellen vorbei- bzw. hindurchgeleitet. Wir folgen ein Stück einer Asphaltstraße, bis rechts eine Abzweigung in Richtung »Waldandacht« und »Herrnalm« kommt. Die Markierungen leiten uns durch den Wald gleich wieder auf die Asphaltstraße. Nach einem Bauernhof gehen wir nach links unten und gelangen über Wiesen und durch Wald beim **Waisenschmied (2)**, 866 m, zum tiefsten Punkt der heutigen Wanderung. Wir gehen direkt auf das vor uns liegende Wohnhaus zu und dann leicht links haltend über die Wiese, wobei wir uns an den Markierungen an dem Strommast orientieren. Bergauf durch den Wald kommen wir zu einer großen Wiese, auf der am oberen Rand ein **Hochsitz (3)**, 980 m, steht. Wir steuern auf den Hochsitz zu und folgen dann nach rechts der Forststraße bis zu einer Asphaltstraße. Nun links leicht bergab, bis kurz vor dem Bauernhof auf der rechten Seite eine gelbe Holztafel den Weg in Richtung »Herrnalm« anzeigt. Durch eine Weide hindurch (bitte Tore immer schließen) wandern wir nun über Wanderwege

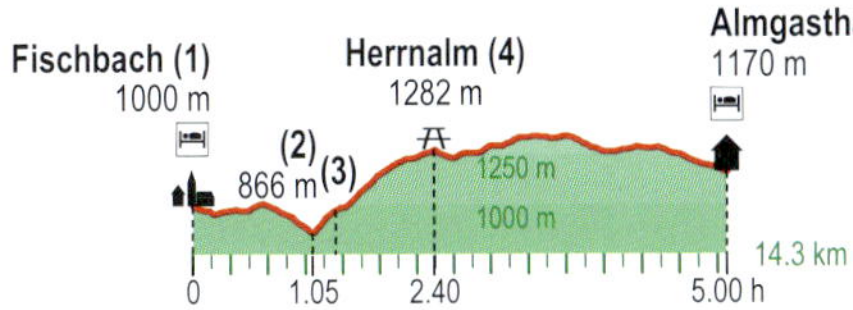

und Forststraßen stetig bergauf bis zur **Herrnalm (4)**, 1282 m. Die Herrnalm erkennt man an einer kleinen Lichtung, auf der ein großes Holzhaus mit einem Brunnen und Holztisch und Bänken zum Rasten steht.
Ab hier wandern wir in Richtung »Straßegg« und somit auf dem in entgegengesetzter Richtung verlaufenden und viel begangenen Wallfahrtsweg nach Mariazell. Der Weg ist gut markiert (zum Teil mit gelber Farbe) und somit gut zu finden. Wir wandern auf Wander- und Forstwegen auf einer Seehöhe zwischen 1200 m und 1300 m gemütlich dahin, vorbei an zahlreichen Pilgerkreuzen und freien Flächen mit schönen Ausblicken auf das vor uns liegende Almenland. Je näher wir unserem Tagesziel kommen, desto mehr Pilgerkreuze bzw. alte Bergschuhe weisen uns den Weg. Beim **Almgasthaus Stroßeggwirt (5)**, 1170 m, schließen wir die heutige Etappe ab.

Rast auf der Herrnalm.

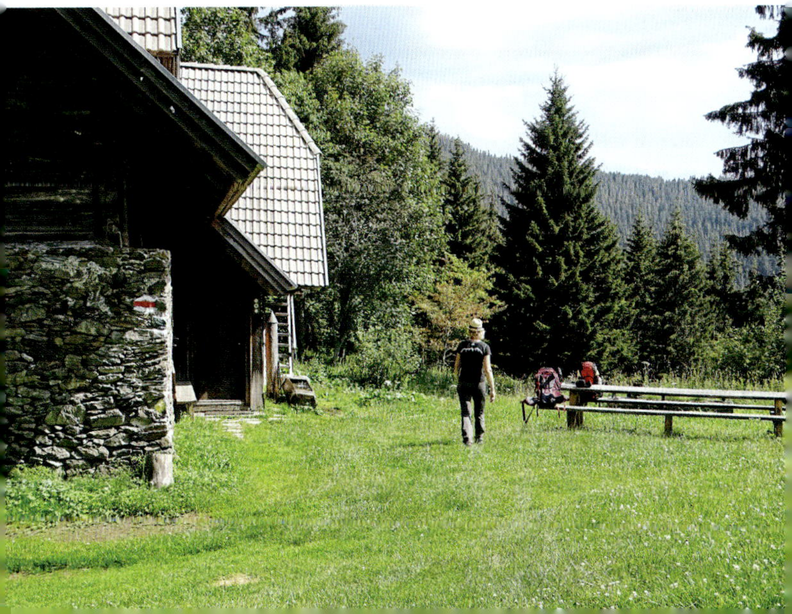

24 Almgasthaus Stroßeggwirt – Brandlucken

4.15 Std.

↑430 ↓470

Sanfte Almflächen + erlesene Speisen = Naturpark Almenland

Die heutige Wanderung führt durch einen Teil des jüngsten Naturparks der Steiermark, den Naturpark Almenland. Diese Region steht für gepflegte Wege, idyllische Almflächen, genussvolle Einkehrmöglichkeiten und schöne Fotomotive. Mit seinen 125 zusammenhängenden Almen ist der Naturpark Almenland eines der größten Almgebiete Österreichs und ganzjährig eine beliebte Wanderdestination. Das Leitthema des Naturparks lautet: »Der Natur ihren Platz – für die Menschen den Genuss«. Für den Genuss sorgen kulinarische Spezialitäten wie etwa das ALMO®-Almochsen-Qualitätsfleisch, das ein Aushängeschild der ansässigen Gastronomiebetriebe ist. Direkt auf der heutigen Etappe liegt die beliebte Stoakoglhütte, bei der man auf jeden Fall eine Pause einlegen sollte. Der Name Stoakogl wird vielen Volksmusikfreunden ein Begriff sein, da man hier im Heimatgebiet der »Stoakogler« unterwegs ist. Der Name der Hütte und auch der bekannten Musikgruppe leitet sich von dem Namen Steinkogel (Stoakogl) ab, einem Hügel in unmittelbarer Nähe der Hütte. Ob einem die Musikrichtung nun gefällt oder nicht … Weitwandern in der Steiermark is very good!

Ausgangspunkt: Almgasthaus Stroßeggwirt, 1170 m.
Streckenlänge: 12,1 km.
Anforderungen: Einfache Wanderung auf gut markierten Wander- bzw. Pilgerwegen entlang von Almflächen.
Einkehr: **Stoakoglhütte**, ✆ +43 676 6834724, www.stoakoglhuette.at. Durchgehend 1. Mai–26. Okt.
Unterkunft: Brandlucken: **Gasthof Unterberger-Jagawirt**, ✆ +43 3179 8250, www.gasthof-unterberger.at; **Kornreitherhaus**, ✆ +43 3179 8615, www.kornreitherhaus.at; **Naturparkhotel Bauernhofer**, ✆ +43 3179 8202, www.bauernhofer.at.
Verkehrsmittel: Brandlucken ist mit dem Bus erreichbar. Auskünfte unter: Verbundlinie Steiermark, www.busbahnbim.at. Vergünstigungen mit der GenussCard, www.genusscard.at.
Information: **Tourismusverband Naturpark Almenland** in Fladnitz, ✆ +43 3179 23000, www.almenland.at.
Karten: Freytag & Berndt-Wanderkarte: WK 131 – Grazer Bergland, Schöckl, Almenland-Teichalm, Stubenbergsee.

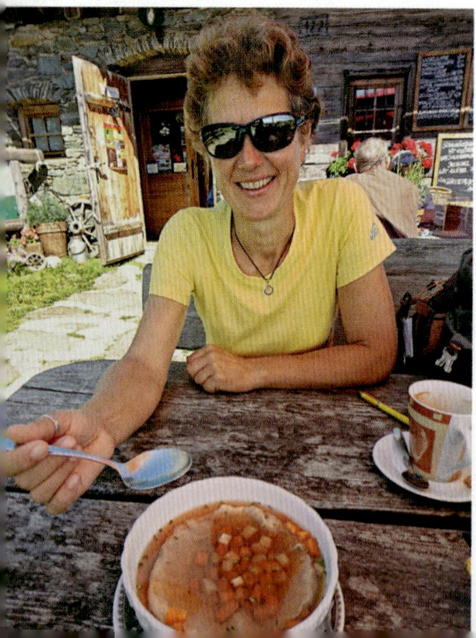

Die z'sammglegte Knödelsuppe auf der Stoakoglhütte.

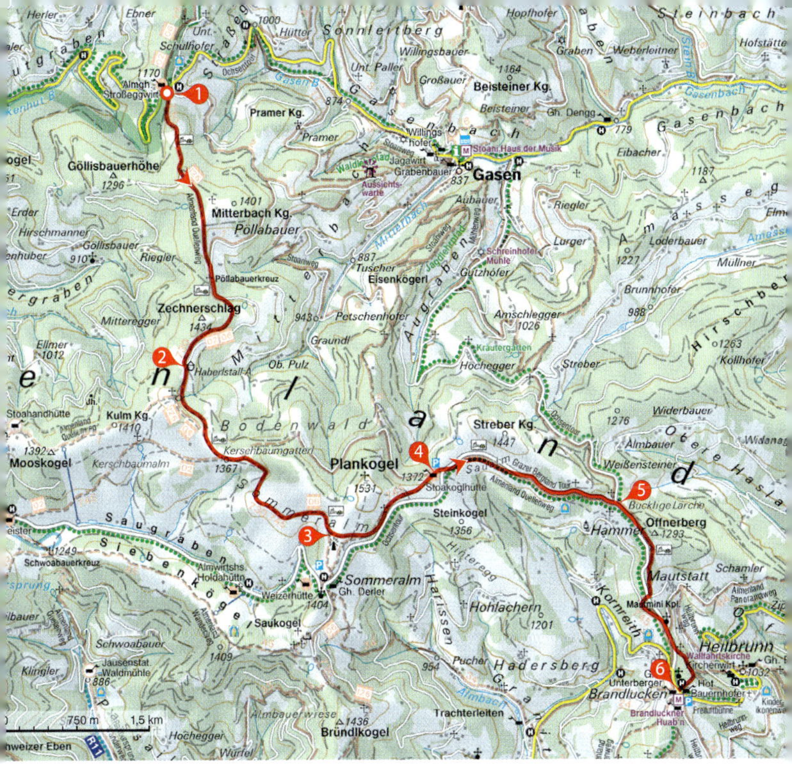

Rund um den Passübergang Straßegg bzw. vom **Almgasthaus Stroßeggwirt (1)**, 1170 m, erstreckt sich ein gut beschildertes Wegenetz. Wir wandern mit Weg 730 und den Weitwanderwegen 02 und 06 in Richtung »Sommeralm«. Nachdem wir die Straße überquert haben, geht es an diversen Pilgerkreuzen vorbei und gleich bergauf durch den Wald. Ab einer Seehöhe von ca. 1300 m wandern wir mit leichten Auf- und Abstiegen auf Wanderwegen und Forststraßen am Pöllabauerkreuz vorbei zum **Haberlstall (2)**, 1350 m, einer Lichtung mit einem Holzhaus und Stallgebäude.

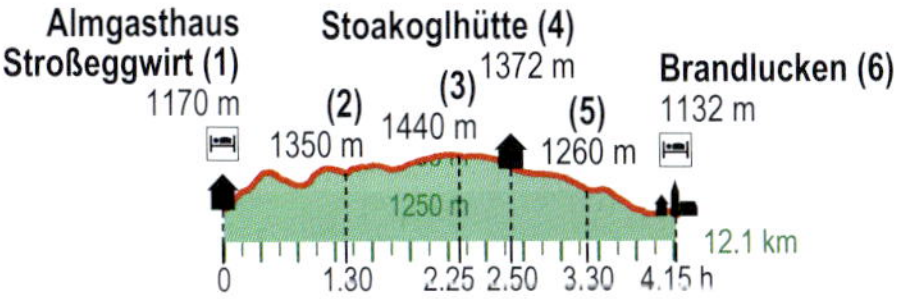

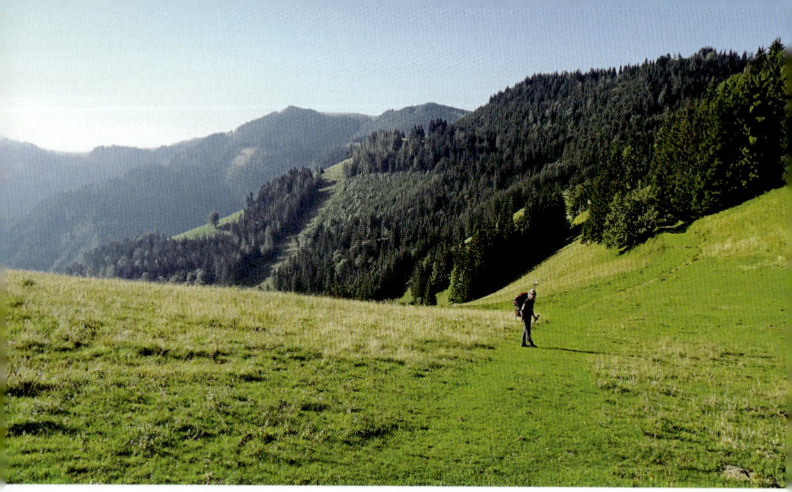

Weite Almflächen zum gemütlich Dahinwandern.

Gleich danach halten wir uns bei der nächsten Gabelung links in Richtung »Sommeralm« und sind nun hauptsächlich im aussichtsreichen Almengebiet unterwegs. Über breite Wanderwege bzw. Forststraßen führt der Weg über die Flächen der Sommeralm zu einem allein stehenden **Windrad (3)**, 1440 m. Hier könnte man einen kurzen Abstecher auf den Plankogel, 1531 m, machen.

Der Weiterweg verläuft parallel zur Asphaltstraße zur **Stoakoglhütte (4)**, 1372 m, und danach weiter neben, aber etwas unterhalb der Straße über eine Wiesenfläche. Der Weg mündet in die Asphaltstraße, der wir leicht bergab folgen. Nach der **Bushaltestelle »Bucklige Lärche« (5)**, 1260 m, finden wir alsbald eine Abzweigung links in den Wald. Nun orientieren wir uns an den Holzwegweisern in Richtung »Brandlucken«, die uns über Wiesen und durch Waldstücke und auch über kurze Straßenstrecken stetig bergab führen. Bei der **Brandlucken (6)**, 1132 m, angekommen, bleibt heute dank der kürzeren Etappe noch genug Zeit zum Relaxen und Entspannen.

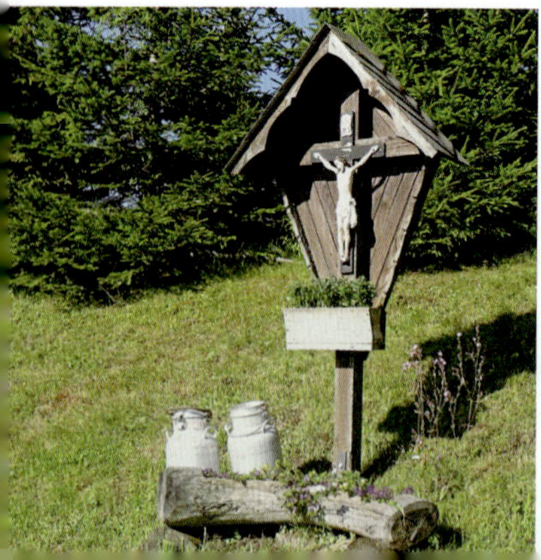

Zahlreiche geschmückte Wegkreuze säumen den Weg.

4.30 Std.

↑270 ↓920

Brandlucken – Anger bei Weiz

25

Vom Almenland ins Apfelland

Der Name Brandlucken ist auf die Brandrodung zurückzuführen, mit der man im 13. und 14. Jh. auch in höheren Gebieten für die Landwirtschaft notwendigen Grund und Boden schuf. Auf den gewonnen Flächen wurde bis ins 19. Jh. hauptsächlich Getreide angebaut. Heute ist die Passlandschaft der Brandlucken ein touristischer Geheimtipp mit schönen Einkehr- und Übernachtungsmöglichkeiten, zahlreichen Freizeitangeboten und einem bekannten Freilufttheater. Die heutige Wanderung von der Brandlucken nach Anger fällt sicherlich unter die Kategorie »gemütlich«, da sich vor allem die ersten knapp 9 Kilometer auf einer Seehöhe von ca. 1200 m mit wenigen Auf- und Abstiegen dahinziehen, danach geht es gleichmäßig bergab nach Anger. An heißen Sommertagen ist diese Wanderung perfekt, da der Großteil der Etappe im schattenspendenden Wald verläuft. Auch wenn zwischendurch der Wanderweg wenig begangen ist und den Eindruck einer Landschaft im Dornröschenschlaf erweckt, ist der Großteil gut markiert und beschildert. Den Abschluss der Etappe bildet die Ortschaft Anger bei Weiz, mit einem kleinen und sehr feinen Ortszentrum.

Ausgangspunkt: Brandlucken, 1132 m.
Streckenlange: 14,1 km.
Anforderungen: Der Großteil der Etappe verläuft auf einfachen Wegen oder Forststraßen. Zwischendurch sind die Wanderwege wenig begangen und daher etwas zugewachsen.
Einkehr: **Schutzhütte Eibisberg**, vgl. auch »Unterkunft«. Anger bei Weiz: **Gasthaus Almer »Zur Rauchstube«**, ✆ +43 3175 2460, www.rauchstubenhaus.at.
Unterkunft: **Schutzhütte Eibisberg**, ✆ +43 3179 8332; 12 Matratzenlagerplätze; Di Ruhetag. Anger bei Weiz: **Posthotel Thaller**, ✆ +43 3175 2206, www.posthotel-thaller.at; **Hotel Angerer-Hof**, ✆ +43 3175 2279, www.angerer-hof.at; **Gasthof Holzerbauer**, ✆ +43 3177 2293, www.forellengasthof.com.
Verkehrsmittel: Anger bei Weiz ist mit dem Bus erreichbar. Auskünfte unter: Verbundlinie Steiermark, www.busbahnbim.at. Vergünstigungen mit der GenussCard, www.genusscard.at.
Information: **Tourismusregion ApfelLand-Stubenbergersee** in Stubenberg a. See, ✆ +43 3176 8882, www.apfelland.info.
Hinweis: Einkaufsmöglichkeiten in Anger bei Weiz.
Karten: Freytag & Berndt-Wanderkarte: WK 131 – Grazer Bergland, Schöckl, Almenland-Teichalm, Stubenbergsee.

Von der **Brandlucken (1)**, 1132 m, gehen wir in Richtung Süden an der Freilufttheater-Tribüne vorbei in Richtung »Eibisberg / Schönes Kreuz«. Ein Stück geht es hier entlang der Asphaltstraße und dann entlang einer Forststraße bis zum **Rosenplatz (2)**, 1220 m. Ganz entspannt wandern wir im Wald auf einer Seehöhe von ca. 1200 m gemütlich dahin und halten uns immer in Richtung »Eibisberg«. Ab der Wegekreuzung **Schönes Kreuz (3)**, 1200 m, geht es auf einer Forststraße und dem Wanderweg 745 weiter, bis wir eine kleine Lichtung mit Haus- und Hofstelle passieren und gleich darauf auf der **Bendlerhöhe (4)**, 1235 m, ankommen. Hier befindet sich auch eine Diensthütte der Bergrettung Weiz.

Der Weiterweg führt nach rechts leicht bergab in Richtung »Schutzhütte Eibisberg«. Bei einer Wegkreuzung hat man die Möglichkeit, nach rechts einen kurzen Abstecher zur **Schutzhütte Eibisberg (5)**, 1200 m, zu machen. Die kleine Holzschutzhütte befindet sich direkt beim Bauernhof der Fam. Steinbauer und ist auch aufgrund der schönen Aussicht den Abstecher wert. Danach gehen wir zur Kreuzung zurück und wandern nun in Richtung »Rauchstubenhaus / Anger«. Wir kommen an einer **Quelle (6)**, 1188 m, vorbei und folgen weiter der Forststraße. Bei einer Forststraßenkreuzung gehen wir geradeaus, kurz etwas steiler bergauf und dann wieder auf einem Berg-

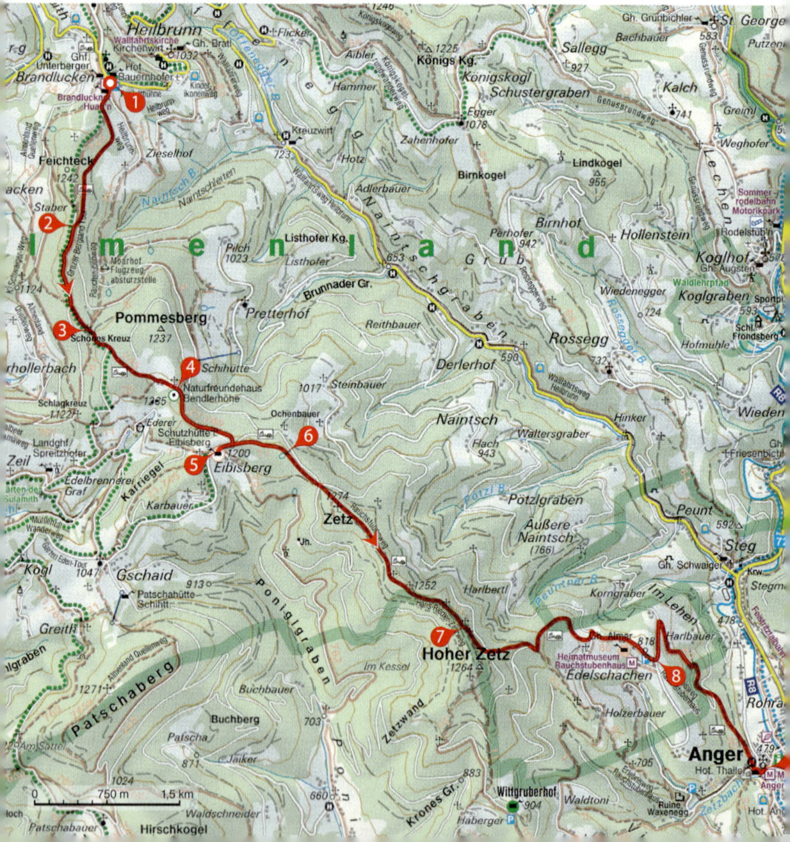

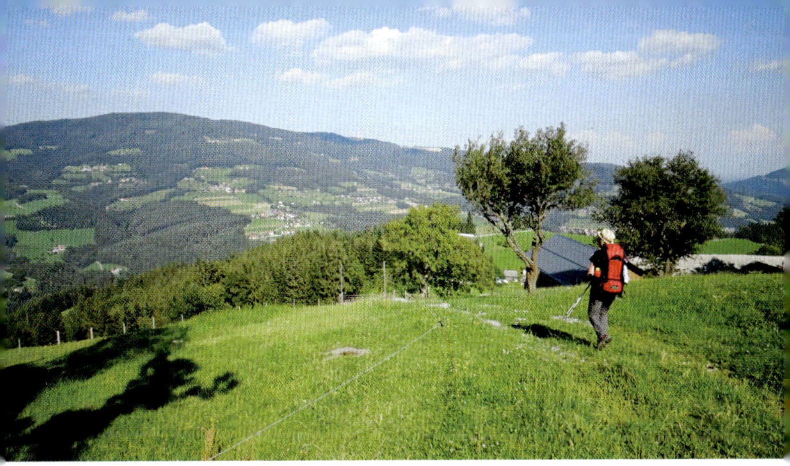

Ausblicke ins Apfelland.

rücken mit Aussicht auf Weiz dahin. Wir orientieren uns am Weg 11, wobei auf diesem Abschnitt der Weg teilweise stark zugewachsen ist. Wir kommen an Pilgerkreuzen vorbei und sehen alsbald wieder gelbe Wegweiser. Kurz vor der Hohen Zetz führt der Weg Nr. 60 + 61 steiler bergab in Richtung »Anger«. Bei einer **Wegkreuzung (7)**, 1214 m, gehen wir links mit Weg 60 in Richtung »Anger über Edelschachen (Rauchstube)«. Nachdem wir den Wald verlassen und einen Bauernhof passiert haben, eröffnet sich ein schöner Blick in Richtung Pretul und Stuhleck. Weiter geht es entlang der Asphaltstraße bis zur **Abzweigung »Rauchstubenhaus« (8)**, 800 m; das Gasthaus Almer ist einen Abstecher wert.

Unser Wanderweg 06 führt hier nach links auf einer Asphaltstraße weiter, nach kurzer Zeit biegen wir nach rechts in Richtung »Anger« ab. Auf dem gut markierten und beschilderten Weg wandern wir durch einen wunderschönen Buchenwald immer bergab, bis wir das besiedelte Gebiet erreichen und nach links ins Zentrum von **Anger bei Weiz (9)**, 479 m, kommen.

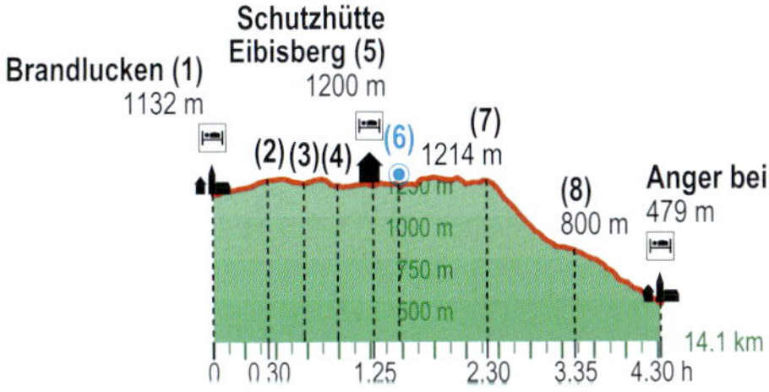

26 Anger bei Weiz – Pöllau

5.00 Std.

↑500 ↓550

Apfel trifft auf Birne – eine fruchtbare Wanderung

Diese Wanderung vom Apfelland in das Gebiet des Naturparks Pöllauer Tal ist ein wahres Fest für die Sinne: Sowohl die Landschaft als auch die lokalen Produkte bieten Genuss pur. Wir wandern an Obstgärten vorbei, durch dichte Buchenwälder hindurch und auf einsamen Nebenstraßen mit schönen Ausblicken auf die Natur- und Kulturfläche des Naturparks. In Pöllau sollte man sich Zeit nehmen für die zahlreichen kulinarischen Spezialitäten und für das Schloss Pöllau mit der Stiftskirche, auch »Steirischer Petersdom« genannt, die zu den größten barocken Kirchenbauten des Landes zählt. Direkt beim Schloss befindet sich das Informationsbüro, in dem man alle interessanten Informationen zu Pöllau und zum Naturpark bekommt. Auch wenn man nur kurz in Pöllau ist, werden einen die Gastfreundlichkeit, die ansprechenden Fachgeschäfte, die besondere Atmosphäre rund um das Schloss beeindrucken. Somit: Einmal Pöllau, immer Pöllau.

Ausgangspunkt: Anger bei Weiz, 479 m.
Streckenlänge: 15,7 km.
Anforderungen: Grundsätzlich einfache Wanderung mit einigen steileren Wegen, bzw. zwischendurch wenig markierten Teilabschnitten.
Einkehr: **Gaststätte & Pension Forellenhof**, vgl. auch »Unterkunft«. **Buschenschank Schweighofer – Ziagl's Laube**, ✆ +43 3335 2162 oder +43 664 2747655, www.ziaglslaube.at. Pöllau: **Café-Konditorei Ebner**, ✆ +43 3335 2350, www.steirertorte.at.
Unterkunft: **Gaststätte & Pension Forellenhof**, ✆ +43 3177 2293 oder +43 664 2231200, www.forellenhof.com. Pöllau: **Gasthof Hubmann**, ✆ +43 3335 2267, www.gasthofhubmann.at; **Bio-Landerlebnis-Resort JUFA Pöllau**, ✆ +43 570 83240, www.jufa.eu.
Verkehrsmittel: Pöllau ist mit dem Bus erreichbar. Auskünfte unter: Verbundlinie Steiermark, www.busbahnbim.at. Vergünstigungen mit der GenussCard, www.genusscard.at.
Information: **Tourismusverband Naturpark Pöllauer Tal** in Pöllau bei Hartberg, ✆ +43 3335 4210, www.naturpark-poellauertal.at.
Hinweis: Zahlreiche Einkaufsmöglichkeiten in Pöllau, wo auch Hirschbirnenprodukte in ausgewählten Fachgeschäften erhältlich sind.
Karten: Freytag & Berndt-Wanderkarte: WK 131 – Grazer Bergland, Schöckl, Almenland-Teichalm, Stubenbergsee.

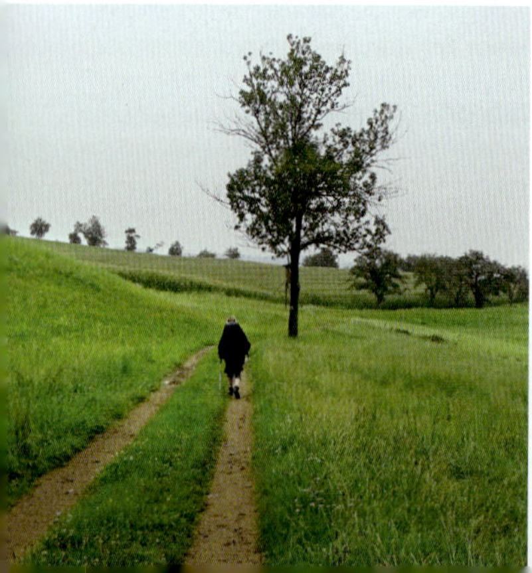

Regenstimmung gehört zum Weitwandern, ebenso wie Sonnenschein.

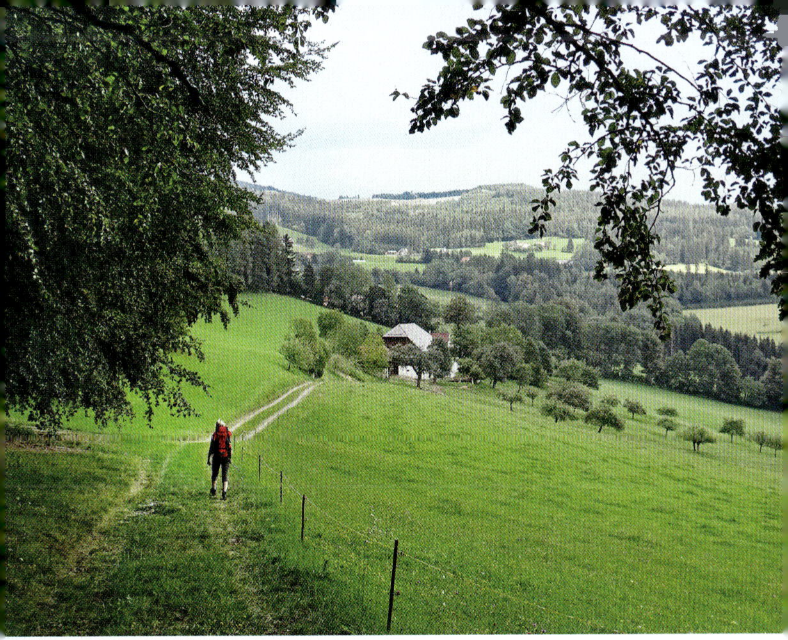

Gepflegte Kulturflächen und schöne Ausblicke ins Pöllautal.

Vom Hauptplatz in **Anger bei Weiz (1)**, 479 m, gehen wir zur zentralen Bushaltestelle, wo gleich auf der linken Straßenseite Wander- und Informationstafeln zu sehen sind. Wir folgen dem Wanderweg 10 (Hans Klaminger-Weg), am Schwimmbad vorbei, über die Gleise der Feistritztalbahn und dann bei der Kreuzung nach rechts. Nach dem Ortsteil Bachviertel verläuft der Weg durch Wald- und Wiesenabschnitte, bis wir auf eine Asphaltstraße stoßen und dieser nach links folgen. Achtung, nach ca. 100 m darf man die **Abzweigung »Fresenkogel« (2)**, 584 m, an der wir die Straße nach rechts verlassen, nicht übersehen! Der Weg führt am Waldrand entlang, wobei wir uns an dem grünen Wegweiser »Schichtweg« orientieren. Durch den Wald und dann ein kurzes Stück entlang einer Asphaltstraße geht es bei einem Kahlschlag nach links bergauf. Achtung, hier sind keine Markierungen erkennbar, daher steigen wir in einer geraden Linie entlang des Kahlschlages bergan.
Weiterhin orientieren wir uns an den Wegweisern »Schichtweg«, bis knapp über 800 m Seehöhe die Abzweigung zum »Fresenkogel / Gipfelkreuz« kommt. Hier gehen wir nach links auf dem »Genussrundweg« weiter. Dieser führt zuerst noch durch den Wald, dann über freie Wiesenflächen und zuletzt durch eine Haus- und Hofstelle zur Gaststätte und Pension **Forellenhof (3)**, 820 m. Da-

nach geht es weiter bis zu einer Straßenkreuzung. Hier gehen wir rechts und nach wenigen Metern bei der nächsten Kreuzung nach links. Nach ca. 1 km gelangen wir an eine Kreuzung, wo wir uns links halten, um gleich danach direkt bei einem Bauernhof links abzubiegen und durch das Bauernhofgelände hindurchzugehen. Auf der Holzscheune bzw. auf den Bäumen ist eine rot-weiß-rote Markierung mit der Nr. 32 zu sehen. Wir wandern am Wiesenrand entlang leicht bergauf und treffen wieder auf die Asphaltstraße. Wir gehen über sie hinweg in die Sackgasse und weiter bis zum **Micherlbauer (4)**, 898 m, einem Hof, der zu einer kurzen Pau-

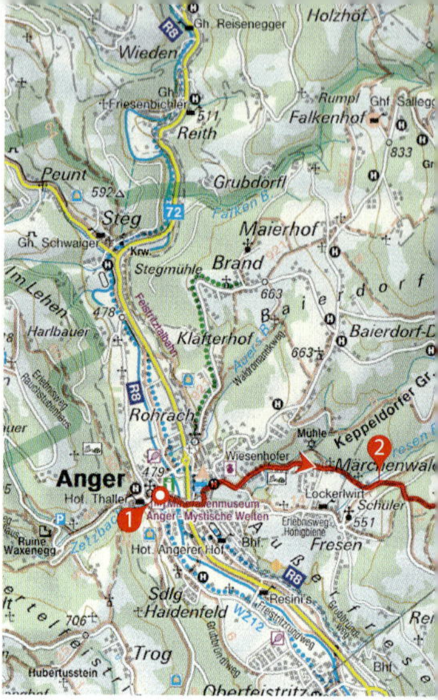

Im Apfelland angekommen.

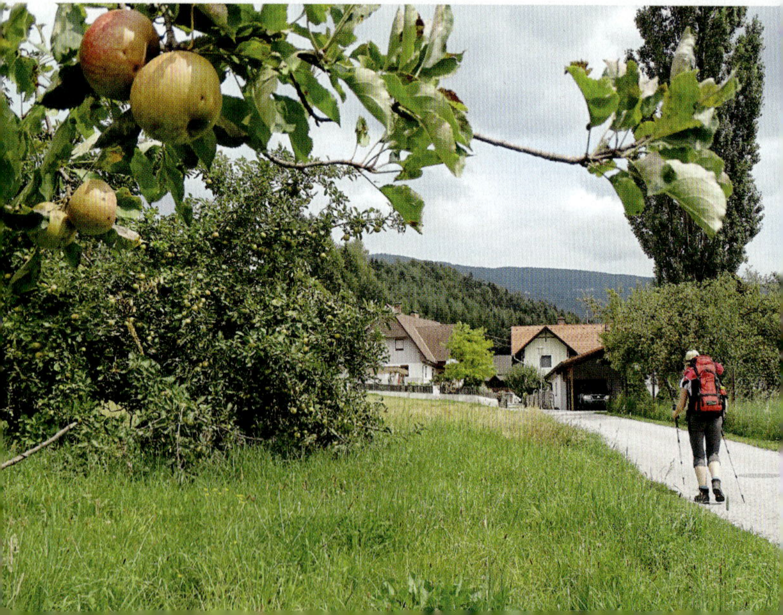

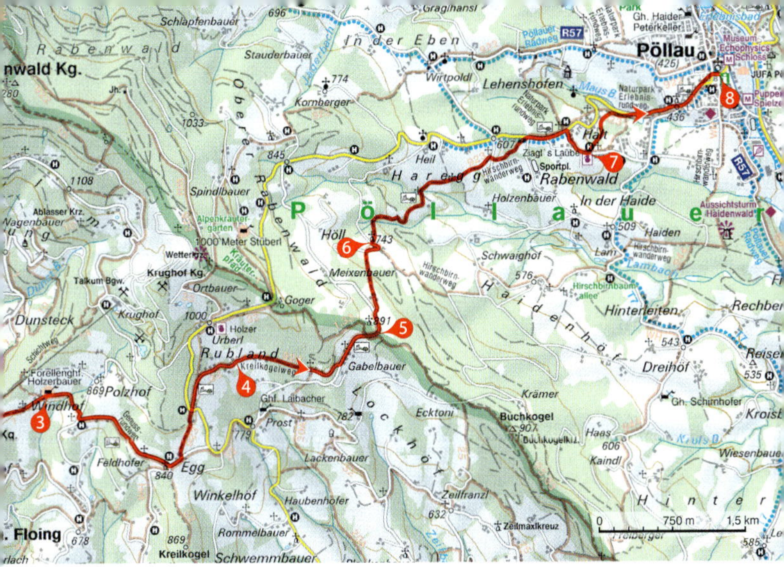

se einlädt. Weiter auf Asphalt- und Forststraßen, mit dem Blick auf den Stubenbergsee, kommen wir zur **Jochbauer Höhe (5)**, 891 m, und somit in das Gebiet des Naturparks Pöllauer Tal.

Ab hier wandern wir mit einer wunderschönen Aussicht auf das Gebiet des Naturparks bergab. Dem Wanderweg 923 folgend gelangen wir auf der Asphaltstraße an Bauernhöfen vorbei zu einem **Bildstock (6)**, 743 m, direkt rechts neben der Straße. Hier geht es rechts über die Wiese hinunter bis zu einem schlecht markierten Einstieg nach links in den Wald. Nun wechseln sich Waldwege, Forstwege und auch Asphaltstraßen ab, wobei wir hier auf dem »Hirschbirnenweg« unterwegs sind. Dann zweigen wir von der Landstraße L432 in den Ortsteil Halt ab und gehen in Richtung »Buschenschank Schweighofer (Ziagl's Laube)«. Der Wanderweg zweigt kurz vor der **Buschenschänke (7)**, 510 m, nach links in den Wald ab und führt in weiterer Folge entlang der Landstraße nach **Pöllau (8)**, 425 m. Wir schließen die Wanderung beim Schloss ab.

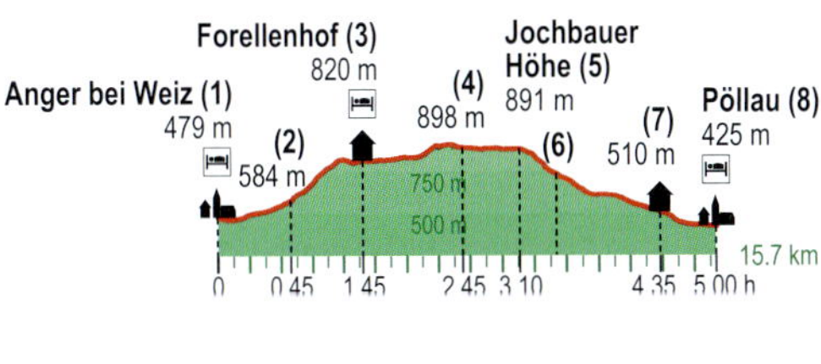

27 Pöllau – Hartberg

6.00 Std.

↑770 ↓840

Von Aussichtsplatz zu Aussichtsplatz – eine Wanderung mit Rundumblick

Bereits nach 300 Höhenmetern Aufstieg erreichen wir heute ein Highlight in einmaliger Lage, nämlich die Wallfahrtskirche Pöllauberg, eine der eindrucksvollsten gotischen Kirchen der Steiermark. Aber nicht nur die Kirche, auch die kleine Ortschaft Pöllauberg ist einladend und besonders durch die Blumenvielfalt bemerkenswert – das Dorf wurde bereits mit dem Titel »Schönstes Blumendorf Europas« ausgezeichnet. Der Großteil der Etappe verläuft jedoch auf einsamen Wander- bzw. Pilgerwegen, die wenig markiert bzw. beschildert sind. Hier wechseln sich Wald- und Wiesenflächen ab, wobei die Ausblicke in den »Garten Österreichs«, wie das Gebiet der Oststeiermark auch gerne genannt wird, schöne Abwechslung bringen. Fast am Ende der Wanderung geht es noch 99 Stufen hinauf auf die 30 Meter hohe Ringwarte, die im Jahr 1906 erbaut und 2007/08 renoviert wurde. Der Ausblick ist sensationell und die Orientierungstafeln helfen bei der Bestimmung der Umgebung. Den Abschluss des heutigen Tages bildet die knapp 7000 Einwohner zählende Stadt Hartberg, die eine wunderbare Abwechslung im Weitwanderdasein darstellt.

Ausgangspunkt: Pöllau, 425 m.
Streckenlänge: 17 km.
Anforderungen: Einfache Wanderung auf Wanderwegen, Forst- und Asphaltstraßen.
Einkehr: Pöllauberg: **Gasthof zum Jagawirt**, ✆ +43 3335 2388, www.zumjagawirt.com; **Berggasthof König**, vgl. »Unterkunft«. **Jausenstation Ringwarte**, ✆ +43 664 1344262, www.ringwarte.at. Hartberg: **Weinhof–Buschenschank Postl**, ✆ +43 3332 63219, www.weinhofpostl.at.
Unterkunft: Pöllauberg: **Berggasthof König**, ✆ +43 3335 2311, www.berggasthof-koenig.at. Hartberg: **Hotel & Restaurant Pusswald**, ✆ +43 3332 62584, www.hotel-pusswald.at; **Gasthof-Restaurant zum Brauhaus Großschedl**, ✆ +43 3332 62210, www.brauhaus.co.at; **Gasthof Pack »Zur Lebing Au«**, ✆ +43 3332 62470, www.gasthof-pack.at.
Verkehrsmittel: Hartberg ist mit dem Bus erreichbar. Auskünfte unter: Verbundlinie Steiermark, www.busbahnbim.at. Vergünstigungen mit der GenussCard, www.genusscard.at.
Information: Tourismusverband Naturpark Pöllauer Tal in Pöllau bei Hartberg, ✆ +43 3335 4210, www.naturpark-poellauertal.at. **Tourismusverband Hartbergerland** in Hartberg, ✆ +43 3332 603300, www.hartbergerland.at.
Hinweis: Die Ringwarte ist tgl. 10.00–18.00 Uhr geöffnet, nur bei Schlechtwetter ist geschlossen, Eintrittspreis 1 €.
Karten: Freytag & Berndt-Wanderkarten: WK 131 – Grazer Bergland, Schöckl, Almenland-Teichalm, Stubenbergsee und WK 422 – Wechsel, Bucklige Welt, Bernstein.

Wir starten beim Schloss in **Pöllau (1)**, 425 m, und gehen an dessen Westseite bis zur Kreuzung mit den gelben Wandertafeln. Nun geht es mit Weg Nr. 942 nach rechts in Richtung »Pöllauberg« immer geradeaus stadtauswärts bis zum großen Kreisverkehr. Wir gehen nach links und gleich darauf

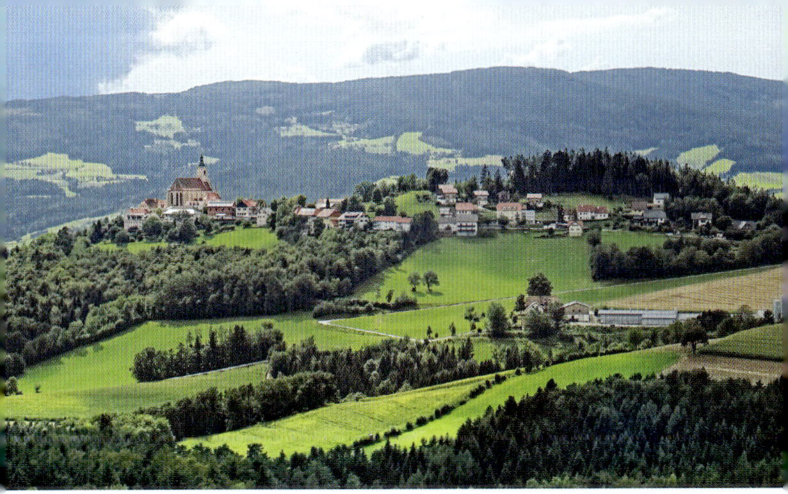

Die Kirche vom Pöllauberg ist von Weitem sichtbar.

zweigt der Wanderweg nach rechts in eine schmale Asphaltstraße ab. Die grünen Wegweiser mit weißer Schrift in Richtung »Pöllauberg« dienen zur Orientierung. Nun wandern wir ca. 300 Höhenmeter bergauf, unterwegs passieren wir mehrere Stationen eines Kreuzweges, dann bringt uns ein schöner Wanderweg zur Ortschaft **Pöllauberg (2)**, 753 m, die mit der Wallfahrtskirche, gemütlichen Gastwirtschaften und der beeindruckenden Aussicht zum Verweilen einlädt.

Entlang der Zufahrtsstraße geht es leicht bergab, dann folgen wir der Straße rechts bis zum Abzweig nach Hartberg. Hier sind wir auf dem »Pankratiusweg« und dem Wanderweg 943 unterwegs. Nach ca. 600 m verlässt der Wanderweg die Straße und führt über eine Wiese bis zu einem **Strommast (3)**, 689 m. Achtung, hier geht es nach rechts unten in den Wald! Jetzt folgt ein Wegstück, das wenig markiert ist.

Durch den Wald kommen wir zu einem kleinen Tor und dann zu einer Wiese mit mehreren Obstbäumen. Hier ist keine Markierung zu sehen, somit gehen wir in einer Linie geradeaus über die Kuppe, bis wir am Waldrand gleich wieder ein kleines Tor sehen. Wir folgen dem Weg leicht bergab und kommen zu einem kleinen Gehöft; hier über die Holzbrücke und dann nach rechts. Jetzt geht es bergauf durch den Wald, bis wir zu einer Wiese kommen. Hier orientieren wir uns auch an einem Strommast, auf den wir zugehen, wodurch wir zu einer Asphaltstraße mit der Bushaltestelle »Oberneuberg / Krollerkreuz« kommen. Wir überqueren die Straße und folgen den Wegweisern des »Pankratiusweges«. Immer leicht bergauf wandern wir auf Asphalt- und Forststraßen durch Waldabschnitte und an einigen Häusern vorbei bis zum

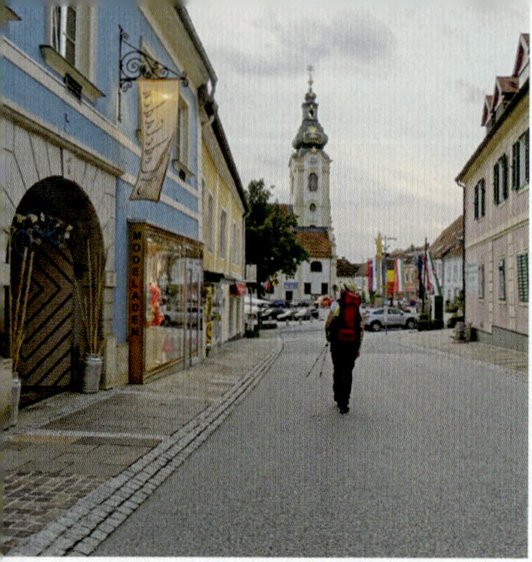

Im Zentrum von Hartberg angekommen.

höchsten Punkt unserer heutigen Etappe, der **Schwaig (4)**, 970 m. Hier geht es rechts bergab. Der Wanderweg nach Hartberg ist ab hier gut markiert (Wanderweg Nr. 907) und führt über Wiesenflächen und in der Folge über Forst- und Asphaltstraßen kontinuierlich bergab. Etwas nach der Bushaltestelle »Hochwarth / Lehnermühle« biegt der Wanderweg von der Asphaltstraße nach links unten in den Wald ein. Alsbald kommen wir zu einem künstlichen Bewässerungskanal, der einer sogenannten, für die portugiesische Insel Madeira typischen »Levada« sehr ähnlich ist. Wir wandern entlang dieses Kanals, zweigen dann nach links ab und gelangen zum Parkplatz Ringwarte bei der

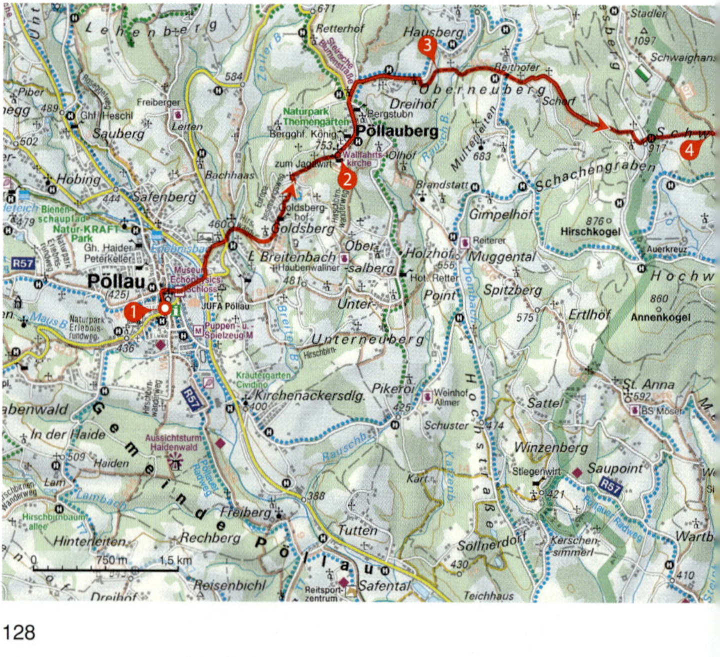

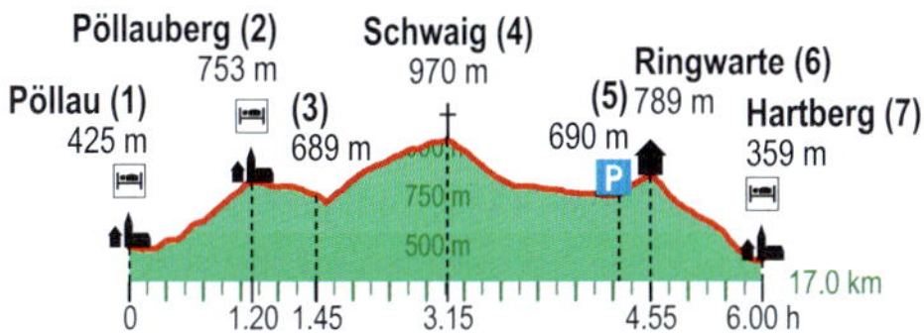

Spielstätte Ring (5), 690 m. Hier gibt es zwei Möglichkeiten, um nach Hartberg zu kommen, wobei wir die längere Variante über die Ringwarte empfehlen, die vom Parkplatz leicht bergauf über einen archäologischen Rundweg mit Schautafeln zur **Ringwarte (6)**, 789 m, auf dem Ringkogel führt.
Der Abstieg verläuft über die Laufstrecke und mit der weiß-gelb-weißen Markierung durch den Wald, bis wir auf eine Asphaltstraße treffen. Hier folgen wir nach rechts unten den pinken Wegweisern. Auf Asphalt- und Forststraßen wandern wir am Hotel Berghof vorbei in Richtung Hartberg. Kurz vor dem Zentrum gehen wir durch eine Unterführung, dann ein paar Stufen hinauf und geradeaus in die Stadtmitte von **Hartberg (7)**, 359 m.

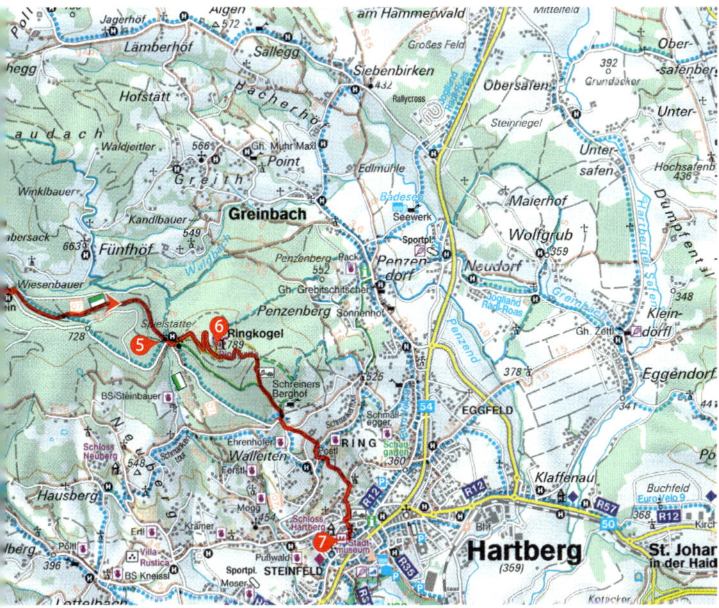

28 Hartberg – Bad Waltersdorf

5.15 Std.

↑300 ↓360

Auf geht's ins Thermen- & Vulkanland

Die heutigen Etappe hat einen ganz anderen Charakter als die der letzten Tage, die von einsameren Wanderwegen durch Waldflächen geprägt waren. Ab Hartberg führt der Weg mit geringen An- und Abstiegen durch die kleinen Dörfer des oststeirischen Hügellandes – vorbei an gepflegten Kulturflächen und über sanfte Rücken mit sich abwechselnden Wäldern und Wiesen. Auch wenn man nur auf einer durchschnittlichen Seehöhe von 400 m unterwegs ist, hat man schöne Ausblicke auf die bereits erwanderten Highlights, wie die Hartberger Warte und den Pöllauberg. Die oststeirische Hügellandschaft war bereits in den 50er-Jahren als Sommerfrische-Destination bekannt und beliebt. Mitte der 70er-Jahre wurden in der Region Ölbohrungen durchgeführt, wobei man jedoch nicht auf Öl, sondern auf heilkräftiges Thermalwasser stieß. Heute ist die 2-Thermenregion mit der Heiltherme Bad Walterdorf und der H2O-Erlebnis-Therme in Sebersdorf weit über die Grenzen hinaus bekannt. Von der Wanderung in die Therme – eine wohltuende Kombination.

Ausgangspunkt: Hartberg, 359 m.
Streckenlänge: 18 km.
Anforderungen: Einfache Wanderung auf Asphaltstraßen, Forst- und Wanderwegen.

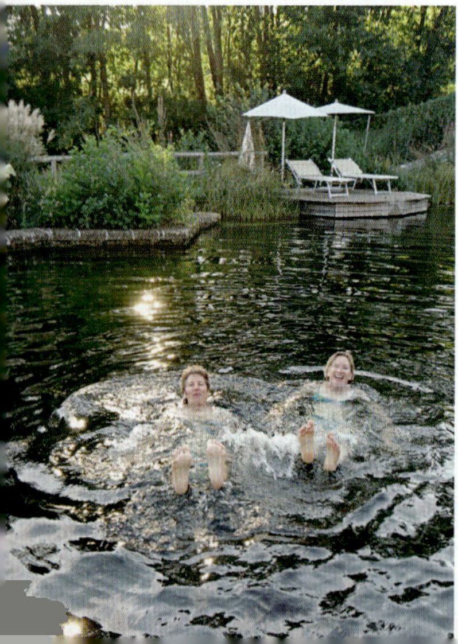

Einkehr: **Kaufhaus Grabner**, St. Magdalena am Lemberg, ✆ +43 3332 8100, www.grabners.at.
Unterkunft: Bad Waltersdorf: **Gasthof Safenhof**, ✆ +43 3333 2239, www.safenhof.at; **Hotel-Restaurant Fischer**, ✆ +43 3333 2273, www.hotel-fischer.at; **Quellenhotel Heiltherme Bad Waltersdorf**, ✆ +43 3333 500, www.heiltherme.at.
Verkehrsmittel: Bad Waltersdorf ist mit Bahn und Bus erreichbar. Auskünfte unter: ÖBB, www.oebb.at, oder Verbundlinie Steiermark, www.busbahnbim.at. Vergünstigungen mit der GenussCard, www.genusscard.at.
Information: **Tourismusverband Hartbergerland** in Hartberg, ✆ +43 3332 603300, www.hartbergerland.at. **Tourismusverband Bad Waltersdorf**, ✆ +43 3333 3150, www.badwaltersdorf.com.
Karten: Freytag & Berndt-Wanderkarte: WK 423 – Steirisches Thermenland, Südliches Burgenland, Steirisches Vulkanland.

Ein erfrischendes Außenbecken in der Therme.

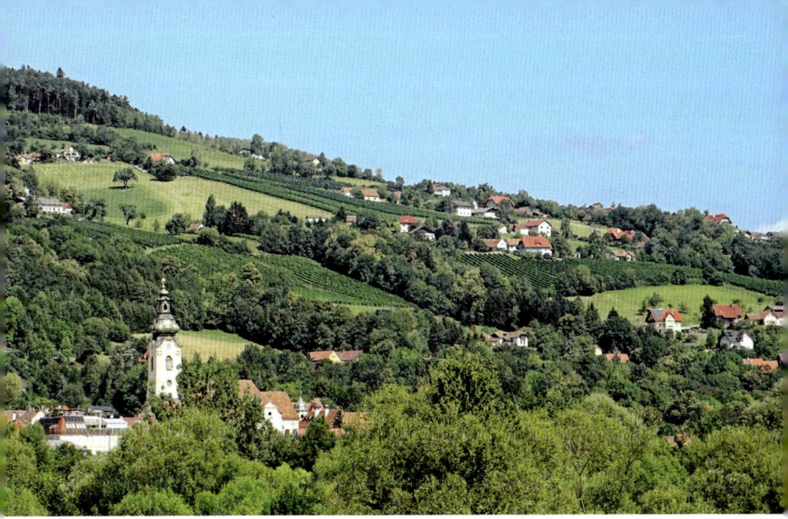

Der Blick zurück auf die Umgebung von Hartberg.

Vom Hauptplatz in **Hartberg (1)**, 359 m, gehen wir durch die Kirchengasse, dann links in die Herrengasse und an deren Ende nach rechts zum Kernstockplatz, wo wir die rot-weiß-rote Markierung des Wegs 907A sehen. Diesem folgen wir nach links stadtauswärts zum Hartberger Gmoos. Der Weg führt über einen asphaltierten Geh- bzw. Radweg durch das Schutzgebiet zu einer Straße. Hier verlassen wir den Wanderweg 907A nach rechts und gelangen durch eine Straßenunterführung hindurch zu einer Kreuzung. Wir zweigen links ab und befinden uns auf dem Wanderweg 907, dem wir stadtauswärts bis zu einer Kreuzung und dann in Richtung »Fürstenfeld« folgen. Weiter geht es durch das Siedlungsgebiet bis zum Ortsteil Neusafenau, wo wir nach links in den **Wald (2)**, 366 m, abzweigen.
Der gut markierte Wanderweg 907 führt ca. 2 km durch einen Buchenwald, bis wir zu einem Haus kommen. Nun weisen uns die gelben Wandertafeln in Richtung Buch den Weg. Entlang der Asphaltstraße orientieren wir uns weiterhin an Weg 907, kommen gleich zum Ortsende von Hopfau-West und zum Ortsbeginn von Oberbuch. Wir gehen direkt an der Kirche von **Oberbuch (3)**, 319 m, vorbei und weiter entlang der Asphaltstraße bis zum Abzweig in Richtung »St. Magdalena am Lemberg«. Unter der Autobahnbrücke hindurch und über die Gleise gelangen wir zu einer Kreuzung, bei der wir rechts gehen und alsbald die Asphaltstraße hinter uns lassen.
Wir wandern auf Forststraßen leicht bergan, an Wald- und Wiesenrändern entlang und durch kurze Waldstücke, bis wir wieder auf die Asphaltstraße nach St. Magdalena stoßen. Beim leichten Anstieg nach St. Magdalena soll-

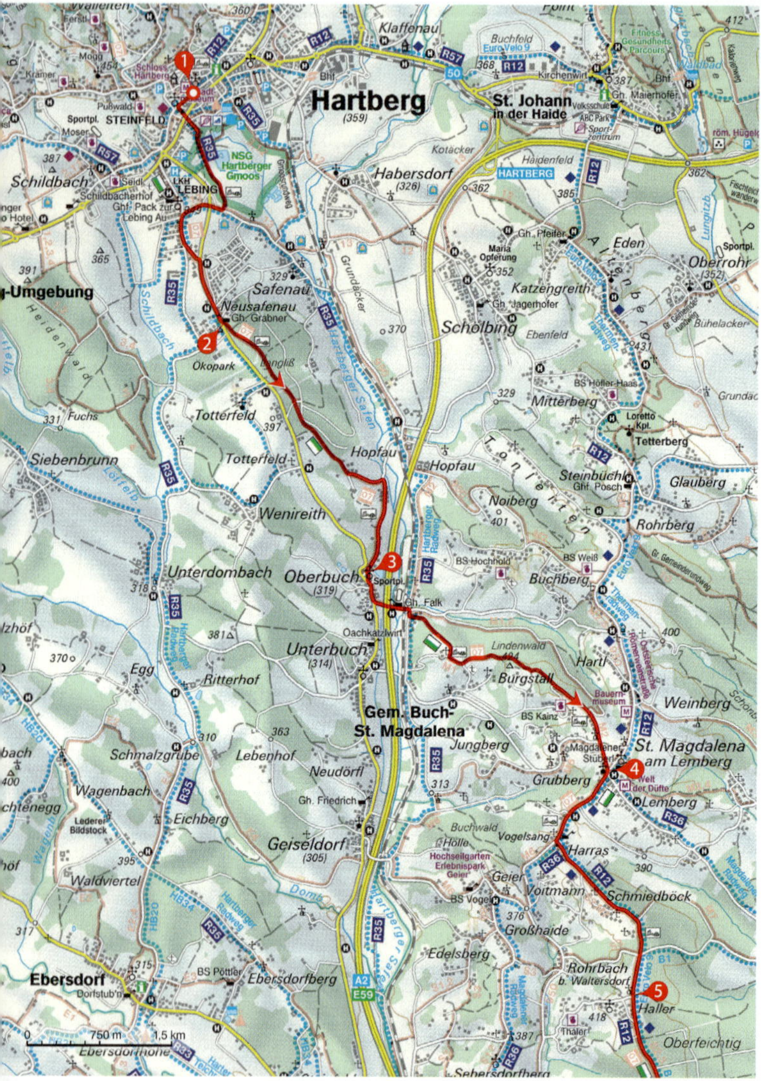

Hartberg
St. Johann in der Haide
Habersdorf
Schildbach
Safenau
Neusafenau
Ökopark
Totterfeld
Hopfau
Wenireith
Oberbuch
Unterbuch
Unterdombach
Gem. Buch-St. Magdalena
St. Magdalena am Lemberg
Scholbing
Mitterberg
Harras
Schmiedböck
Rohrbach b. Waltersdorf
Haller
Ebersdorf
Geiseldorf
0 750 m 1,5 km

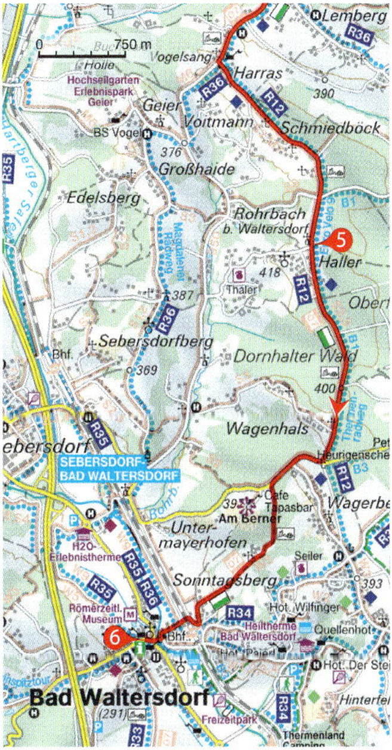

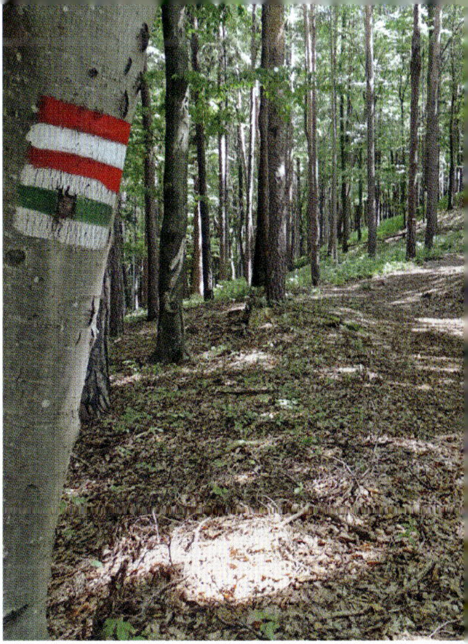

Farbmarkierungen am Weg.

te man sich umdrehen, um den Ausblick auf die Hartberger Warte und den Pöllauberg zu genießen. In der kleinen Ortschaft **St. Magdalena am Lemberg (4)**, 456 m, gehen wir nach rechts in Richtung »Sebersdorf« entlang der Asphaltstraße bis zur einer Straßenkreuzung im Ortsteil Voitmann-Harras, wo der Wanderweg nach links in Richtung »Bad Waltersdorf« abzweigt. Wir wandern an der Straße durch **Haller (5)**, 418 m, wo sich auch ein schöner Rastplatz und ein Brunnen befinden, und danach durch ein Waldstück bis zum Abzweig nach Bad Waltersdorf. Ein kurzes Stück geht es entlang einer stärker befahrenen Straße leicht bergab, dann biegen wir nach links in den Römerweinweg ein. Der gut markierte Wanderweg führt uns durch ein Waldstück zum Ortsrand und weiter direkt ins Zentrum von **Bad Waltersdorf (6)**, 291 m.

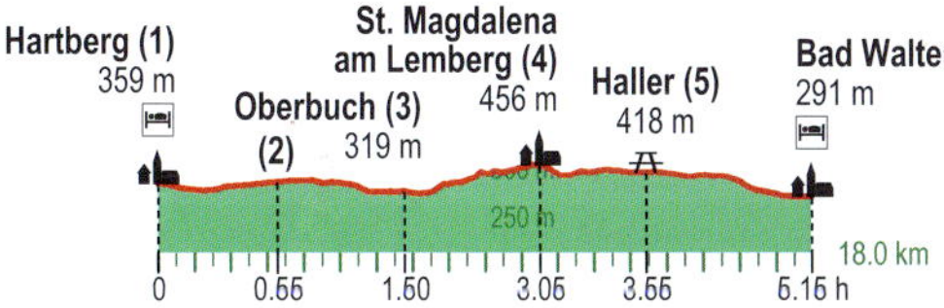

29 Bad Waltersdorf – Fürstenfeld

5.30 Std.

↑220 ↓240

Von Therme zu Therme in die Thermenhauptstadt

Die Region rund um Bad Waltersdorf überzeugt mit zahlreichen Freizeitangeboten, wobei Wandern mit ca. 200 km markierten Rundwander- und Themenwegen einen wichtigen Stellenwert einnimmt. Die heutige Etappe führt von der 2-Thermenregion über einfache Wanderwege mit längeren Asphaltabschnitten durch schöne Wälder nach Bad Blumau, das durch die vom renommierten Architekten Hundertwasser geplante Therme bekannt wurde. Ein Natur-Highlight nicht nur für diese Etappe, sondern eine Besonderheit auf der gesamten Nordroute ist die 1000-jährige Eiche auf der Birnbaumer Höhe. Dieser Baum zählt zu den ältesten Eichen Europas und stellt mit einer Höhe von 30 Metern und einem Stammdurchmesser von über 2 Metern ein besonderes Naturdenkmal dar. Wer im Sommer unter der gewaltigen schattenspenden Baumkrone mit einem Durchmesser von 50 Meter eine Rast macht, wird die Anziehungskraft dieses Platzes spüren. Mit der ca. 8500 Einwohner zählenden Stadt Fürstenfeld erreichen wir die Thermenhauptstadt, die über das größte Freibad Österreichs verfügt.

Ausgangspunkt: Bad Waltersdorf, 291 m.
Streckenlänge: 20,5 km.
Anforderungen: Einfache Wanderung hauptsächlich auf Asphaltstraßen und Forstwegen.
Einkehr: In Bad Blumau.

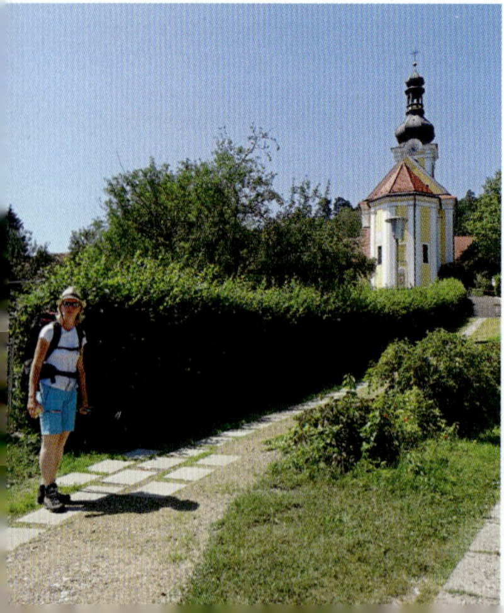

Unterkunft: In **Bad Blumau**. In Fürstenfeld **Gasthof Fasch & Gölles OG**, ✆ +43 3382 52438, www.gasthof-fasch.at; **JUFA Hotel Fürstenfeld-Sport Resort**, ✆ +43 57 083250, www.jufa.eu/fuerstenfeld; **Barbara's Bed & Breakfast**, ✆ +43 699 10422108, www.b3-hitzl.at.
Verkehrsmittel: Fürstenfeld ist mit Bahn und Bus erreichbar. Auskünfte unter: ÖBB, www.oebb.at, oder Verbundlinie Steiermark, www.busbahnbim.at. Vergünstigungen mit der GenussCard, www.genusscard.at.
Information: **Tourismusverband Bad Waltersdorf**, ✆ +43 3333 3150, www.badwaltersdorf.com. **Tourismusverband Fürstenfeld**, ✆ +43 3382 55470, www.thermenhauptstadt.at.
Karten: Freytag & Berndt-Wanderkarte: WK 423 – Steirisches Thermenland, Südliches Burgenland, Steirisches Vulkanland.

Die Kirche in Bad Blumau.

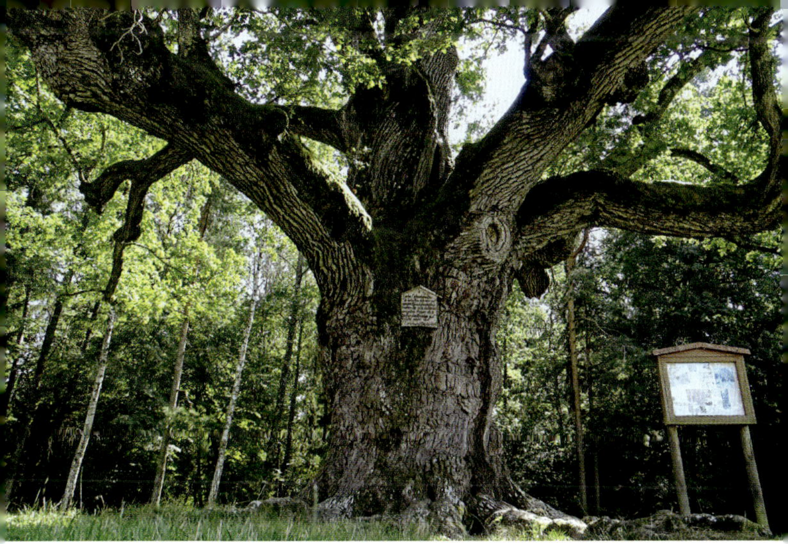

Beeindruckend: die 1000-jährige Eiche.

Beim Hauptplatz von **Bad Waltersdorf (1)**, 291 m, sind in der Nähe der Apotheke die gelben Wegweiser zu finden, die uns die Richtung nach »Leitersdorfberg« zeigen. Wir orientieren uns an den gut markierten Wegen 907/950 und verlassen das Zentrum in Richtung Süden. Bei einer Kreuzung geht es rechts leicht bergauf am Hotel Falkensteiner vorbei, bis wir alsbald ein Waldstück erreichen. Der Weg folgt hier einer Asphaltstraße, wobei wir gleichzeitig auf dem «W4 – Apfelwanderweg« unterwegs sind. In Leitersdorfberg orientieren wir uns an den rot-weiß-roten Markierungen und den grünen Tafeln mit weißer Schrift, die in Richtung »Blumau« weisen. Wir wandern nun durchgehend auf Asphaltstraßen durch wenig besiedeltes Gebiet, wobei der Ausblick auf die umliegende, gepflegte Hügellandschaft dem Auge gut tut. An Weingärten vorbei kommen wir auf einer Forststraße in den Wald.
Achtung, bei der **Wegkreuzung (2)**, 295 m: Von der Forststraße zweigt der Wanderweg 07 in Richtung »Loimeth / Fürstenfeld« nach rechts ab. Wir aber verlassen hier Wanderweg 07 und gehen geradeaus in Richtung »Bad Blumau«. Weiter geht es dann mit dem »Steinbachgrabenweg« (Weg Nr. 5) entlang der Forststraße und in weiterer Folge sind wir wieder auf Asphaltstraßen unterwegs. In Schwarzmannshofen zweigen wir links in den Steinbachweg ein und folgen diesem ca. 200 m. Dann geht es nach rechts in den Wanderweg bzw. auf die Laufstrecke 1. Nun wandern wir durch das Naherholungsgebiet der Therme, die sich rechts unseres Weges befindet. Bei einer Holzbrücke gehen wir rechts und kommen auf die Hauptstraße von **Bad Blumau (3)**, 281 m.

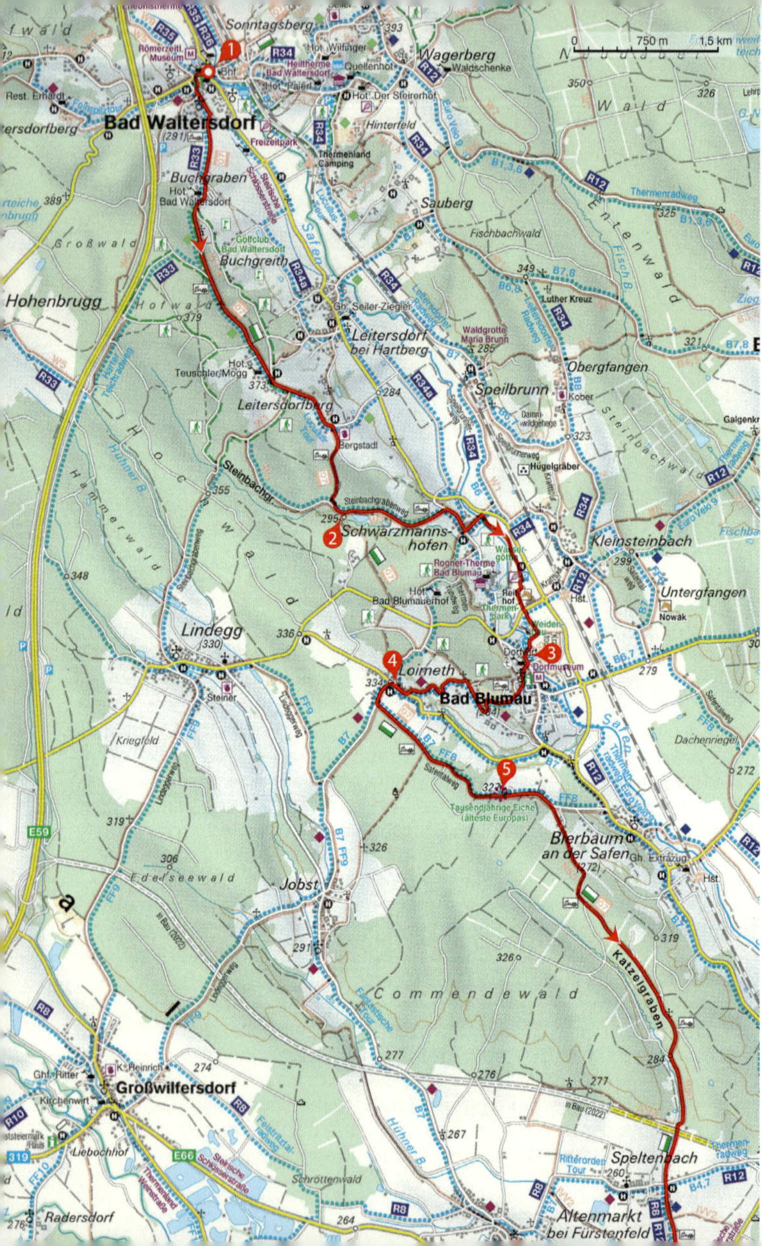

750 m
1,5 km
Sonntagsberg
Römerzeitl. Museum
Hot. Wilfinger
Heiltherme Bad Waltersdorf
Quellenhof
Hot. Paierl
Hot. Der Steirerhof
Wagerberg
Waldschenke
Rest. Erhardt
Bad Waltersdorf
Hinterfeld
Freizeitpark
Thermenland Camping
Buchgraben
Hot. Bad Waltersdorf
Steirische Schlösserstraße
Sauberg
Fischbachwald
Thermenradweg
Entenwald
Golfclub Bad Waltersdorf
Buchgreith
Großwald
Hohenbrugg
Hofwald
Gh. Seiler-Ziegler
Leitersdorf bei Hartberg
Luther Kreuz
Waldgrotte Maria Brunn
Obergfangen
Hot. Teuschler Mogg
Leitersdorfberg
Speilbrunn
Kober
Bergstadl
Hügelgräber
Steinbachwald
Steinbachgr.
Hochwald
Hammerwald
Schwarzmannshofen
Kleinsteinbach
Rogner-Therme Bad Blumau
Hot. Bad Blumauerhof
Untergfangen
Nowak
Lindegg
Loimeth
Dorfmuseum
Bad Blumau
Steiner
Kriegfeld
Dachenriegel
Tausendjährige Eiche (älteste Europas)
Bierbaum an der Safen
Gh. Extrazug
Edelseewald
Jobst
Katzelgraben
Commendewald
Großwilfersdorf
K. Heinrich
Ghf. Ritter
Kirchenwirt
Liebochhof
Radersdorf
Schrottenwald
Ritterorden Tour
Speltenbach
Altenmarkt bei Fürstenfeld

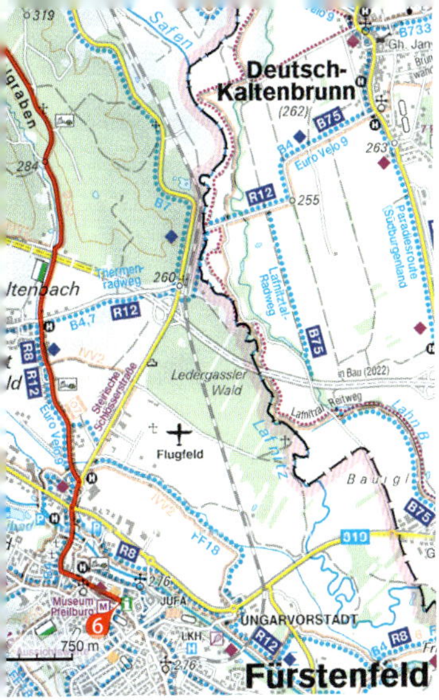

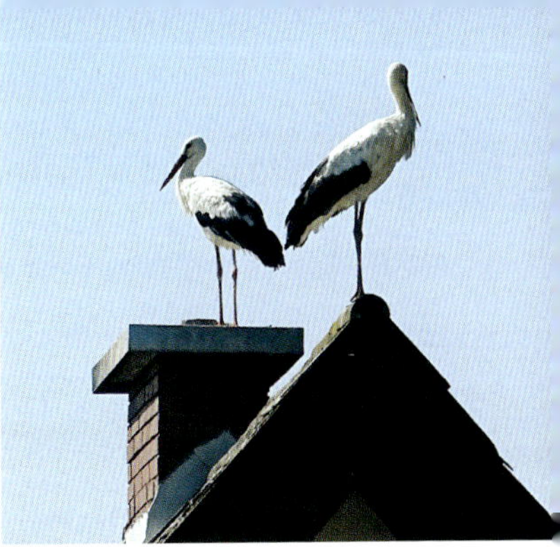

Störche in Bad Blumau.

Hier achten wir wieder auf die grünen Wegweiser, die bereits den Weg zur 1000-jährigen Eiche anzeigen. Leicht bergauf kommen wir an der Kirche vorbei und gehen mit dem »Safentalweg« – immer auf der Asphaltstraße bleibend – bis zur Ortschaft **Loimeth (4)**, 334 m. In Loimeth folgen wir der Markierung zur 1000-jährigen Eiche, die sich noch ca. 2 km entfernt befindet. Ab hier sind wir auch wieder auf dem Weitwanderweg 07 unterwegs und unser Tagesziel Fürstenfeld ist bereits auf den Wandertafeln angeführt, was die Orientierung sehr erleichtert. Zunächst bleiben wir noch ein Stück auf der Asphaltstraße, dann zweigen wir nach links auf eine Forststraße ab. Durch den Wald erreichen wir alsbald die **1000-jährige Eiche (5)**, 327 m. Ein Platz zum Krafttanken, bevor wir weiter auf sehr gut markierten Forststraßen und Wanderwegen durch den Wald wandern. Wir kommen an der Ortschaft Speltenbach vorbei, gehen immer geradeaus und erreichen den Ortsbeginn von Fürstenfeld. Beim Kreisverkehr gehen wir geradeaus und auf der Ledergasse bis zur Brücke. Nach der Brücke folgen wir der Kusmanekstraße ca. 500 m weit und am Ende in einem Linksbogen bis zum Grazer Platz. Dort gehen wir durch das Grazer Tor geradeaus in die Bismarckstraße und erreichen nach wenigen Metern den Hauptplatz von **Fürstenfeld (6)**, 331 m.

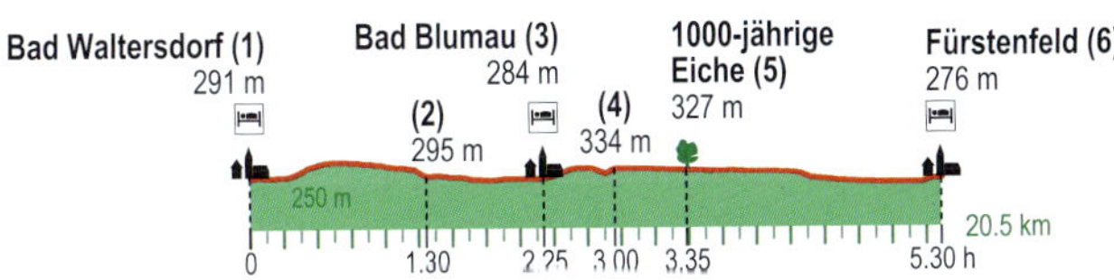

30 Fürstenfeld – Unterlamm

4.30 Std.

↑250 ↓240

Auf den Spuren der Vulkane von der Stadt aufs Land

Die wenigen Höhenmeter und auch die kürzere Wegstrecke ermöglichen es, sich für Fürstenfeld noch Zeit zu nehmen. Eine Stadt, die mehrmals schwer umkämpft war und von den ungarischen Hajduken fast zur Gänze niedergebrannt wurde. Um die Stadt zu sichern, wurde im 16. Jh. ein Festungsbau errichtet, dessen Reste man heute durch den Festungsweg mit 13 Stationen erwandern kann. Aber auch die zahlreichen Geschäfte und Kaffeehäuser laden zum Schlendern ein. Der Wegverlauf nach Loipersdorf und auch weiter zur Therme Loipersdorf verläuft hauptsächlich auf asphaltierten Wegen. Rund um die Therme befindet sich ein ausgedehntes Wander-, Lauf- und Nordic-Walking-Netz. Bei der heutigen Wanderung sind wir u. a. auf der »Handspur« nach Unterlamm unterwegs. Dieser Weg ist Teil des Wanderkonzeptes »Auf den Spuren der Vulkane«, welches das Abbild eines Menschen in der Natur durch folgende Elemente darstellt: das spirituelle Dach, die Kopfspur, die Handspur, das Rückgrat, um die Mitte, die Fußspur und den Wanderstab.

Ausgangspunkt: Fürstenfeld, 331 m.
Streckenlänge: 15,9 km.
Anforderungen: Einfache Wanderung auf Asphaltstraßen und gut markierten Wanderwegen.
Einkehr: In **Loipersdorf** u. a. Lebensmittelgeschäft Nah & Frisch, ✆ +43 3382 8655. Einkehrmöglichkeiten bei der **Therme Loipersdorf**. **Pension Sieglhof**, vgl. auch »Unterkunft«.
Unterkunft: Mehrere Möglichkeiten in **Loipersdorf** und bei der **Therme Loipersdorf**. **Pension Sieglhof**, ✆ +43 664 510 0646, www.sieglhof.at. Unterlamm:

Weingärten säumen heute unseren Wanderweg.

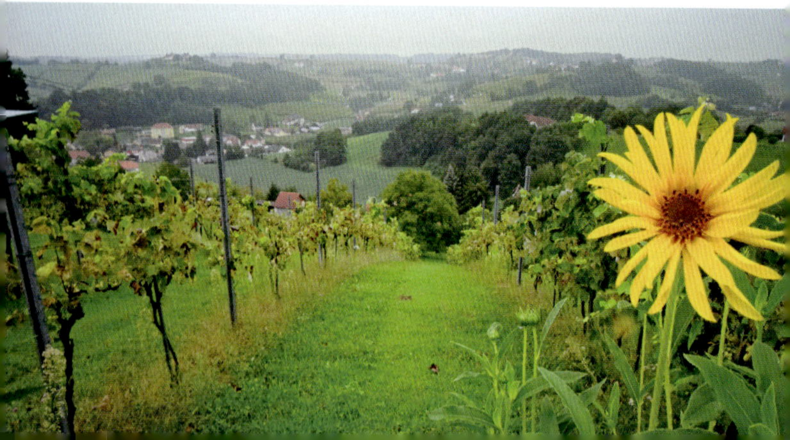

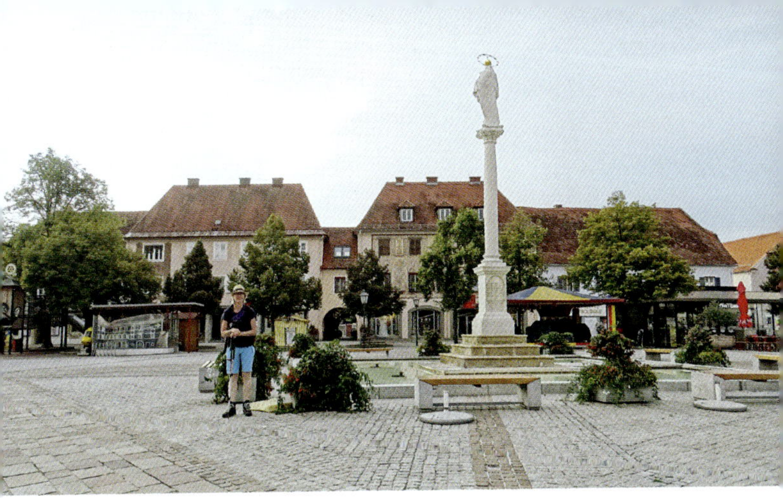

Der Hauptplatz in Fürstenfeld.

Gästehaus Ranftl, ✆ +43 664 5550591, www.gaestehaus-ranftl.at. 1 km außerhalb, an Etappe 31: **Gästehaus Lang**, ✆ +43 664 5968224, gaestehaus.lang@aon.at. Ortsteil Magland (4 km südöstlich von Unterlamm): **Hotel Garni Drei Mäderl-Haus**, ✆ +43 664 9216767, www.maederlhaus.at.

Verkehrsmittel: Unterlamm ist mit dem Bus erreichbar. Auskünfte unter: Verbundlinie Steiermark, www.busbahnbim.at. Vergünstigungen mit der GenussCard, www.genusscard.at.

Information: **Tourismusverband Loipersdorf**, ✆ +43 3382 8833, www.loipersdorf.at. **Tourismusverband Unterlamm**, ✆ +43 3155 8208, www.unterlamm.at.

Karten: Freytag & Berndt-Wanderkarte: WK 423 – Steirisches Thermenland, Südliches Burgenland, Steirisches Vulkanland.

Vom Hauptplatz in **Fürstenfeld (1)**, 276 m, gehen wir durch die Mittergasse (Fußgängerzone), dann entlang der Hauptstraße und geradeaus über den Kreisverkehr in die Parkstraße. An der Volksschule vorbei kommen wir in die Bahnhofstraße und nach dem Bahnhof in die Fehringer Straße. Beim Autohaus Pieber schlagen wir links die Jahnstraße ein und folgen ihr bis ans Ende. Hier überqueren wir die mehrspurige Straße und kommen auf einen Fußweg durch Felder- und Wiesenflächen. Bei einem Siedlungsgebiet angekommen, wandern wir auf dem Alleeweg weiter, immer geradeaus auf einer Forststraße durch den Stadtwald, bis wir auf eine **Kreuzung (2)**, 264 m, mit einer Asphaltstraße stoßen. Wir gehen rechts, erreichen in Kürze den Ortsbeginn von Dietersdorf und gehen weiter bis zur Kreuzung, an der wir nach links in den R12 »Thermenradweg« einbiegen. Nach ca. 1 km erreichen wir den Dorfplatz von **Loipersdorf (3)**, 249 m, mit einer Rastmöglichkeit und einem Lebensmittelgeschäft.

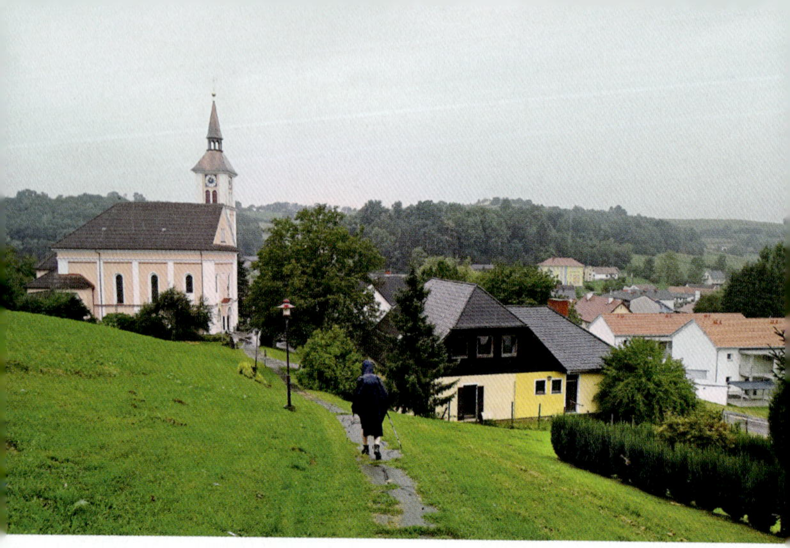

Wir kommen direkt von den Weingärten nach Unterlamm.

Wir folgen der Straße bzw. dem R12 weiter in Richtung Südosten und orientieren uns an den Wegweisern zur »Therme Loipersdorf«. Anfangs geht es eben dahin, dann leicht bergauf, bis wir links in den Thermenfußweg abzweigen können, der mehr oder weniger parallel zur Straße verläuft. Grundsätzlich folgen wir hier den »Naturerleben um Loipersdorf«-Tafeln in Richtung Therme. Achtung! Beim Panoramaweg zweigt nach rechts oben eine asphaltierte Nebenstraße ab, der wir folgen. Ab dann ist der Weg eindeutig und wenig später erreichen wir die **Therme Loipersdorf (4)**, 362 m.
Nach der Therme und dem Hotel Stoisser zweigen wir gleich rechts durch ein Eingangsportal in das Wanderwegenetz ab. Wir folgen Wanderweg 786b bzw. der »Handspur – Erlebensweg der Sinne« in Richtung »Unterlamm«. Dann gehen wir mit Weg 9 durch den Wald bis zu einer Asphaltstraße. Kurz nach dem **Sieglhof (5)**, 355 m, führt Wanderweg 9 nach rechts wieder in den Wald und bis zu einem kleinen Rastplatz. Nun orientieren wir uns wieder

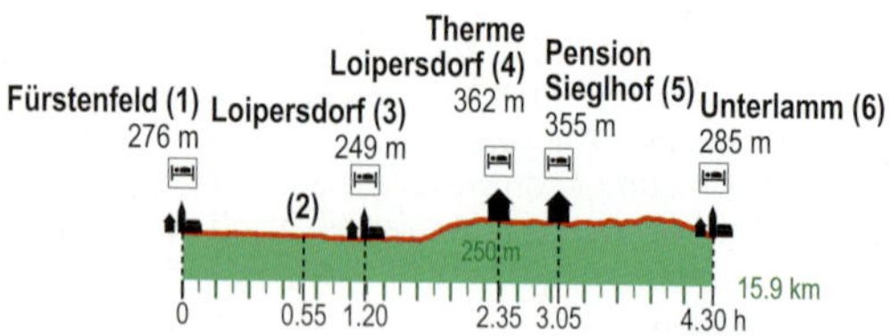

an der »Handspur«. Bei der Thierkapelle schlagen wir nach rechts die Asphaltstraße ein, kommen an Weinsorten-Schautafeln vorbei und gehen dann rechts weiter in Richtung »Unterlamm«. Bei einem Einfamilienhaus geht es über eine Wiese leicht bergab, über eine Forststraße zur Aussichtsplattform mit Infotafeln, dann folgt der Abstieg nach **Unterlamm (6)**, 285 m.

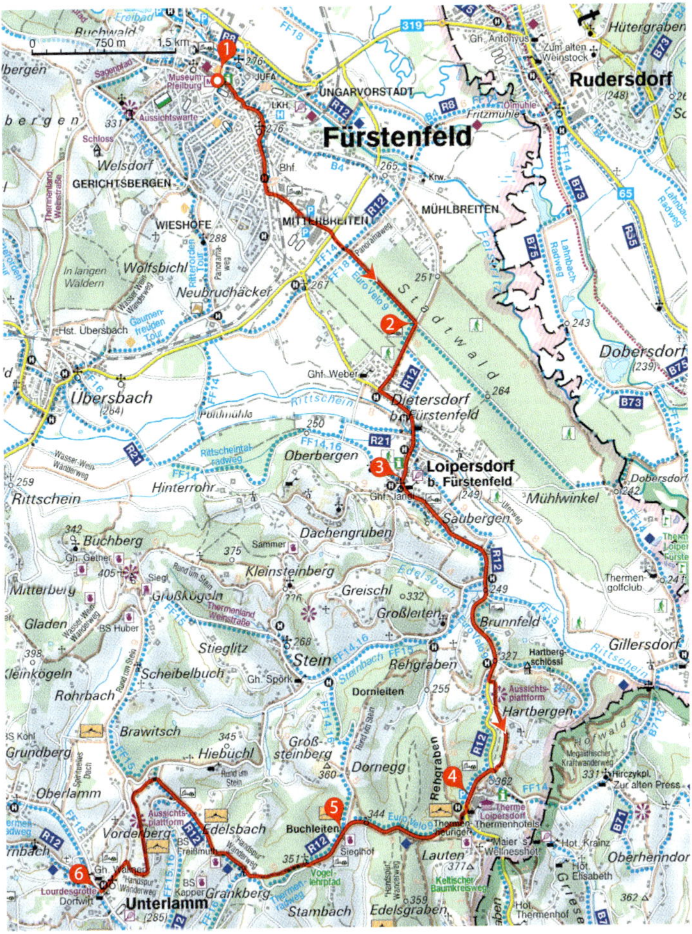

31 Unterlamm – Riegersburg

5.15 Std.
↑470 ↓380

Auf zur Riegersburg, einem der bekanntesten Ausflugsziele der Steiermark

In der kleinen Ortschaft Unterlamm ließ Pfarrer Franz Brei hinter der Kirche im Jahr 2006 in Zusammenarbeit mit der Gemeinde eine Nachbildung der bekannten Mariengrotte von Lourdes errichten. Seither wird dieser Nachbau viel besucht und auch wir sollten uns diese Sehenswürdigkeit nicht entgehen lassen. Auf der Etappe erwartet uns dann ein gemütliches Auf und Ab auf Straßen, wobei immer wieder Abschnitte durch den Wald führen, was vor allem an heißen Tagen sehr angenehm ist. Die zahlreichen Wander- bzw. Themenwege können ab und zu für uns Weitwanderer etwas verwirrend erscheinen, doch mit der nötigen Konzentration findet man schon den richtigen Weg. Während der Wanderung wird man begleitet von dem Blick auf die Riegersburg, die aufgrund ihrer exponierten Lage auf dem Felsen eines Vulkankegels von weit her sichtbar ist. Ein schönes Bild, das man nicht vergisst, ist die in der Abenddämmerung beleuchtete Riegersburg.

Ausgangspunkt: Unterlamm, 285 m.
Streckenlänge: 17,8 km.
Anforderungen: Technisch einfache Wanderwege, Orientierung aufgrund zahlreicher Themenwege zum Teil etwas verwirrend.
Einkehr: Hatzendorf: **Rest. + Kunsthotel Malerwinkl**, vgl. auch »Unterkunft«; **Nah & Frisch**, ✆ +43 3155 2390. Riegersburg: **Seebad Riegersburg**, ✆ +43 3153 8264; **Burg Riegersburg**, ✆ +43 3153 82132 (Burgtaverne), ✆ +43 3153 82131 (Reservierungen), www.dieriegersburg.at.
Unterkunft: Hatzendorf: **Rest. + Kunsthotel Malerwinkl**, ✆ +43 3155 2253, www.malerwinkl.com. Riegersburg: **Genusshotel Riegersburg**, ✆ +43 3153 20020, www.genusshotel-riegersburg.at; **Riegersburgerhof**, Pfeifer KG, ✆ +43 3153 8216, www.riegersburgerhof.at.
Verkehrsmittel: Riegersburg ist mit dem Bus erreichbar. Auskünfte unter: Verbundlinie Steiermark, www.busbahnbim.at. Vergünstigungen mit der »GenussCard«, www.genusscard.at.

Von **Unterlamm (1)**, 285 m, folgen wir den gelben Wandertafeln in Richtung »Hatzendorf«. Die Asphalt-

Information: Tourismusverband Unterlamm, ✆ +43 3155 8208, www.unterlamm.at. **Tourismusverband Riegersburg**, ✆ +43 3153 8670, www.riegersburg.com.
Karten: Freytag & Berndt-Wanderkarte: WK 423 – Steirisches Thermenland, Südliches Burgenland, Steirisches Vulkanland.

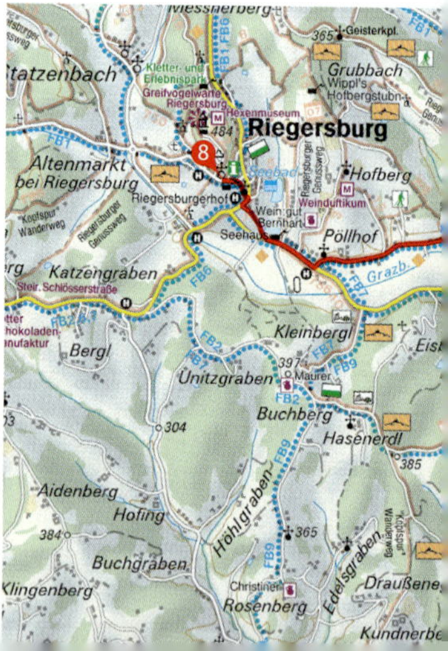

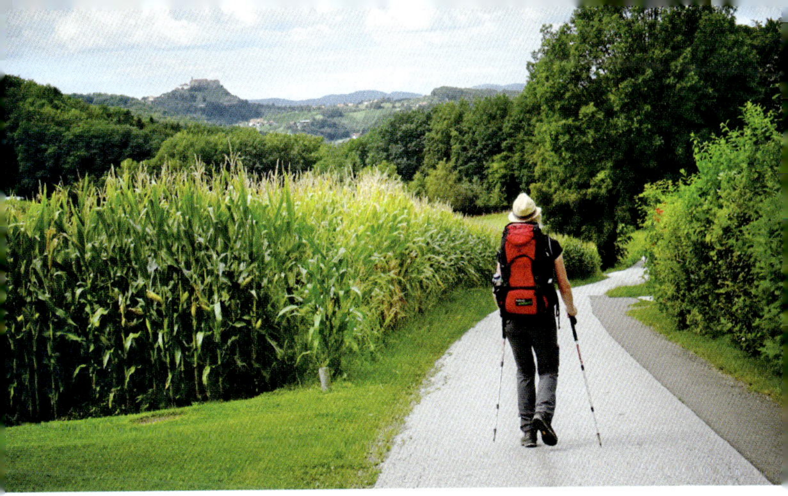

Während der heutigen Etappe sieht man immer wieder die Riegersburg in der Ferne.

straße steigt leicht an, in weiterer Folge geht es über Forst- und Wiesenwege bis zu einer runden Holzplattform und weiter zum **Gästehaus Lang (2)**, 361 m. Nun wandern wir ca. 2,5 km auf Asphaltstraßen, wobei wir uns in Richtung »Josefskapelle« und den gelben Wegweisern »Spirituelles Dach« orientieren. Der Platz bei der barocken **Josefskapelle (3)**, 375 m, bietet einen schönen Ausblick auf Unterlamm und die umliegende Region.

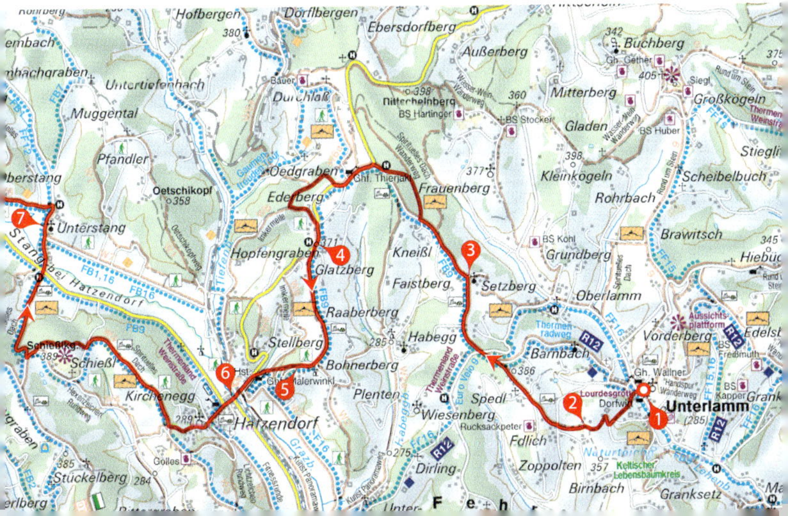

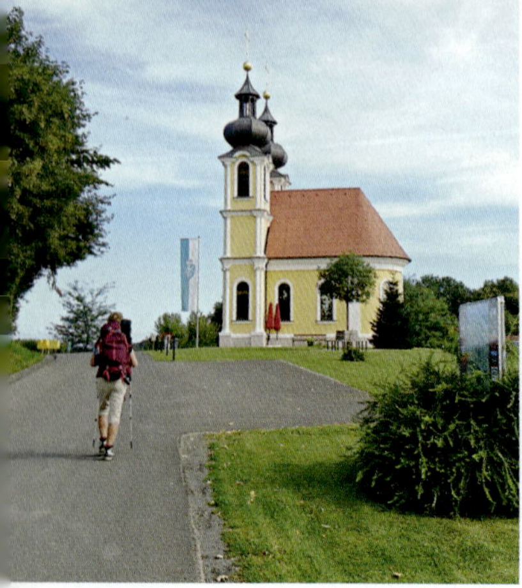

Die barocke Josefskapelle.

Wir bleiben noch ca. 500 m bis zu einer Holzhütte auf der rechten Straßenseite. Hier zweigen wir nach rechts auf den Wanderweg 3 ab, wandern durch den Wald und verlassen ihn bei einer großen Straßenkreuzung. Nun gehen wir nach links auf dem Radweg FB 9 weiter und biegen gleich bei der Bushaltestelle »Habegg Thierjakl« nach rechts ab. Leicht bergab gelangen wir zu einem gelben Wegweiser mit drei Bienen (»Imkermeile«), wo wir links auf eine Wiese abzweigen. Weiter geht es durch den Wald, wobei auf die Markierungen geachtet werden muss. Unterwegs gibt es eine lange und eine kurze Variante nach Hatzendorf. Wir nehmen den längeren Weg (»Spirituelles Dach«) und gelangen zu einem großen Glashaus und der **Bushaltestelle Habegg (4)**, 371 m.

Hier folgen wir der nach links leicht ansteigenden Nebenstraße; auch der Radweg FB 9 verläuft hier. Achtung! Nach ca. 1,5 km, kurz vor einer Abzweigung, biegt der Wanderweg – leicht zu übersehen – nach rechts unten in den Wald ein **(5)**, 348 m. Die Markierung leitet uns alsbald zum Restaurant Hotel Malerwinkel. Entlang der Straße und über die Gleise kommen wir geradeaus ins Zentrum von **Hatzendorf (6)**, 289 m. Wir gehen geradeaus an der Schule und der Kirche vorbei, dann auf einem Waldweg hinauf zur Straße. An dieser nach rechts (rote Wegweiser) gelangen wir zum Ortsteil Schießl und zweigen gleich nach rechts oben »Zum Hexenzeichen« ab.

Ein kurzes Stück geht es bergauf, dann führen uns die gelben Wegweiser »Spirituelles Dach« bergab, überqueren eine Straße und kommen zur Ortschaft **Stang (7)**, 284 m, wo wir einen Trinkbrunnen finden. Wir gehen geradeaus bis zu einer Bushaltestelle auf der linken Seite. Hier schlagen wir links die Straße ein und folgen dem Radweg immer geradeaus bis zur Kreuzung. Wir gehen nach rechts am Seebad vorbei und gleich nach dem Parkplatz führt uns ein Wanderweg nach rechts ins Zentrum von **Riegersburg (8)**, 377 m.

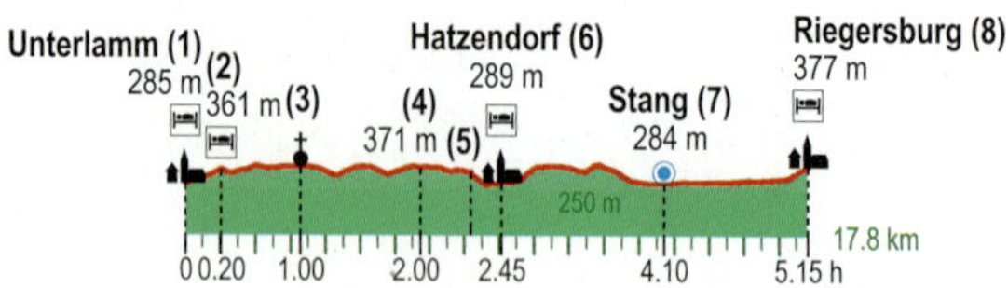

4.00 Std.

↑230 ↓330

Riegersburg – Fehring

32

Gemütliche Etappe mitten im Thermen- und Vulkanland

Ohne Frage sind die Riegersburg und ihre Umgebung ein kultureller und kulinarischer Hotspot in der Steiermark. Mit der Schokoladenmanufaktur Zotter, der Fromagerie, der Vulcano Fleischwarenmanufaktur, zahlreichen Buschenschänken und Weingütern könnte man hier durchaus einen wanderfreien Tag einplanen. Auch wenn man keinen ganzen Tag zur Verfügung hat, sollte man sich auf jeden Fall Zeit für den Besuch der Burg nehmen. Stolz und mächtig thront sie auf einem 482 m hohen Basaltfelsen – kein Wunder, dass sie nie eingenommen wurde. Die heutige Etappe verläuft hauptsächlich auf einem langgezogenen Rücken mit Wiesen, Wäldern und Weingärten. Wir durchwandern auf meist befestigten Wegen eine gepflegte Kulturlandschaft und kommen unterwegs an Streusiedlungen, Buschenschänken und Weingütern vorbei. Mit Fehring erreichen wir eine kleine, feine Stadt, in der sich Natur, Kultur und Genuss harmonisch vereinen.

Ausgangspunkt: Riegersburg, 377 m.
Streckenlänge: 12,6 km.
Anforderungen: Einfache Wanderung, hauptsächlich auf befestigten Straßen.
Einkehr: **Weingut Kapper** (ein »Picknick im Weingarten« ist mit Voranmeldung möglich), ✆ +43 3155 2417, www.weingut-kapper.at.
Unterkunft: Fehring: **Hotel Gasthof Gasslwirt**, ✆ +43 3155 2358, www.gasslwirt.com; **Landhaus FühlDichWohl**, ✆ +43 3155 2888, www.fuehldichwohl.at.
Verkehrsmittel: Fehring ist mit Bahn und Bus erreichbar. Auskünfte unter: ÖBB, www.oebb.at, oder Verbundlinie Steiermark, www.busbahnbim.at. Vergünstigungen mit der GenussCard, www.genusscard.at.
Information: **Tourismusverband Riegersburg**, ✆ +43 3153 8670, www.riegersburg.com. **Tourismusverband Fehring**, ✆ +43 3155 2303, am Wochenende ✆ +43 664 3837124, tourismus@fehring.gv.at.
Karten: Freytag & Berndt-Wanderkarten: WK 423 – Steirisches Thermenland, Südliches Burgenland, Steirisches Vulkanland und WK 412 – Südoststeirisches Hügelland, Vulkanland, Bad Gleichenberg, Bad Radkersburg

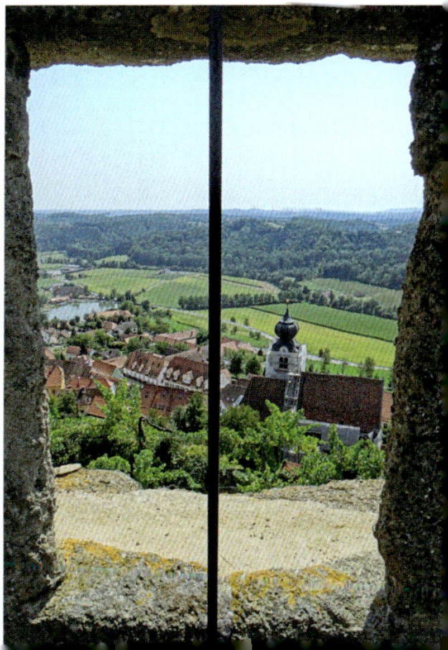

Blick von der Burg auf Riegersburg.

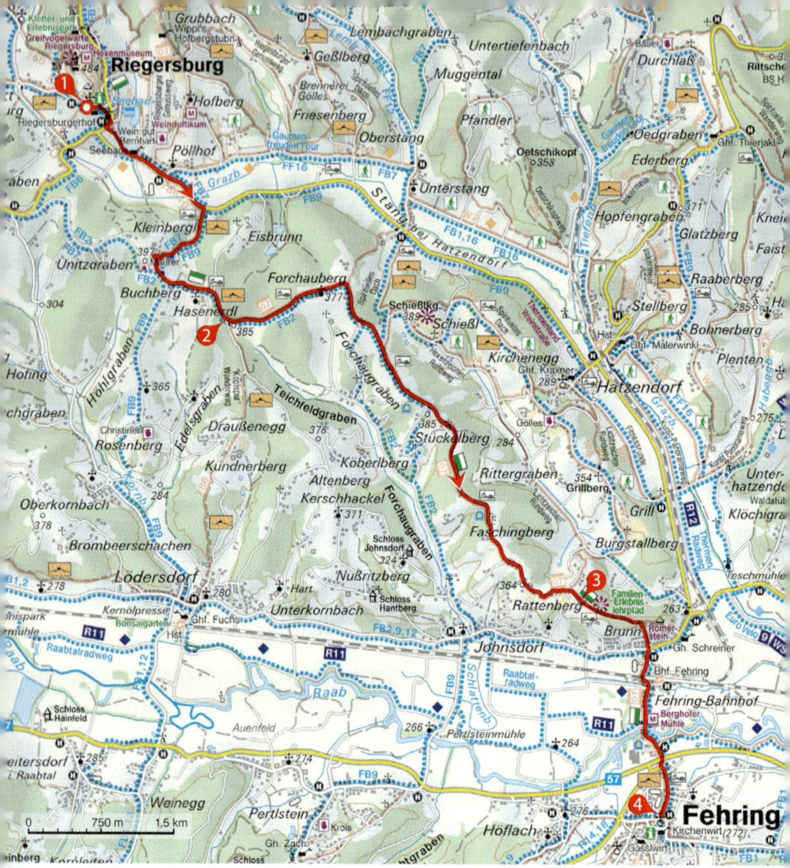

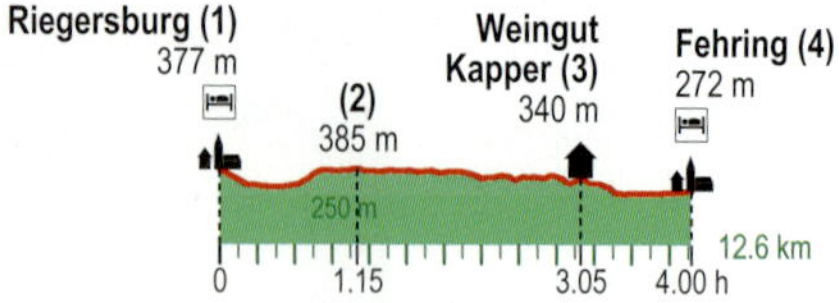

Vom Zentrum von **Riegersburg (1)**, 377 m, kehren wir auf dem Weg vom Vortag direkt zum Seebad zurück. Nach dem Seebad gehen wir jedoch – an der Einmündung des Hinwegs vorbei – noch ein Stück geradeaus weiter, bis ca. 1 km nach dem Seebad rechts ein gelber Wegweiser nach »St. Anna«

unsere Richtung anzeigt. Heute orientieren wir uns vornehmlich an der guten rot-weiß-roten Markierung des Weitwanderwegs 07. Wir folgen der leicht ansteigenden Asphaltstraße bis zur Kreuzung Buschenschank Christiner und Buschenschank Maurer, wo wir nach links weitergehen. Nun wandern wir über den Bergrücken, anfangs auf Asphaltstraßen, später auf einer Forststraße. Achtung! Bei einer **Forststraßenkreuzung (2)**, 385 m, gehen wir nach links mit unserem Weg 07 in Richtung »Kapfenstein« weiter (erkennbar an den rot-weiß-roten Markierungen und den »alten« Wandertafeln; nach rechts zweigt Weg Nr. 786/»Kopfspur« nach Lödersdorf ab). Der Weg zieht sich auf einer Seehöhe von 400 m gemütlich dahin. Es wechseln sich Asphalt- mit Forststraßen ab, und aussichtsreiche Flächen mit gepflegten Häusern werden immer wieder von kleinen Waldstücken unterbrochen, wodurch sich für die Wanderer ein abwechslungsreiches Bild ergibt. Der gut markierte Wanderweg 07 führt uns durch die besiedelten Gebiete Forchauberg, Stückelberg und Faschingberg nach Rattenberg.
Beim **Weingut Kapper (3)**, 340 m, hat man einen wunderschönen Ausblick auf Fehring und das vor uns liegende Raabtal. Weiter über eine Wiese und dann bergab durch den Wald gelangen wir zur Abzweigung rechts nach Fehring. Nun geht es geradeaus zum Ortsbeginn von Fehring und weiter auf dem gut beschilderten Weg zum Hauptplatz in **Fehring (4)**, 272 m.

Das Thermen- & Vulkanland Steiermark ist ein gemütliches Wandergebiet.

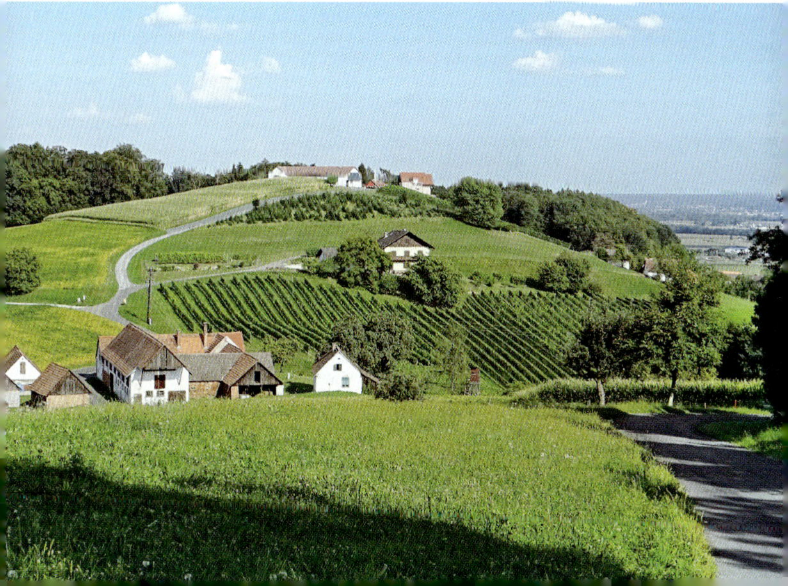

33 Fehring – Bad Gleichenberg

4.30 Std.

↑380 ↓330

Weinberge, Schloss und Therme

Das gemütliche Auf und Ab in der leicht hügeligen Landschaft der Südoststeiermark wirkt mittlerweile vertraut. Auch die heutige Etappe führt auf Nebenstraßen durch Waldstücke sowie an Weingärten und Streusiedlungen vorbei. Als attraktiver Pausenplatz steht heute das Schloss Kapfenstein auf dem Programm, eine Wehrburg aus dem 11. Jh., die heute ein Hotel und Restaurant beherbergt. Rund um das Schloss lädt ein informativer Themenweg, der ganz im Zeichen der Erdgeschichte steht, zum Wandern ein. Für den Geotrail mit seinen elf Stationen sollte man sich knapp eine Stunde Zeit nehmen. Den Abschluss des Tages bildet Bad Gleichenberg, ein Ort, den das Element Wasser prägte: Es wurde nachgewiesen, dass bereits die Römer von den Gleichenberger Heilquellen Gebrauch machten. Der Kurort wurde im Jahr 1834 gegründet, und heute noch beeindruckt der ca. 20 ha große Kurpark mit exotischen Bäumen und Sträuchern.

Ausgangspunkt: Fehring, 272 m.
Streckenlänge: 15,3 km.
Anforderungen: Einfache Wanderwege, Asphalt- und Forststraßen und zwischendurch immer schön angelegte Wanderwege durch den Wald.
Einkehr: **Kuruzzenschenke**, ✆ +43 3155 3089, www.kuruzzenschenke.at, Mi–So (auch an Feiertagen) ab 15 Uhr. **Weinbauernhof Puff**, Buschenschank Anfang März–Ende Nov. Do–So, vgl. auch »Unterkunft«. **Schloss Kapfenstein**, vgl. auch »Unterkunft«.
Unterkunft: **Schloss Kapfenstein**, ✆ +43 3157 300300, www.schloss-kapfenstein.at. **Weinbauernhof Puff**, ✆ +43 3157 2219, www.weinbauernhof-puff.at. Bad Gleichenberg: **Thermenhotel Emmaquelle**, ✆ +43 3159 2241, www.emmaquelle.at; **Hotel Garni und Appartements Fuksas**, ✆ +43 664 3374051, www.fuksas.at.
Verkehrsmittel: Bad Gleichenberg ist mit Bahn und Bus erreichbar. Auskünfte unter: Verbundlinie Steiermark, www.busbahnbim.at, und Gleichenbergerbahn (Feldbach–Bad Gleichenberg), www.bahnerlebnis.at. Vergünstigungen mit der »GenussCard«, www.genusscard.at.
Information: **Tourismusverband Region Bad Gleichenberg**, ✆ +43 3159 2203, www.bad-gleichenberg.at.
Karten: Freytag & Berndt-Wanderkarte: WK 412 – Südoststeirisches Hügelland, Vulkanland, Bad Gleichenberg, Bad Radkersburg.

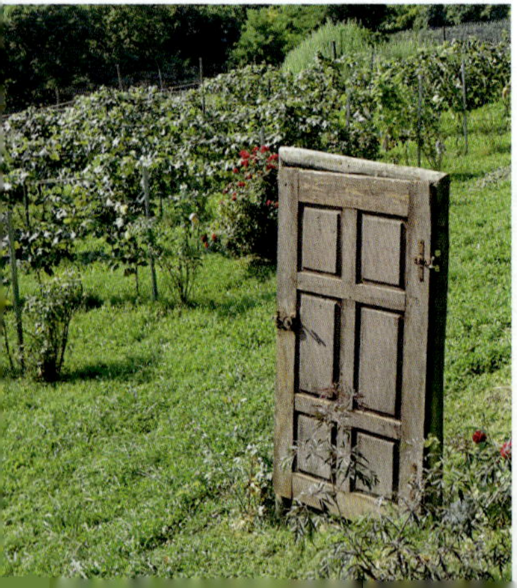

Was sich wohl hinter dieser Tür verbirgt?

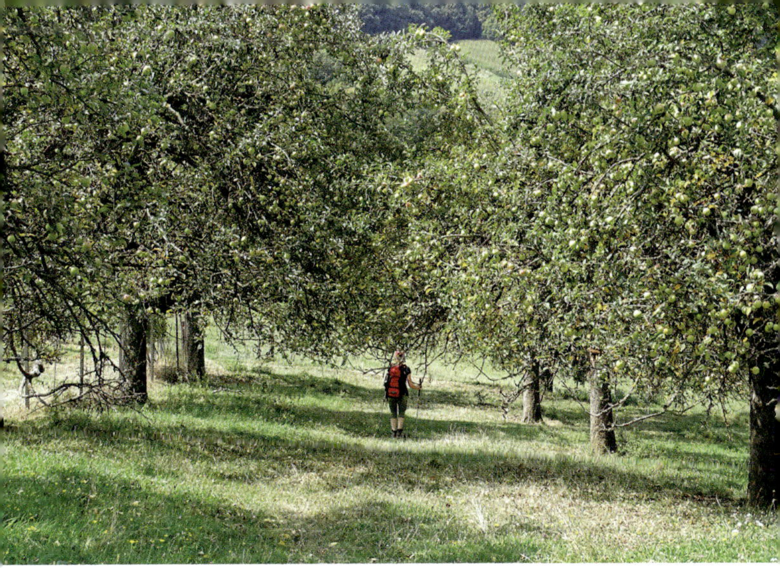

Teilweise verläuft der Weg mitten durch wunderbare alte Obstgärten hindurch.

Vom Hauptplatz in **Fehring (1)**, 272 m wandern wir entlang der Sinzingergasse leicht bergauf in Richtung »Kuruzzenkogel«. Wir folgen dabei wieder dem gut markierten Weitwanderweg 07. Nach dem Hotel / Landhaus FühlDichWohl geht es noch ein Stück leicht bergauf. Der Wanderweg zweigt alsbald nach rechts von der Asphaltstraße ab und führt zum Rast- und Wohlfühlplatz im Wald mit dem Namen **Vulkanarena Fehring (2)**, 350 m, wo Bänke und eine Infotafel in Form eines Buches zum Verweilen einladen. Weiter durch den Wald gelangen wir zu einer Asphaltstraße, der wir rechts bis zur **Kuruzzenschenke (3)**, 383 m, folgen.

Hier verlassen wir die Straße und orientieren uns am Wegweiser in Richtung »Kapfenstein«. Wir gehen im Wald unterhalb des Kuruzzenkogels weiter, kommen in Folge wieder auf eine Asphaltstraße und wandern an Weingärten vorbei. Immer wieder gibt es Abzweigungen, dank der guten Beschilderung

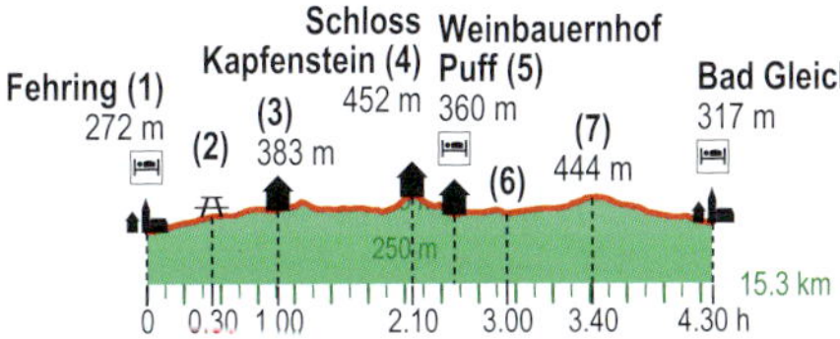

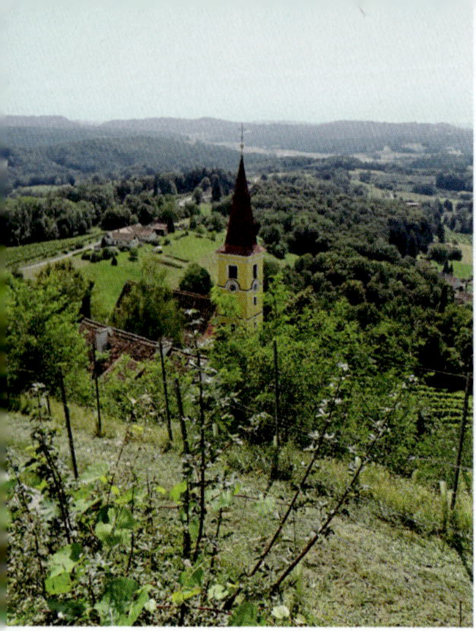

Blick auf die Kirche von Kapfenstein.

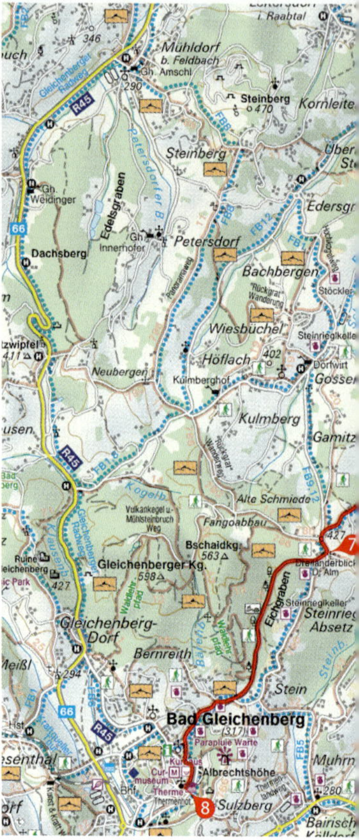

ist der Weg jedoch gut zu finden. Beim Ortsschild von Gutendorf biegt der Wanderweg nach rechts in Richtung »Kapfenstein« ab. Erst zieht er sich gemütlich dahin, dann steigt er ein Stück bergauf zum **Schloss Kapfenstein (4)**, 452 m. Wer noch Lust und Zeit hat, dem empfehlen wir, hier den »Geotrail« zu gehen, der sehr informativ aufbereitet ist.

Unser »Vom Gletscher zum Wein«-Weg führt kurz vor dem Haupteingang nach rechts die Treppe hinunter. Wir folgen dem Wanderweg an Weingärten vorbei bis zur Kirche. Vor der Kirche biegen wir rechts ab – auf Wegnummer 780 achten! An einem Haus vorbei und dann links leicht bergab gelangen wir durch einen Obstgarten zum **Weinbauernhof Puff (5)**, 360 m. Nun wandern wir wieder ein Stück auf der Asphaltstraße, bis wir zu einer Kreuzung mit Holzwegweiser kommen. Wir gehen nach rechts in Richtung »Bad Gleichenberg« bis zur Kreuzung **Rotes Kreuz (6)**, 364 m. Die Markierungen in Richtung »Bad Gleichenberg« (Weg 786) leiten uns zur Absetzstraße, in die wir nach links einbiegen. Achtung, bei einer **Straßenkreuzung (7)**, 444 m, verlassen wir die Straße nach

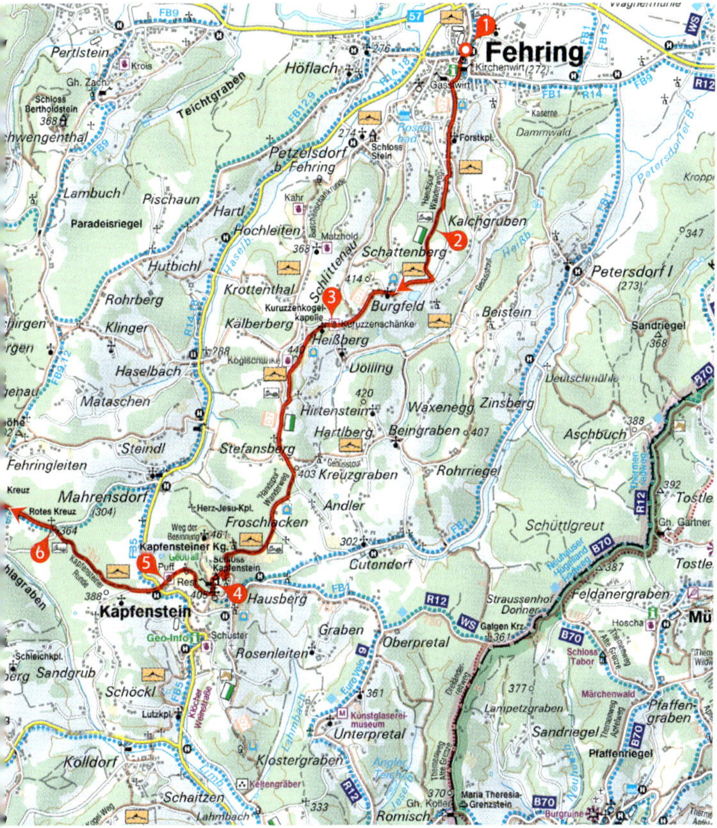

Bad Gleichenberg und den Weg 786 nach rechts. Diese Kreuzung erkennt man an einer großen Holztafel mit der Aufschrift »Gasthof Bauernhansel – Zur schönen Aussicht« (keine Einkehrmöglichkeit) und einem roten Pfeil nach rechts. Alsbald endet die Asphaltstraße und wir gehen auf einer Schotterstraße in den Eichgraben. Wir wandern mit Weg 17 geht leicht bergab durch einen schattenspendenden Wald, bis wir den Ortsbeginn von Bad Gleichenberg erreichen. Der weitere Wegverlauf ist gut markiert: Entlang der Schulstraße geht es in Richtung Zentrum, dann die Bergstraße hinunter, bis wir den Kurpark und die Therme in **Bad Gleichenberg (8)**, 317 m, erreichen.

34 Bad Gleichenberg – Klöch

6.30 Std.

↑600 ↓620

Die Bergetappe im Thermen- und Vulkanland

Eine längere Etappe mit abwechslungsreichen Abschnitten und aussichtsreichen Pausenmöglichkeiten steht heute auf dem Plan. Der Tag sollte jedoch gut eingeteilt werden, da viele schöne Pausenplätze zum längeren Verweilen verlocken. Bei dieser Wanderung könnte man sogar von kleinen Bergwertungen sprechen, da es immer wieder, mitunter auch etwas länger, bergauf und bergab geht. Der erste Teil des Tages führt durch Laubwälder, an Weingärten und Aussichtstürmen vorbei. Gegen Mittag verlassen wir langsam die Weingärten und wandern durch ein abwechslungsreiches Anbaugebiet: Der Weg nach Tieschen, jener Ort, der von nicht Ortskundigen oft falsch ausgesprochen wird, wird von Sonnenblumen-, Soja-, Hirse-, Kren- und Kürbisfeldern und Holunder-Plantagen begleitet. Den Abschluss bildet der bekannte Weinbauort Klöch, der der »Klöcher Weinstraße« – einer von acht Weinstraßen in der Steiermark – ihren Namen gibt.

Ausgangspunkt: Bad Gleichenberg, 317 m.
Streckenlänge: 20 km.
Anforderungen: Lange Wanderung auf einfachen Wegen mit ständigen Auf- und Abstiegen. Asphalt- und Forststraßen wechseln sich mit Wanderwegen ab.
Einkehr: **Hendlwirt**, Imbissstube an der Aussichtswarte Frutten-Gießelsdorf, ✆ +43 664 8645833 oder +43 664 3448654, www.zum-hendlwirt.at. Mehrere Möglichkeiten in **Tieschen**.
Unterkunft: Klöch: **Hotel-Restaurant Klöcherhof**, ✆ +43 3475 2206, www.domittner.at; **Gästehaus Salzger**, ✆ +43 3475 2029 oder +43 664 4243629, gaesteh.salzger@gmx.at.
Verkehrsmittel: Klöch ist mit dem Bus erreichbar. Auskünfte unter: Verbundlinie Steiermark, www.busbahnbim.at. Vergünstigungen mit der GenussCard, www.genusscard.at.
Information: **Tourismusverband Region Bad Gleichenberg**, ✆ +43 3159 2203, www.bad-gleichenberg.at. **Tourismusverband Region Bad Radkersburg**, ✆ +43 3476 2545, www.badradkersburg.at.
Hinweis: In Tieschen gibt es auch ein Freibad.
Karten: Freytag & Berndt-Wanderkarte: WK 412 – Südoststeirisches Hügelland, Vulkanland, Bad Gleichenberg, Bad Radkersburg.

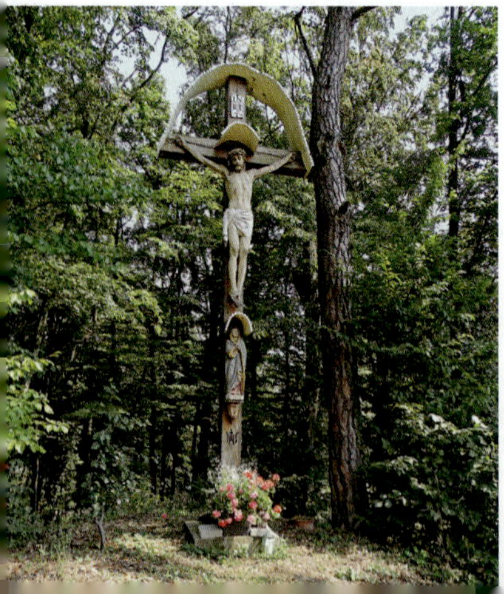

Liebevoll mit Blumen geschmücktes Wegkreuz.

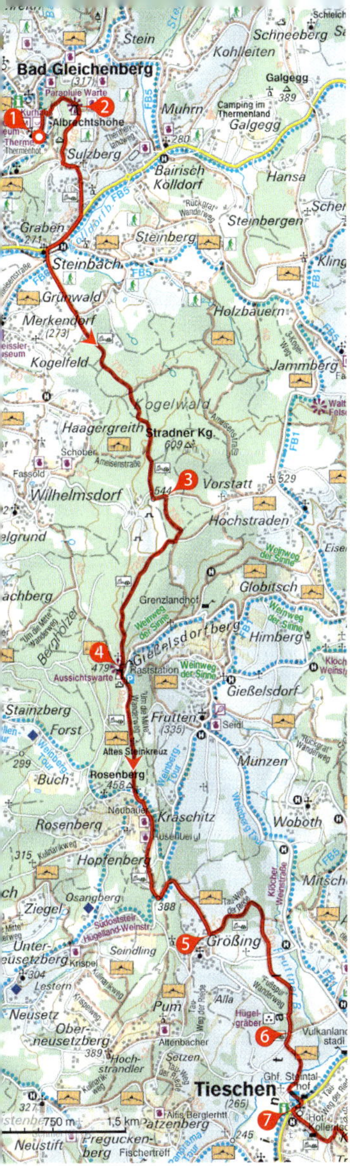

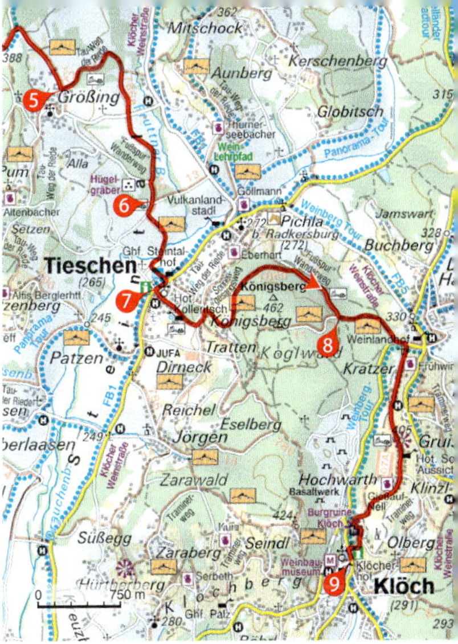

Von der Therme in **Bad Gleichenberg (1)**, 317 m, gehen wir ein kurzes Stück die Untere Brunnenstraße bergauf, dann folgen wir nach links dem Schweizereiweg bis zum Parkplatz hinter dem Klinikum Bad Gleichenberg. Hier befindet sich der Einstieg in den Weg 2, der auch als »Lauf- und Walkingstrecke Bairisch Kölldorf 2« gekennzeichnet ist. Bergauf durch den Wald kommen wir zur **Parapluie-Warte (2)**, 385 m, die bereits im Jahr 1882 auf der Albrechtshöhe errichtet wurde.

Nun wandern wir mit der Wegmarkierung 786 entlang der Asphaltstraße leicht bergab und an der Kaisereiche vorbei bis zu einer Kreuzung. Wir gehen links und gleich nach rechts auf einem schmalen asphaltierten Fußweg hinunter zur Kapfensteiner Hauptstraße, der wir nach rechts folgen. Nach ca. 500 m

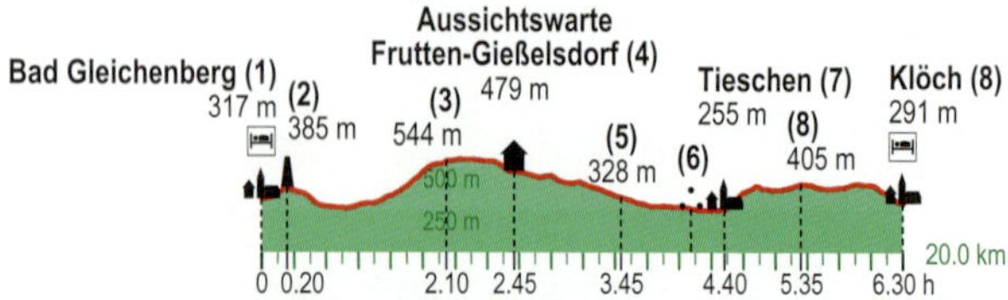

schlagen wir bei einer Kapelle links den Grünwaldweg ein, dem wir auch folgen. Wir orientieren uns an den kleinen gelben Tafeln mit der Wegnummer 786 und erreichen bald den Waldrand.
Nun liegt sozusagen die »Bergetappe« vor uns, da der Weg im Wald westlich des Stradner Kogel kontinuierlich ansteigt. Wir kommen zu einer Forststraße, wo wir auf den Steinbruch sehen. Achtung, hier beschreibt die Forststraße eine scharfe Linkskurve, dann darf man den **Abzweig (3)** nach rechts nicht übersehen, 544 m. Nun folgen wir der Beschilderung bis zur **Aussichtswarte Frutten-Gießelsdorf (4)**, 479 m. Der 40 m hohe Aussichtsturm bietet einen herrlichen Ausblick und sollte somit auf jeden Fall bestiegen werden. Anschließend wandern wir mit Weg 786 gemütlich durch den Wald, später auf einer Asphaltstraße leicht bergab an Weingärten und Buschenschänken vorbei, bis zum Wegpunkt »Rosenberg«.

Dieses Waldstück gibt uns Kraft für die letzten zwei Etappen.

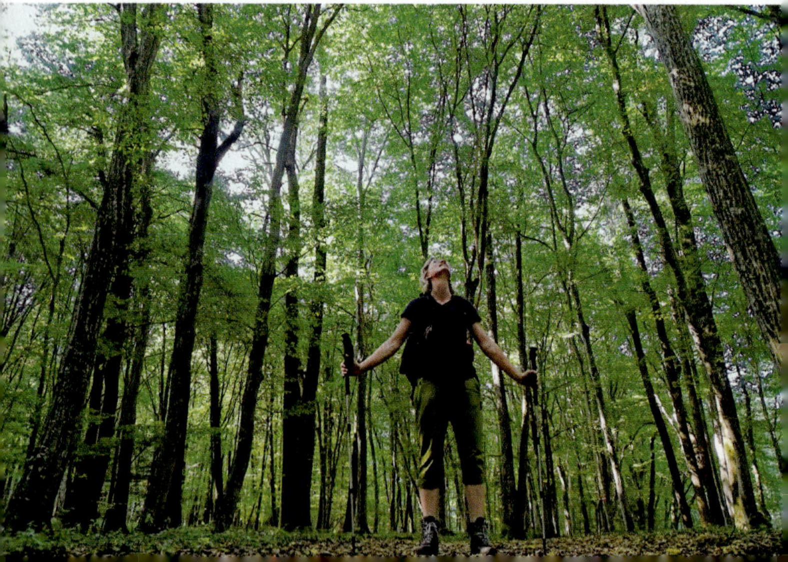

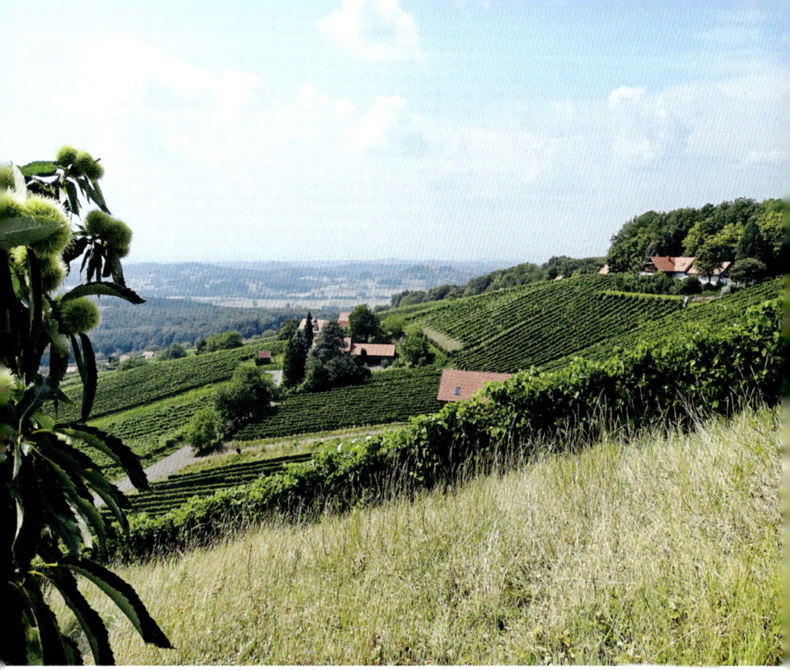

Abwechslungsreiche Kulturflächen.

Weiterhin bergab gelangen wir zur Siedlung **Größing (5)**, 328 m, wo der Weg »Auf den Spuren der Vulkane – Rückgrat« nach links abzweigt. Er verläuft durch den Wald, an einer Holunderplantage vorbei, dann über Forststraßen weiter geradeaus, bis wir die Infotafeln der **Hügelgräber (6)**, 260 m, erreichen. Nach wenigen Metern biegen wir links ab und wandern auf Feldwegen und Forststraßen ins nahe Tieschen. Am Freibad vorbei und dann nach rechts kommen wir zum Marktplatz von **Tieschen (7)**, 255 m. Hier folgen wir links bergauf dem Weg nach Klöch (Weg Nr. 786a) zum Wegpunkt Feichterwald und weiter durch die Weingärten in Richtung »Basaltspalte«. Wir umwandern den bewaldeten Königsberg auf seiner Nordseite und kommen an der Elisabethquelle vorbei zum Wegpunkt **Angerwiese (8)**, 405 m.
Unser Weg verläuft nach links unten durch den Wald. Unten gehen wir ein kurzes Stück an der Straße entlang und dann rechts nach Kratzer. Der Weg »Auf den Spuren der Vulkane» folgt der Straße, macht dann nach links einen kleinen Umweg über die Aussichtswarte Hochwarth, führt weiter durch die Streusiedlung und dann bergab an der Burgruine Klöch vorbei ins Zentrum von **Klöch (8)**, 291 m.

35 Klöch – Bad Radkersburg

3.30 Std.

↑50 ↓130

Es geht auf die Zielgerade

Die heutige Etappe kann aufgrund der Weglänge und der vernachlässigbaren Höhenmeter als »gemütliches Auswandern« der Nordroute verstanden werden. Nach 34 Etappen ist diese Wanderung, die vorerst noch ein Stück durch den Wald und dann an weiten Ackerflächen vorbei führt, nahezu als Spaziergang anzusehen. Einige Kilometer wandern wir direkt an der österreich-slowenischen Grenze entlang, die durch den Grenzbach Kutschenitza zu erkennen ist. Man hat Zeit zum Nachdenken, über den zurückliegenden Weg, die Erlebnisse und die vielen Eindrücke, die man gesammelt hat. Den Abschluss bildet die Stadt Bad Radkersburg, die mit der historischen Altstadt, den schönen Lokalen, romantischen Gassen, der Therme und dem Grenzfluss Mur einen ganz speziellen Charakter aufweist. Ein würdiger Abschluss für die Nordroute »Vom Gletscher zum Wein«.

Ausgangspunkt: Klöch, 291 m.
Streckenlänge: 12,4 km.
Anforderungen: Die einfachste Wanderung der ganzen Nordroute.
Einkehr: Unterwegs keine.
Unterkunft: Bad Radkersburg: **Hotel**

Mit einem schützenden Blätterdach sind auch Regenetappen leicht zu machen.

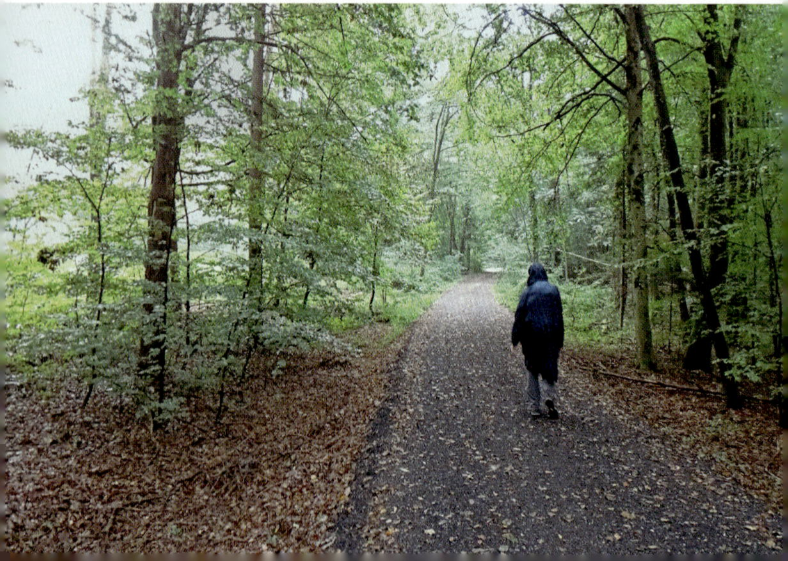

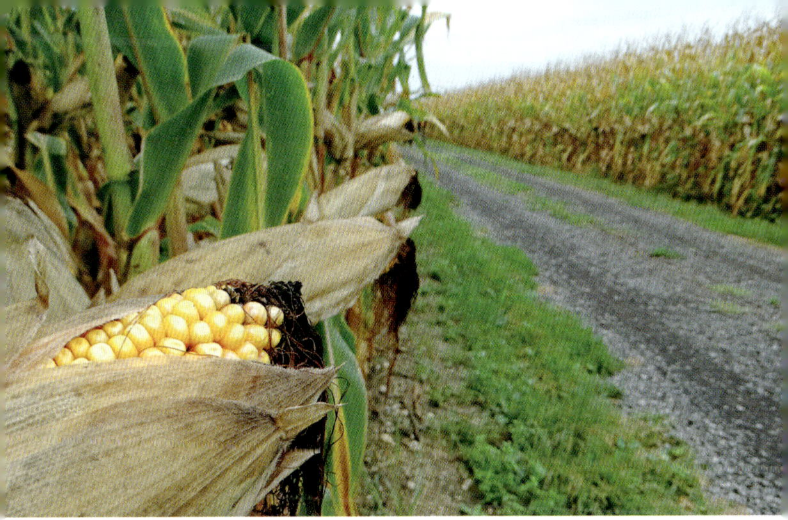

Durch Maisfelder geht es weiter in Richtung Bad Radkersburg.

Sporer, ✆ +43 3476 350042, www.parktherme.at/hotel-sporer; **Gästehaus Ferk**, ✆ +43 664 3520766, www.gaestehaus-ferk.at; **Gasthof Metzgerwirt**, ✆ +43 3476 2168, www.metzger-wirt.at.

Verkehrsmittel: Bad Radkersburg ist mit Bahn und Bus erreichbar. Auskünfte unter: ÖBB, www.oebb.at, oder Verbundlinie Steiermark, www.busbahnbim.at. Vergünstigungen mit der GenussCard, www.genusscard.at.

Information: Tourismusverband Region Bad Radkersburg, ✆ +43 3476 2545, www.badradkersburg.at.

Karte: Freytag & Berndt-Wanderkarte: WK 412 – Südoststeirisches Hügelland, Vulkanland, Bad Gleichenberg, Bad Radkersburg.

Beim Marktplatz in **Klöch (1)**, 291 m, zeigt uns die weiße Wandertafel des Weitwanderweges 07 die Richtung an. Ein paar Meter gehen wir in Richtung Süden und dann links in eine Nebenstraße, wobei wir auch hier den Wegweisern des Weitwanderweges 07 folgen. Durch besiedeltes Gebiet gelangen wir leicht bergauf zu einer Abzweigung, wo es leicht bergab in Richtung Ferienwohnungen Urbanitsch geht. Eine kleine grüne Tafel mit der Aufschrift 5 (»Waldwanderweg«) zeigt hier auch unsere Richtung an. Wir wandern auf Forststraßen durch den Wald, überqueren die Landstraße (L204) und kommen weiter durch den Wald zu einer Nebenstraße, wo wir nach rechts gehen. Nach ca. 1 km zweigen wir nach links von der Straße ab. Vor der Brücke gehen wir rechts und wandern nun ca. 3,5 km immer entlang des Grenzbaches Kutschenitza in unmittelbarer Nähe zu Slowenien. Zur Orientierung dient auch der R12 »Thermenradweg«. Schließlich gelangen wir zu einem alten **Grenzübergang (2)**, 217 m.

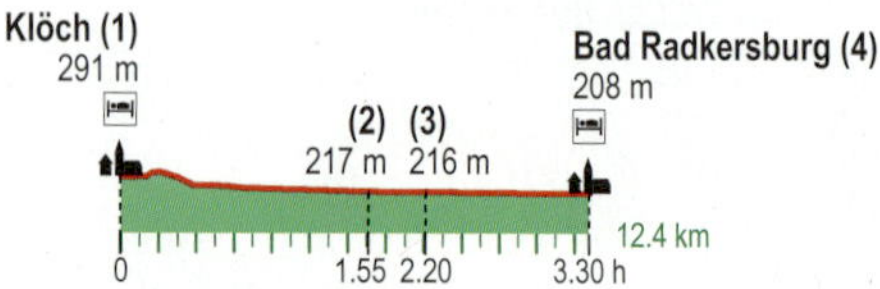

Der Weiterweg ist eindeutig, bis nach ca. 1,5 km eine Schlüsselstelle kommt. Bei einem **Sackgassenzeichen (3)** gehen wir nicht in die Sackgasse, 216 m, sondern zweigen scharf rechts ab und folgen dem Fahrweg durch die Felder zu einer Asphaltstraße; an dieser gehen wir nach rechts in die Ortschaft Goritz. Bei der Bushaltestelle im Ort biegen wir links ab; hier zeigt uns eine grüne Tafel mit »Geh- und Radweg Stadtmitte 3,6 km« die Wegrichtung. Der Weg führt nun mehr oder weniger in einer geraden Linie nach Bad Radkersburg. Es sind kaum Markierungen vorhanden, somit orientieren wir uns an der Burg, die hier in der Ferne sichtbar ist. Am Friedhof vorbei kommen wir zum Bahnhof und sehen hier wieder die gelben Tafeln »Auf den Spuren der Vulkane – Wasserweg«. Wir biegen rechts in die Bahnhofstraße ein und folgen ihr bis zum Hauptplatz im Zentrum von **Bad Radkersburg (4)**, 208 m, wo wir das Ziel der Nordroute erreichen. Glückwunsch!

Geschafft! Wir sind nach 35 Etappen am Ende der Nordroute angekommen.

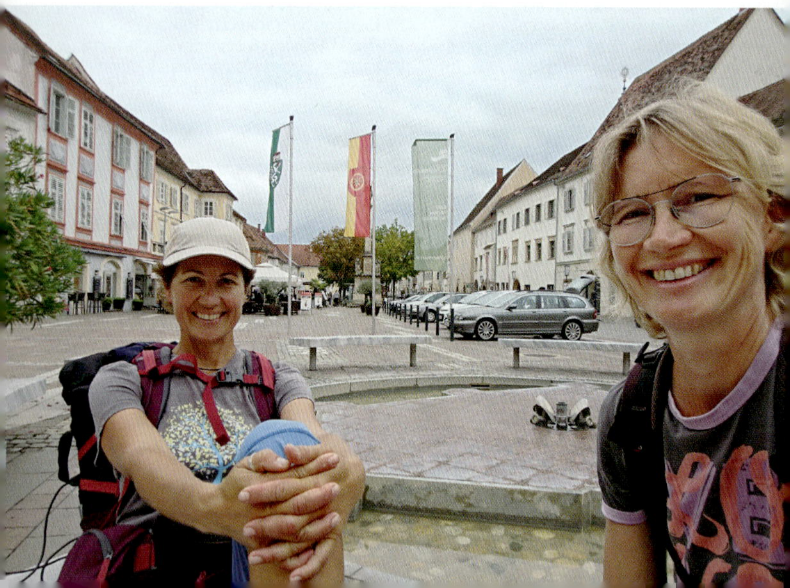

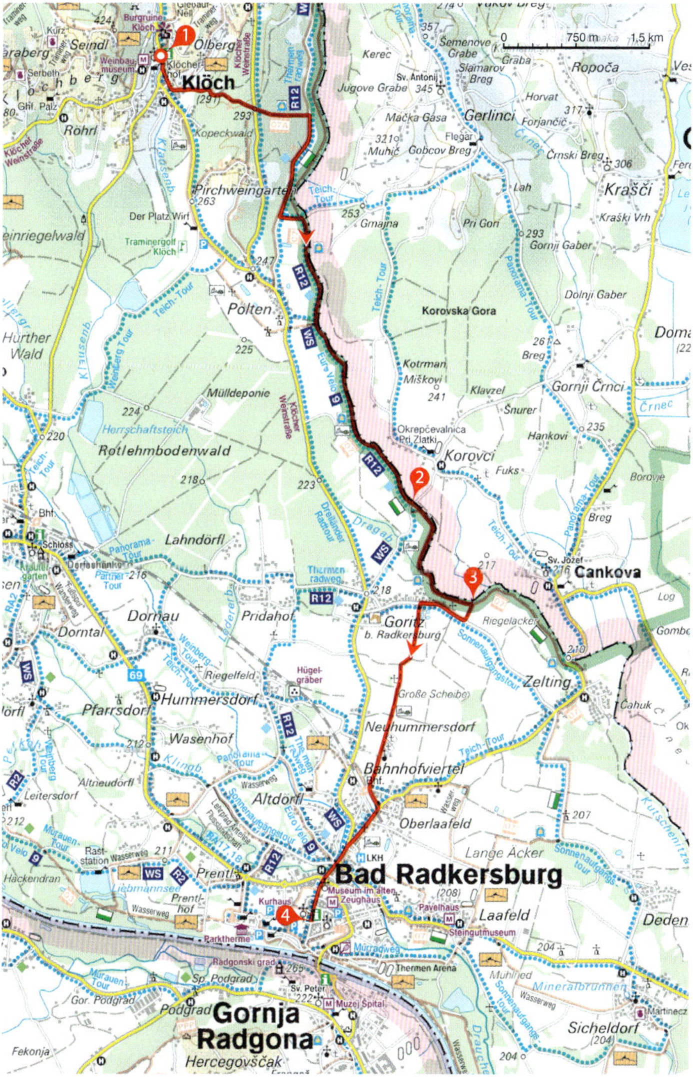

Klöch
Bad Radkersburg
Gornja Radgona
Cankova
Korovci
Goritz b. Radkersburg
Zelting
Pirchweingarten
Polten
Hummersdorf
Neuhummersdorf
Bahnhofviertel
Oberlaafeld
Laafeld
Altdörfl
Prentl
Dornau
Pridahof
Korovska Gora
Gerlinci
Kraščí
Rotlehmbodenwald
Mülldeponie
Herrschaftsteich
Lahndörfl
Wasenhof
Pfarrsdorf
Sicheldorf
Museum im alten Zeughaus
Pavelhaus
Steingutmuseum
Parktherme
Kurhaus
Thermen Arena
Radgonski grad
Muzej Špital
Hügelgräber
0
750 m
1,5 km

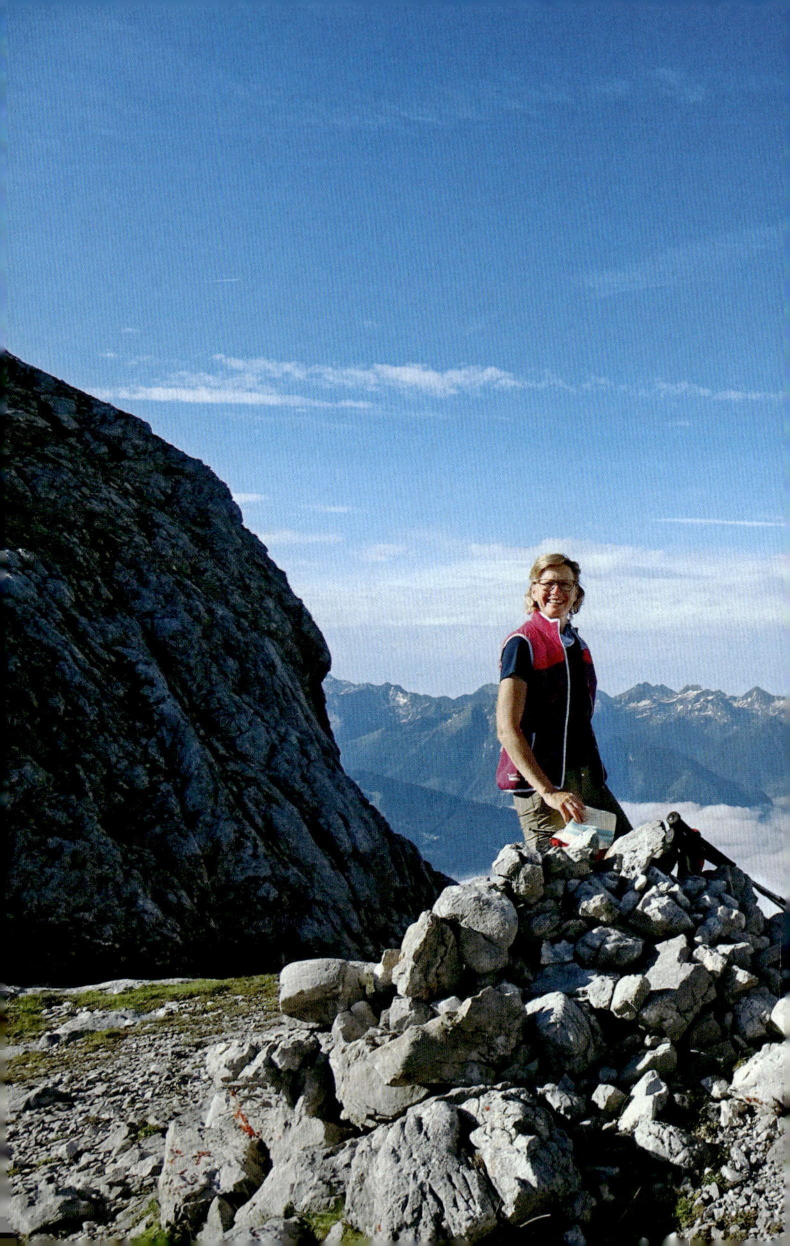

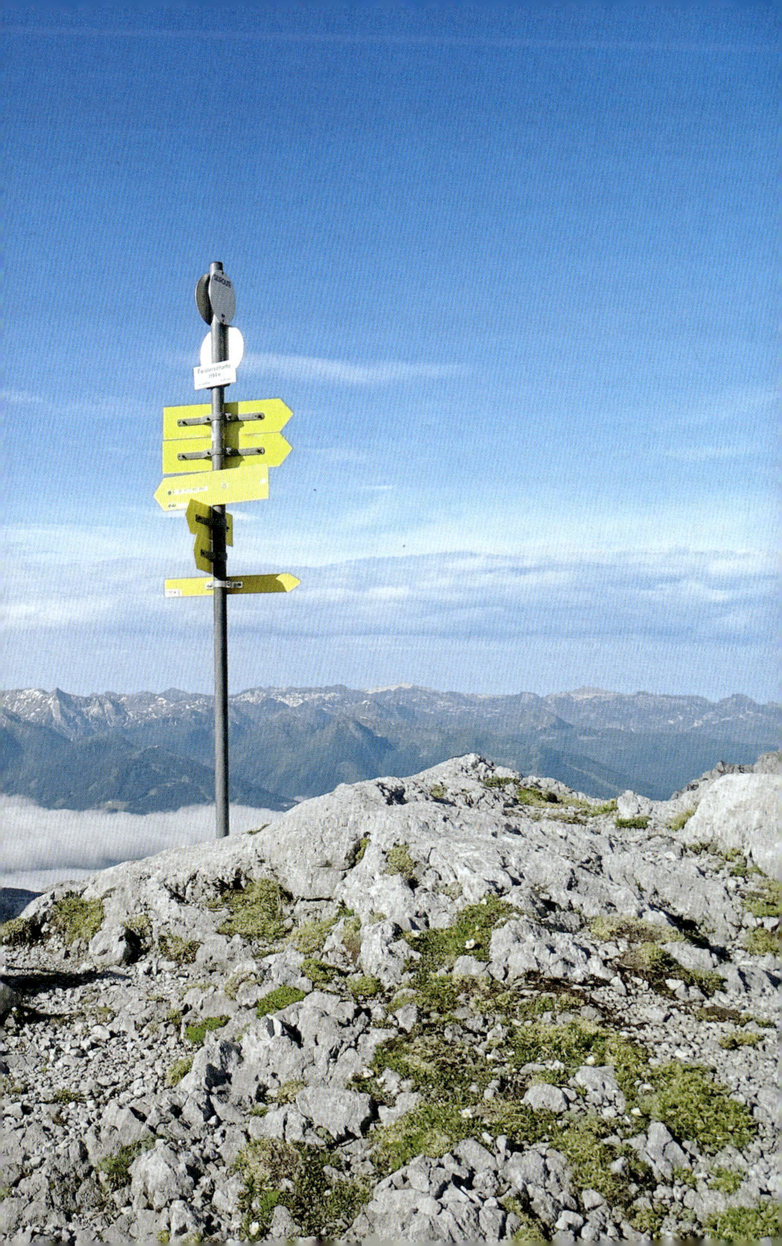

1 Bergstation Dachsteinseilbahn – Guttenberghaus

3.30 Std.

↑250 ↓800

Der Start – eine hochalpine Wanderung über Eis und Fels

Die erste Etappe ist ein imposanter Einstieg in die Wanderroute »Vom Gletscher zum Wein«. Schon die Auffahrt mit der Dachsteinseilbahn ist ein Erlebnis, da die Gondel über die mächtigen Dachstein-Südwände schwebt und man einen ersten Eindruck von der Bergwelt des Dachsteins bekommt. Auf 2700 m angekommen, sollte man noch Zeit für die Dachstein-Hängebrücke, die »Treppe ins Nichts« und den Eispalast einplanen. Bereits nach kurzer Zeit verlässt man das bunte Treiben rund um die Bergstation der Gletscherbahn und kann die Landschaft am Schladminger Gletscher und auf dem ca. 20 km² großen Kalkplateau »Am Stein« richtig genießen. Eine bizarre Karstlandschaft, die lediglich von Schneefeldern, Polstervegetation, Alpenanemonen und Schafherden unterbrochen wird. Wer der ersten Etappe noch ein i-Tüpfchen draufsetzen will und über die nötige Klettersteigerfahrung verfügt, kann den Hohen Dachstein, 2995 m, zu Beginn der Wanderung besteigen.

Ausgangspunkt: Bergstation der Dachsteinseilbahn, 2700 m.
Streckenlänge: 7,9 km.
Anforderungen: Für diese Etappe ist gutes Wetter Voraussetzung und feste Bergschuhe sind notwendig. Zu beachten ist, dass aufgrund der Gletscherbedingungen die Wegweiser umgesteckt werden können und somit Abweichungen zum GPX-Track möglich sind. Grundsätzlich ein anspruchsvolles Gelände, zuerst auf einem präparierten Weg über den Schladminger Gletscher

Der Weg führt gut markiert durch die Landschaft »Am Stein«.

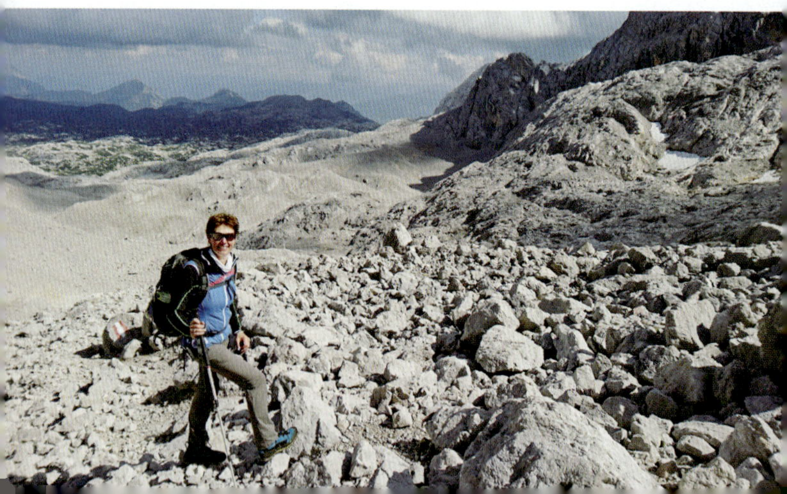

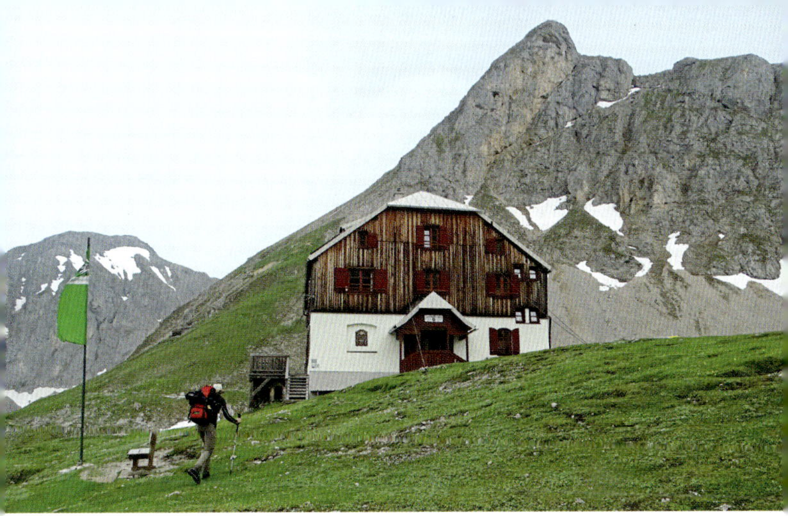

Wir erreichen unser erstes Etappenziel, das Guttenberghaus.

und dann Pfade über das steinige Karstplateau. Außerdem sind je nach Jahreszeit Schneefelder zu überqueren. Am Gletscher sind bedingungsabhängig leichte Steigeisen bzw. Grödel zu verwenden. Auch wenn die 1. Etappe eher kurz erscheint, ist es nicht empfehlenswert, die 1. und 2. Etappe zusammenzulegen. Die daraus resultierende Gesamtstrecke und Höhendifferenz ist sehr anspruchsvoll.
Einkehr: Gletscher-Restaurant in der Bergstation der Dachsteinseilbahn, ✆ +43 3687 22042820, www.derdachstein.at.
Unterkunft: Guttenberghaus, Alpenvereinshütte, 21 Betten, 53 Matratzenlager, Hütte: ✆ +43 664 3022956 und +43 3687 81345, www.guttenberghaus.at; Schlafplatz unbedingt reservieren, Hüttenschlafsack-Pflicht, kostenpflichtige Warmwasser-Dusche, 1. Juni–Anfang Okt. durchgehend.
Verkehrsmittel: Schladming ist mit Bahn und Bus erreichbar. Auskünfte unter: ÖBB. www.oebb.at, oder Verbundlinie Steiermark, www.busbahnbim.at. Vom Bahnhof in Schladming fahren regelmäßig Busse bis zur Talstation der Dachsteinseilbahn.
Information: Tourismusverband Ramsau am Dachstein, ✆ +43 3687 818338, www.ramsau.com, Wetter ✆ +43 3687 22042555.
Hinweis: Die Gondelreservierung wird über www.derdachstein.at empfohlen. Mit etwas Glück fährt man mit der dachlosen »Cabrio«-Gondel, in der man die Auffahrt so richtig genießen kann.
Karten: Freytag & Berndt-Wanderkarte: WK 201 – Schladminger Tauern, Radstadt, Dachstein.

Von der **Bergstation der Dachsteinseilbahn (1)**, 2700 m, bzw. dem Gletscher-Restaurant führt der Weg bergab in Richtung Eispalast und Hängebrücke. Unmittelbar danach orientieren wir uns an den Wegweisern in Richtung »Guttenberghaus Nr. 674« (gelbe Hinweistafeln mit blauer Aufschrift auf Schneestangen angebracht). Gleich beim ersten Schlepplift zweigt die präparierte Spur rechts unten ab. Nachdem die erste Steilstufe überwunden ist,

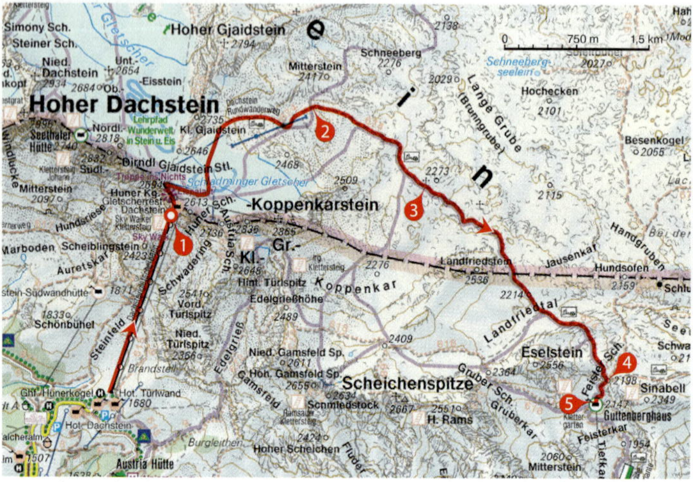

geht es über den Gletscher nach links in Richtung Norden zur Talstation des Schleppliftes. Rechts von uns sind Langlaufloipen präpariert. Wir folgen der Präparierung bzw. den am Fels sichtbaren Markierungen kontinuierlich bergab. Vorsicht beim Übergang von Schnee auf Fels!

Wir gelangen zur nächsten Talstation des Schleppliftes, wo sich auf ca. 2300 m Seehöhe das Ende des gesicherten Skigebietes **(2)**, 2284 m, befindet. Weiter geht es bergab in Richtung Südosten, wobei zahlreiche Markierungen und ein deutlich zu erkennender Weg vorhanden sind. Bei der **Wegkreuzung (3)**, 2264 m, halten wir uns rechts in Richtung »Guttenberghaus«. Die nächsten 4 km verlaufen ständig bergauf und bergab über das verkarstete Hochplateau bis zur **Feistererscharte (4)**, 2198 m. Die letzten Höhenmeter bergab sind stellenweise mit einem Seil versichert. Nach einem kleinen Gegenanstieg erreichen wir das **Guttenberghaus (5)**, 2147 m.

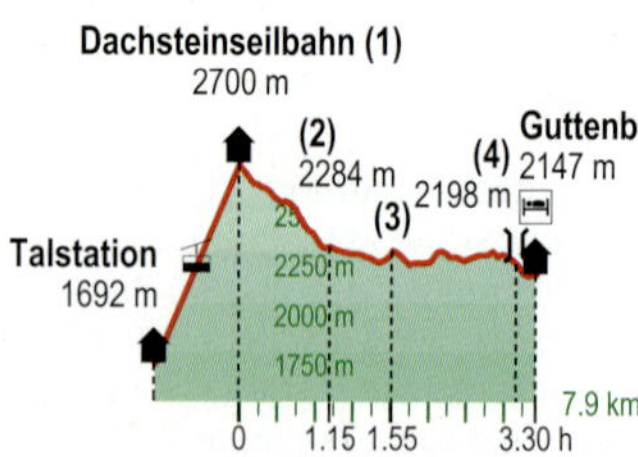

7.00 Std.

↑460 ↓1620

Guttenberghaus – Rohrmoos

2

Ein schöner, langer Abstieg vom Berg ins Tal

Vom Dachsteinmassiv über das Ramsauer Plateau und weiter nach Schladming geht es ca. 1400 Höhenmeter in einem Stück bergab. Dies stellt eine schöne Herausforderung für die zweite Etappe der Südroute dar, die landschaftlich und wandertechnisch äußerst facettenreich ist. Während des Abstieges hat man einen wunderbaren Ausblick auf die Ramsau, das tiefer liegende Ennstal und die Schladminger Tauern im Hintergrund. Bei dieser Etappe durchwandert man auch zwei der bekanntesten Tourismusorte der Steiermark: Ramsau und Schladming. Nach einer gemütlichen Pause in Schladming ist der Aufstieg nach Rohrmoos mit ca. 300 Höhenmetern nur noch ein Katzensprung, und schneller als erwartet erreicht man das Etappenende.

Ausgangspunkt: Guttenberghaus, 2147 m.

Streckenlänge: 17,5 km.

Anforderungen: Der Abstieg vom Guttenberghaus führt über mittelschwere Wanderwege, der restliche Teil der Wanderung verläuft auf einfachen Wegen, Forst- oder Asphaltstraßen.

Einkehr: **Lärchbodenalm**, ✆ +43 664 1604090 und +43 3687 81743, www.simonbauer.at, Anfang Juni–Okt. **Bio-Hotel Feistererhof**, vgl. auch »Unterkunft«. Viele Möglichkeiten in **Ramsau Ort** und **Schladming**.

Unterkunft: **Bio-Hotel Feistererhof**, ✆ +43 3687 81080, www.feistererhof.at. Viele Möglichkeiten in **Ramsau Ort** und **Schladming**. Rohrmoos: **ARX Hotel**, ✆ +43 3687 61493, www.das-arx.at. **Sportpension Thaler**, ✆ +43 3687 61338, www.thalers-mariandl.at. **Haus Edelweiß**, ✆ +43 3687 61127, www.edelweiss-rohrmoos.at.

Verkehrsmittel: Rohrmoos ist über Schladming mit dem Bus erreichbar. Auskünfte unter: Tourismusverband Schladming und Verbundlinie Steiermark, www.busbahnbim.at. Informieren Sie sich vor der Anreise über die Schladming-Dachstein Sommercard unter: www.schladming-dachstein.at/de/sommercard oder bei den örtlichen Tourismusverbänden.

Information: **Tourismusverband Ramsau am Dachstein**, ✆ +43 3687 818338, www.ramsau.com, Wetter ✆ +43 3687 22042 555. **Tourismusverband Schladming**, ✆ +43 3687 2277722, www.schladming.com.

Karten: Freytag & Berndt-Wanderkarten: WK 201 – Schladminger Tauern, Radstadt, Dachstein.

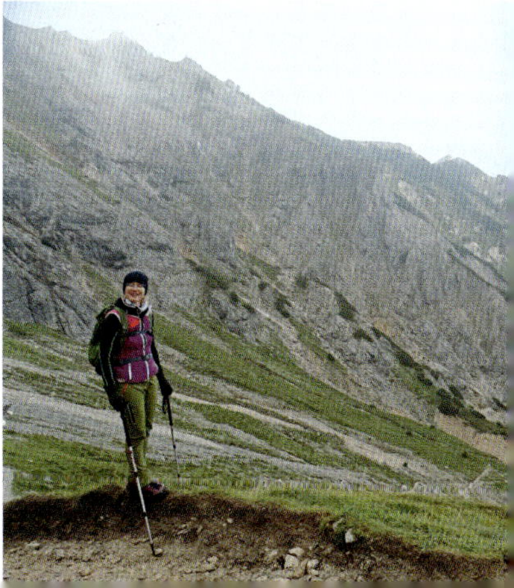

Der Abstieg vom Guttenberghaus führt über einen schön angelegten Wanderweg.

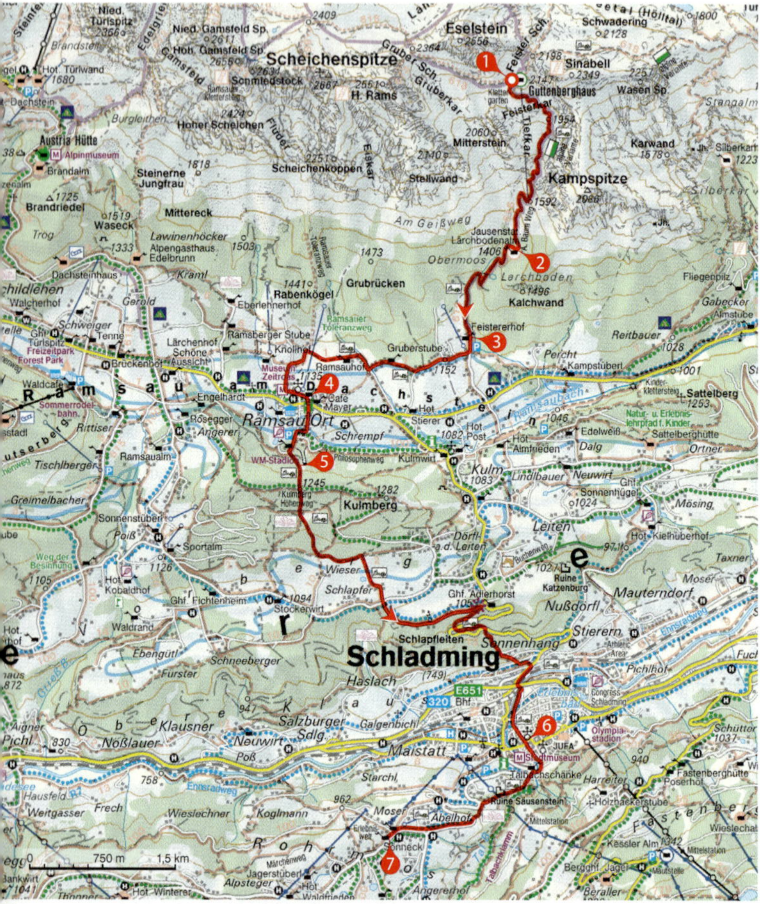

Direkt vor dem **Guttenberghaus (1)**, 2147 m, folgen wir dem Wanderweg 616 in Richtung »Ramsau«. Der Weg ist eindeutig und in Serpentinen sehr schön angelegt. Wir kommen am Feisterer-Tiefkar auf 1846 m, der Fischermauer auf 1668 m und an der Materialseilbahn des Guttenberghauses vorbei. Weiter geht es kontinuierlich bergab bis zur Zufahrt zur **Lärchbodenalm (2)**, 1406 m. Ab hier führt eine Schotterstraße bis zu den Weideflächen

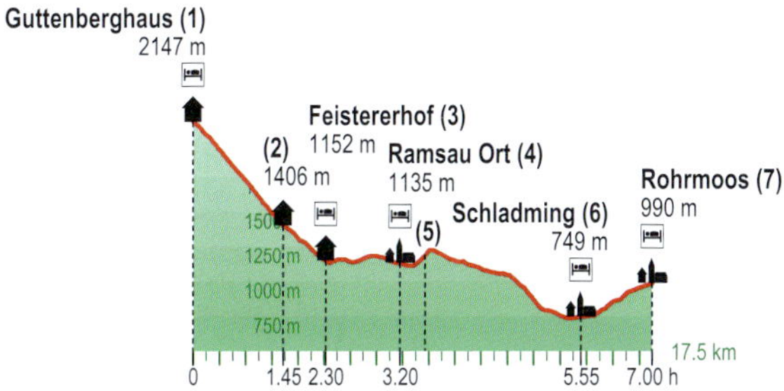

und den ersten Häusern der Ramsau und zum **Feistererhof (3)**, 1152 m. Gleich bei der nächsten Kreuzung nach dem Hof gehen wir nach rechts die Asphaltstraße entlang und wandern auf derselben Seehöhe gemütlich durch das wenig besiedelte Gebiet über Weiden- und Wiesenflächen. Wir orientieren uns an den gelben Wegweisern in Richtung »Ramsau Ort« und »Panoramaweg«. Von **Ramsau Ort (4)**, 1135 m, aus wandern wir weiter leicht bergab in Richtung »Sprungschanze« und »Wanderknotenpunkt Waldschenke«, dann geht es nach rechts hinauf zur Bergstation der **WM-Sprunganlage (5)**, 1195 m.

Der Blick zurück auf die imposanten Kalkwände des Dachsteinplateaus.

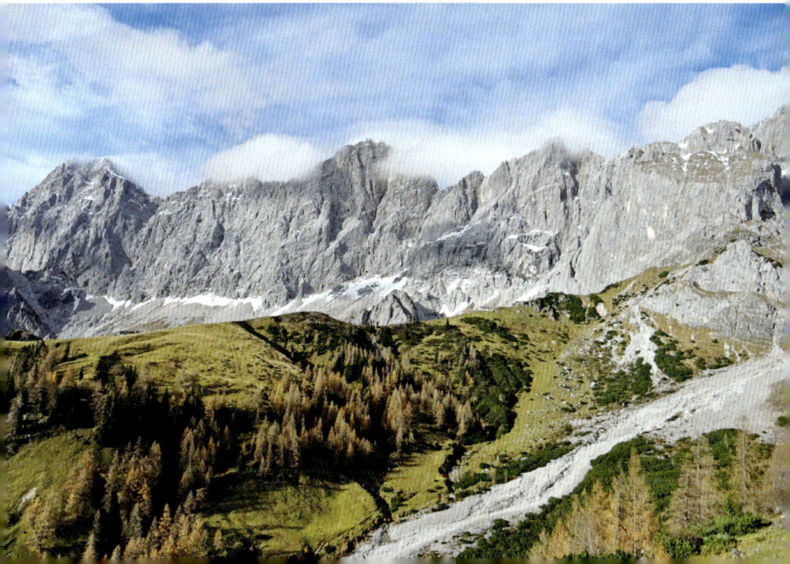

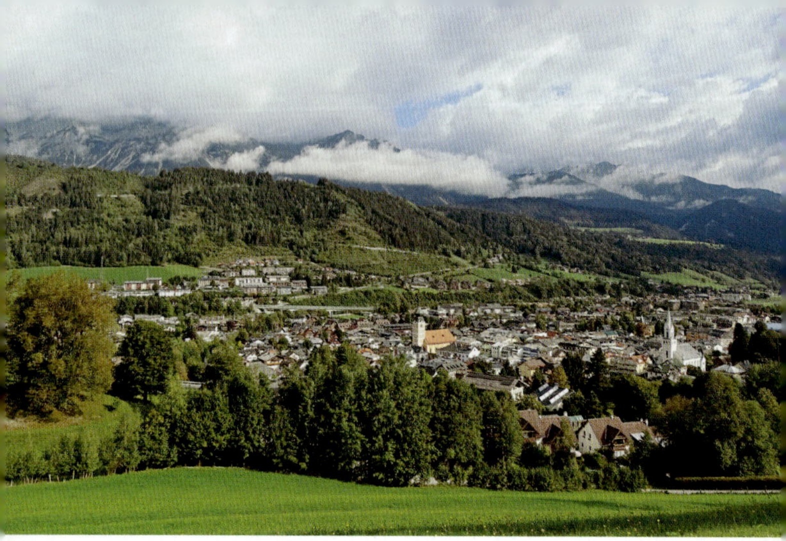

Beim Aufstieg nach Rohrmoos liegt uns Schladming zu Füßen.

Wir steigen noch ein Stück bergauf und kommen zu einer Wegkreuzung, wo wir geradeaus und leicht bergab dem Wanderweg 2 folgen. Bei der nächsten Kreuzung geht es links (graue Wegweiser in Richtung »WA – Sportmoden / Kulm«) und nach ca. 400 m verlassen wir den Wanderweg, um rechts über die Wiese zu gehen. Zur Orientierung dient das Schild »Bis auf Widerruf freiwillig gestatteter Durchgang« am Beginn des Durchganges. Durch das Gelände des Bauernhofes »Frienerhof« gelangen wir zur Kreuzung und Bushaltestelle »Friener 52«. Wir überqueren die Asphaltstraße und wandern auf der Schotterstraße in Richtung »Haus Föhreneck« weiter, bis der Wander- bzw. Fußweg nach Schladming nach rechts unten von der Asphaltstraße abzweigt.
Der Wanderweg kreuzt zwei Mal die Landesstraße L711 und kommt dann im Siedlungsgebiet heraus. Auf Wohnstraßen gehen wir in Richtung Zentrum und erreichen wiederum die L711, der wir bergab folgen. Wir gehen ein kurzes Stück an der Enns entlang, kommen zu einem Kreisverkehr und gehen links ins Zentrum von **Schladming (6)**, 749 m.
Nun folgen wir den gelben Wegweisern in Richtung »Gipfelbahn Hochwurzen«. Es geht auf einem gut markierten und schön angelegten Wanderweg mit Blick auf Schladming bergauf, bis wir zur Straße kommen. Wir gehen ein kurzes Stück nach links und dann mit dem Wanderweg in den Wald. Kurz darauf kommen wir wieder zur L722 (Rohrmoosstraße), der wir nun bis **Rohrmoos (7)**, 990 m, folgen.

6.00 Std.

↑1000 ↓730

Rohrmoos – Ignaz-Mattis-Hütte (Giglachseen)

3

Wir tauchen in die Bergwelt der Schladminger Tauern ein

Heute steht eine Höhenwanderung par excellence auf dem Programm. Der Weg verläuft mit wunderbaren Ausblicken und schönen Auf- und Abstiegen an einem Höhenrücken entlang, der sich in Nord-Süd-Richtung erstreckt. An schönen Sommertagen herrscht vor allem von der Hochwurzen bis zur Guschen ein reger Wanderbetrieb. Im weiteren Wegverlauf wird es etwas ruhiger, aber auch anspruchsvoller. Der nördliche Teil der Schladminger Tauern ist mit Straßen und Seilbahnen sehr gut erschlossen und auch deshalb als Wandergebiet sehr beliebt. Mithilfe der Gipfelbahn Hochwurzen erspart man sich von Rohrmoos ca. 730 Höhenmeter Aufstieg. Über den Tag verteilt sind dennoch genug Höhenmeter und Kilometer zu bewältigen. Zu beachten ist auch, dass es während der gesamten Etappe keine Einkehrmöglichkeit oder Quelle gibt. Eine gute Wettersituation ist zu empfehlen, da es sehr schade wäre, während dieser Etappe wenig bzw. keine Aussicht zu haben – der Blick zurück auf das Dachsteinmassiv ist sehr eindrucksvoll.

Ausgangspunkt: Rohrmoos, 1076 m.
Streckenlänge: 13,2 km.
Anforderungen: Lange und anspruchsvolle Bergwanderung – teilweise mit Drahtseil versichert – bei Nebel kann es zu Orientierungsschwierigkeiten kommen.
Einkehr: **Hochwurzenhütte**, nahe der Bergstation der Gipfelbahn Hochwurzen, ✆ +43 3687 61177, www.hochwurzen.at. Im Sommer während der Betriebszeiten der Seilbahn geöffnet (vgl. »Hinweis«).
Unterkunft: **Ignaz-Mattis-Hütte**, Alpenvereinshütte, ✆ +43 664 4233823, ignazmattishuette@aon.at; die Hütte verfügt über 10 Zimmerlagerbetten und 40 Matratzenlager, kostenpflichtige Warmwasser-Dusche. Mitte Juni–erster Sonntag im Okt. **Giglachseehütte**, ✆ +43 664 9088188, www.giglachsee-huette.at; die Hütte verfügt über 10 Zimmerlagerbetten und 27 Matratzenlager, kostenpflichtige Warmwasser-Dusche. Unbedingt reservieren. Mitte Juni–Anfang Okt.
Verkehrsmittel: Die Hütten sind nur zu Fuß erreichbar. Über das Preuneggtal und das Obertal ist eine Anbindung nach Schladming mit Wanderbussen oder Taxi möglich. Informieren Sie sich vor der Anreise über die Schladming-Dachstein Sommercard unter: www.schladming-dachstein.at/de/sommercard oder bei den örtlichen Tourismusverbänden.

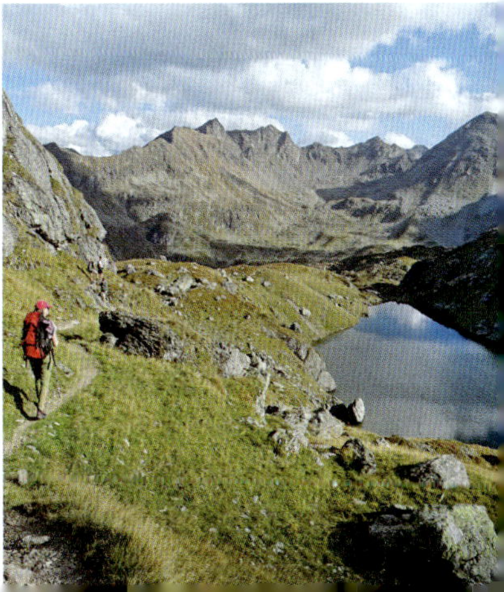

Wir wandern am Brettersee vorbei.

Information: Tourismusverband Schladming, ✆ +43 3687 22777 22, www.schladming.com.
Hinweis: Infos zur Gipfelbahn Hochwurzen: ✆ +43 3687 22042, www.planai.at.
Karten: Freytag & Berndt-Wanderkarten: WK 201 – Schladminger Tauern, Radstadt, Dachstein.

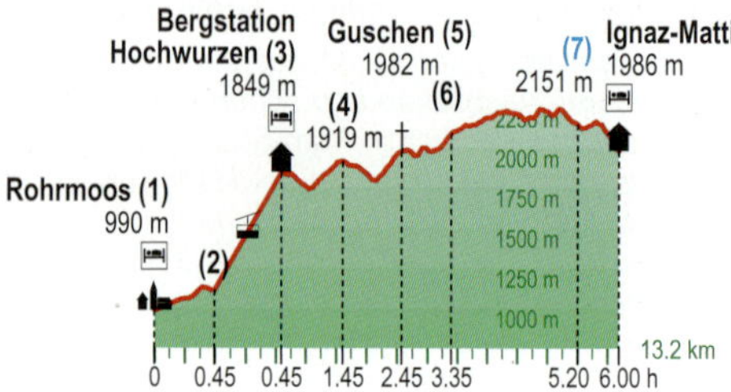

Von **Rohrmoos (1)**, 990 m, folgen wir den gelben Wegweisern in Richtung »Gipfelbahn Hochwurzen«. Auf Wanderwegen und Forststraßen kommen wir ein Stück oberhalb der Talstation der Gipfelbahn Hochwurzen heraus, somit gehen wir nach rechts leicht bergab zum Parkplatz und zum Eingang der **Gipfelbahn (2)**, 1118 m.

Schwierigere Stellen sind zur Hilfestellung auch seilversichert.

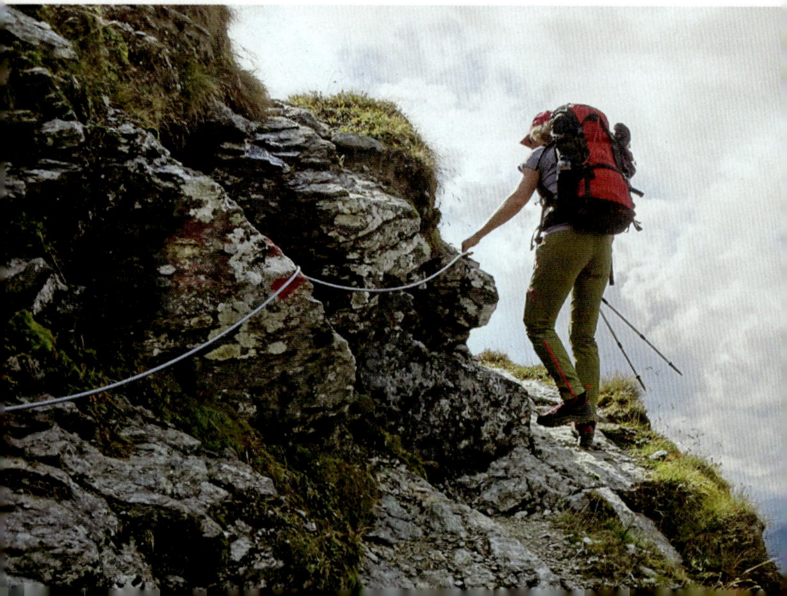

Von der Bergstation **Hochwurzen (3)**, 1850 m, wandern wir mit Weg 60/773 in Richtung »Guschen«. An der Hochwurzenhütte vorbei gelangen wir in nur wenigen Minuten zur Kleinen Hochwurzen auf 1840 m Höhe. Nun geht es bergab durch den Wald zum Hüttecksattel und danach bergauf zum **Roßfeld (4)**, 1919 m. Weiter über den breiten Bergrücken kommen wir leicht bergab zum Latterfußsattel und steigen dann auf den aussichtsreichen Gipfel der **Guschen (5)**, 1982 m.

Ab hier wird der Wanderweg anspruchsvoller. Mit leichten Ab- und Aufstiegen geht es bis zum **Hochfeldmandl (6)**, 2093 m, einem großen, auffallenden Steinmandl.

Wir wandern unterhalb bzw. an der Westseite des Hochfelds vorbei und folgen dann dem Wanderweg durch steiniges und felsiges Gelände bis zu einem Steinmandl, das auf einem Übergang steht. Hier führt der Weg kurz bergab und anschließend an einer Abzweigung (Richtung »Schiedeck 25 Min.«) vorbei. Im leichten Auf und Ab, zum Teil seilversichert, wandern wir durch eine beeindruckende Landschaft, an Tümpeln bis kleineren Seen vorbei bis zu einem größeren See, dem **Brettersee (7)**, 2151 m. Nun wartet noch einmal ein kurzer Anstieg und alsbald sehen wir die Giglachseen: den größeren Unteren und den kleineren Oberen Giglachsee. Durch Serpentinen steigen wir hinunter zur **Ignaz-Mattis-Hütte (8)**, 1986 m.

Eine alternative Schlafmöglichkeit ist die Giglachseehütte beim Oberen Giglachsee.

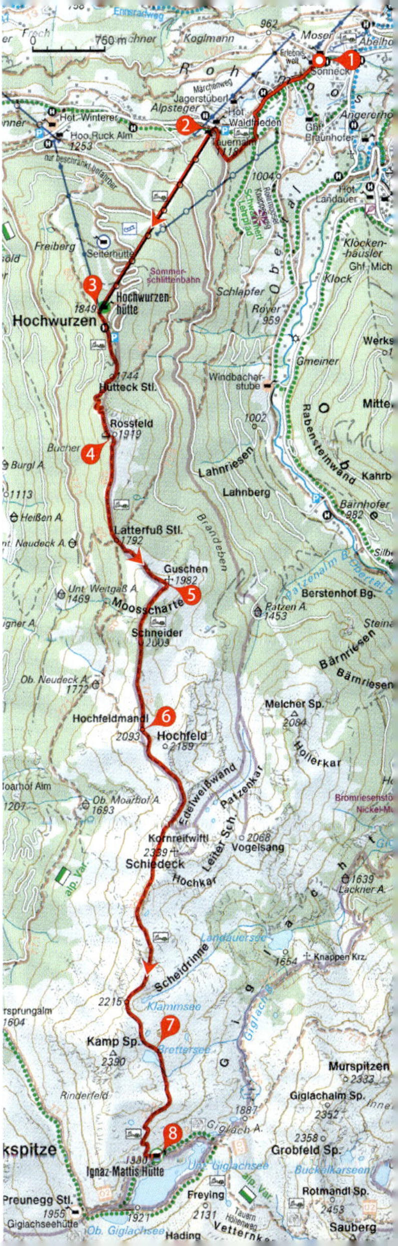

4 Ignaz-Mattis-Hütte (Giglachseen) – Keinprechthütte

4.00 Std.

↑570 ↓680

Inmitten der Schladminger Tauern

Eine »klassische« Bergwanderung, wie im Höhenprofil gut ersichtlich, steht heute auf dem Programm. Erst geht es in einem Stück über 500 Höhenmeter bergauf bis zur Rotmandlspitze, danach folgt ein gleichmäßiger Abstieg von 600 Höhenmetern bis zur Keinprechthütte. Die Etappe ist verhältnismäßig kurz, somit kann man sich bei Schönwetter Zeit lassen und die grandiose Aussicht – vom Dachsteinmassiv im Norden bis hin zum Hochgolling im Osten – genießen. Die Wanderung führt durch ein historisches Bergbaugebiet, was u. a. an den Ruinen der Bergknappenbehausungen im Vetternkar zu erkennen ist. Für die Region Schladming war der Bergbau über Jahrhunderte von großer Bedeutung: Zu Beginn des 16. Jh. waren hier über 1500 Knappen tätig und schürften nach Kupfer, Silber, Blei, Zink, Kobald und Nickel. Der Abbau und der Transport der Erzstücke von den hochgelegenen Abbaustätten war eine große Herausforderung: Bei der Keinprechthütte erinnert eine Schautafel an das »erste Snowboard«, mit dem die wertvollen Rohstoffe ins Tal transportiert wurden.

Der Blick zurück auf den unteren Giglachsee, im Hintergrund die Steirische Kalkspitze.

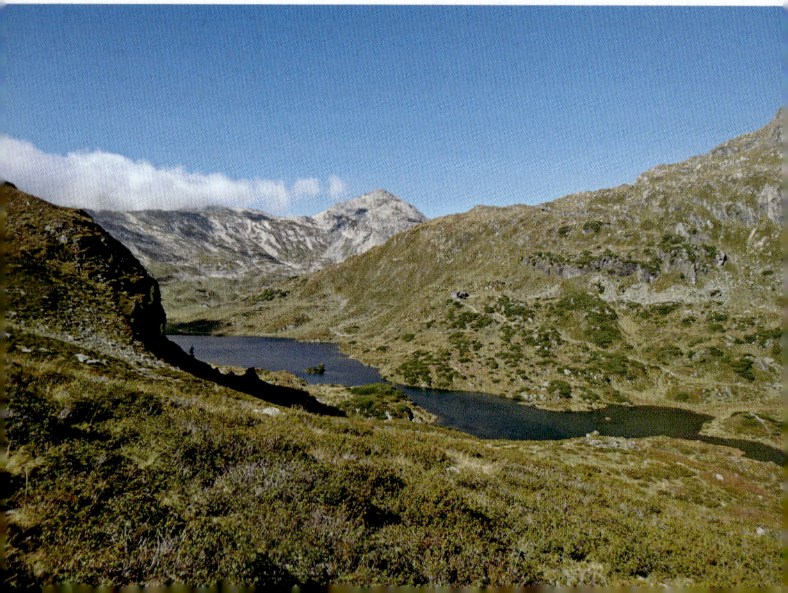

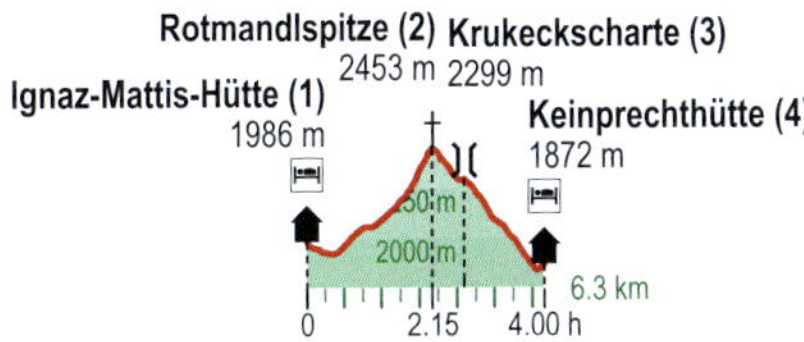

Ausgangspunkt: Ignaz-Mattis-Hütte am Unteren Giglachsee, 1986 m.
Streckenlänge: 6,3 km.
Anforderungen: Bis auf wenige Stellen eine mittelschwere Wanderung. Wie für alle Etappen in den Schladminger Tauern gilt, da hochalpin, besondere Vorsicht bei Schlechtwetter. Der Aufstieg zur Rotmandlspitze und weiter bis zur Krukeckscharte ist steil und anspruchsvoll und führt teilweise über Geröllfelder.
Einkehr: Unterwegs keine.
Unterkunft: **Keinprechthütte**, Alpenvereinshütte, ✆ +43 664 4330346, www.keinprechthütte.at; die Hütte verfügt über 11 Zimmerlagerplätze und 38 Matratzenlager, kostenpflichtige Warmwasserdusche. Unbedingt reservieren. Mitte Juni–Anf. Okt.
Verkehrsmittel: Die Keinprechthütte ist nur zu Fuß erreichbar. Über das Obertal ist eine Anbindung nach Schladming mit Wanderbussen oder Taxi möglich.
Information: **Tourismusverband Schladming**, ✆ +43 3687 22777 22, www.schladming.com.
Karten: Freytag & Berndt-Wanderkarten: WK 201 – Schladminger Tauern, Radstadt, Dachstein.

Von der **Ignaz-Mattis-Hütte (1)**, 1986 m, gehen wir zum nordöstlichen Ufer und somit zum Abfluss des Unteren Giglachsees. Hier befindet sich in der Nähe einiger kleinerer Hütten der Kreuzungspunkt mehrerer Wanderwege. Der Weg 702 zur Rotmandlspitze führt direkt zwischen Hütten hindurch leicht bergauf. Ein angenehmer Aufstieg auf einem gut erkennbaren und markierten Weg bringt uns ins breite Vetternkar. Der Blick zurück auf die Giglachseen, die Steirische Kalkspitze sowie den in der Ferne erkennbaren

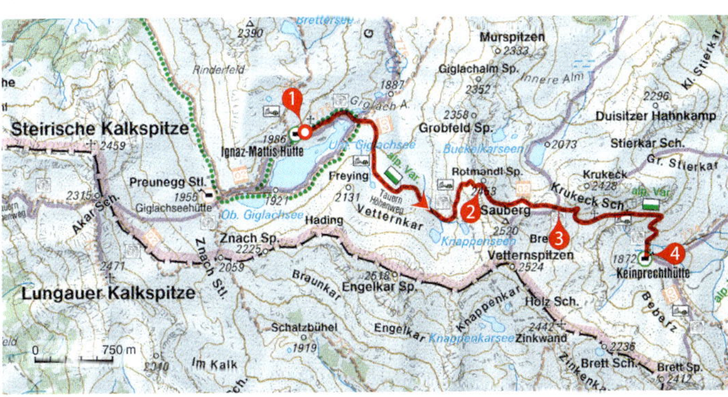

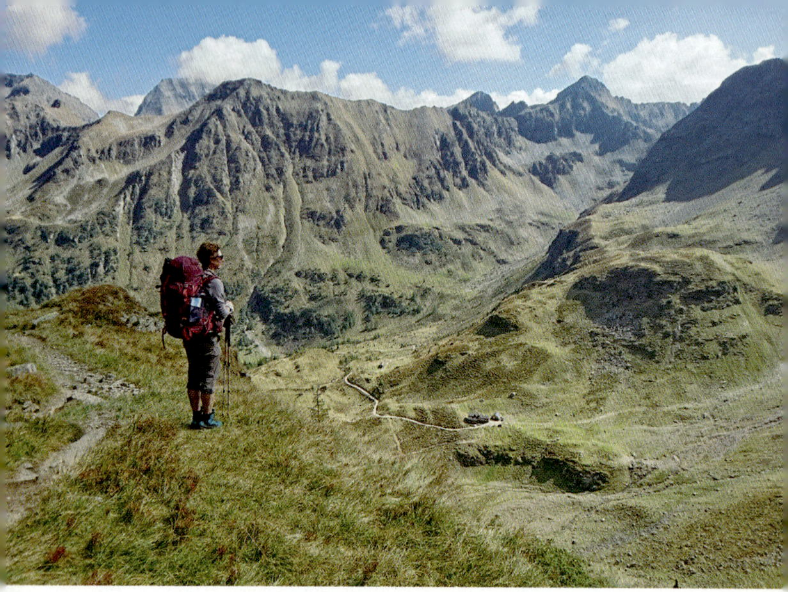

Während des Abstiegs können wir bereits unser Tagesziel erkennen, die Keinprechthütte.

Dachstein ist grandios. An den Resten der historischen Bergknappenbehausungen vorbei wandern wir nach links auf einem in Serpentinen angelegten Wanderweg ca. 300 Höhenmeter bergauf bis zur **Rotmandlspitze (2)**, 2453 m. Der mit einem Steinmanndel und einer Holzstange markierte Gipfel ist gleichzeitig auch der höchste Punkt der heutigen Etappe.
Der Weg steigt dann auf der östlichen Flanke ab und verläuft dann über ein großes Geröllfeld bis zur **Krukeckscharte (3)**, 2299 m. Beim Abstieg erkennen wir in Richtung Osten bereits den Hochgolling und die Hochgollingscharte, die wir auf der morgigen Etappe erwandern werden. Der Weg ist auch hier wieder sehr schön in Serpentinen angelegt und alsbald erreichen wir unser Tagesziel, das wir bereits während des Abstiegs gesehen haben, nämlich die **Keinprechthütte (4)**, 1872 m.

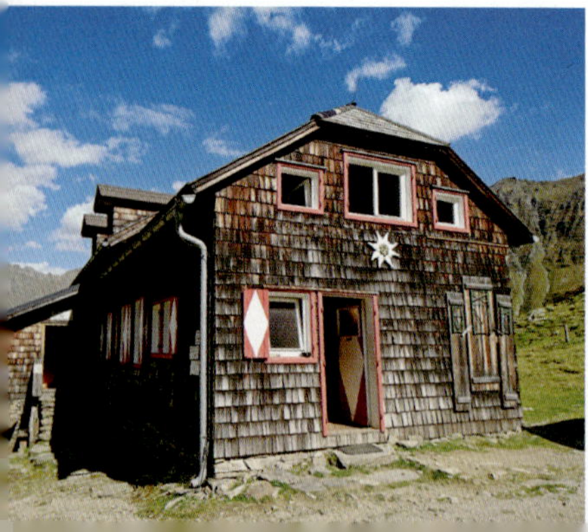

Am Ziel, die Keinprechthütte.

6.00 Std.

↑940 ↓1170

Keinprechthütte – Gollinghütte

5

Von Kar zu Kar und von Scharte zu Scharte

Bei dieser hochalpinen Etappe wandern wir durch weite Karflächen, über steilere Passagen an mächtigen Felswänden vorbei, mit dem höchsten Gipfel der Niederen Tauern, dem Hochgolling, 2862 m, als imponierendem Blickfang. Der Hochgolling ist und war ein beliebter Gipfel, er wurde bereits im Jahr 1817 von Erzherzog Johann und seinen Begleitern bestiegen. Der höchste Punkt der heutigen Wanderung ist die Gollingscharte, von der aus der Hochgolling erreicht werden kann. Von der Trockenbrotscharte über die Landawirseehütte bis zur Gollingscharte sind wir im Nachbarbundesland Salzburg unterwegs. Eine weitläufige und beeindruckende Landschaft durchwandern wir gegen Ende der Etappe, nämlich den Gollingwinkel, ein natürliches, von gewaltigen Fels- und Schotterwänden umgebenes Amphitheater mit Weideflächen und mäandrierenden Bächen.

Ausgangspunkt: Keinprechthütte, 1872 m.
Streckenlänge: 9,8 km.
Anforderungen: Anspruchsvolle Bergwanderung mit teils schwierigen Passagen, teilweise seilversichert.
Einkehr: **Landawirseehütte**, vgl. auch »Unterkunft«.
Unterkunft: **Landawirseehütte**, Alpenvereinshütte, ✆ +43 676 7785375, www.landawirseehütte.com; die Hütte hat 18 Zimmerbettenlager und 30 Matratzenlager. Unbedingt reservieren, 14. Juni–30. Sept. (je nach Witterung auch länger). Gollinghütte, Alpine Gesellschaft Preintaler, ✆ +43 676 5336288, www.preintaler.at; die Hütte hat 20 Zimmerlagerplätze und 80 Matratzenlager, kostenpflichtige Warmwasserdusche. Unbedingt reservieren. Mitte Juni–Anfang Okt.
Verkehrsmittel: Die Gollinghütte ist nur zu Fuß erreichbar. Über das Untertal ist eine Anbindung nach Schladming mit Wanderbussen oder Taxi möglich.
Information: **Tourismusverband Schladming**, ✆ +43 3687 22777 22, www.schladming.com.
Hinweis: Die zusätzliche Besteigung des Hochgollings ist geübten Wanderern mit

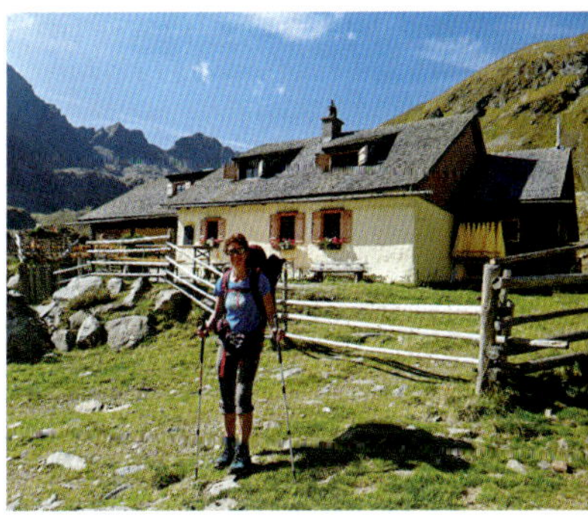

Bei der Landawirseehütte.

hochalpiner Erfahrung und Trittsicherheit vorbehalten. In diesem Fall empfehlen wir, Etappe 4 zu verlängern und auf der Landawirseehütte zu nächtigen.
Tipp: Auf der Landawirseehütte empfehlen wir die »Alpenpommes« (Erdäpfelblattl überbacken mit Käse und Speck mit Sauerrahmsoße).
Karten: Freytag & Berndt-Wanderkarten: WK 201 – Schladminger Tauern, Radstadt, Dachstein.

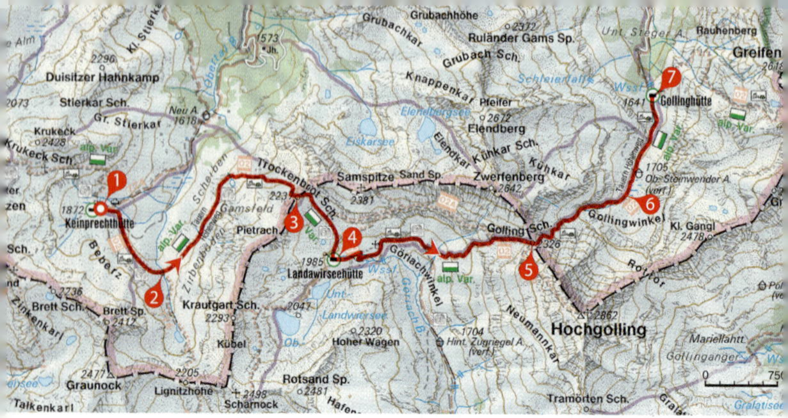

Von der **Keinprechthütte (1)**, 1872 m, gehen wir die Zufahrtsstraße bergab bis zur Abzweigung in Richtung »Landawirseehütte« (Weg 702) auf der rechten Seite. Der Wanderweg zieht sich die ersten rund 20 Min. bis zum Wegpunkt **Zirbenböden (2)**, 1820 m, gemütlich auf einer Seehöhe von ca. 1800 m dahin. Weiter mit Weg 702 beginnt nun der Aufstieg von gut 400 Höhenmetern zur Trockenbrotscharte. Der Weg ist eindeutig und gut markiert, zwischendurch sind bei schwierigen Passagen Seilversicherungen als Hilfestellungen vorhanden. Einige Stellen sind recht steil, jedoch bei trockenen

Beim Aufstieg zur Trockenbrotscharte sieht man im Norden das Dachsteinmassiv.

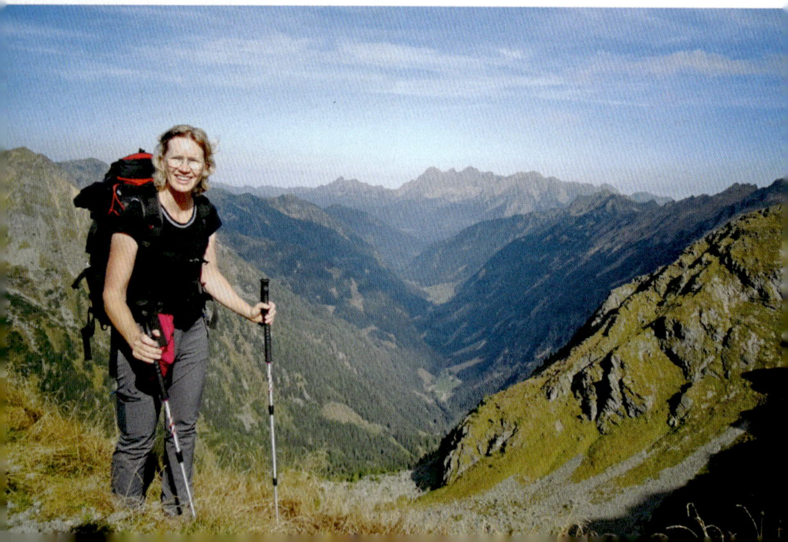

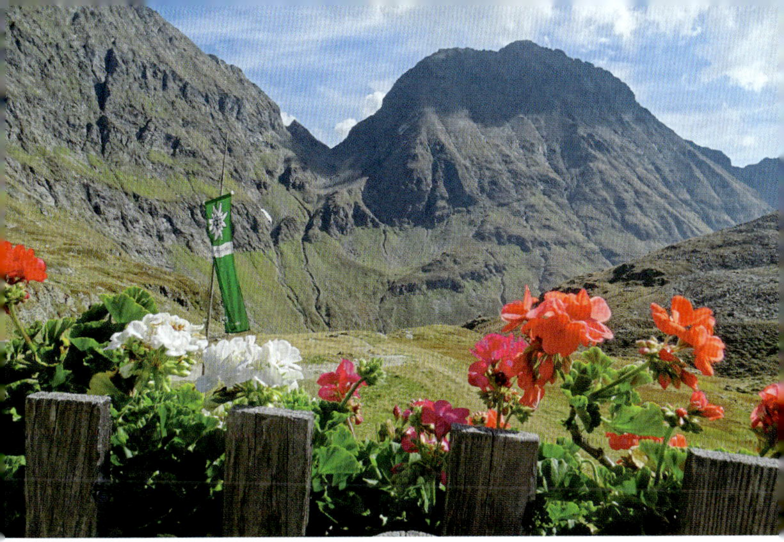

Ausblick von der Landawirseehütte: die markante Gollingscharte und der Hochgolling.

Wegverhältnissen gut zu gehen. Beim Aufstieg sieht man im Norden wieder das Dachsteinmassiv. Bei der **Trockenbrotscharte (3)**, 2237 m, angekommen, sehen wir bereits unser nächstes Zwischenziel, die Landawirseehütte. Beim Abstieg verlassen wir die Steiermark und sind nun im Bundesland Salzburg unterwegs. Die **Landawirseehütte (4)**, 1985 m, liegt eingebettet in einem schönen weiten Kar und lädt zu einer gemütlichen Pause ein. Für den Weiterweg folgen wir zunächst der Zufahrtsstraße leicht bergab, bis wir zur Abzweigung links in Richtung »Gollingscharte« kommen. Weg 702 steigt nun bis zur **Gollingscharte (5)**, 2326 m, in Serpentinen rund 500 Höhenmeter kontinuierlich bergan.
Der Abstieg verläuft ebenfalls in Serpentinen über Geröllfelder steil bergab, bis wir die ebenen Flächen und den Wegpunkt **Golling Winkel (6)**, 1710 m erreichen. Wir folgen nun dem Bach über die Ebene und die verfallene Steinwenderalm bis zur **Gollinghütte (7)**, 1641 m.

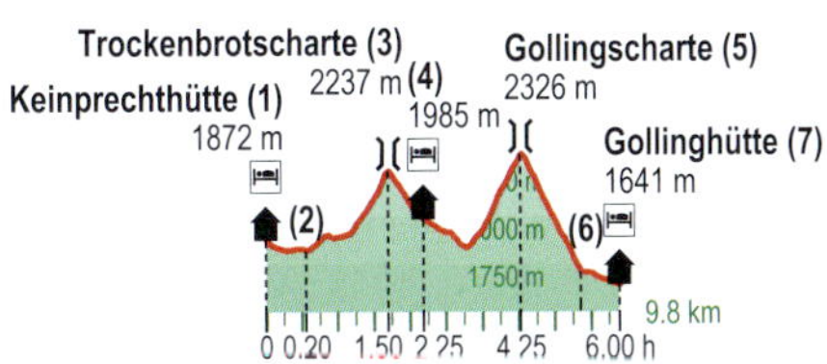

6 Gollinghütte – Preintaler Hütte

6.00 Std.
↑1020 ↓1010

Die Etappe zum »Höhepunkt« der Südroute auf 2618 m

Der erste Teil der heutigen Wanderung hat es in sich: Fast 1000 Höhenmeter führt der Weg in einem Stück bergauf auf den Gipfel des Greifenbergs und dadurch zugleich zum höchsten Punkt der gesamten Südroute »Vom Gletscher zum Wein«. Von Vorteil ist, dass der Aufstieg im Schatten liegt, der Wanderweg schön in Serpentinen angelegt ist und es danach nur noch bergab geht. Dennoch muss man sich die Höhenmeter gut einteilen. An schönen Tagen finden sich, trotz des längeren Anstieges, zahlreiche Wanderer im Gipfelbereich des Greifenbergs ein. Von hier aus hat man einerseits einen traumhaften Rundumblick auf die Gipfel der Schladminger Tauern und andererseits einen der schönsten Ausblicke auf den Klafferkessel, der aus mehreren ineinander greifenden Karen besteht. In dieser bizarren, glazial geprägten Landschaft auf einer Seehöhe von 2100 bis 2300 Metern befindet sich eine Vielzahl größerer und kleinerer Bergseen, deren Farben von grün bis tiefblau variieren. Der unter Schutz gestellte Klafferkessel wird von namhaften Autoren auch gerne als »Naturwunder der Alpen« bezeichnet.

Der Ausblick vom Greifenberg auf die Kare des Klafferkessels.

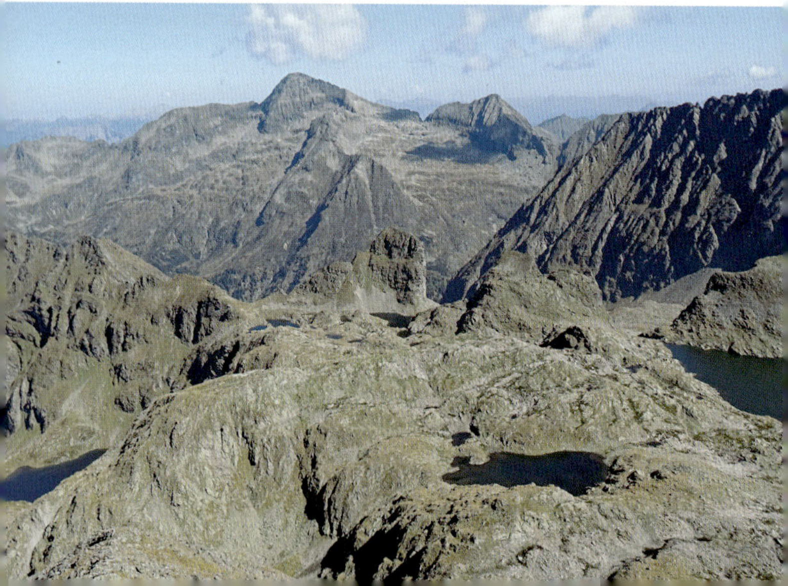

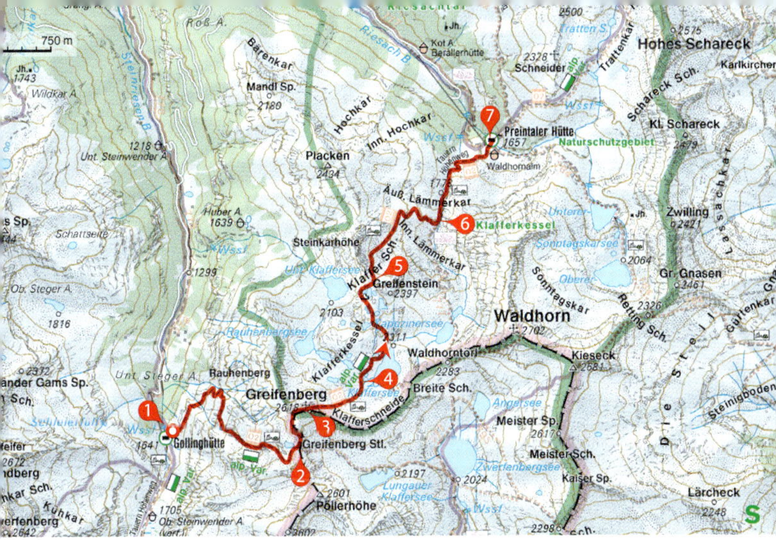

Ausgangspunkt: Gollinghütte, 1641 m.
Streckenlänge: 8,5 km.
Anforderungen: Lange Auf- und Abstiege im mittelschweren bis schweren Gelände. Der Abstieg vom Greifenberg zum Klafferkessel ist teilweise seilversichert.
Einkehr: Unterwegs keine.
Unterkunft: **Preintaler Hütte**, Alpine Gesellschaft Preintaler, ✆ +43 664 144 88 81 (Reservierungen ganzjährig telefonisch möglich), tonner@tonner.at; die Hütte verfügt über 40 Zimmerlagerplätze und 80 Matratzenlager. Unbedingt reservieren. Anfang Juni–Anfang Okt.
Verkehrsmittel: Die Preintalerhütte ist nur zu Fuß erreichbar. Über das Untertal ist eine Anbindung nach Schladming mit Wanderbussen oder Taxi möglich.
Information: **Tourismusverband Schladming**, ✆ +43 3687 2277722, www.schladming.com.
Karten: Freytag & Berndt-Wanderkarten: WK 201 – Schladminger Tauern, Radstadt, Dachstein.

Gleich bei der **Gollinghütte (1)**, 1641 m, überqueren wir den Bach und sehen die rot-weiß-roten Markierungen und die Wegweiser in Richtung »Greifenberg«. Wir folgen dem Wanderweg 702, der eindeutig und gut erkennbar

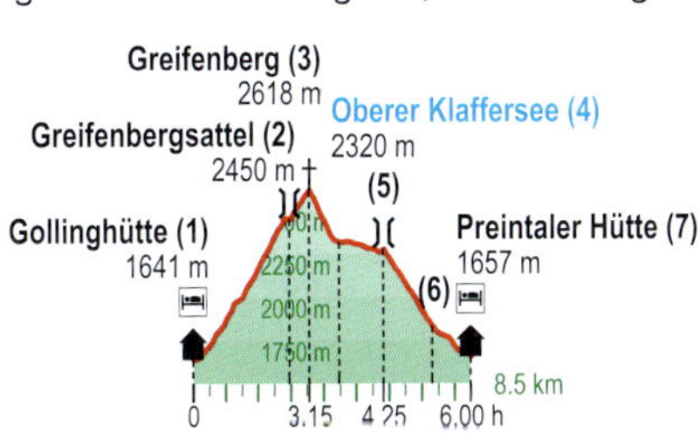

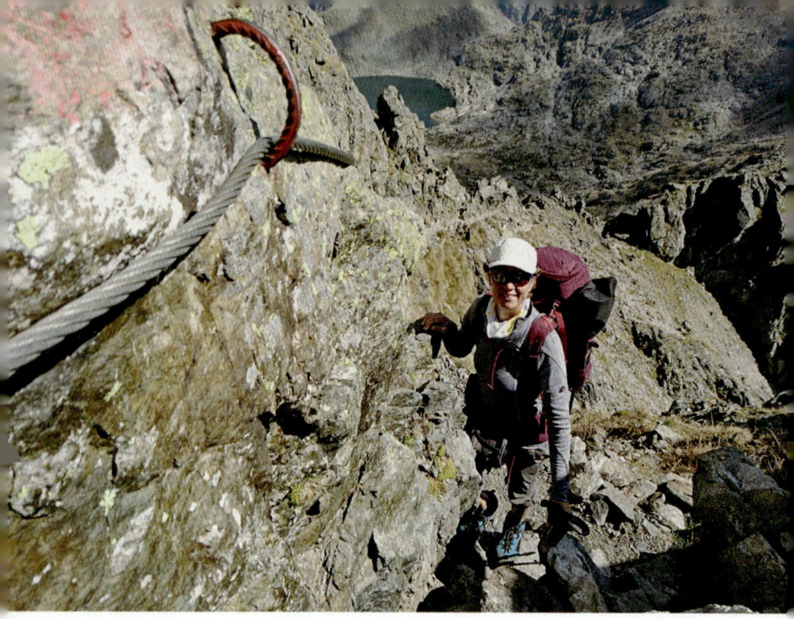

Der Abstieg vom Greifenberg. Dank der Seilversicherungen ist der Weg gut machbar.

in Serpentinen kontinuierlich bergauf führt. Nach ca. 800 Höhenmetern Aufstieg erreichen wir den **Greifenbergsattel (2)**, 2450 m, mit dem Sattelsee, der der höchstgelegene See der Schladminger Tauern ist. Vom Sattel geht es kurz eben und dann wieder ansteigend die letzten knapp 200 Höhenmeter hinauf auf den **Greifenberg (3)**, 2618 m.
Nach der wohlverdienten Pause nach den schweißtreibenden 1000 Höhenmetern verläuft der Abstieg teilweise über seilversichertes Gelände. Bei einer Wegkreuzung halten wir uns links bzw. auf dem Weg bleibend in Richtung »Preintalerhütte«, bis wir auf einer Seehöhe von ca. 2300 m einfacheres Gelände und auch den **Oberen Klaffersee (4)**, 2320 m, und somit den Klafferkessel erreichen.
Die nächsten 30 Min. wandern wir mehr oder weniger auf derselben Seehöhe an zahlreichen Seen und Feuchtflächen vorbei zur **Unteren Klafferscharte (5)**, 2280 m. Die vor uns liegende Steilstufe führt über kleine Geröll- und Schotterfelder, bis wir den Talboden des Lämmerkars erreichen. Wir passieren die **Wegkreuzung Waldhorntörl / Klafferkessel (6)**, 1836 m, wo Etappe 7 nach rechts abzweigt. Nun verläuft der Wanderweg zunächst auf der rechten Seite des Baches leicht bergab und nach einem kurzen Gegenanstieg sehen wir direkt vor uns die **Preintaler Hütte (7)**, 1657 m.

5.15 Std.

↑850 ↓1150

Preintaler Hütte – Putzentalalm

7

Die ruhigere Seite der Schladminger Tauern

Mit der heutigen Wanderung lernen wir eine einsamere, aber sehr attraktive Seite der Schladminger Tauern kennen. Der Weg führt über Kartreppen ins hochalpine Gelände mit großen schönen Karseen, über aussichtsreiche Passübergänge und mächtige Schutt- und Schotterflächen. Nach den vergangenen Etappen ist der Abstieg durch Lärchen- und Birkenwälder eine willkommene Abwechslung, und das kräftige Grün tut dem Auge gut. Die Etappe endet im Gebiet des Naturparks Sölktäler, einem von sieben Naturparks in der Steiermark. Der Naturpark Sölktäler wurde im Jahr 1983 gegründet und wirbt mit mehr als 10 Gipfeln mit über 2000 Meter Höhe, 25 bewirtschafteten Almen, 23 Bergseen, zehn Wasserfällen, aber vor allem mit 24 Stunden Erholung am Tag. Genuss und Erholung in traditioneller Form findet man bei der heutigen Unterkunft, der Putzentalalm, die am Talschluss des Kleinsölktales liegt. Der Kaiserschmarrn wird am offenen Feuer zubereitet, während man im Freien die zahlreichen, freilaufenden Kleintiere beobachten kann.

Ausgangspunkt: Preintaler Hütte, 1657 m.
Streckenlänge: 9,3 km.
Anforderungen: Grundsätzlich mittelschweres Gelände, mit einigen schwierigen Stellen auf Schutt- und Schotterflächen. Bei Nebel akribisch genau auf die Markierung achten! Gegen Ende der Etappe führt der Wanderweg über feuchtes Gelände, daher teilweise sehr rutschig.
Einkehr: Unterwegs keine.
Unterkunft: **Putzentalalm**, ✆ +43 664 9262200 oder +43 650 5000855, hasenreini@gmail.com; die Schutzhütte verfügt über maximal 17 Schlafplätze. Unbedingt reservieren. Mitte Mai–Anfang Okt.
Verkehrsmittel: Die Putzentalalm ist nur zu Fuß erreichbar. Vom Parkplatz Breitlahn sind es ca. 5 km bis zur Hütte. Weitere Auskünfte unter: Naturpark Sölktäler und Verbundlinie Steiermark, www.busbahnbim.at.
Information: **Naturpark Sölktäler**, ✆ +43 3685 20903, www.soelktaeler.at.
Karten: Freytag & Berndt-Wanderkarten: WK 201 – Schladminger Tauern, Radstadt, Dachstein.

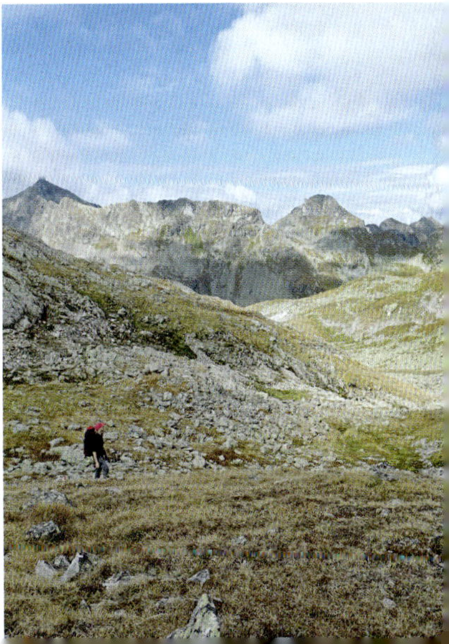

Kurz vor der Kaiserscharte

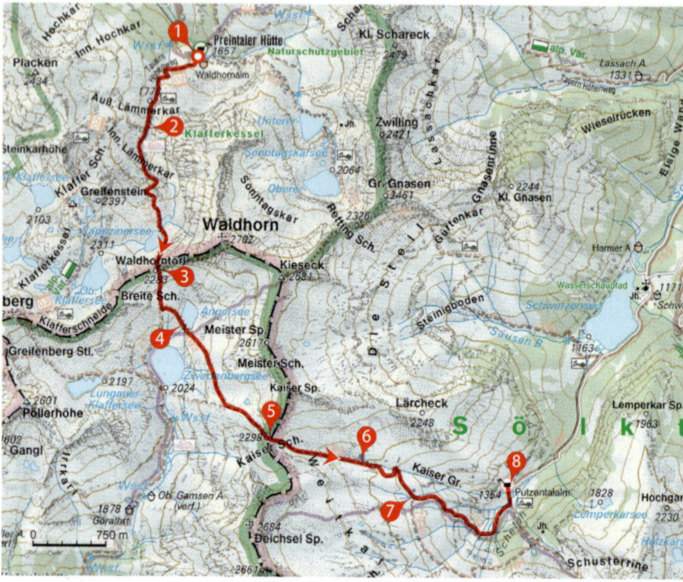

Von der **Preintaler Hütte (1)**, 1657 m, gehen wir einen Teil der gestrigen Etappe zurück, nämlich bis zur **Abzweigung »Waldhorntörl / Klafferkessel« (2)**, 1836 m. Hier folgen wir Weg 777 geradeaus in Richtung »Waldhorntörl« und halten rechts des Baches gehend direkt auf den Talschluss zu. Am Ende des Inneren Lämmerkars gilt es nun, die Karstufe zu überwinden, somit geht es steiler bergauf, bis wir die nächste Ebene erreichen. Der gut markierte Weg führt nun zwischen zwei Seen hindurch und weiter bergauf bis zum **Waldhorntörl (3)**, 2283 m.

Am Passübergang sehen wir bereits unter uns den Angersee und den etwas darunter liegenden Zwerfenbergsee. Beim Abstieg auf die rot-weiß-roten Markierungen achten! Die Abzweigung nach links zur Kaiserscharte (Weg 793) kann leicht übersehen werden, da der gelbe Wegweiser auf einem Stein, entgegen unserer Gehrichtung, befestigt ist. Wichtig ist, dass man diesem Wanderweg, der unmittelbar am **Angersee (4)**, 2098 m, vorbeiführt, folgt.

Danach ist der Weg 793 zwar gut markiert, aber mitunter ist kein eindeutiger Pfad erkennbar. Achtung bei schlechter Sicht! Die nächsten 40 Min. geht es mäßig steil bergauf und nach ca. 200 Höhenmetern Aufstieg erreichen wir die **Kaiserscharte (5)**, 2298 m, und somit auch den höchsten Punkt der heutigen Wanderung.

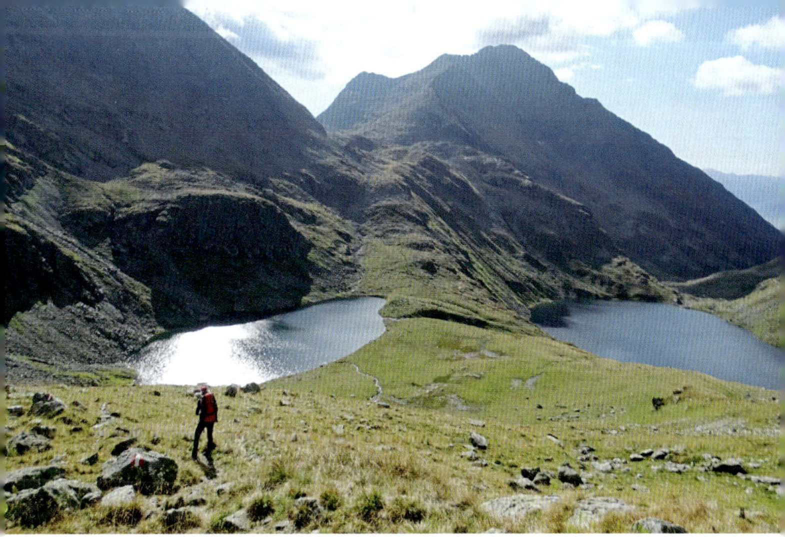

Vorbei am Angersee und am etwas darunter liegenden Zweifenbergsee.

Der obere Teil des Abstieges führt über Schutt- und Geröllflächen steil abwärts, danach verläuft der Wanderweg auf der rechten Talseite leicht bergab, bis wir zu einem **markanten Stein (6)**, 2020 m, mit einer runden rot-weißen Markierung kommen. Nun geht es wieder steiler bergab. Wir sind hier auf der rechten Seite des Kaisergrabens unterwegs und kommen in den Bereich der Baum- bzw. Waldgrenze. Immer weiter bergab gelangen wir zu einer kleinen, mit Holzschindeln verkleideten Hütte. Hier geht es rechts und gleich danach kommt eine **Wegkreuzung (7)**, 1841 m. Wir folgen den Wegweisern des Wegs 793 in Richtung »Putzentalalm«. Wir steigen weiter durch Latschen- und Lärchenwälder ab. Vor allem im unteren Bereich wird der Weg sehr nass und feucht, zum Teil ist es sehr rutschig. Nachdem wir den Karboden erreicht haben, gehen wir noch einige hundert Meter leicht abwärts direkt zur **Putzentalalm (8)**, 1354 m.

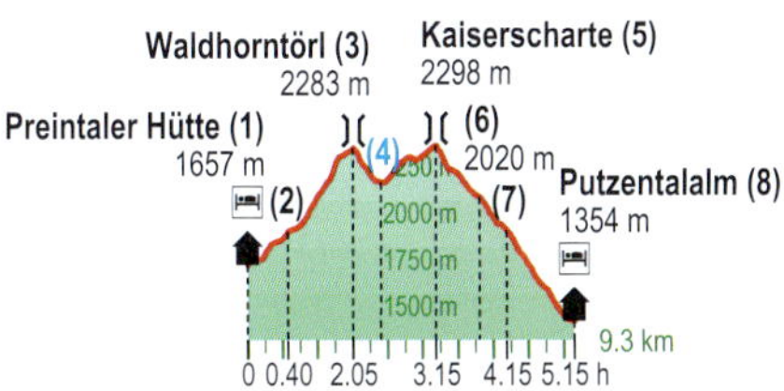

8 Putzentalalm – Krakauhintermühlen

6.45 Std.

↑880 ↓930

Von der Ennstaler- auf die Murtaler Seite der Niederen Tauern

Der Auf- und Abstieg zum Prebertörl verläuft durch zwei wunderschöne, breite U-Täler. Die glazial geprägten Täler beeindrucken mit schönen Almböden, saftig grünen Wiesenmatten, mäandrierenden Bächen und mächtigen Schwemmkegeln. Der Wanderweg schmiegt sich so schön an die weiche Geländeform an, dass man die 800 Höhenmeter fast »mühelos« bewältigt. Durch das Prebertörl verlassen wir die Ennstaler Seite der Niederen Tauern, um in die Murauer Bergregionen einzutauchen. Mit der heutigen Etappe schließen wir auch die hochalpinen Wanderungen der letzten Tage ab und kommen ins auf einer Seehöhe von 1100 bis 1400 Meter gelegene Hochtal der Krakau. Schön ist es auch, wenn man sich nach mehreren Nächtigungen in Hütten in einem schönen Hotelzimmer richtig ausbreiten und den Wäscheservice in Anspruch nehmen kann. Dann geht's am nächsten Tag im wahrsten Sinne des Wortes »frisch« weiter.

Ausgangspunkt: Putzentalalm, 1357 m.
Streckenlänge: 16,5 km.
Anforderungen: Erst mittelschwere, lange Bergwanderung, später Forstwege und Asphaltstraßen.
Einkehr: Möslhütte, vgl. »Unterkunft«.
Unterkunft: Möslhütte, ✆ +43 664 9632670, hofeigene Produkte, die Hütte verfügt zudem über 8 Zimmerbetten, Mitte Juni–Ende Sept. Krakauhintermühlen: **Hotel-Rest. Stigenwirth**, ✆ +43 3535 8270, www.stigenwirth.at. **Gasthof Schallerwirt**, ✆ +43 3535 8334, www.schallerwirt.at. **Gasthof Tauernwirt**, ✆ +43 3535 8342, www.tauernwirt.at.
Verkehrsmittel: Krakau ist mit öffentlichen Bussen und Wanderbussen erreichbar. Weitere Auskünfte unter: Tourismusverband Krakau und Verbundlinie Steiermark, www.busbahnbim.at.
Information: Naturpark Sölktäler, ✆ +43 3685 20903, www.soelktaeler.at. **Tourismusverband Region Murau, Büro Krakau**, ✆ +43 3535 8606, www.krakau.at.
Karten: Freytag & Berndt-Wanderkarten: WK 201 – Schladminger Tauern, Radstadt, Dachstein und WK 211 – Naturpark Zirbitzkogel-Grebenzen, Murau, Sölkpass.

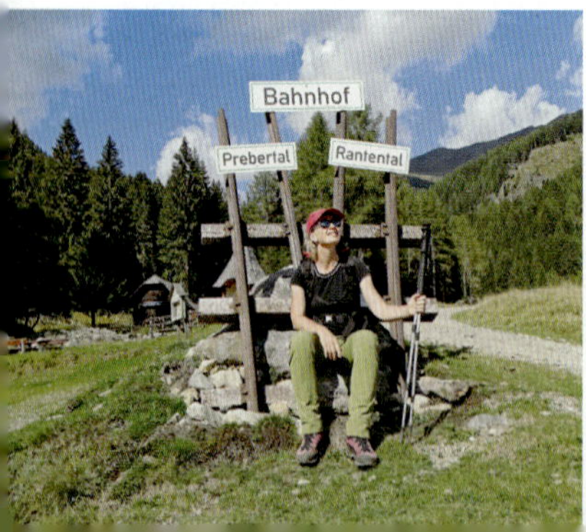

Abzweigung ins Preber- und Rantental.

Direkt bei der **Putzentalalm (1)**, 1354 m, befindet sich ein Wegweiser. Wir folgen Weg 786 (»Prebertörl«) erst ein kurzes Stück in Richtung Talschluss und bei der nächsten Wegkreuzung nach links. Der erste etwas steilere Anstieg bringt uns in Serpentinen zur nächsten Wegkreuzung (»Kaiser- und Lan-

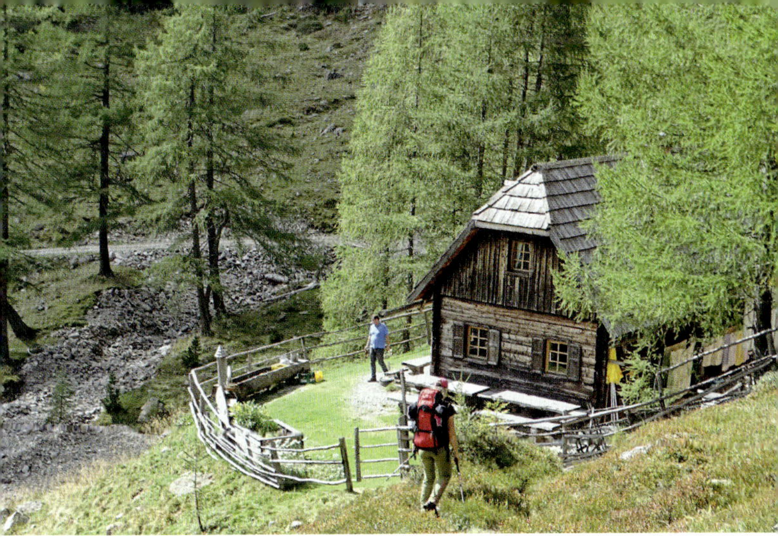

Im Brunnen der Möslhütte erwartet uns schon ein gut gekühltes Getränk.

achitzscharte«). Wir wandern weiter in Richtung »Prebertörl« in einem breiten U-Tal leicht bergan. Der Weg führt an der Absturzstelle **(2)**, 1748 m, eines amerikanischen Bombers im Jahr 1944 vorbei und in der Folge weiter gleichmäßig bergauf bis zum **Prebertörl (3)**, 2194 m, dem höchsten Punkt unserer heutigen Etappe.

Wir folgen dem Kamm nach links und kommen zu einer Wegkreuzung mit einem Steinmandl. Ab hier steigen wir in Richtung »Prebergraben – Krakauhintermühlen« ab. Der Wanderweg führt auf der rechten Hangseite des weitläufigen U-Tals in den Talgrund. Am Talboden mäandriert der Bach, links und rechts sehen wir mächtige Schwemmkegel. Wir kommen an Klaubsteinmauern und kleinen Behausungen vorbei, dann erreichen wir die Forststraße. Achtung! Dieser Forststraße folgen wir nur ein kurzes Stück, bis links der Wanderweg abzweigt. Wir achten auf die rot-weiß-roten Markierungen, da

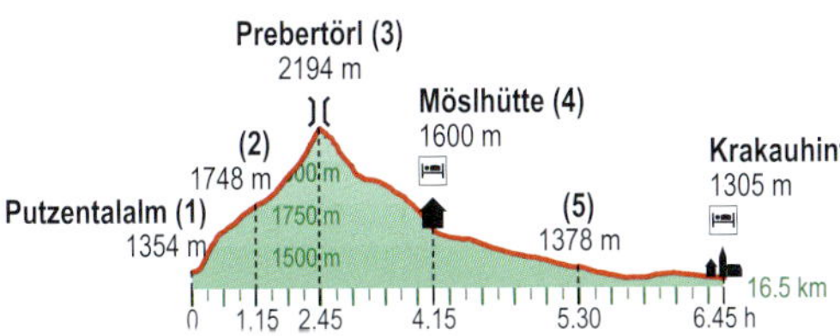

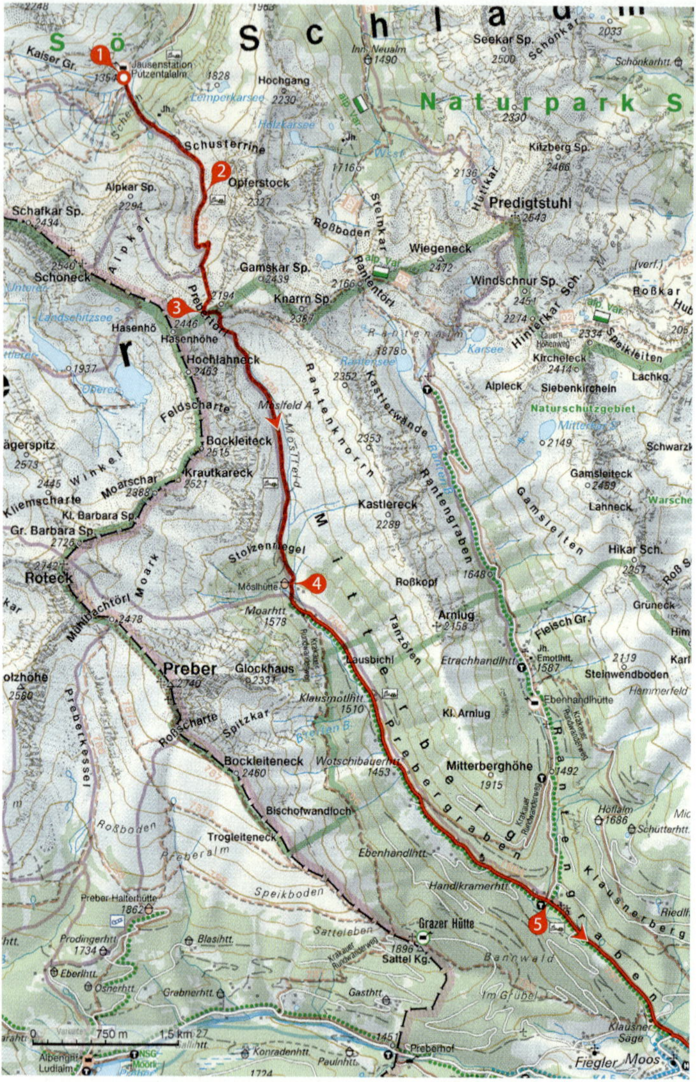
Schladm
Naturpark S
Jausenstation Putzentalalm
Schusterrine
Opferstock
Alpkar Sp.
Schafkar Sp.
Schoneck
Gamskar Sp.
Knarrn Sp.
Hochgang
Predigtstuhl
Wiegeneck
Windschnur Sp.
Kilzberg Sp.
Seekar Sp.
Hasenhöhe
Hochlahneck
Feldscharte
Bockleiteck
Krautkareck
Moarschar
Kl. Barbara Sp.
Gr. Barbara Sp.
Roteck
Mühlbachtörl
Preber
Glockhaus
Roßscharte
Bockleiteneck
Bischofwandloch
Trogleiteneck
Möslhütte
Stolzenriegel
Kastlereck
Roßkopf
Arnlug
Kl. Arnlug
Mitterberghöhe
Grazer Hütte
Sattel Kg.
Preberhof
Klausner Säge
Fiegler Moos
Preber-Halterhütte
Prodingerhtt.
Konradenhtt.
0
750 m
1,5 km

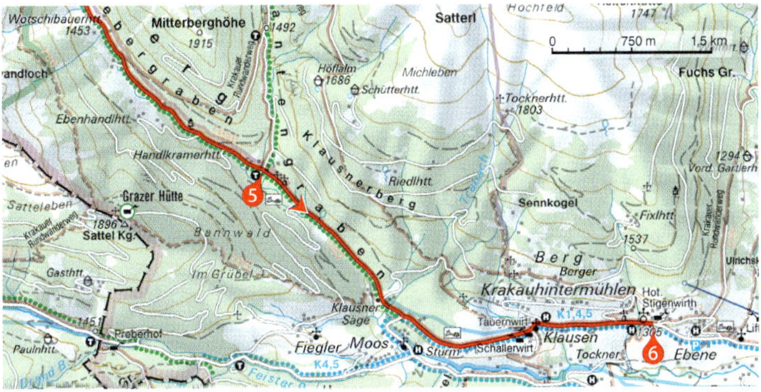

hier keine Wegweiser vorhanden sind. Dann ist der Weg wieder eindeutig markiert und erkennbar: Wir gehen durch einen lichten Wald bergab, passieren einen Wasserfall und kommen direkt zur **Möslhütte (4)**, 1600 m.

Die nächsten 4 km wandern wir auf der Forststraße mit nur leichtem Gefälle aus dem Prebergraben hinaus bis zur **Kreuzung »Bahnhof« (5)**, 1378 m, wo das Prebertal auf das Rantental trifft. Wir folgen weiter der Straße bis zur Klausnerbergsäge, wo sich auch ein Holzhaus mit einem öffentlichen WC und Wanderinformationstafeln befinden. Hier gehen wir nach links und erreichen auf dem Wanderweg, der parallel zur Straße verläuft, nach ca. 1 km den Luftkurort **Krakauhintermühlen (6)**, 1305 m.

Das Hochtal der Krakau ist erreicht.

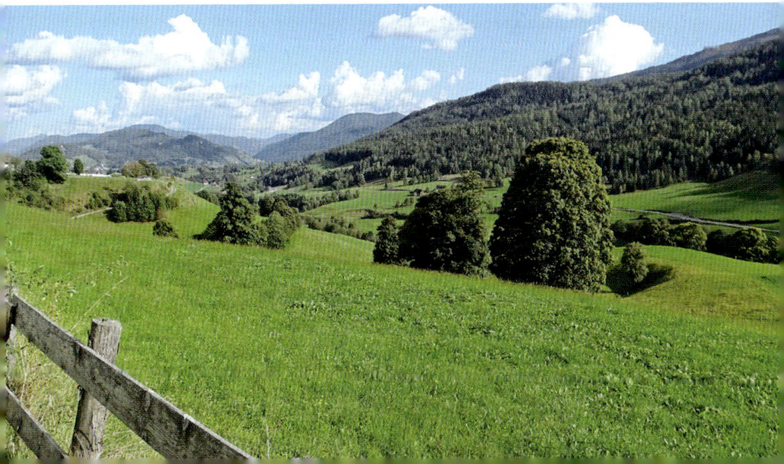

9 Krakauhintermühlen – St. Peter am Kammersberg

6.00 Std.

↑320 ↓800

Von der Krakau geht es ostwärts

Die »Krakau« ist der Name für die Region und auch der Name der Gemeinde, die aus den drei Ortschaften Krakaudorf, Krakauhintermühlen und Krakauschatten besteht. Wanderer assoziieren mit dem Hochtal der Krakau, das sich auf der Südseite der Niederen Tauern befindet, gepflegte Wanderwege durch Blumenwiesen, vorbei an alten malerischen Holzhäusern, sehenswerten Kirchen, Kapellen und Bildstöcken. Interessant ist auch, dass in dieser naturnahen Landschaft überliefertes Brauchtum bewahrt und auch heute noch gelebt wird, wie das Samsontragen, das Faschingrennen oder das Wasserscheibenschießen. Vom Bergsteigerdorf Steirische Krakau führt die Etappe weiter zum höchsten Wasserfall der Steiermark, dem Günster Wasserfall mit einer Fallhöhe von 65 Metern. Für die Besichtigung des Wasserfalls sollte man ca. 1 Stunde zusätzlich einplanen. Danach wandern wir auf Wald- und Wiesenwegen in die Ortschaft Schöder mit einer sehenswerten gotischen Wallfahrtskirche. Der letzte Teil des Weges bis nach St. Peter am Kammersberg verläuft hauptsächlich durch Wälder.

Ausgangspunkt: Krakauhintermühlen, 1305 m.

Streckenlänge: 19,4 km.

Anforderungen: Einfache Wanderung auf Wanderwegen, Forst- oder Asphaltstraßen. An manchen Stellen sind keine Wegweiser oder Markierungen vorhanden.

Einkehr: **Kiosk** beim Günster Wasserfall, ✆ +43 664 5494971, ronald.wedam@yahoo.at. Schöder: **Gasthof Hirschenwirt**, vgl. auch »Unterkunft«.

Unterkunft: Schöder: **Gasthof Hirschenwirt** ✆ +43 3536 8274 oder +43 664 5158725, www.hirschenwirt-schoeder.at. **Pizzeria Eckstein**, ✆ +43 664 4378422. Baierdorf (nördl. des Wegs, zwischen Schöder und St. Peter am Kammersberg): **Gasthof Neuwirt**, ✆ +43 3536 8493, www.gh-neuwirt.at, Abholservice vom Etappen-Endpunkt. St. Peter am Kammersberg: **Gasthof-Pension Trattner**, ✆ +43 3536 8286, www.waldhof-trattner.at, etwas nördlich außerhalb des Orts, Abholservice vom Etappen-Endpunkt. Pöllau am Greim (nördlich von St. Peter am Kammersberg): **Der Berghof**, ✆ +43 3536 8290, www.der-berghof.com, Abholservice vom Etappen-Endpunkt.

Verkehrsmittel: St. Peter am Kammersberg ist mit Bussen erreichbar. Auskünfte unter: Verbundlinie Steiermark, www.busbahnbim.at.

Information: **Tourismusverband Murau, Büro Krakau**, ✆ +43 3535 8606, www.krakau.at. **Tourismusverband Murau, Büro St. Peter am Kammersberg**, ✆ +43 3536 761120, www.greim.at.

Hinweise: 1. Wer den Günster Wasser-

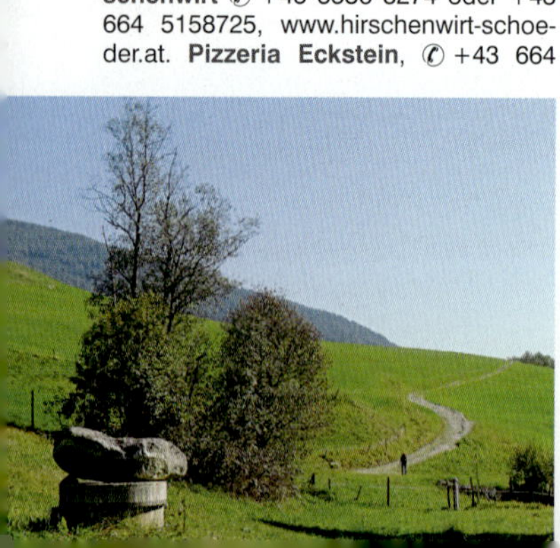

Durch das Hochtal der Krakau.

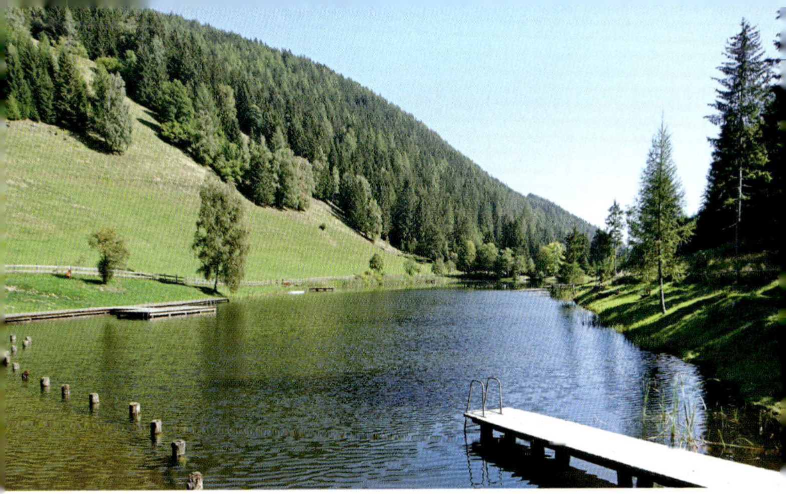

Der Wanderweg führt direkt am Ufer des Badesees vorbei.

fall sehen will, muss ca. 1 Std. zusätzlich einplanen. 2. In St. Peter am Kammersberg selbst gibt es keine Übernachtungsmöglichkeit, daher bieten alle genannten Betriebe einen Abholservice an.

Karten: Freytag & Berndt-Wanderkarte: WK 211 – Naturpark Zirbitzkogel-Grebenzen, Murau, Sölkpass.

Von **Krakauhintermühlen (1)**, 1305 m, folgen wir der Krakaudorferstraße etwas mehr als 1 km leicht bergab, bis auf der rechten Seite der Wanderweg »Fußweg nach Krakaudorf« abzweigt. Der Weg führt über Wiesen und mündet in einer Kurve in einen Feldweg, dem wir bergauf folgen. Im weiteren Verlauf orientieren wir uns an den gelben Wegweisern. Entlang von Feldwegen, Asphaltstraßen und Wanderwegen geht es weiter bis zum Ortsbeginn von Krakaudorf. Ein Stück weiter, wieder auf der Krakaudorferstraße, gelangen wir zur Abzweigung »Badesee«, wo wir links abbiegen und wenig später zum **Badesee (2)**, 1180 m, kommen. Wir gehen an der rechten Uferseite weiter und folgen der Forststraße in Richtung »Günster Wasserfall«. Leicht bergab, entlang eines Fitnesspfades, mündet die Forststraße in eine As-

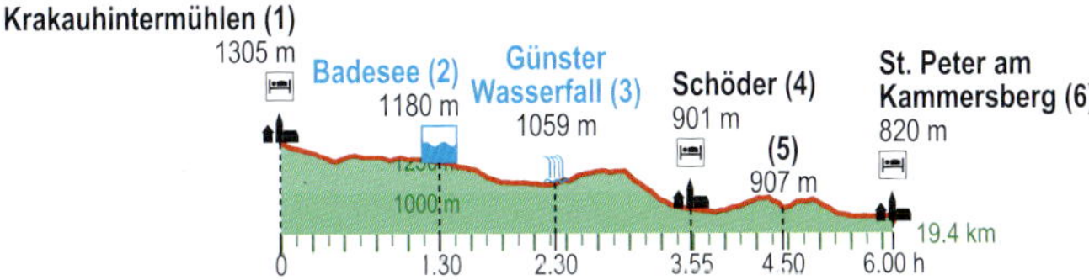

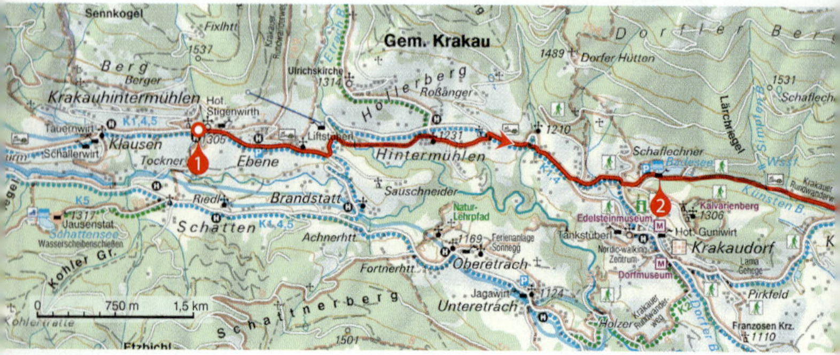

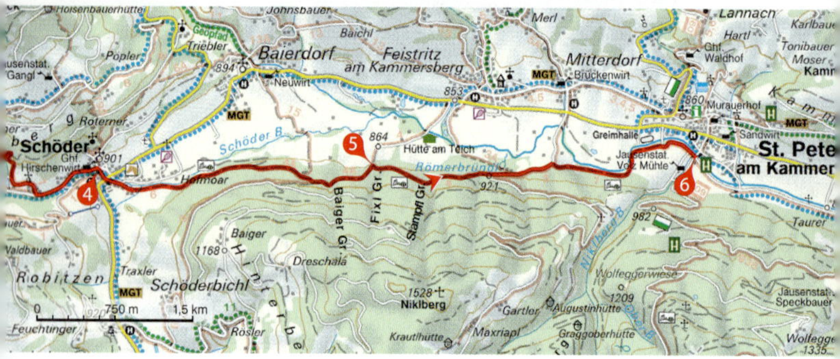

phaltstraße, der wir nach links folgen und von der wir nach ca. 1,5 km links zum Wasserfall abbiegen. Beim Eingang zum **Günster Wasserfall (3)**, 1059 m, befindet sich ein kleiner Kiosk, der zu einer Pause einlädt.

Der Weiterweg überquert vor dem Kiosk nach rechts eine Holzbrücke. Wir wandern über Wiesen- und Forstwege und entlang der Asphaltstraße immer leicht bergauf, bis in einer scharfen Linkskurve eine Holztafel in den Fußweg nach Schöder weist. Nun folgen wir Weg 7 über Wiesen und durch Waldstücke bergauf und bergab bis zum Siedlungsgebiet; nach links entlang der Asphaltstraße gelangen wir ins Zentrum von **Schöder (4)**, 901 m.

Unser Wanderweg überquert nach rechts den Schöderbach und kurz darauf die Greimerstraße (L501). Direkt beim Turm-Café (ehemaliges Feuerwehrhaus) folgen wir für ca. 200 m dem Hofmoar Weg, dann dem Ostermann Weg, der in einen Feldweg mündet. Hier verlassen wir das Siedlungsgebiet. Wanderweg 1 verläuft auf der rechten Uferseite auf einer Schotterstraße und steigt dann im Wald leicht bergan. Bei einer Wanderwegkreuzung folgen wir

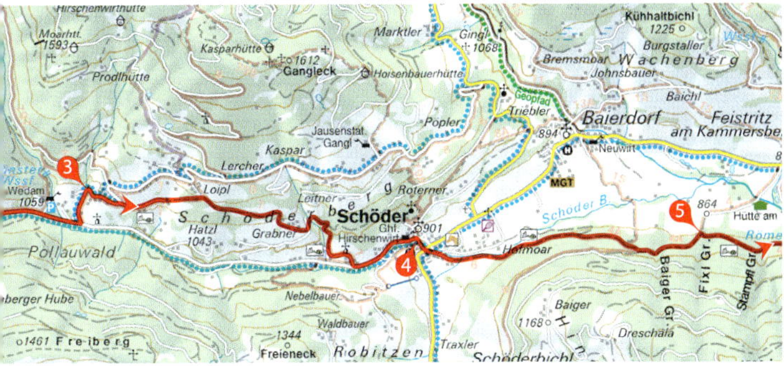

geradeaus Weg 2. Nach ca. 1 km treffen wir auf eine **Kreuzung (5)** mit einem Bankerl, 907 m, mit dem Schild »Gute Rast wünscht Familie Gänser«. Achtung! Hier verlassen wir den Weg 2, der nach links unten abzweigt, gehen geradeaus weiter und wandern im leichten Auf und Ab noch ca. 1 km, bis der Weg in die Kurve einer breiteren Forststraße einmündet. Wir folgen ihr bergab in Richtung »Kretznbründl« und nach knapp 500 m zweigt rechts eine Schotterstraße ab. Zur Orientierung dienen eine Fahrverbotstafel und ein Holzschild mit der Aufschrift »St. Peter / Kbg.«. Wir wandern entlang des Katschbaches und schließen die Wanderung bei der Jausenstation »Zur Volz Mühle« in **St. Peter am Kammersberg (6)**, 820 m, ab.

Das Hochtal der Krakau – nach den hochalpinen Etappen eine wohltuende Abwechslung.

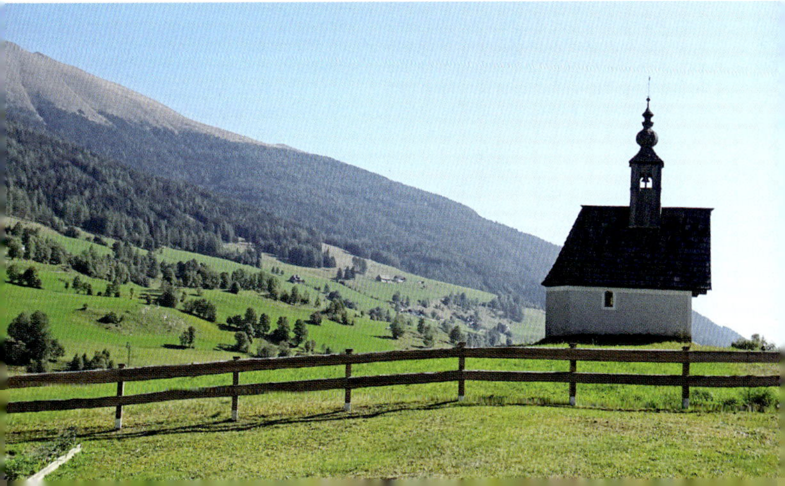

10 St. Peter am Kammersberg – Murau

6.30 Std.
↑1030 ↓1020

Durch Wälder über die Stolzalpe in die Stadt Murau

Eine Etappe, die man sich konditionell gut einteilen kann, da der Anstieg auf die Stolzalpe bis auf den letzten Teil gleichmäßig auf Forststraßen verläuft. Mit dem richtigen Stockeinsatz kann man bergauf ein rhythmisches und gleichmäßiges Wandertempo finden und die Wegstrecke somit recht zügig bewältigen. Die Etappe führt fast ausschließlich durch bewaldetes Gebiet, und wer hier im Herbst unterwegs ist, wird zahlreiche Pilze und Schwammerl entdecken, die in unmittelbarer Nähe des Weges wachsen. Vom Gipfel der Stolzalpe, dem höchsten Punkt der heutigen Etappe, kommen wir direkt zu den Gebäuden des LKH Stolzalpe, des sonnenverwöhnten, höchstgelegenen Krankenhauses der Steiermark. Gerade diese Sonnenstunden waren ausschlaggebend dafür, dass hier im Jahr 1920 das erste Kinderheim für tuberkulosekranke Kinder errichtet wurde. Heute beherbergt es das Landeskrankenhaus, das vor allem in der orthopädischen Medizin weit über die Grenzen der Steiermark hinaus bekannt ist.

Ausgangspunkt: St. Peter am Kammersberg, 820 m.
Streckenlänge: 16,5 km.
Anforderungen: Lange Wanderung, vorwiegend auf Forstwegen; im Gipfelbereich und im gesamten Abstieg Wanderwege.
Einkehr: Unterwegs keine.
Unterkunft: Murau: **Gasthof Hotel Lercher**, ✆ +43 3532 2431, www.lercher.com. **JUFA Murau**, ✆ +43 5 7083 280, www.jufa.eu/hotel/murau. **Gasthof Egidiwirt**, ✆ +43 3532 2232, www.egidiwirt.at.
Verkehrsmittel: Murau ist mit Bahn und Bus erreichbar. Auskünfte unter: Steiermarkbahn, www.steiermarkbahn.at, ÖBB, www.oebb.at, oder Verbundlinie Steiermark, www.busbahnbim.at.
Information: **Tourismusverband Region Murau, Büro St. Peter am Kammersberg**, ✆ +43 3536 761120, www.greim.at. **Tourismusverband Region Murau, Büro Murau**, ✆ +43 3532 2720, www.murau-kreischberg.at.
Hinweis: Lebensmittel-, Sportgeschäft und Apotheke in Murau.
Karten: Freytag & Berndt-Wanderkarte: WK 211 – Naturpark Zirbitzkogel-Grebenzen, Murau, Sölkpass.

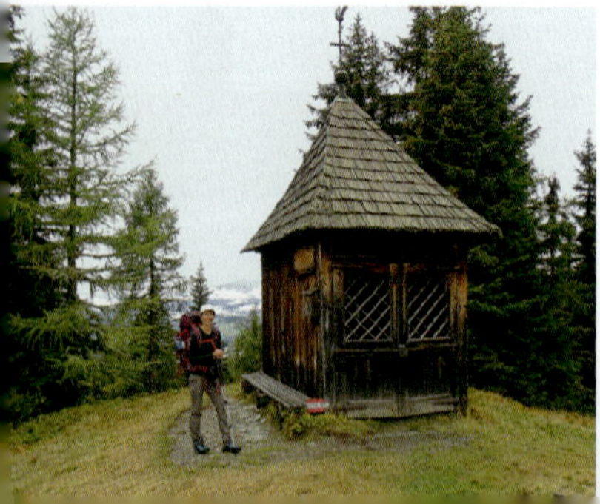

Kapelle in der Nähe des Stolzalpengipfels.

Bei der Jausenstation »Zur Volz Mühle« in **St. Peter am Kammersberg (1)**, 820 m, sehen wir die Wegweiser in Richtung »Stolzalpe» und »Murau« (Wege 938/09). Wir sind hier auch auf dem »Hemma-Pilgerweg« unterwegs und dementsprechend können wir uns auch an dessen Markierungen bis Murau orientieren. Zuerst wandern wir ein Stück entlang einer Asphaltstraße und dann auf einer Forststraße, die in Serpentinen ansteigt. Bei der ersten Wegkreuzung (zum »Speckbauer 20 Min.«) gehen wir rechts in Richtung »Stolzalpe« und folgen zunächst auch der »Speckbauerrunde«. Bei einer **Abzweigung (2)**, 1205 m (»Zimmermannhütte«), verlassen wir die »Speckbauerrunde« und gehen nach rechts in Richtung »Stolzalpe« (938/09) weiter. Zwischendurch lichtet sich der Wald und wir haben einen schönen Ausblick auf den Greim, einen markanten und beliebten Wander-, Schneeschuh- und Skitourenberg. Nach ca. 1 Std. Aufstieg erreichen wir auf einer kleinen Lichtung die private **Pogerhütte (3)**, 1493 m. Wir gehen rechts an der Hütte vorbei und wandern noch etwas mehr als 1 km bergauf bis zur privaten **Stolzenhütte (4)**, 1602 m.

Auf dieser Lichtung und Almfläche bietet sich eine kleine Rast an, bevor wir die letzten und steileren Höhenmeter auf den Gipfel der **Stolzalpe (5)**, 1817 m, in Angriff nehmen. Die Aussicht vom Gipfelbereich ist aufgrund der Bäume leider eher eingeschränkt.

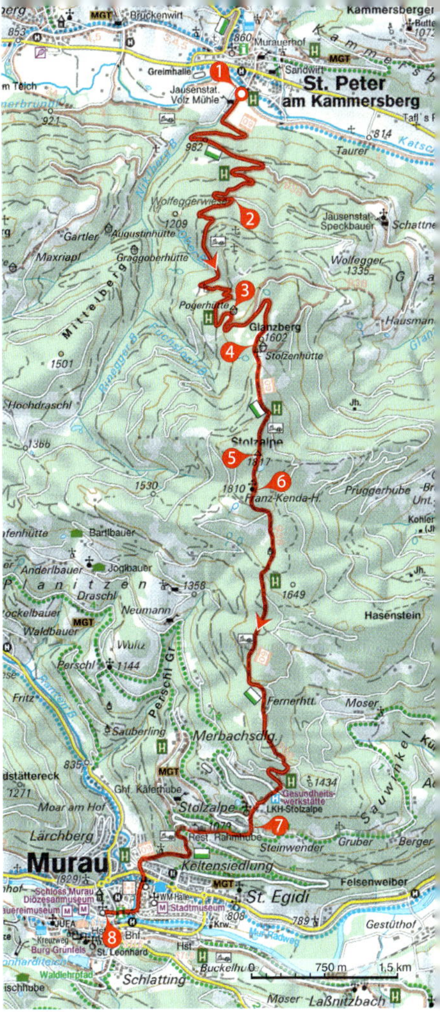

Die Richtung beibehaltend gehen wir erst leicht bergab, dann ein kleines Stück bergauf zur **Kapelle (6)**, 1810 m. Hier beginnt der Abstieg. Der Wanderweg ist gut sichtbar markiert.

Nach ca. 4 km kommen wir zur Panoramaschaukel (nur wenige Meter vom Weg entfernt) und haben einen wunderbaren Blick auf unser Tagesziel, die

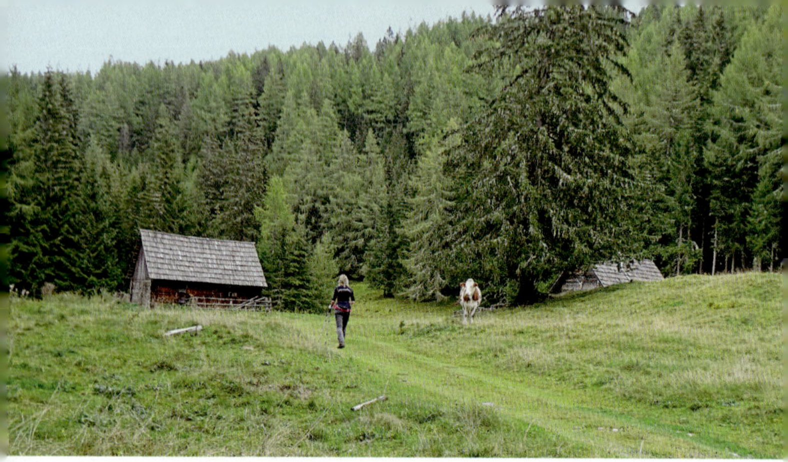

Bei der unbewirtschafteten Pogerhütte vorbei. Auf den richtigen Umgang mit Weidevieh ist zu achten (siehe Einleitung S. 18)!

Stadt Murau. Etwa 500 Meter weiter erreichen wir das erste Gebäude des LKH Stolzalpe. Gleich beim Parkplatz sieht man einen gelben Wegweiser (»Murau, Hemma-Pilgerweg«): Hier gehen wir die Stufen hinunter. Wir kommen zu den unteren Häusern des LKH Stolzalpe und sehen auf der linken Seite einen gelben Wegweiser. Hier nehmen wir die kürzere Variante nach Murau (40 Min.), gelangen zum **Hubschrauberlandeplatz (7)**, 1161 m, und gehen gleich auf einem schmalen Wanderweg weiter bergab bis zur Straße. Wir folgen der Stolzalpenstraße ca. 400 m weit, bis links der Wanderweg in den Wald führt. Nach dem ehemaligen Gasthof Rahmhube überqueren wir einmal die Asphaltstraße und gehen auf dem Wanderweg weiter, bis wir auf die Bundesstraße in Murau treffen. Hier nach links, über den Zebrastreifen und dann gleich rechts über die Stufen, geradeaus an Schulen und einer Kirche vorbei, bis es rechts zum Schillerplatz im Zentrum von **Murau (8)**, 829 m, geht, wo wir die Etappe beenden.

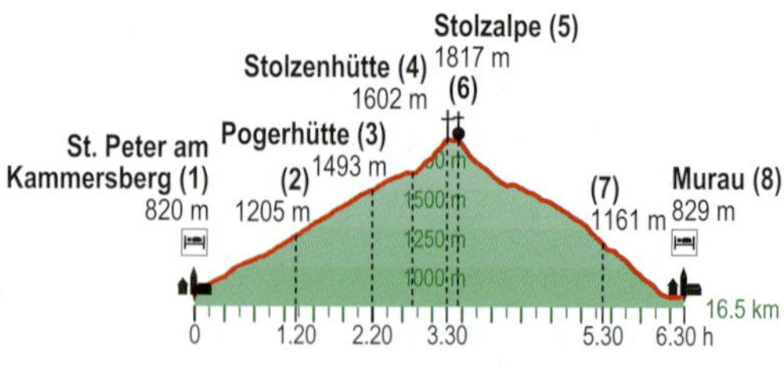

6.00 Std.

↑830 ↓630

Murau – St. Lambrecht 11

Auf Pilgerspuren durch gepflegte Kulturlandschaften

Die heutige Etappe ist eine gemütliche Tageswanderung, sodass man sich für die Stadt Murau auch noch ein bisschen Zeit nehmen kann. Die Hauptstadt des gleichnamigen Bezirkes wird unweigerlich mit den Begriffen Bier, Kultur, Holz und Namen wie Anna Neumann (1535–1623), Lehensherrin, Wohltäterin und Stadtmutter, dem Minnesänger Ulrich von Liechtenstein (um 1200–1275) und dem Adelsgeschlecht Schwarzenberg verbunden. Ein Spaziergang durch die Stadt und zum Schloss ist auch ein schöner Kontrast zur heutigen einsamen Wanderung. Das Etappenende ist die Naturparkgemeinde St. Lambrecht, die vor allem durch das fast 1000 Jahre alte Benediktinerstift bekannt ist. Sowohl das beeindruckende Gebäude als auch zahlreiche Veranstaltungen ziehen jedes Jahr eine Vielzahl von Besuchern an. Der Wanderweg von Murau nach St. Lambrecht ist auch eine Etappe des Hemma-Pilgerweges und ein Teil des Steirischen Rundwanderweges, somit bis auf wenige Stellen auch sehr gut markiert und beschildert.

Ausgangspunkt: Murau, 829 m.
Streckenlänge: 16,1 km.
Anforderungen: Leichte Etappe auf Asphalt- und Forststraßen und einfachen Wanderwegen. Die gesamte Etappe folgt zudem dem Hemma-Pilgerweg und ist bis auf wenige Stellen gut markiert und beschildert.
Einkehr: **Café Eiszeit** in St. Lambrecht, ✆ +43 699 10914231.
Unterkunft: St. Lambrecht: **Naturparkhotel Lambrechterhof**, ✆ +43 3585 27555, www.lambrechterhof.at. **Pension Paulitsch**, ✆ +43 3585 2689 oder ✆ +43 664 1318990, www.pension-paulitsch.at. **Pension Hinterhofer**, ✆ +43 664 4360782, www.pensionhinterhofer.at.
Verkehrsmittel: St. Lambrecht ist mit Bussen erreichbar. Auskünfte unter: Verbundlinie Steiermark, www.busbahnbim.at.
Information: **Tourismusverband Region Murau**, ✆ +43 3532 2720, www.murau-kreischberg.at. **Tourismusverband Naturpark Zirbitzkogel-Grebenzen**, Infobüro in St. Lambrecht, ✆ +43 3585 2345, www.natura.at.
Tipp: Benediktinerstift St. Lambrecht, ✆ +43 3585 2305, www.stift-stlambrecht.at.
Karten: Freytag & Berndt-Wanderkarte: WK 211 – Naturpark Zirbitzkogel-Grebenzen, Murau, Sölkpass.

Vom Schillerplatz in **Murau (1)**, 829 m, gehen wir am Tourismusinformationsbüro vorbei, dann gleich links über die Mur (Bahnhofbrücke) in Richtung Bahnhof. Vor dem Bahnhof zweigen wir nach rechts oben ab, überqueren die Gleise und sehen dann bereits die gelben Wegweiser, die nach links den Wanderweg nach »St. Lambrecht« anzeigen. Nun folgen wir der Straße immer in Richtung Osten, anschließend geht es leicht bergauf, bis wir nach insgesamt gut 5 km zu einer Kreuzung beim **Jostlbauer (2)**, 956 m, kommen. Wir gehen nach rechts auf Asphalt- und Forststraßen direkt zum **Bauernhof Grill-**

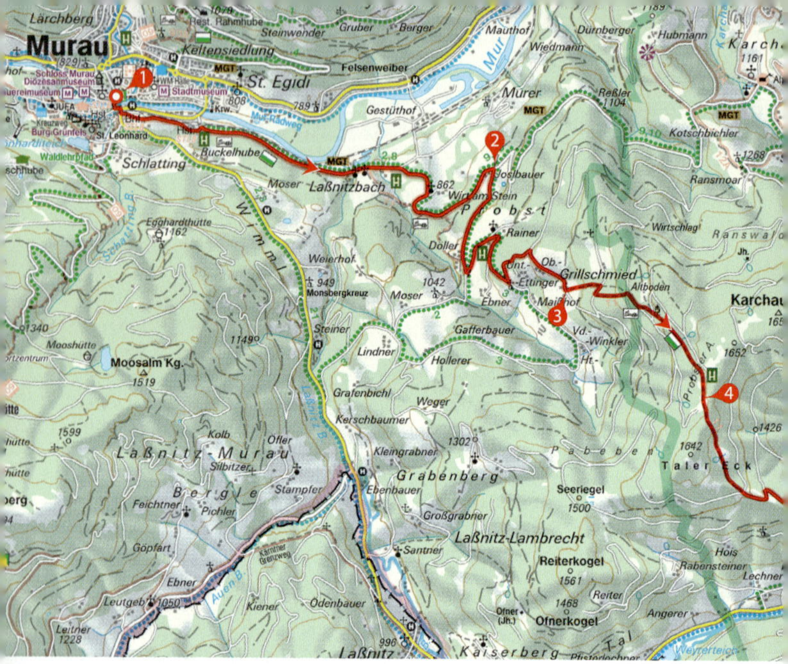

Nur noch wenige Minuten bis nach St. Lambrecht.

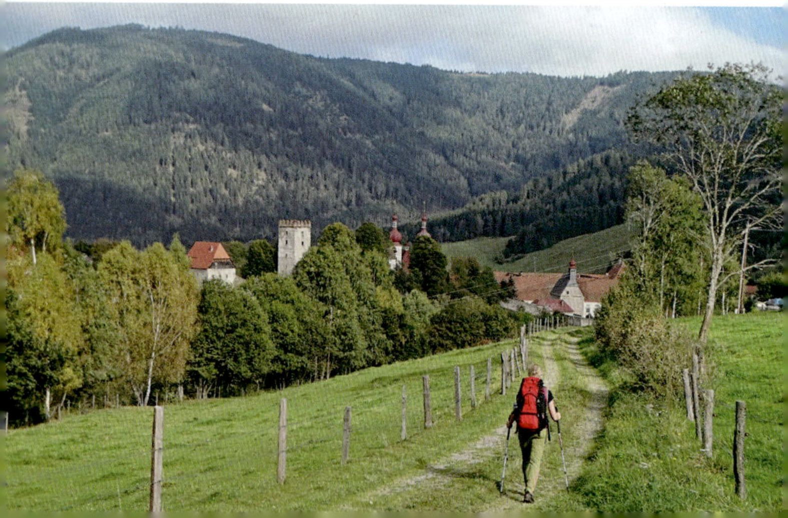

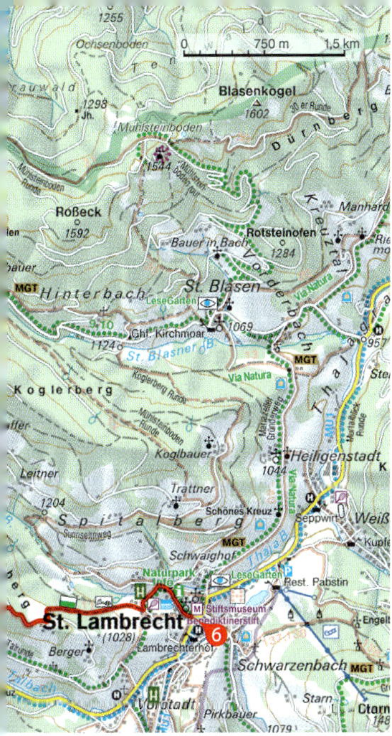

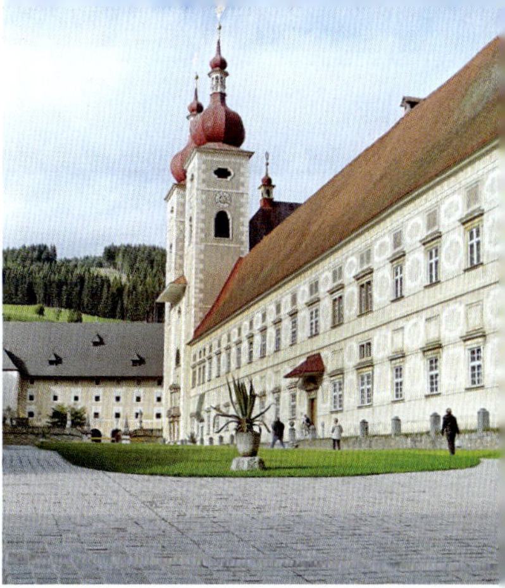

Das Benediktinerstift St. Lambrecht.

schmied (3), 1253 m. Hier zweigt Wanderweg Nr. 11 (»LRWW – Landesrundwanderweg«) links ab. Anfangs verläuft er über Wiesen, dann durch den Wald bergauf, bis wir auf einer Seehöhe von ca. 1600 m eine ebene Wiesenfläche (Probster Alm / Thaler Eck) erreichen. Bei zwei markanten **Lärchen (4)**, 1592 m, halten wir uns leicht links und achten auf die Markierung, die den Einstieg in den Wald kennzeichnet. Wir wandern in der Folge leicht bergab bis zu einer kleinen **Holzhütte (5)**, 1447 m.

Achtung, hier verleitet der Wegverlauf dazu, geradeaus weiterzugehen! Wir aber gehen bei der Holzhütte (Fütterung) nach links und auf Wander- und Forstwegen bergab, bis wir eine Asphaltstraße erreichen. Bis zu unserem Tagesziel ist es nun nicht mehr weit und während des leichten Abstieges haben wir bereits einen sehr schönen Ausblick auf das Stift und die Ortschaft St. Lambrecht. Ins Zentrum nehmen wir den etwas längeren Weg, nämlich den in Richtung »Klamm«, und beenden die Etappe beim Stift **St. Lambrecht (6)**, 1028 m.

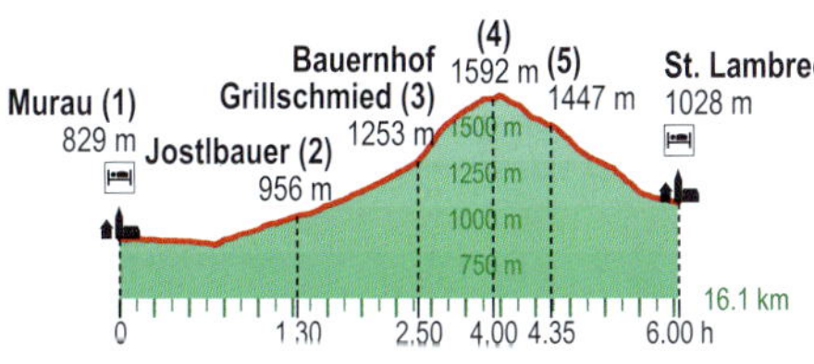

12 St. Lambrecht – Neumarkt

7.30 Std.

↑880 ↓1060

Vom Kalkstock der Grebenzen zur Passlandschaft um Neumarkt

In der Steiermark gibt es sieben Naturparks, die eine Vielzahl an charakteristischen Landschaften im »Grünen Herzen Österreichs« repräsentieren. Eine dieser nennenswerten Landschaften ist der Naturpark Zirbitzkogel-Grebenzen, durch den uns die heutige Wanderung (auch auf dem Weitwanderweg »Via Natura«) führt. Das Gebiet des Naturparks erstreckt sich rund um die glazial geprägte Neumarkter Passlandschaft, dominiert von den zwei Bergpersönlichkeiten Grebenzen, 1892 m, im Westen und Zirbitzkogel, 2396 m, im Osten. Auf der Etappe lernt man das Gebiet des Kalkstockes der Grebenzen mit den Naturbesonderheiten wie der Ursprung-Quelle und der Graggerschlucht mit einem Kaskadenwasserfall kennen. Das Etappenende ist Neumarkt, eine Ortschaft mit einem schönen Marktplatz und den nötigen Geschäften, um die Proviantvorräte für die nächsten zwei Tage wieder aufzufüllen. Im Zentrum befindet sich auch das Naturpark-Informationsbüro, wo Auskünfte rund um den Park und zu den zahlreichen Wandermöglichkeiten eingeholt werden können.

Ausgangspunkt: St. Lambrecht, 1028 m.
Streckenlänge: 20,9 km.
Anforderungen: Einfache Wanderwege und Forststraßen mit einigen steileren Passagen.
Einkehr: **Dreiwiesenhütte**, vgl. auch »Unterkunft«. **Grebenzenhaus**, vgl. auch »Unterkunft«. **Gasthof Fischerwirt**, vgl. auch »Unterkunft«. **Zecki's Hütte**, ✆ +43 664 75054977, www.zeckitourismus.at. Mühldorf: **Forellenhof Knauder**, vgl. auch »Unterkunft«.
Unterkunft: **Dreiwiesenhütte**, ✆ +43 3585 2411, www.dreiwiesenhuette.at.

Mitten auf einer kleinen Waldlichtung befindet sich die Wallfahrtskirche Maria Schönanger.

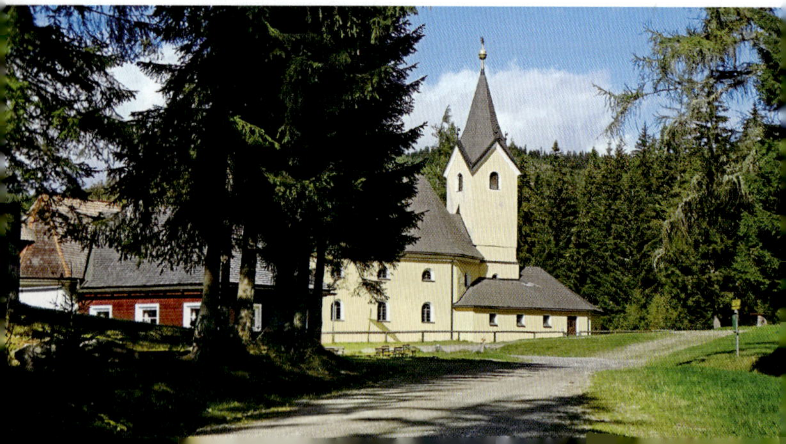

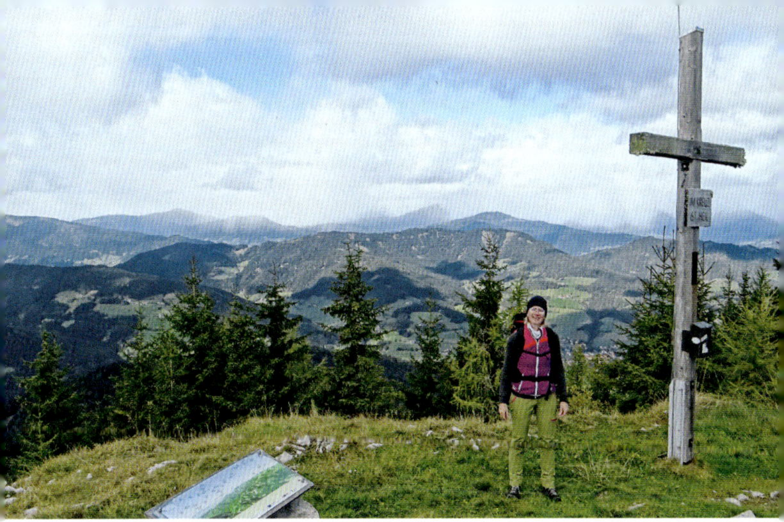

Gipfelkreuz und Panoramatafel auf der ersten Grebenzenhöhe.

Grebenzenhaus, ✆ +43 3585 27559, www.grebenzenhaus.at. **Ghf. Fischerwirt** ✆ +43 3584 2339, www.fischerdorf.at. Mühldorf: **Forellenhof Knauder**, ✆ +43 3584 2403, www.forellenhof-knauder.at. Neumarkt: **Gästehaus Neumarkterhof**, ✆ +43 3584 2287, www.neumarkterhof.at. Etwas außerhalb: **Hotel Landsitz Pichlschloss**, ✆ +43 3584 2426, www.pichlschloss.at, Abholservice möglich.

Verkehrsmittel: Neumarkt ist mit Bahn und Bus erreichbar. Auskünfte unter: ÖBB, www.oebb.at, oder Verbundlinie Steiermark, www.busbahnbim.at.

Information: **Tourismusverband Naturpark Zirbitzkogel-Grebenzen**, Infobüros in St. Lambrecht, ✆ +43 3585 2345 und in Neumarkt, ✆ +43 3584 2005, www.natura.at.

Hinweis: Lebensmittel- und Sportgeschäft und Apotheke in Neumarkt.

Karten: Freytag & Berndt-Wanderkarte: WK 211 – Naturpark Zirbitzkogel-Grebenzen, Murau, Sölkpass.

Vom Stift in **St. Lambrecht (1)**, 1028 m, folgen wir den Wegweisern in Richtung »Grebenzenhöhen« (Weg 134) geradeaus am Hauptplatz entlang und am Teich vorbei. Dann wandern wir auf Asphalt- und Forststraßen leicht bergauf, wobei man einen schönen Blick auf St. Lambrecht hat. Der Wanderweg gewinnt im Wald kontinuierlich an Höhe, wobei die ersten 5 km eine angenehme Steigung haben, erst kurz vor der Dreiwiesenhütte wird es etwas steiler. Die Orientierung ist dank der zahlreichen Wegweiser einfach, wir gehen immer in Richtung »Dreiweisenhütte« bzw. »Grebenzenhöhen«. Nach der **Dreiwiesenhütte (2)**, 1770 m, geht es mit Weg 137 noch 100 Höhenmeter hinauf bis zum Gipfelkreuz der ersten **Grebenzenhöhe (3)**,1870 m. Dann wandern wir in der Nähe der Liftanlage über Wiesen bzw. Forstwege zum **Grebenzenhaus (4)**, 1648 m, hinunter.

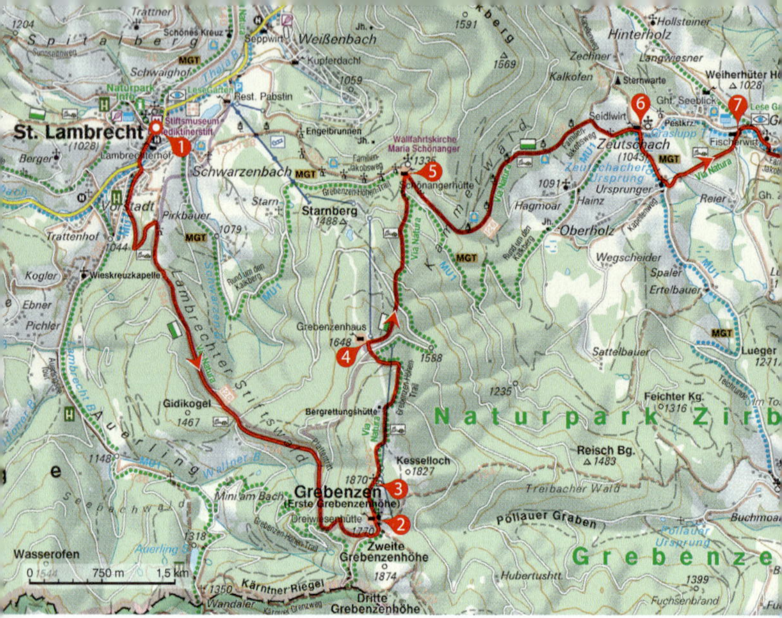

Ab hier geht es etwas steiler bergab, bis wir zu einer kleinen Lichtung kommen, wo sich die Schönangerhütte und die **Wallfahrtskirche Maria Schönanger (5)**, 1335 m, befinden. Jetzt folgen wir Weg 138 in Richtung »Zeutschach«. Er führt flacher bergab, Wiesen- und Waldflächen wechseln sich ab, und wir sehen im Abstieg bereits die Ortschaft Zeutschach vor uns. Bei der Wegkreuzung »Wirtkreuz« gehen wir links und erreichen alsbald die kleine Ortschaft **Zeutschach (6)**, 1043 m, wo es rechts auf der Straße bis zur Ursprung-Quelle weitergeht. Das Platzerl rund um die Ursprung-Quelle lädt mit den Bänken und der gepflegten Umgebung zu einer Pause ein.

Nun bleiben wir auf Asphaltstraßen und gehen bei der nächsten Kreuzung nach links in Richtung »Neumarkt« bis zum Grasluppteich. Beim **Gasthof**

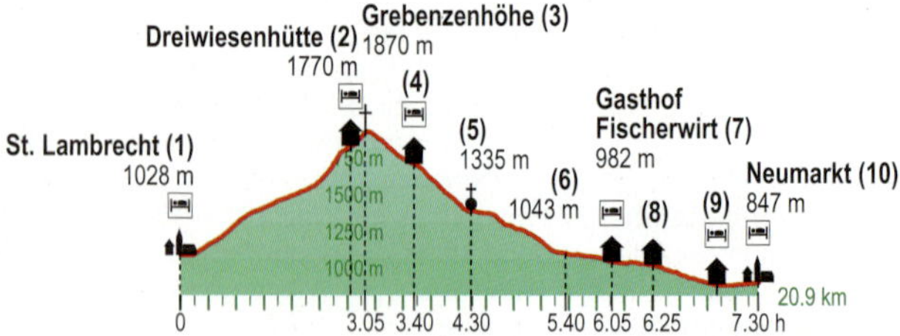

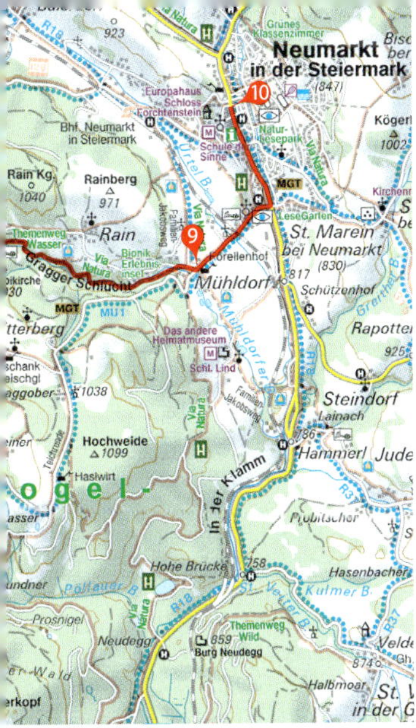

Fischerwirt (7), 982 m, verlassen wir die Asphaltstraße nach rechts, um leicht bergab auf einem Wanderweg zur Gragger Schlucht weiterzugehen. Nach ca. 1,5 km kommen wir an **Zecki's Hütte (8)**, 960 m, vorbei und bleiben entlang des Ursprungbaches, um den idyllischen Wanderweg durch die Gragger Schlucht und am Kaskadenwasserfall vorbei zu genießen.

Am Ende der Gragger Schlucht gelangen wir zu einem Parkplatz, folgen der Straße durch **Mühldorf (9)**, 830 m, und gehen geradeaus über die Bahngleise nach St. Marein bei Neumarkt. Nach der Kirche in St. Marein schlagen wir nach links den Gehweg ein und erreichen alsbald den Hauptplatz von **Neumarkt (10)**, 847 m.

Der Kaskadenwasserfall in der Gragger Schlucht.

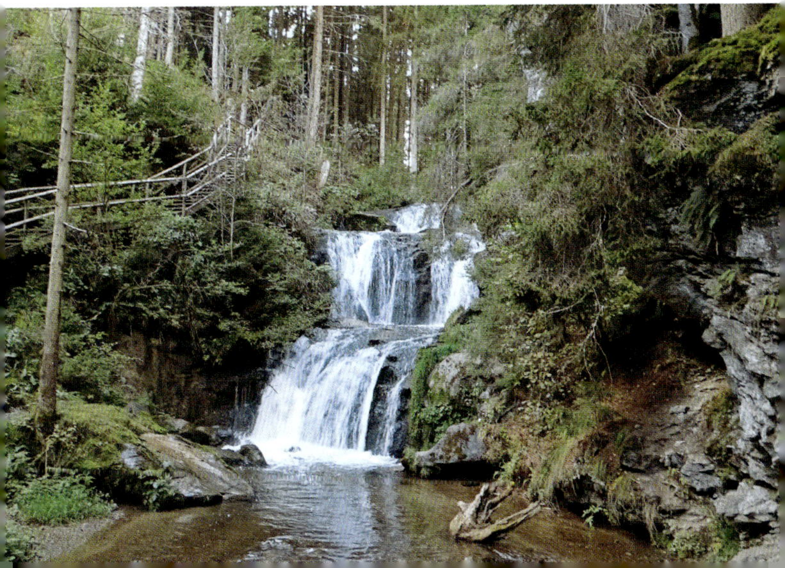

13 Neumarkt – Tonnerhütte

7.00 Std.

↑930 ↓180

Vom Tal zur Almwellness auf 1600 m

Die heutige Wanderung im Naturpark Zirbitzkogel-Grebenzen führt über weiche Landschaftsformen im Südosten von Neumarkt nach Mühlen, einer kleinen Ortschaft am Fuße der Seetaler Alpen. Auf wenig befahrenen Nebenstraßen, Wiesen- und Wanderwegen wandern wir nahe der steirisch-kärntnerischen Grenze über gepflegte Kulturflächen, immer mit dem Blick auf die Seetaler Alpen. Ab Mühlen beginnt der Anstieg über ca. 600 Höhenmeter, die aber mühelos über Straßen und Wanderwege zu erwandern sind. Sehr beeindruckend ist der Ausblick auf Neumarkt und Umgebung während des Aufstieges. Abschnittsweise sind wir, wie auch schon bei der 12. Etappe, auf dem Weitwanderweg »Via Natura« unterwegs, der in zehn Etappen mit dem Schwerpunkt »NaturLesen« durch den gesamten Naturpark Zirbitzkogel-Grebenzen verläuft. Der Start- und Endpunkt der 130 km langen Wanderrunde mit ca. 4700 Höhenmeter im Auf- und Abstieg ist Neumarkt. Den Abschluss unserer 13. Etappe der Südroute bildet die Tonnerhütte, ein Familienbetrieb auf 1600 m Höhe, der für Almwellness für Körper und Seele bekannt ist.

Idylle im Naturpark Zirbitzkogel-Grebenzen.

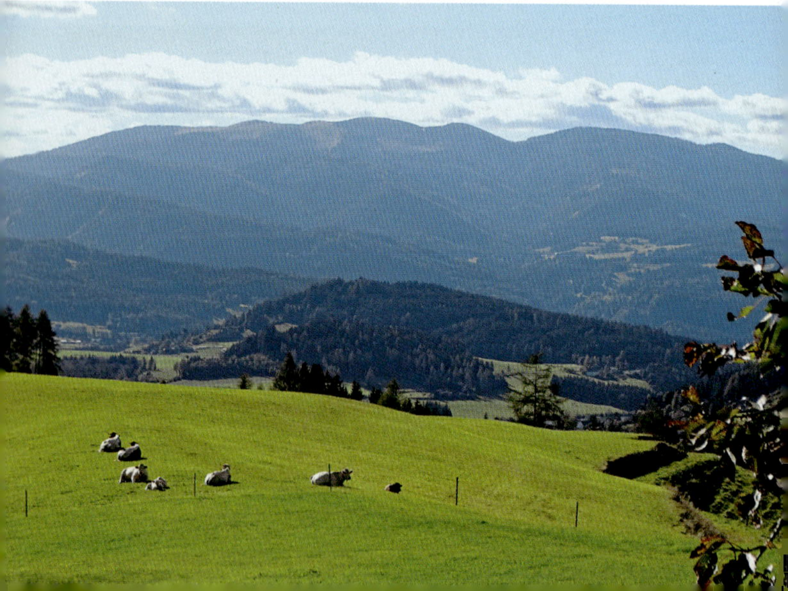

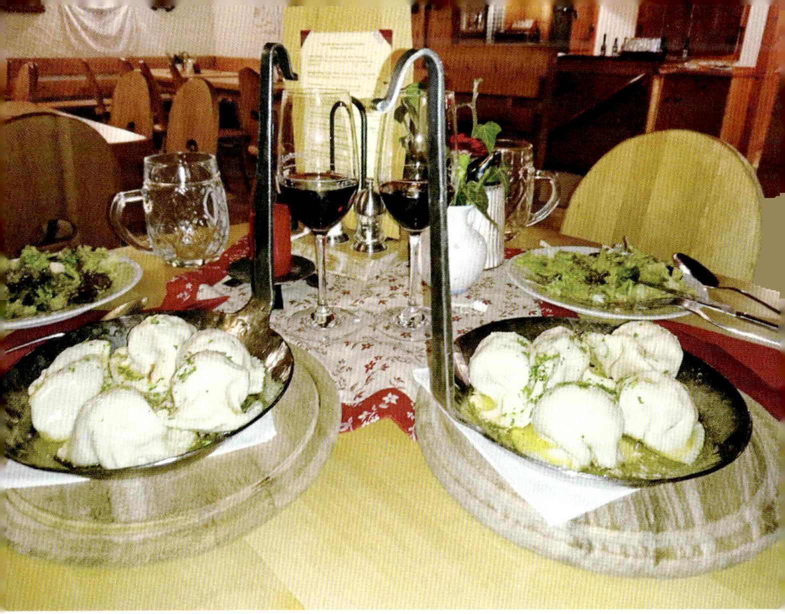

Auf der Tonnerhütte sind die »Kärntner Kasnudeln« sehr zu empfehlen.

Ausgangspunkt: Neumarkt, 847 m.
Streckenlänge: 20,3 km.
Anforderungen: Die Etappe verläuft über Nebenstraßen und Wanderwege.
Einkehr: St. Veit in der Gegend: **Gasthaus Krapinger**, ✆ +43 3586 2216, www.ghkrapinger.wordpress.com. Mühlen: **Gasthaus Hirschenwirt** und **Gasthaus Gössler**, vgl. beide bei »Unterkunft«.
Unterkunft: Mühlen: **Gasthaus Hirschenwirt**, ✆ +43 3586 2228, www.gasthaus-hirschenwirt.at. **Gasthaus Gössler**, ✆ +43 3586 2251, www.gasthaus-goessler.at. **Tonnerhütte**, ✆ +43 3586 30077, www.tonnerhuette.at.
Verkehrsmittel: Neumarkt ist mit Bahn und Bus erreichbar. Auskünfte unter: ÖBB, www.oebb.at, oder Verbundlinie Steiermark, www.busbahnbim.at.
Information: **Tourismusverband Naturpark Zirbitzkogel-Grebenzen**, Infobüro in Neumarkt, ✆ +43 3584 2005, www.natura.at.
Karten: Freytag & Berndt-Wanderkarte: WK 211 – Naturpark Zirbitzkogel-Grebenzen, Murau, Sölkpass.

Von **Neumarkt (1)**, 847 m, gehen wir entlang der Hauptstraße zurück nach St. Marein bei Neumarkt und weiter auf dem Radweg leicht bergab bis zur Fa. Weidlinger. Hier zweigen wir von der Hauptstraße in Richtung »St. Veit i. d. Gegend« und »Mühlen« ab. Weiter geht es ca. 4 km mit dem »Norischen Radweg R37« auf Nebenstraßen durch Tauchendorf und Velden nach **St. Veit in der Gegend (2)**, 914 m. Beim Gasthof Krapinger verlassen wir den Radweg und gehen rechts am Gasthof vorbei zum Weg- und Kreu-

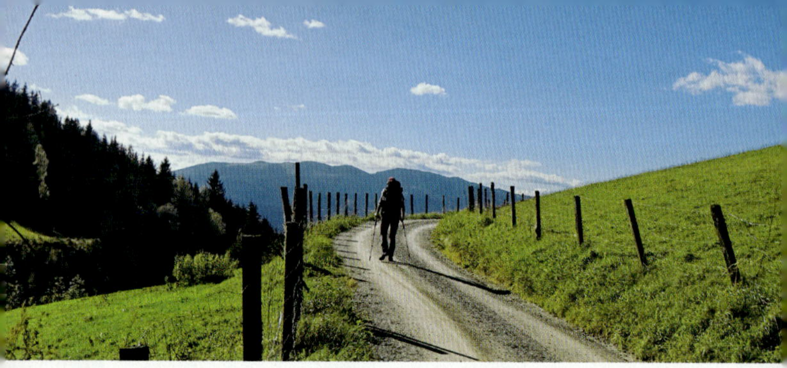

Beim Aufstieg zur Tonnerhütte führt der Wanderweg über gepflegte Kulturflächen.

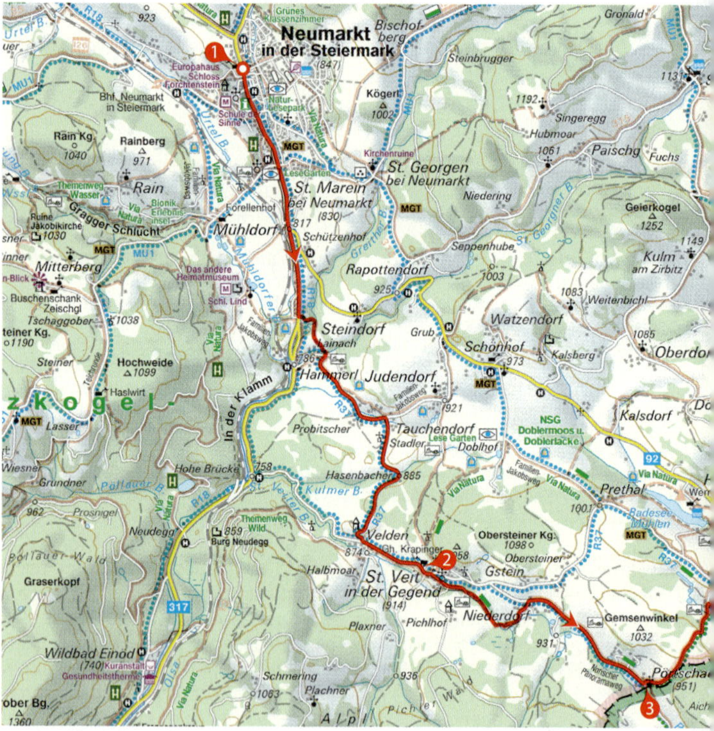

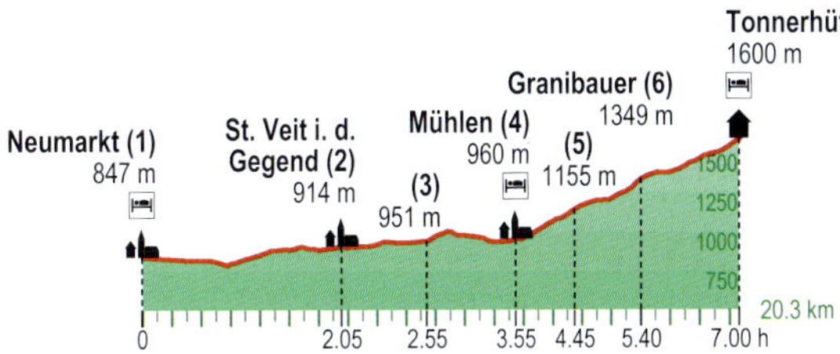

zungspunkt St. Veit. Nun wandern wir mit Wanderweg 7 auf Schotterstraßen, Wiesen- und Waldwegen gemütlich bis nach **Pörtschach (3)**, 951 m. Hier weist eine Tafel darauf hin, dass wir die Landesgrenze zu Kärnten erreicht haben. Unser Wanderweg 7 zweigt nach links ab und verläuft in leichtem Auf und Ab, mit dem Blick auf die Seetaler Alpen, bis zu einer Kreuzung, wo wir nach rechts Weg 2 in Richtung »Mühlen« einschlagen. Nach dem Wegpunkt »Jungbrunnen« geht es weiter auf der Straße bis nach **Mühlen (4)**, 960 m, wo sich eine Pause nahezu perfekt anbietet. Beim Hirschenwirt geht es nach rechts und gleich wieder nach rechts in Richtung »Greith–Jakobsberg«. Wir wandern gemütlich auf Straßen bergauf bis zum Bauernhof und Wegpunkt **Egger (5)**, 1155 m. Über aussichtsreiche Wiesenflächen und durch schöne Waldstücke gelangen wir hinauf zum **Granibauer (6)**, 1349 m, wo sich Reste eines Steinhauses im Wald finden.

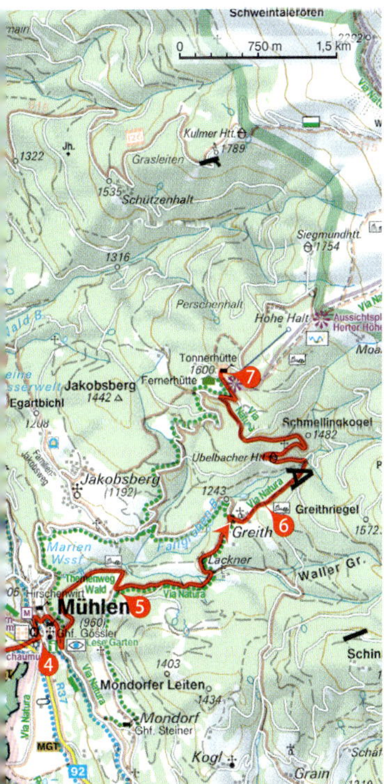

Wir orientieren uns an der Beschilderung zur Tonnerhütte und gehen mit Weg 3A am Wegpunkt »Übelbach« vorbei. Nach einer Holzbrücke passieren wir ein Kleinkraftwerk. Wir folgen der Forststraße bergauf, kommen zum gebührenpflichtigen Parkplatz und wenige Minuten darauf zur **Tonnerhütte (7)**, 1600 m.

14 Tonnerhütte – Obdach

7.00 Std.

↑830 ↓1550

Auf den höchsten Gipfel der Seetaler Alpen, den Zirbitzkogel

Der Wechsel von der West- auf die Ostseite der Seetaler Alpen ist ein besonderes Wandererlebnis in der Region Murau-Murtal. Wir überschreiten die Bezirksgrenze und kommen vom Naturpark Zirbitzkogel-Grebenzen in das Zirbenland Steiermark. Die Zirbe (Zirbelkiefer, bot. Pinus cembra), auch »Königin der Alpen« genannt, war namensgebend für die Region »Zirbenland«, jedoch nicht für den Zirbitzkogel, den höchsten Gipfel der Seetaler Alpen. Der Name Zirbitz leitet sich vom slowenischen Wort »crvenica« ab, was soviel wie »rote Gegend« bedeutet und auf die häufig vorkommende Alpenrose in der Region zurückzuführen ist. Der 360°-Blick vom Zirbitzkogel ist sagenhaft, und mit der Orientierungsplatte in der Nähe des Gipfelkreuzes sind die Berge gut zu bestimmen. Bekannt und beliebt ist auch das Helmut-Erd-Schutzhaus (Zirbitzkogelschutzhaus) mit dem langjährigen Hüttenwirt Werner, das nur 20 Höhenmeter unterhalb des Gipfels liegt. Eine Wanderung ganz nach dem Motto: Zirbe, Zirbitz, Zirbenland – ein wunderbares Gebiet, das viel verspricht und es auch hält.

Ausgangspunkt: Tonnerhütte, 1600 m.
Streckenlänge: 17,3 km.
Anforderungen: Leichte bis mittelschwere Wanderwege im alpinen Gelände. Bei schlechter Sicht auf den breiten Rücken der Seetaler Alpen besonders auf den Weg und die Markierung achten, speziell im Aufstieg ab der Herterhöhe.
Einkehr/Unterkunft: **Helmut-Erd-Schutzhaus (Zirbitzkogelschutzhaus)**, ÖTK-Schutzhütte, ✆ +43 664 9140283, www.zirbitzkogel.at, 18 Matratzenlager.

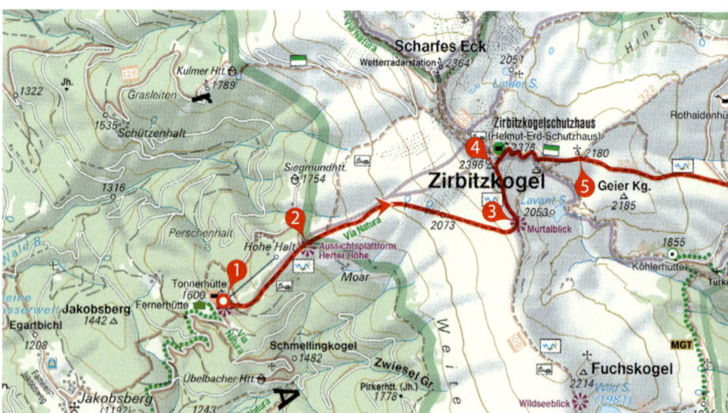

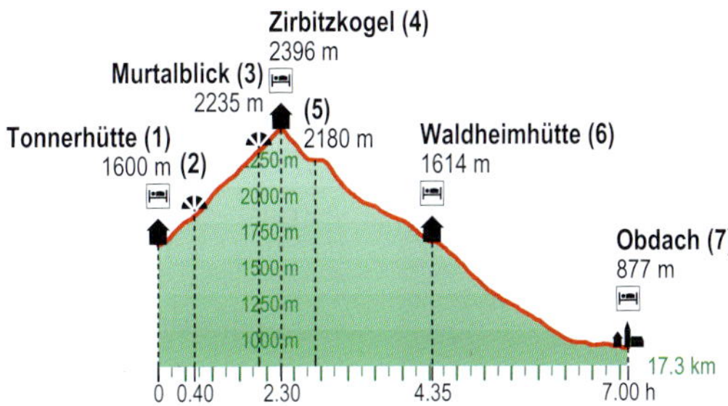

Waldheimhütte, ✆ +43 3578 8205, 25 Zimmerlagerbetten. Obdach: **Landhotel Groggerhof**, ✆ +43 3578 2201, www.groggerhof.at. **Gasthof Grillitsch**, ✆ +43 3578 2225, info@roesselwirt.at. **Privatzimmer Schifferl**, ✆ +43 664 1174310, agnes.schifferl@gmail.com.

Verkehrsmittel: Neumarkt ist mit dem Bus erreichbar. Auskünfte unter: Verbundlinie Steiermark, www.busbahnbim.at.

Information: Tourismusverband Zirbenland, Informationsbüro Obdach, ✆ +43 3578 3406, www.zirbenland.at.

Tipp: Spar & Bauern-Genussladen, Fam. Mandl in Obdach, ✆ +43 3578 4081, www.mandl-spar.at oder www.bauern-genussladen.at.

Karten: Freytag & Berndt-Wanderkarte: WK 212 – Seetaler Alpen, Seckauer Alpen, Judenburg, Knittelfeld.

Bei der **Tonnerhütte (1)**, 1600 m, finden wir eine Übersichtstafel, die einen guten Überblick über die Wanderregion gibt. Wir nehmen den Wanderweg nach rechts in Richtung »Zirbitzkogel«. Er führt uns über die freien Flächen der Skipiste bergauf, danach ein Stück durch den Wald und dann kommen

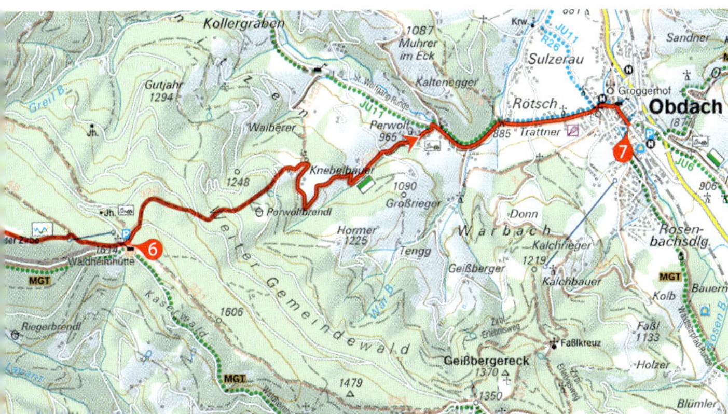

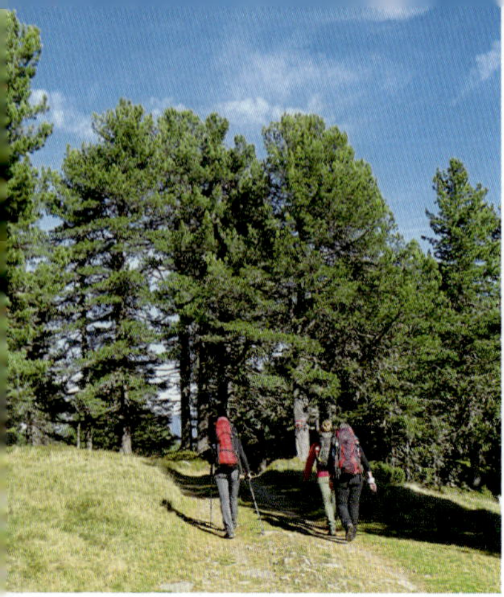

Durch den Zirbenwald zur Waldheimhütte.

wir schon zur **Aussichtsplattform Herter Höhe (2)**, 1800 m, wo Panoramatafeln äußerst detailliert über den Ausblick informieren.

Nun halten wir uns leicht rechts und wandern entlang des Rückens in Richtung Nordosten. Hier ist bei schlechter Sicht genau auf den Weg und die Markierungen zu achten, da zwischendurch der Weg nicht eindeutig erkennbar ist. An einer Quelle vorbei erreichen wir weiter ansteigend den Weg- und Kreuzungspunkt **Murtalblick (3)**, 2250 m. Nun geht es nach links hinauf und in Kürze erreichen wir das **Helmut-Erd-Schutzhaus**, das nur 20 Höhenmeter unterhalb des **Zirbitzkogels (4)**, 2396 m, des höchsten Gipfels der Seetaler Alpen, liegt.

Vom Gipfel kehren wir zum Schutzhaus zurück und folgen dann Weg 320 in Richtung »Waldheimhütte«. Die steinige Zufahrtsstraße – nur für den Unimog des Hüttenwirtes passierbar – windet sich in Serpentinen, mit dem Blick auf den Lavantsee, bergab, bis wir eine weite, ebene Fläche und den Wegpunkt

Die bizarren Verwitterungsformen eignen sich perfekt als Fotomotiv.

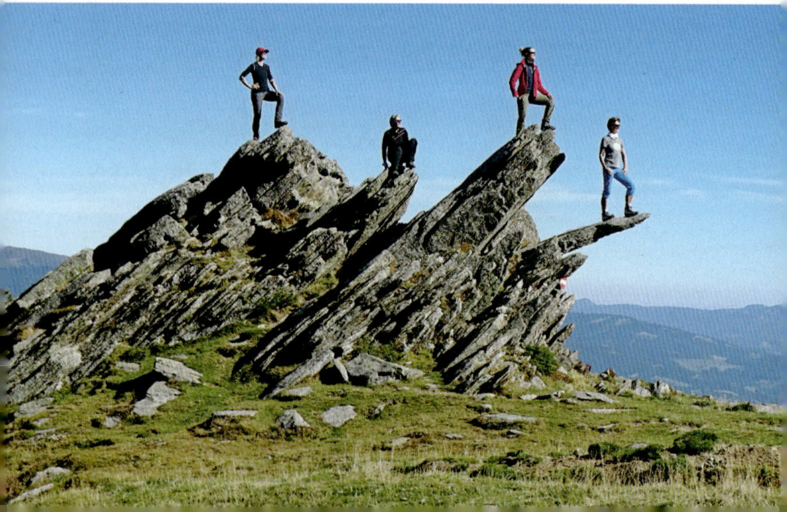

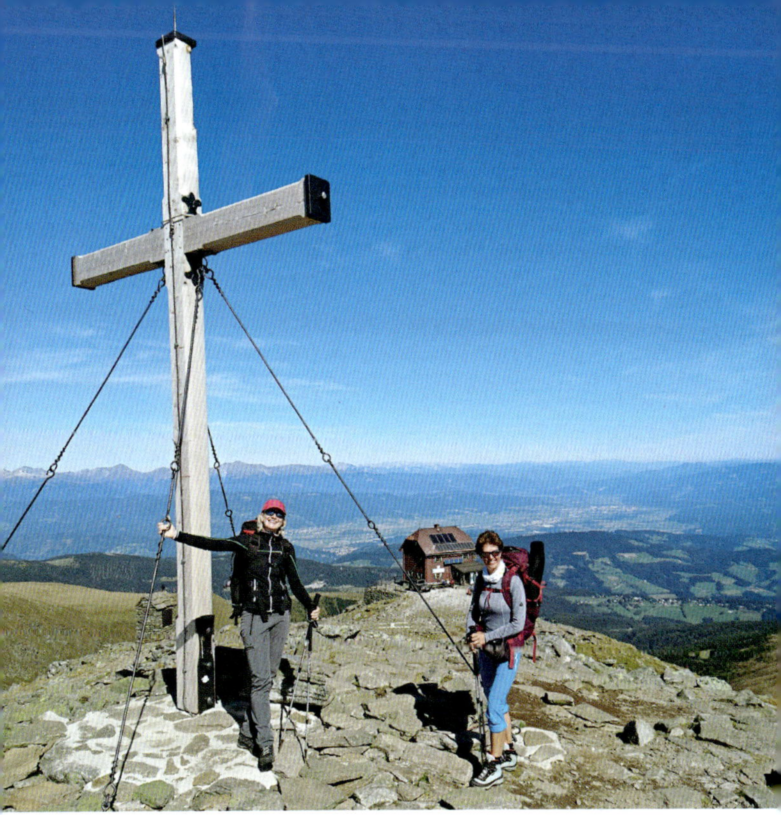

Auf dem Gipfel des Zirbitzkogels – im Hintergrund das Helmut-Erd-Schutzhaus.

Kote (5), 2180 m, erreichen. Die Wegweiser in Richtung »Waldheimhütte« leiten uns einen weitläufigen Rücken hinunter, dabei haben wir bereits Ausblick auf unser Tagesziel Obdach. Auf einer Forststraße wandern wir dann gemütlich bergab, erreichen die Waldgrenze und alsbald auch die **Waldheimhütte (6)**, 1614 m.

Wir bleiben auf Weg 320 und folgen den Wegweisern in Richtung »Obdach über Knebelbauer«. Der gut erkennbare Wanderweg verläuft durch den Wald. Schließlich kommen wir zu einer breiten Forststraße, gehen auf ihr weiter bergab, an einem Sender vorbei und folgen dann der Straße mehr als 2 km. Bei der Straßenkreuzung gehen wir nach rechts und direkt an der Straße entlang durch den Ortsteil Warbach bis nach **Obdach (7)**, 877 m.

15 Obdach – Salzstiegelhaus

6.30 Std.

↑1160 ↓500

Aufstieg auf die Stubalpe im Steirischen Randgebirge

Die Wanderung von Obdach auf den knapp 2000 m hohen Speikkogel fällt unter die Kategorie »Wohlfühlen beim Weitwandern«. Der Weg erfüllt alle Kriterien, um eine Weitwander-Etappe so richtig genießen können. Der Start: Die Ortschaft Obdach, die harmonisch eingebettet in einer weichgeformten Passlandschaft liegt, beeindruckt mit einem schönen Ortsbild, dem geschlossenen Marktplatz und der Möglichkeit, regionale Produkte für den Tagesproviant zu kaufen. Der Aufstieg: leichte Anstiege, schöne, sehr gut markierte Wanderwege und die Weißensteinhütte als Einkehrmöglichkeit. Das Wander-Highlight des heutigen Tages ist aber die Höhenwanderung entlang der breiten Bergrücken bis zum Speikkogel, der einen sensationellen Ausblick bis hin zu den Julischen Alpen bietet. Das Etappenende: der Hirschegger Sattel mit dem Salzstiegelhaus und dem darunter liegenden Moasterhaus bildet den Übergang von der Ober- in die Weststeiermark. Dieser Passübergang ist sowohl vom Murtal als auch von Voitsberg gut erreichbar. Zudem verlaufen hier zahlreiche Weitwanderwege, so etwa der Europäische Weitwanderweg E6, der Österreichische Weitwanderweg 05, der Koralm-Kristall-Trail und seit ein paar Jahren nun auch die neue »Vom Gletscher zum Wein«-Wanderroute.

Der wunderschöne Aufstieg führt teilweise direkt an Bauernhöfen vorbei.

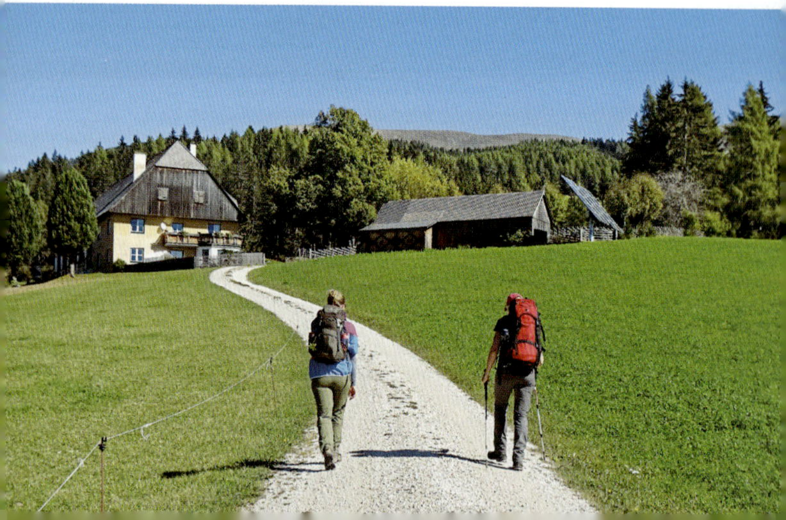

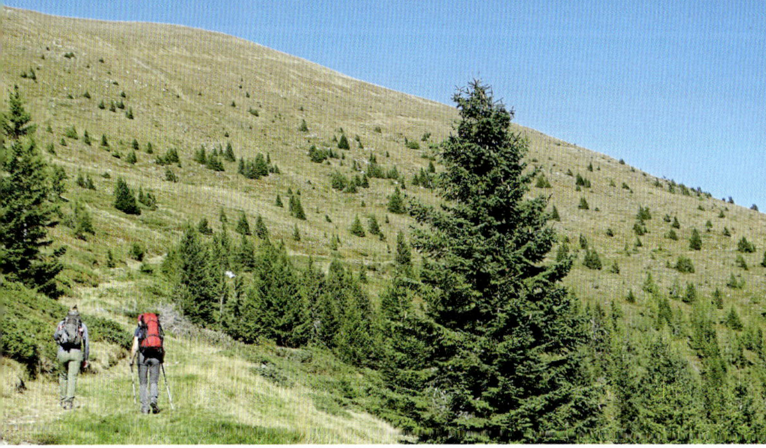

Gemütlicher Anstieg über die breiten Bergrücken der Stubalpe.

Ausgangspunkt: Obdach, 877 m.
Streckenlänge: 17,9 km.
Anforderungen: Lange und anstrengende Bergwanderung auf Forstwegen und gut markierten Wanderwegen.
Einkehr: **Weißensteinhütte**, ✆ +43 664 2439459.
Unterkunft: **Salzstiegelhaus**, ✆ +43 3141 2248, www.salzstiegelhaus.at; 14 Matratzenlager, 35 Zimmerlagerplätze. Ganzjährig (April geschlossen). 200 Hm tiefer: **Moasterhaus**, ✆ +43 3141 2160, www.salzstiegl.at. Wäscheservice und Shuttledienst.
Verkehrsmittel: Keine öffentlichen Verkehrsmittel.
Information: **Tourismusverband Zirbenland**, Infobüro in Obdach, ✆ +43 3578 3406, www.zirbenland.at. **Tourismusverband Lipizzanerheimat** in Köflach, ✆ +43 3144 727770, www.lipizzanerheimat.com.
Tipp: Das Moasterhaus bietet einen Shuttleservice von der Pack an, wodurch man auch zwei Nächte beim Moasterhaus verbringen und die 16. Etappe mit leichtem Gepäck erwandern kann.
Karten: Freytag & Berndt-Wanderkarte: WK 212 – Seetaler Alpen, Seckauer Alpen, Judenburg, Knittelfeld.

Vom oberen Teil des Hauptplatzes in **Obdach (1)**, 877 m, gehen wir durch den Torturm, biegen gleich darauf links in die Rudolf-Falb-Gasse ein. Nach ca. 100 m gehen wir bei der Kreuzung nach rechts. Eine Holztafel mit der Beschriftung »Speikkogel 521« zeigt uns die Richtung an. Nun geht es ca. 4 km auf der Asphaltstraße immer geradeaus, an einer Bushaltestelle der Linie Freigasser vorbei bis zur **Wegkreuzung »Weißensteinhütte« (2)**, 1025 m. Hier schlagen wir die Straße nach rechts oben ein, zweigen dann links in einen Forstweg ab und und wandern auf dem gut markierten Weg durch den Wald und über die Wiesenflächen. Wir kommen zu einem Bauernhof und gehen direkt zwischen Haus- und Stallgebäude hindurch. Danach führt der Weg an einem Bänderzaun vorbei immer leicht bergauf, wobei wir

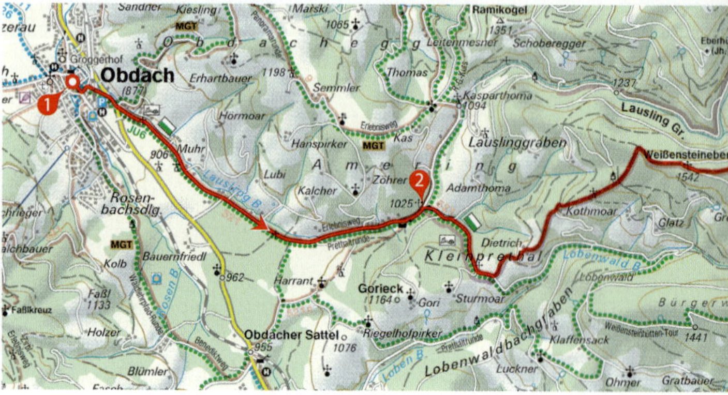

zwischendurch den wunderschönen Ausblick auf die Seetaler Alpen genießen können. Die nächsten Kilometer und Höhenmeter verlaufen auf einem sehr gut markierten Wanderweg bis zur **Weißensteinhütte (3)**, 1702 m, wo wir gerne eine Pause machen.

Gleich hinter der Hütte wandern wir leicht links auf einer Forststraße bergauf und kommen alsbald zu einer Wanderwegkreuzung, wo wir Weg 521 in Richtung »Speikkogel« einschlagen. Das folgende Wegstück zieht sich auf auf einer Seehöhe von 1800 bis 2000 m gemütlich dahin und gibt wunderbare Ausblicke frei. Bei einer Quelle unterhalb des Hofalmkogels führt der Weg gemächlich auf den breiten Rücken. Dort angekommen, gehen wir entlang des Stacheldrahtzauns, bis wir auf dem **Speikkogel (4)**, 1993 m, den höchsten Punkt der heutigen Etappe erreichen.

Das Gipfelkreuz steht ca. 500 m Luftlinie in südöstlicher Richtung entfernt auf einem etwas niedrigeren Nebengipfel. Wir machen selbstverständlich den Abstecher dorthin. Von dort folgen wir dem Wanderweg bergab, bis wir die Windräder und den **Speicherteich (5)**, 1710 m, erreichen. Bei schlechter Sicht orientiert man sich am Zaun, der direkt zum Speicherteich führt.

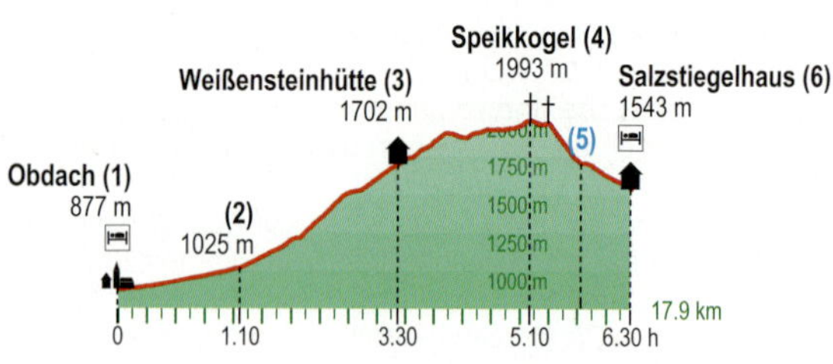

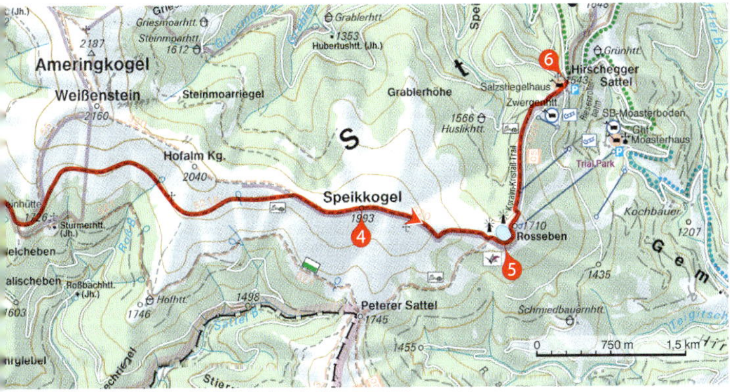

Das letzte Stück verläuft über die Skipiste und den Wanderweg bis zum **Salzstiegelhaus (6)**, 1543 m, direkt am Passübergang.
Wer im **Moasterhaus** nächtigt, muss noch ca. 200 Höhenmeter absteigen oder nimmt als Alternative den Shuttledienst des Moasterhauses in Anspruch.

Unterwegs genießen wir den Ausblick zurück auf die Seetaler Alpen.

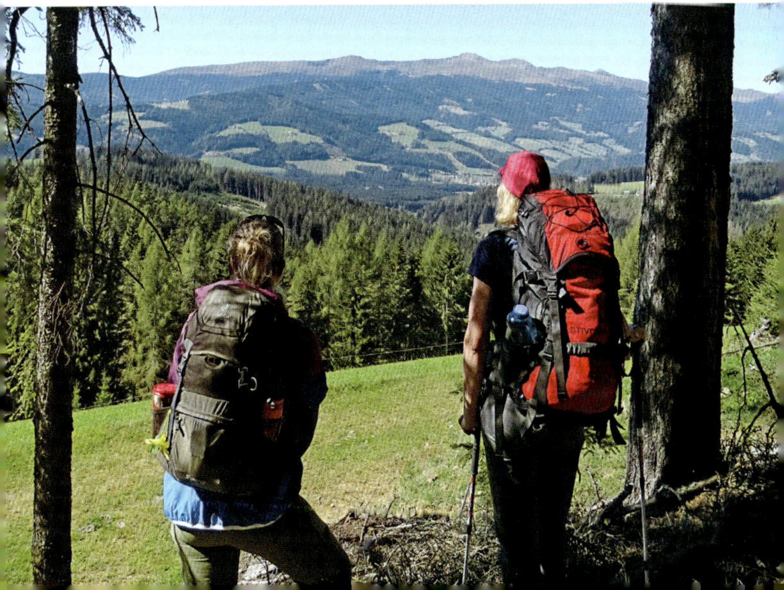

16 Salzstiegelhaus – Pack

6.00 Std.
↑410 ↓840

Dieses Gefühl, immer weiter gehen zu müssen …

Als Grenzwanderung kann man die heutige Etappe bezeichnen, da man mehr oder weniger den Großteil der Strecke auf der steirisch-kärntnerischen Grenze unterwegs ist. Körperlich kommt man in dieser schönen Landschaft eher nicht an seine Grenzen, da der Weg über weichgeformte Bergrücken mit geringen Auf- und Abstiegen führt. Der Großteil der Wanderung verläuft in waldfreiem Gelände, wodurch man einen wunderbaren Fernblick in Richtung Kärnten genießen kann. Auffallend und markant sind die meterhohen Gesteinsformationen, die Öfen genannt werden. Diese Plätze laden zum Jausnen und Verweilen ein, da bis zur Bernsteinhütte keine Einkehrmöglichkeit besteht. An schönen Tagen sind hier viele Wanderer unterwegs, denn die Almregionen der Lipizzanerheimat und Steirischen Rucksackdörfer sind ein beliebtes Wandergebiet. Das Etappenende ist die Ortschaft Pack, die sich scheinbar in einem touristischen Dornröschenschlaf befindet.

Ausgangspunkt: Salzstiegelhaus, 1543 m.
Streckenlänge: 19,2 km.
Anforderungen: Mittelschwere Wanderung hauptsächlich auf Wanderwegen, vorwiegend entlang von Höhenrücken. Bei Nebel muss man auf die Orientierung achten.
Einkehr: **Bernsteinhütte**, vgl. auch »Unterkunft«. **Knödelhütte**, ✆ +43 664 7663668, Mitte Mai–Ende Sept.
Unterkunft: **Bernsteinhütte**, ✆ +43 676 6851300, Mitte Mai–20. Sept. Pack: **Barbarahaus**, Schutzhütte der Naturfreunde (etwas vor der Pack, südlich des Wegs), ✆ +43 664 7663668, ganzjährig geöffnet. **Gasthaus-Pension Maurer**, ✆ +43 3146 8198, www.pensionmaurer.at. Diese Unterkunft liegt ca. ½ Std. vom Wanderweg entfernt.
Verkehrsmittel: Die Ortschaft Pack ist mit dem Bus erreichbar. Auskünfte unter: Graz-Köflacher Bahn und Busbetrieb, www.gkb.at, und Verbundlinie Steiermark, www.busbahnbim.at.
Information: **Steirische Rucksackdörfer**, Hirschegg-Pack, ✆ +43 3141 2207, www.rucksackdorf.at. **Tourismusverband Lipizzanerheimat** in Köflach, ✆ +43 3144 727770, www.lipizzanerheimat.com.
Tipp: Lipizzanerheimat ist zwar der Name der durchwanderten Region, doch leider wird man unterwegs die weißen Pferde kaum zu sehen bekommen. Die Jungtiere werden auf der Stubalpe gehalten, doch diese liegt weit vom Weg entfernt.
Karten: Freytag & Berndt-Wanderkarten: WK 212 – Seetaler Alpen, Seckauer Alpen, Judenburg, Knittelfeld und WK 132 – Gleinalpe, Lipizzanerheimat, Leoben, Voitsberg.

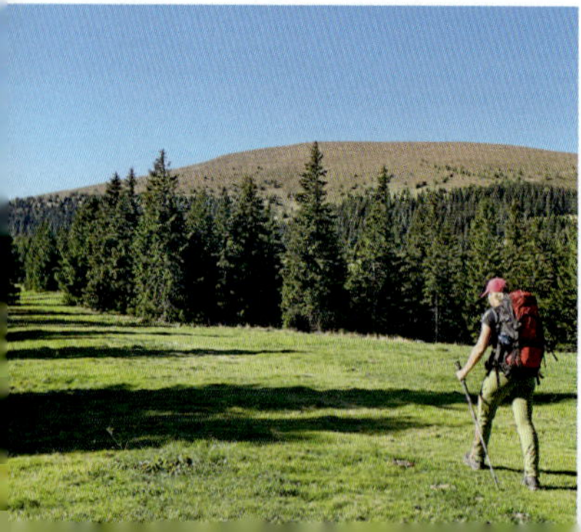

Gemütlicher Weg zum Speicherteich.

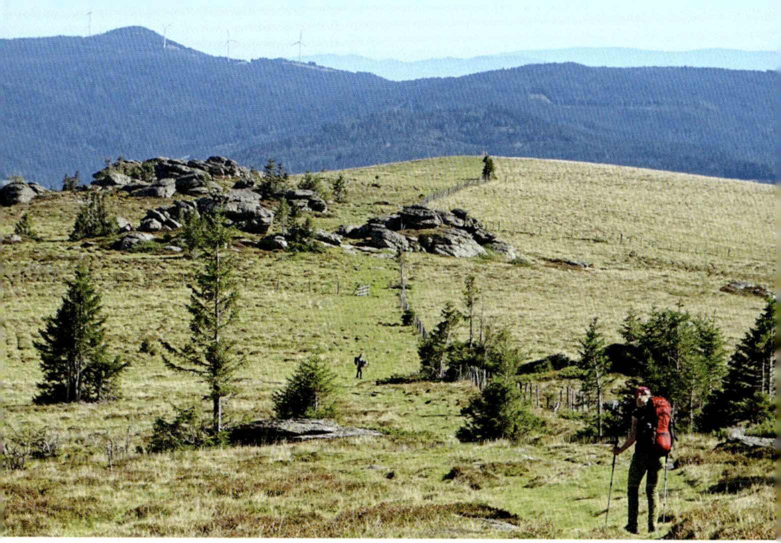

Auf dem breiten Bergücken führt der Weg an meterhohen Gesteinsformationen vorbei, die »Öfen« genannt werden.

Vom **Salzstiegelhaus (1)**, 1543 m, gehen wir bis zum Speicherteich den Weg der gestrigen Etappe zurück und zweigen bei der Wanderwegkreuzung nach links in Richtung »Peterer Sattel« auf den Weg 505 ab. Der eindeutig erkennbare Wanderweg führt kurz bergab und dann leicht bergauf bis zum **Peterer Sattel (2)**, 1745 m. Wir halten uns links und wandern dann mehr oder weniger Höhe haltend auf der Ostseite des Peterer Riegels dahin. Bei der nächsten Wegkreuzung geht es in Richtung »Bernsteinhütte«. Der Weg ist wieder eindeutig, aber zwischendurch fehlen Markierungen, wobei man sich hier gut am Zaun orientieren kann.
Geradeaus an der Abzweigung zur Görlitzerhütte vorbei gelangen wir zum Wegpunkt **Hirschegger Alm (3)**, 1733 m. Nun kommen wir an den besonderen Verwitterungsformen, die Öfen genannt werden, vorbei. Dann heißt es

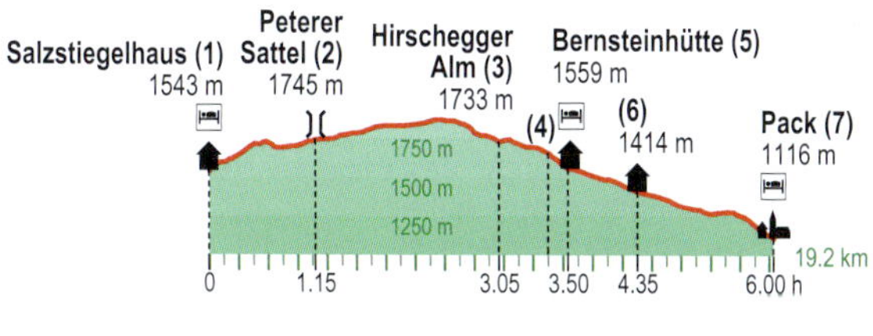

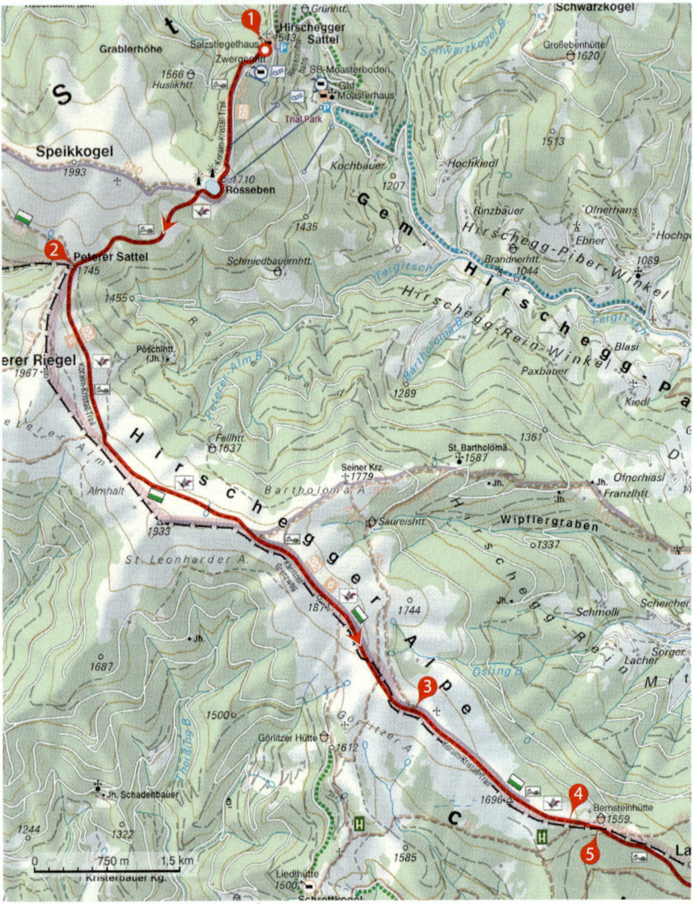

gut auf den nicht ganz eindeutigen Einstieg in den Wald **(4)**, 1660 m, achten. Im weiteren Wegverlauf bleiben wir einfach in derselben Linie und achten auf die rot-weiß-roten Markierungen an den Bäumen. Nach knapp 700 m erreichen wir die **Bernsteinhütte (5)**, 1559 m.

Wir gehen nach rechts über die Wiese und sehen auf der anderen Seite einen Durchgang und die weiteren Wegweiser in Richtung »Pack«. Der Weg verläuft

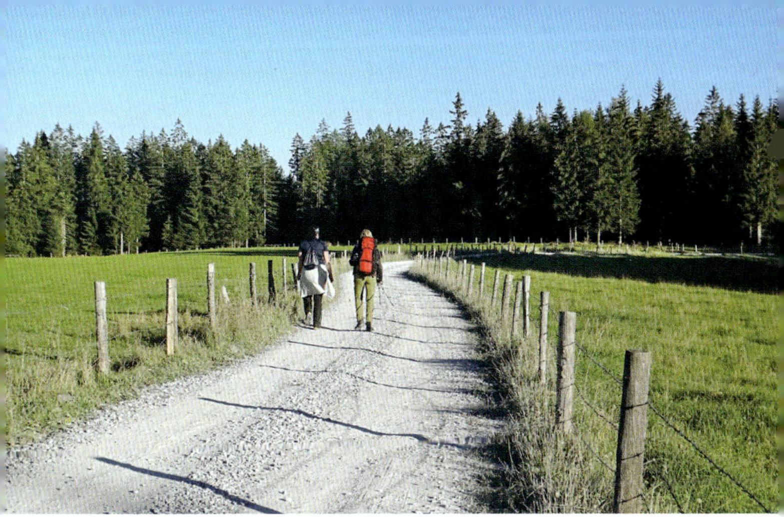

Der Wanderweg von der Knödelhütte nach Pack verläuft teilweise auf einer Schotterstraße.

nun ca. 2,5 km durch den Wald und über Wiesenflächen, bis wir uns kurz vor einer Antenne rechts halten und zur **Knödelhütte (6)**, 1414 m, kommen. Danach gehen wir auf der Zufahrtsstraße leicht bergab, wobei der Wanderweg – Weg 505 – immer wieder von der Straße abzweigt. Der Weg ist sehr gut markiert und somit leicht zu finden. Um an unser Etappenziel zu gelangen, verlassen wir schließlich den Hauptweg 505 nach links und wandern mit der Variante 505A in Richtung »Pack Ort« direkt nach **Pack (7)**, 1116 m.

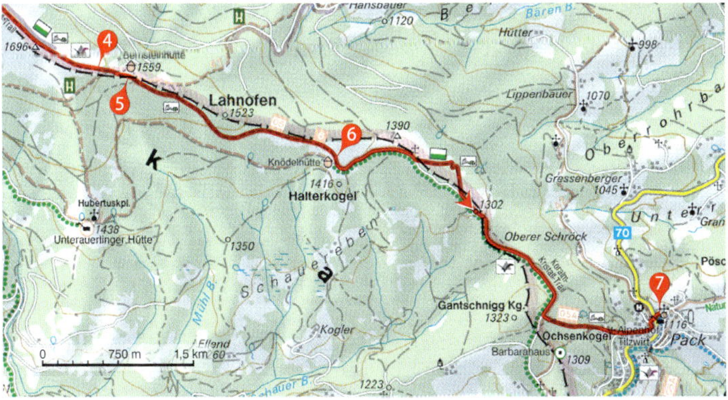

17 Pack – Weinebene

6.30 Std.

↑990 ↓440

Durch den Wald in Richtung Süden

Die Ortschaft Pack liegt auf über 1100 m Seehöhe und wird gerne mit dem weststeirischen Mundartdichter Eduard Walcher (1899–1977) in Verbindung gebracht, der auch Schulmeister und Sprachforscher war. Der Wanderweg von Pack auf die Weinebene verläuft tendenziell leicht ansteigend und über weite Abschnitte durch den Wald. Die Beschilderung und auch die rot-weiß-roten Markierungen sind auffallend gut. Man kann über längere Stecken einfach gehen und den Gedanken freien Lauf lassen. Auf dem Weg kommt man bei einem Naturdenkmal vorbei: Ein Stein, der eher unscheinbar wirkt, aber aufgrund der vielen Spekulationen über seine Herkunft schon wieder interessant ist. Der Stein wird »Das Steinerne Weibl« genannt und einer weststeirischen Sage nach soll es sich um ein verzaubertes Weib handeln. Wer, wann und warum er geschaffen wurde, liegt im Ungewissen. Einige vermuten, es könne sich um einen Grab- oder Grenzstein aus dem Mittelalter handeln, andere wiederum bezeichnen ihn als uraltes Zeugnis aus keltischer Zeit und glauben an eine Verwendung als Kultstein. Wie auch immer, zum Schmunzeln kommt man auf jeden Fall, wenn man in das Gesicht des steinernen Weibels schaut.

Ausgangspunkt: Pack, 1116 m.
Streckenlänge: 19,7 km.
Anforderungen: Lange Wanderung auf Wanderwegen, hauptsächlich durch den Wald und entlang von breiten Höhenrücken.

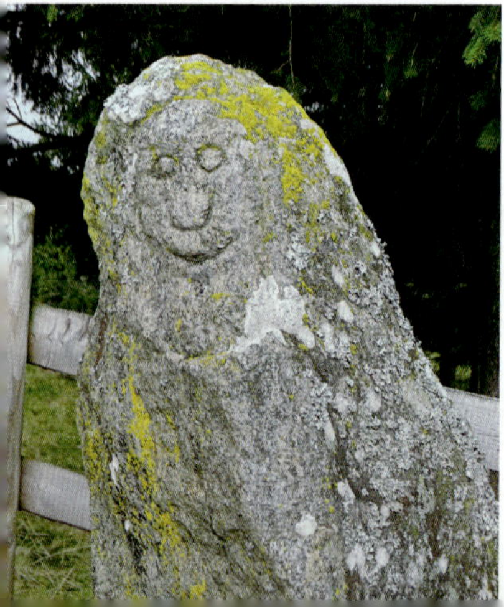

Einkehr: Weinebene: **Gasthof Weinofenblick**, ✆ +43 664 3629708, weinofenblick@gmx.at.
Unterkunft: Weinebene: **Gasthof Gösler Hütte**, ✆ +43 664 3024510 oder +43 664 5318741, www.goesler-huette.at. Bitte Schlafplatz reservieren.
Verkehrsmittel: Keine öffentlichen Verkehrsmittel.
Information: **Steirische Rucksackdörfer**, Hirschegg-Pack, ✆ +43 3141 2207, www.rucksackdorf.at. **Tourismusverband Lipizzanerheimat** in Köflach, ✆ +43 3144 727770, www.lipizzanerheimat.com. **Tourismusverband Schilcherland Steiermark** in Deutschlandsberg, ✆ +43 3462 7520, www.schilcherland.at.
Karten: Freytag & Berndt-Wanderkarte: WK 411 – Steirisches Weinland, Südwest-Steiermark.

Das steinerne Weibl: Es gibt viele Spekulationen über seine Herkunft; vielleicht ist es ja der Urtyp eines Smileys?

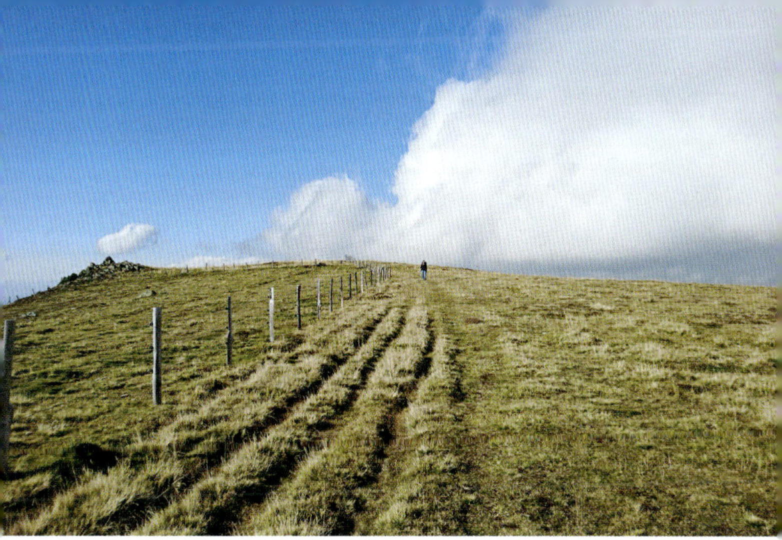

Die weitläufigen Bergrücken der Handalpe.

Von **Pack (1)**, 1116 m, aus folgen wir, wie auch bereits bei der gestrigen Etappe, dem Weltwanderweg 505. Die Markierung durch die Ortschaft ist einfach zu finden und leitet uns in Richtung Süden. Diese Richtung behalten wir während der gesamten Wanderung bei. Der Weg zieht sich über Forststraßen und sehr gut gepflegte Wanderwege gemütlich dahin, bis wir nach ca. 2,5 km unter uns die Autobahn A2 hören und auch sehen. Nach wenigen Minuten kommen wir zum Naturdenkmal **Das Steinerne Weibl (2)**, 1119 m. Über Wiesen- und Weideflächen geht es weiter entlang des Weges 505 an vereinzelten Häusern vorbei in Richtung »Weinebene«, bis wir mit leichtem Anstieg den Passübergang **Hebalm (3)**, 1294 m, erreichen. Wir sind hier an der Grenze zwischen den beiden Bundesländern Kärnten und Steiermark angekommen und sehen das große Steiermark-Herz direkt neben der Straße. Der Wanderweg führt auf der anderen Straßenseite weiter – erst entlang

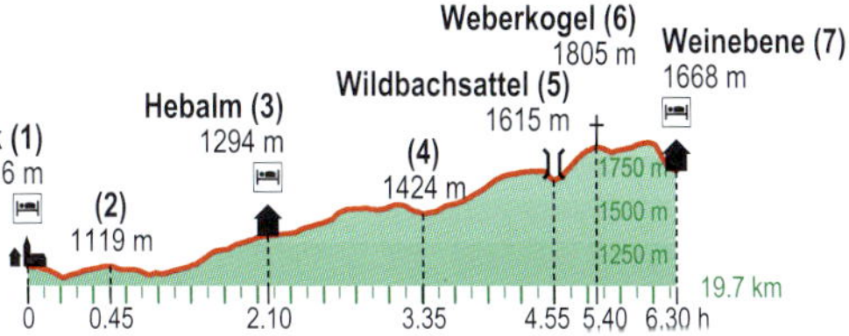

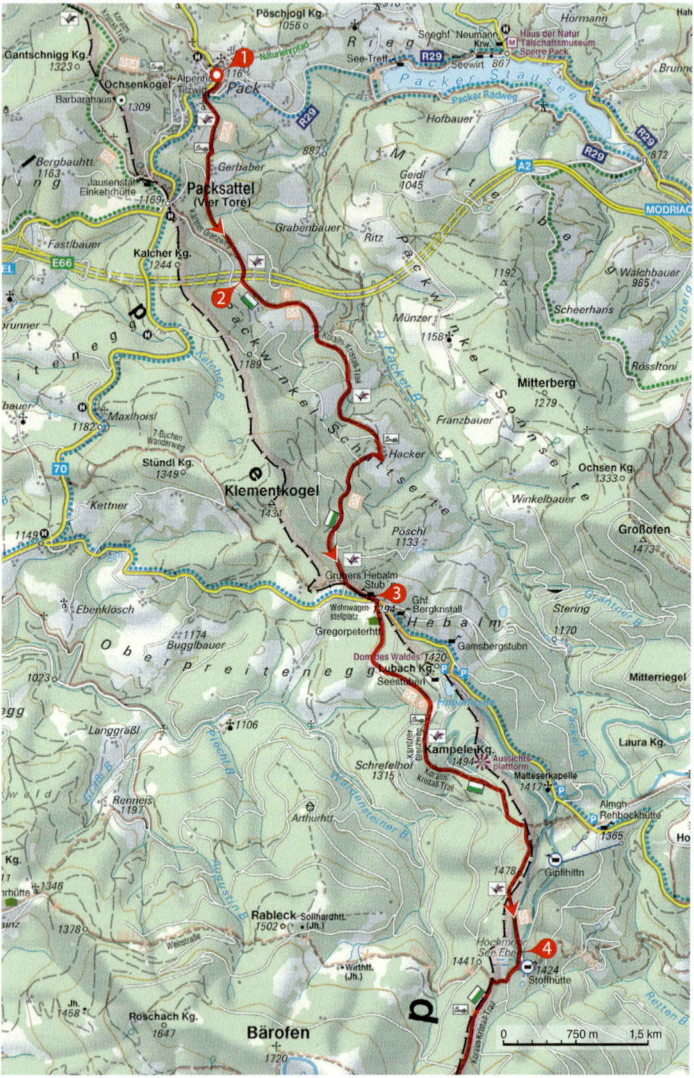

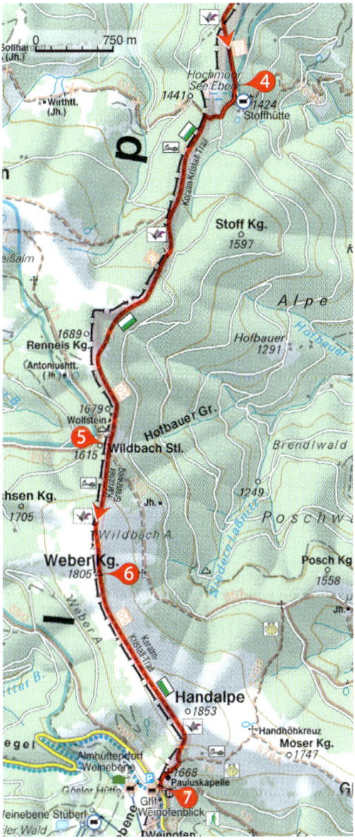

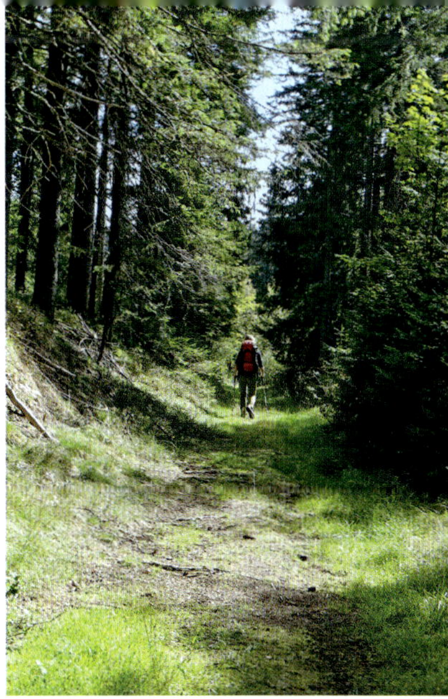

Der Großteil der Etappe führt durch Wälder.

einer Forststraße und dann als Wanderweg – durch schöne Wälder. Wichtig ist, immer auf dem Hauptwanderweg 505 in Richtung »Weinebene« zu bleiben, da es hier verschiedene Rundwanderwege gibt. Nach ca. 5 km erreichen wir den Weg- und Kreuzungspunkt **See-Eben (4)**, 1424 m. Danach halten wir uns an allen Wegkreuzungen immer in Richtung »Weinebene« bzw. »Koralpe«. Der Weg steigt leicht an, der Wald wird lichter, und zwischendurch wandern wir über Wiesenflächen bis zum **Wildbachsattel (5)**, 1615 m. Nach einem kurzen Steilstück bergauf erreichen wir die freien Almflächen mit dem **Weberkogel (6)**, 1805 m.

Der Wanderweg verläuft am Zaun entlang, rechts an den Windrädern vorbei. Wir wandern wie schon am Vortag an sogenannten »Öfen« vorbei und haben dann nur noch ein kurzes, steiles Stück bergab vor uns. Nach einer Kapelle erreichen wir den Parkplatz und den Gasthof Weinofenblick auf der **Weinebene (7)**, 1668 m. Hier geht es rechts und dann gleich links zum Gasthof Göclor Hütte.

18 Weinebene – Deutschlandsberg

7.00 Std.

↑240 ↓1540

Vom Berg in die Stadt – Ankunft im Schilcherland

Das Gebiet der Koralpe war jahrhundertelang bedeutsam für das Glashüttenwesen in der Steiermark, wie die Namen der Ortschaften Glashütten und Trahütten besagen. Wer sich für dieses Thema interessiert, hat die Möglichkeit, im Burgmuseum Archeo Norico in Deutschlandsberg die Ausstellung »Vom Waldglas zum ersten Industrieglas – 3000 Jahre steirisches Glas« zu besichtigen. Über 900 Objekte führen durch die steirische Glasgeschichte und erklären die ursprüngliche, regionale Glasherstellung. Bevor wir jedoch Deutschlandsberg erreichen, heißt es, mit der heutigen Etappe endgültig von der Bergregion der Südroute »Vom Gletscher zum Wein« Abschied zu nehmen. Von der Weinebene, einem kleinen, feinen Wander- und Skigebiet geht es – immer bergab – in Richtung Osten, bis man im Weinland ankommt. Waren die Einkehr- und Nächtigungsmöglichkeiten der letzten Wanderetappen eher unzureichend, hat man spätestens in Deutschlandsberg, der Hauptstadt des Schilcherlandes, wieder eine große Auswahl. Die Ankunft im Weinland krönt man am besten mit dem Besuch einer Buschenschänke.

Ausgangspunkt: Weinebene, 1668 m.
Streckenlänge: 21,4 km.
Anforderungen: Einfache Wanderwege mit steileren Passagen, die bei starken Regenfällen sehr rutschig sind.

Einkehr: Unterwegs keine.
Unterkunft: Deutschlandsberg: **JUFA Deutschlandsberg**, ✆ +43 5 7083 260, www.jufa.eu. **Gasthof Stöcklpeter**, ✆ +43 3462 2889, www.stoecklpeter.at.

Mit der heutigen Etappe verlassen wir die Bergregion und erreichen das Schilcherland.

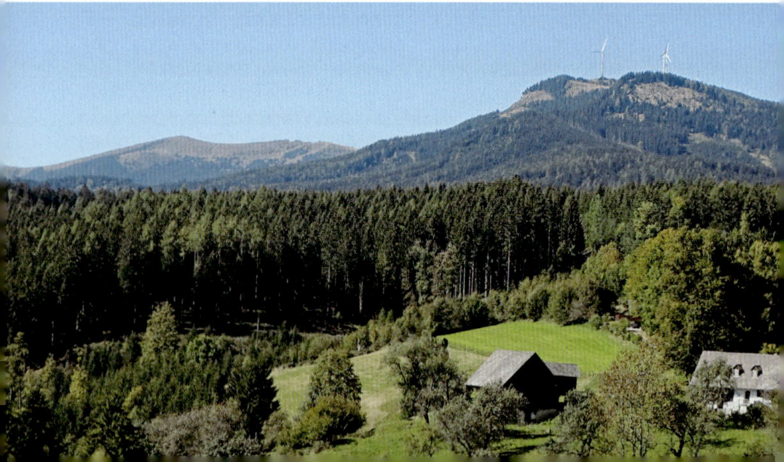

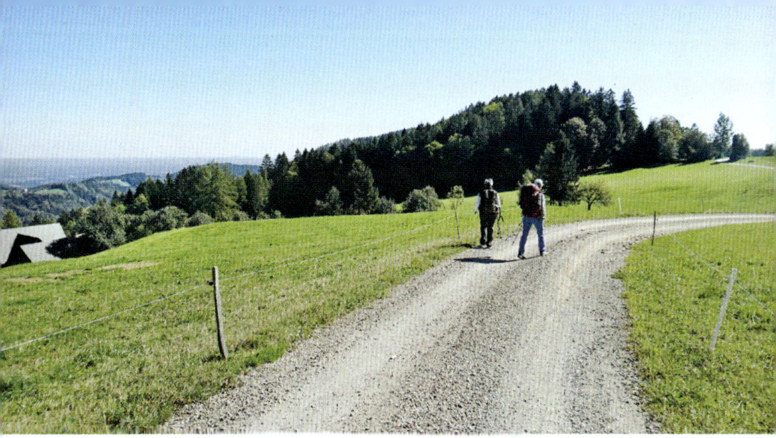

Zwischendurch sehr erholsam: gemütliches Wandern auf Schotterstraßen.

Burghotel Deutschlandsberg, ✆ +43 3462 56560, www.burg-deutschlandsberg.at.
Verkehrsmittel: Deutschlandsberg ist mit dem Bus erreichbar. Auskünfte unter: Verbundlinie Steiermark, www.busbahnbim.at.
Information: Tourismusverband Schilcherland Steiermark in Deutschlandsberg, ✆ +43 3462 7520, www.schilcherland.at.
Tipp: Burgmuseum Archeo Norico in Deutschlandsberg, ✆ +43 3462 5602 oder +43 676 4600058, www.archeonorico.at, Mitte März–Ende Nov. Di–So und feiertags.
Karten: Freytag & Berndt-Wanderkarte: WK 411 – Steirisches Weinland, Südwest-Steiermark.

Von der **Weinebene (1)**, 1668 m, gehen wir ein kurzes Stück der gestrigen Etappe zurück. Beim Abzweig in Richtung »Deutschlandsberg« verlassen wir den Weitwanderweg 505 und gehen rechts in Richtung »Parfußwirt« und »Deutschlandsberg«. Leicht bergauf bzw. eben kommen wir zum Handlhöhekreuz, einem Pilgerkreuz des Weststeirischen Jakobswegs, bei dem wir nach rechts abbiegen und den Wegen 18 und 578 folgen. Der Weg verläuft direkt am Rücken entlang und an den Windrädern vorbei bis zum **Abzweig (2)** nach rechts in Richtung »Glashütten«, 1518 m. Nun folgt ein steilerer Abstieg von etwa ca. 200 Höhenmetern. Der Wanderweg mündet in eine Forststraße. Rechts ginge es zum Almwirt, einem ehemaligen, sehr bekannten Gasthaus. Wir aber folgen dem Wanderweg nach links in Richtung »Parfußwirt – Deutschlandsberg« und gelangen auf einer Forststraße leicht bergab zum Wegpunkt **Mörtlkreuz (3)**, 1204 m.
Die nächsten 4 km verläuft unser Weg 578 immer leicht bergab, hauptsächlich auf Forststraßen im Wald und dann über Wiesenfächen, und mündet schließlich in eine Asphaltstraße, den **Zmuag-Weg (4)**, 966 m. Hier gehen wir nach links direkt an der Straße entlang bis zum ehemaligen Parfusswirt,

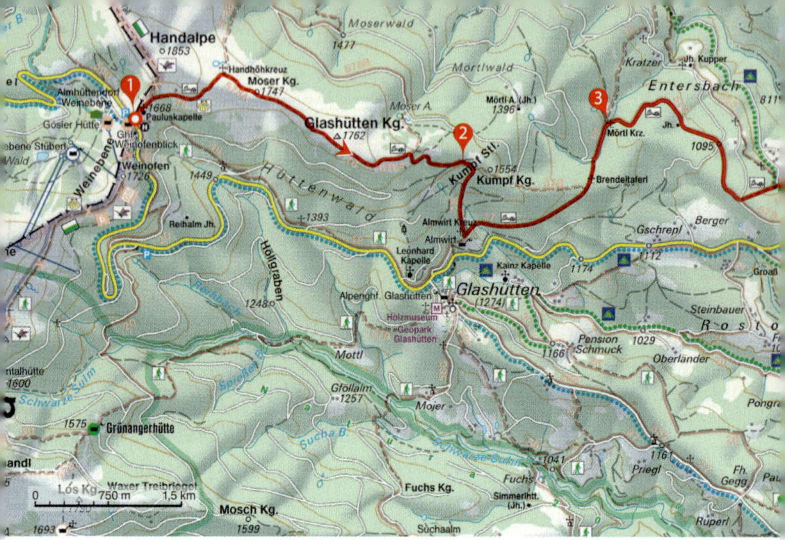

Bei der Kapelle folgen wir den Wegweisern leicht links bergauf in Richtung »Trahütten« (Weg 14). Wir wandern an einem Teich vorbei auf schönen Wanderwegen durch den Wald bis nach Trahütten.
Wir gehen am Sportplatz und an der Schule vorbei direkt zur Kirche von **Trahütten (5)**, 994 m, und dort nach rechts auf den Nikolaus-Weg. Auf die rot-weiß-rote Tafel mit der Aufschrift »14« achten! Nach wenigen Metern biegen wir scharf links in den Alexander-Kortschak-Weg ein. An der Feuerwehr Trahütten vorbei kommen wir zur Straße »Am Jägersteig«, die wir nach rechts einschlagen. Nach rund 300 m verlassen wir sie nach rechts unten und wandern über eine Wiese mit einer traumhaften Aussicht auf Deutschlandsberg. Beim Abstieg wechseln sich Forststraßen und Wanderwege ab, wobei wir uns immer in Richtung »Jägersteig / Dr. Ernst Klauserweg« (Weg 14) orientieren. Nach mehr als 2 km gehen wir über eine Holzbrücke und wandern talaus-

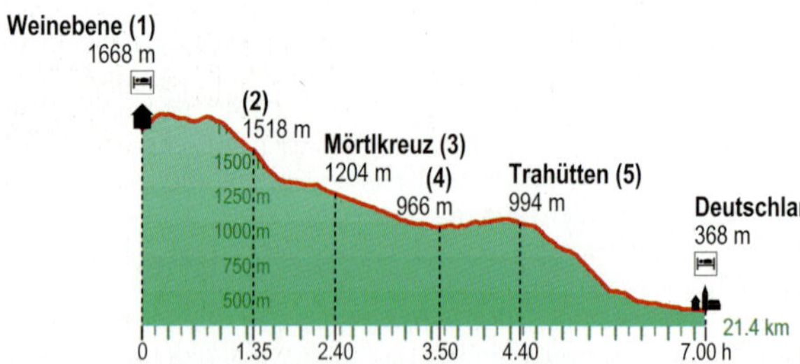

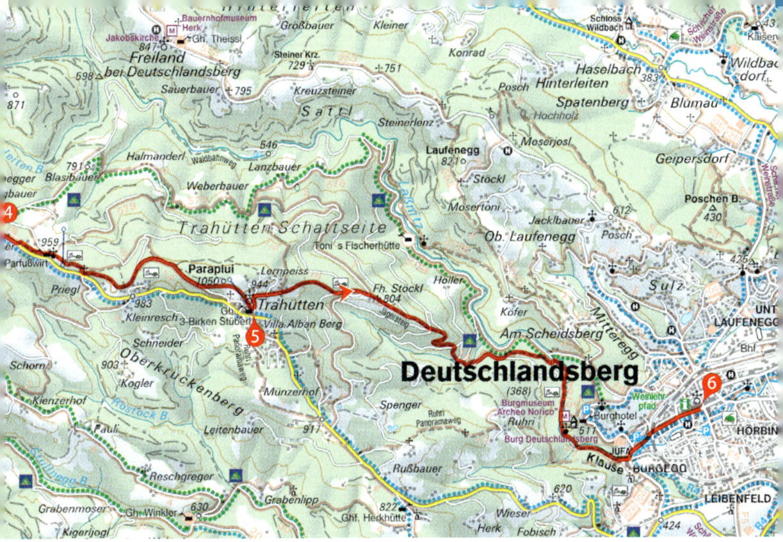

wärts. Im Talboden des Laßnitztales angekommen, gehen wir nach rechts entlang des Natura 2000 Europa-Schutzgebietes »Deutschlandsberger Klause« ins Zentrum von **Deutschlandsberg (6)**, 368 m.

Der Abstieg mit Blick auf unser Tagesziel: Deutschlandsberg.

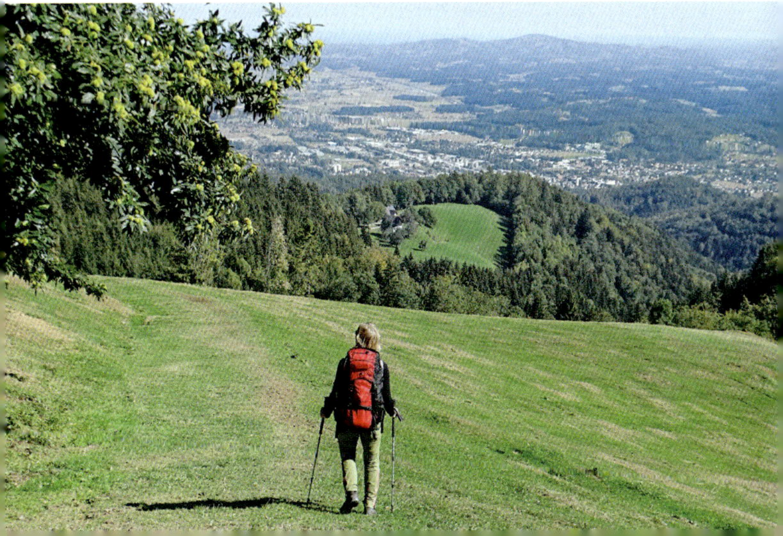

19

Deutschlandsberg – Bad Schwanberg

3.45 Std.

↑430 ↓370

Unterwegs im Schilcherland – Genuss pur

Die heutige Wanderung zählt sicherlich zu den einfachsten und kürzesten der gesamten Südroute »Vom Gletscher zum Wein«. Mit der gestrigen Etappe sind wir im Weinland bzw. im Schilcherland angekommen. Der Schilcher ist seit 1976 ein gesetzlich geschützter Begriff für den Roséwein aus der blauen Wildbachertraube, die ausschließlich in der Steiermark reift. Somit dürfen den Name »Schilcher« nur Weine tragen, die zu 100 % aus dieser Traube gekeltert werden. Aufgrund der idealen Bodenverhältnisse ist das Hauptanbaugebiet die Weststeiermark, eben das »Schilcherland«. Die Etappe von der Schilcherhauptstadt Deutschlandsberg nach Bad Schwanberg führt über gut beschilderte Wege, vorbei an Weingärten zu einem der schönsten Aussichtsplätze in der Region, nämlich zur kleinen Wallfahrtskirche Wolfgangikirche. Unser Weg ist hier identisch mit dem Mariazeller Pilgerweg, verläuft jedoch in entgegengesetzter Richtung zu jener der Pilger, die von Süden in Richtung Norden nach Mariazell wandern.

Ausgangspunkt: Deutschlandsberg, 368 m.

Streckenlänge: 11,1 km.

Anforderungen: Leichte Wanderung hauptsächlich auf Asphalt- und Schotterstraßen.

Einkehr: **Alpengasthaus zum Gregorhansl**, ✆ +43 3462 2610, www.alpengasthaus.com.

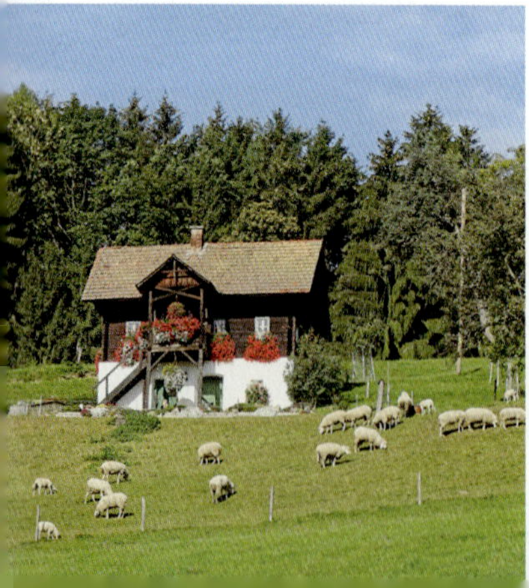

Unterkunft: Schwanberg: **Heilmoorbad Schwanberg**, ✆ +43 3467 8217, www.heilmoorbad.at. **Hotel-Gasthof Zur alten Post**, ✆ +43 3467 8264, www.mauthners.at. **Hotel Zum Schwan**, ✆ +43 3467 8227, www.hotelschwan.at. **Restaurant-Pension Schwanberger Stüberl**, ✆ +43 3467 7115, www.schwanbergerstueberl.at.

Verkehrsmittel: Schwanberg ist dem Bus erreichbar. Auskünfte unter: Graz-Köflacher Bahn- und Busbetrieb, www.gkb.at, und Verbundlinie Steiermark, www.busbahnbim.at.

Information: **Tourismusverband Schilcherland Steiermark** in Deutschlandsberg, ✆ +43 3462 7520, www.schilcherland.at. **Tourismusverband Schilcherland Sulmtal-Koralm & Weinebene** in Schwanberg, ✆ +43 3467 8484, www.weinebene.at.

Karten: Freytag & Berndt-Wanderkarte: WK 411 – Steirisches Weinland, Südwest-Steiermark.

Gepflegte Gehöfte am Weg.

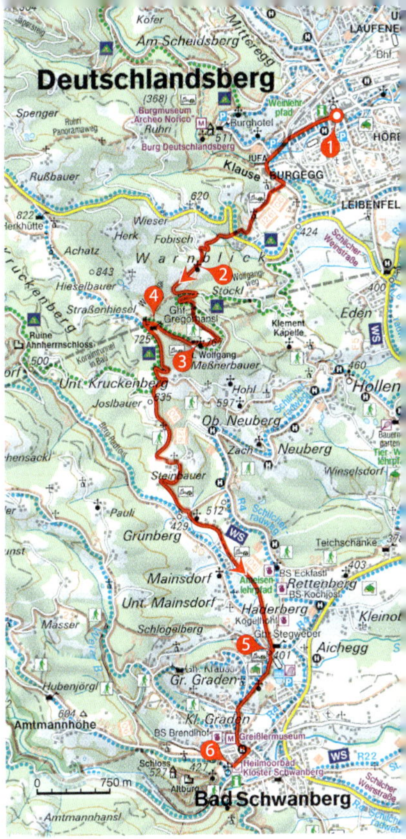

Vom Zentrum in **Deutschlandsberg (1)**, 368 m, gehen wir ein Stück der gestrigen Etappe zurück in Richtung »Klause« und zweigen kurz vorher nach links in Richtung »Stöcklweg – Gregorhanslwirt« ab. Wir überqueren die Laßnitzbrücke, kommen am Gesundheitspark vorbei und gehen kurz darauf nach rechts in Richtung »St. Wolfgang« weiter. Nun wandern wir auf einer Asphaltstraße leicht bergan und kommen an schönen Marterln vorbei. Bald verlassen wir die Asphaltstraße und gehen über Wiesenflächen und durch Weingärten bis zum Gehöft Krasser. Weiter auf dem Wanderweg gelangen wir zur L619 / Weinebene-Straße, der wir ca. 100 m nach rechts folgen, bevor wir nach links abzweigen. Auf die Beschilderung nach »St. Wolfgang« achten. Wir wandern auf Asphalt- und Schotterstraßen entlang von Wiesen und durch Waldstücke bergauf, wobei die Wegfindung durch ausreichende Markierungen sehr einfach ist. Wir kommen zu einer **Kapelle (2)**, 620 m, mit wunderbarem Ausblick auf Deutschlandsberg.

Danach geht es kurz flach dahin, dann wieder bergauf zur **Wolfgangikirche (3)**, 767 m. Von hier haben wir einen wunderschönen Ausblick aufs Schilcherland. Der Weg führt dann am **Alpengasthof zum Gregorhansl (4)**, 725 m, vorbei und anschließend auf einer Asphaltstraße gemütlich bergab. Die nächsten Kilometer folgen wir

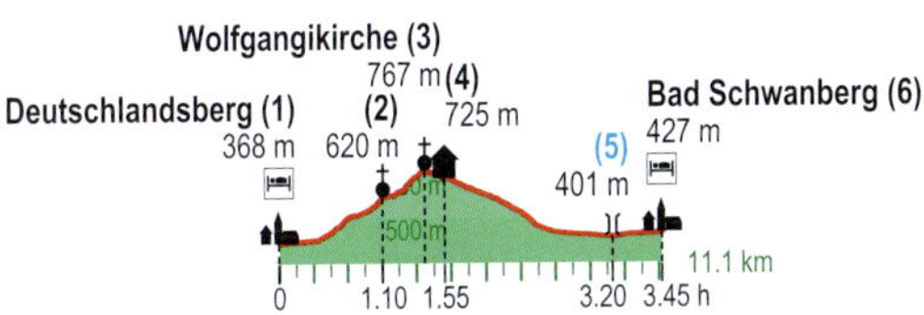

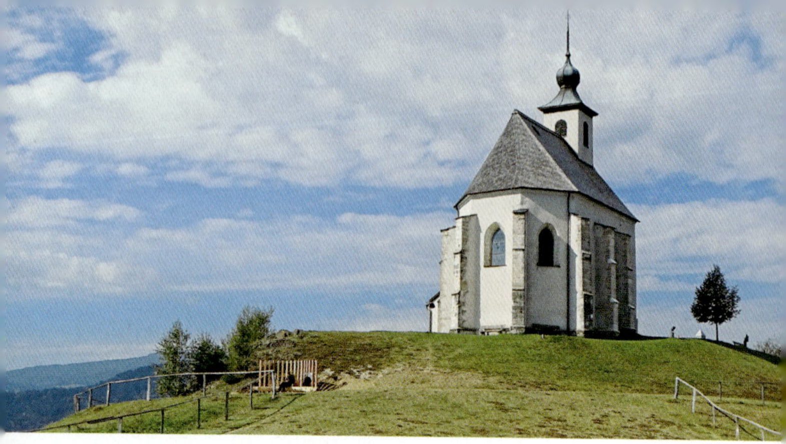

Die Wolfgangikirche, ein herrlicher Aussichtsplatz auf 767 m Seehöhe.

dem Weg 506, der sehr gut markiert und beschildert ist. Zwischendurch verläuft der Weg auch über Schotterstraßen und im Talboden an einem kleinen Bach entlang. Wir wandern durch dünn besiedeltes Gebiet bis zu einer Kreuzung, an der sich die Feuerwehr Grünberg – Aichegg / Mainsdorf befindet. Hier gehen wir nach rechts über den **Stullneggbach (5)**, 401 m. Nach der Brücke zweigen wir nach links ab und verlassen den Weitwanderweg 506. Danach wandern wir an der Mainsdorfer Straße entlang, gehen bei der nächsten Kreuzung nach links und an der Hauptstraße nach rechts ins Zentrum von **Bad Schwanberg (6)**, 427 m.

Im Schilcherland und somit beim Wein angekommen.

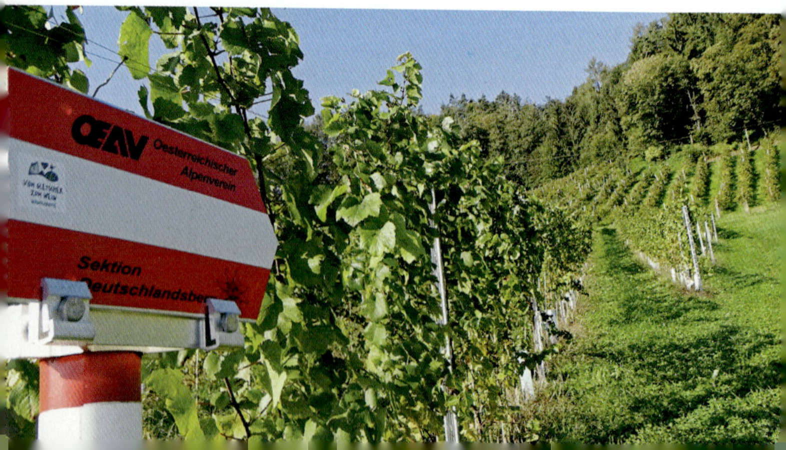

4.00 Std.

↑390 ↓450

Bad Schwanberg – Eibiswald

20

Ein gemütliches Auf und Ab im Schilcherland

Besonders im Herbst sind die Etappen durch das Schilcherland empfehlenswert, da »Kastanien & Sturm« (Kastanien und Traubenmost) nach einer Wanderung einen ganz speziellen Reiz haben. Die Wanderung von Bad Schwanberg nach Eibiswald verläuft im leichten Auf und Ab und ist aufgrund der Weglänge und der Höhenmeter wieder als gemütliche Genusswanderung einzustufen. Da mit der 21. Etappe wieder eine längere Wanderung auf dem Programm steht, kann man heute die Zeit für Bad Schwanberg und Eibiswald gut nutzen. Die bezaubernde Ortschaft Bad Schwanberg ist auch durch das Heilmoorbad Schwanberg bekannt. Vom höchstgelegenen Hochmoor Österreichs, dem Garanaser Moor auf über 1300 m Seehöhe, kommt das für Anwendungen und Therapien verwendete Heilmoor. Mit dem Etappenziel Eibiswald erreicht man auch den Knotenpunkt folgender Weitwanderwege: Mariazeller Weg 06, Südalpenweg 03, Nord-Süd-Weitwanderweg 05 und Europäischer Weitwanderweg E06. Kein Wunder also, dass sich in Eibiswald das Weitwandermuseum des Österreichischen Alpenvereins befindet.

Ausgangspunkt: Bad Schwanberg, 404 m.
Streckenlänge: 12,1 km.
Anforderungen: Leichte Wanderung über Asphalt- und Schotterstraßen, mit längeren Abschnitten auf Waldwegen.
Einkehr: **Gasthaus Hochmasser**, ✆ +43 3465 2105. Vordersdorf: **Gasthaus Polz**, ✆ +43 3466 42 338. Eibiswald: **Weinlandbäckerei Katzjäger**, www.weinlandbaecker.at, ✆ +43 3466 42279.
Unterkunft: Eibiswald: **Gartenhotel Kloepferkeller**, ✆ +43 3466 42205, www.kloepferkeller.at. **Hasewend's Kirchenwirt Domaines Kilger**, ✆ +43 3466 42216, www.hasewend.at. **Weingut Peiserhof**, ✆ +43 3466 42414, www.peiserhof.at.

Verkehrsmittel: Eibiswald ist mit dem Bus erreichbar. Auskünfte unter: Graz-Köflacher Bahn- und Busbetrieb, www.gkb.at, und Verbundlinie Steiermark, www.busbahnbim.at.
Information: **Tourismusverband Schilcherland Sulmtal-Koralm & Weinebene** in Bad Schwanberg, ✆ +43 3467 8484, www.schilcherland.at und www.weinebene.at. **Tourismusverband Schilcherland Eibiswald-Wies** in Eibiswald, ✆ +43 3466 43256, www.schilcherland.at.
Tipp: ÖAV Weitwandermuseum in Eibiswald, telefonische Anmeldung ✆ +43 3466 43256.
Karten: Freytag & Berndt-Wanderkarte: WK 411 – Steirisches Weinland, Südwest-Steiermark.

Vom Hauptplatz in **Bad Schwanberg (1)**, 404 m, gehen wir ein Stück des Vortags zurück und biegen dann rechts in die Wieser Straße ein. Wir überqueren auf einer Brücke die Schwarze Sulm, schlagen dann rechts den Limberger Weg ein und kommen am Schwanberger Stüberl vorbei. Wir orientieren uns an den grauen Wegweisern des »Emmausweges«. Dann verlassen wir die Asphaltstraße nach rechts und wandern auf Schotter- und Wiesen-

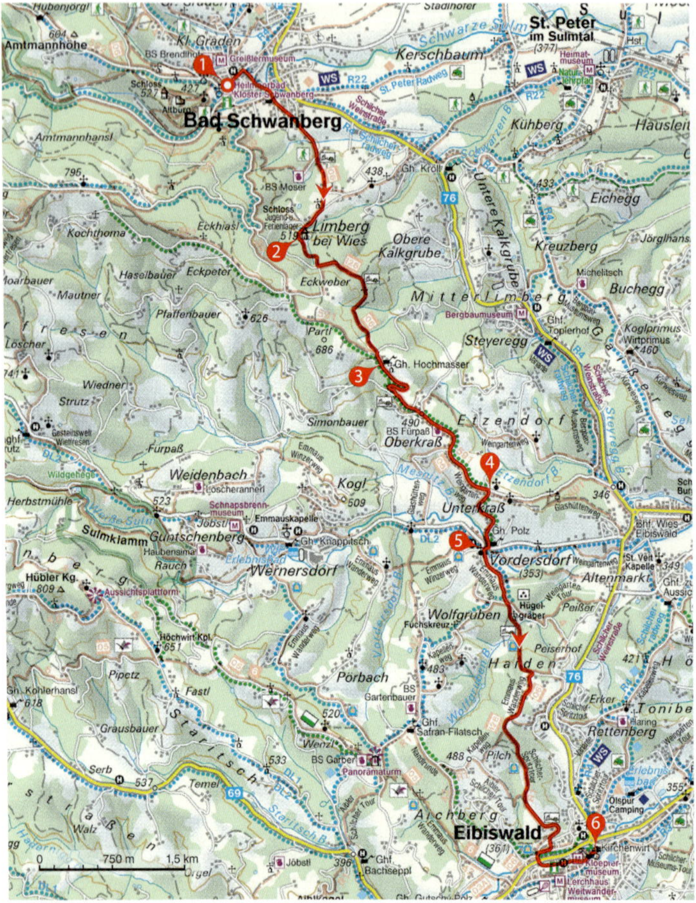

wegen weiter bergauf zum **Schloss Limberg (2)**, 519 m, das bereits 1244 erstmals urkundlich erwähnt wurde und heute ein Jugend- und Ferienlager beherbergt.

Durch einen Laubwald geht es steiler bergauf, bis wir zu einer Forststraße kommen und dieser nach links, weiterhin auf dem »Emmausweg«, folgen. Die rot-weiß-roten Markierungen leiten uns zu einer Asphaltstraße, wo auch

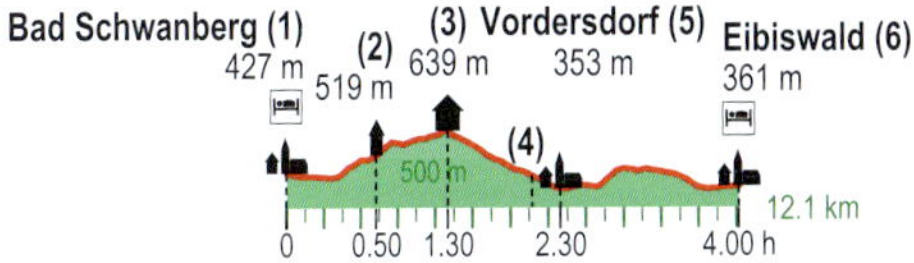

wieder gelbe Hinweistafeln zu sehen sind. In der Nähe des **Gasthofes Hochmasser (3)**, 639 m, erreichen wir den höchsten Punkt der heutigen Etappe. Wir wandern mit schönen Ausblicken in die Umgebung auf der Asphaltstraße etwa 2,5 km weit durch die Streusiedlungen Ober- und Unterkraß bis zur Abzweigung nach rechts in Richtung »Vordersdorf–Eibiswald« **(4)**, 415 m. Wir gehen auf dem Wanderweg hinunter nach **Vordersdorf (5)**, 353 m, und alsbald wieder bergauf.

Die nächsten 3 km sind sehr abwechslungsreich: Wir wandern durch Wälder, an Häusern und Höfen vorbei über Wiesenflächen, wobei wir uns immer an den zahlreichen Wegweisern in Richtung »Eibiswald« orientieren. Bevor wir unser Etappenziel erreichen, kommen wir noch an einem Bauernhof mit einem großen Teich vorbei und gelangen kurz darauf zur Forstaufsichtsstation Eibiswald und zum Stadtrand. Im Links-rechts-links-Schwenk kommen wir zur B69/Radlpass Straße. Wir folgen ihr gut 150 m nach rechts, verlassen sie nach links, gehen gut 200 m leicht bergauf und dann nach links ins Zentrum von **Eibiswald (5)**, 361 m.

Der Wanderweg führt immer wieder durch Streusiedlungen.

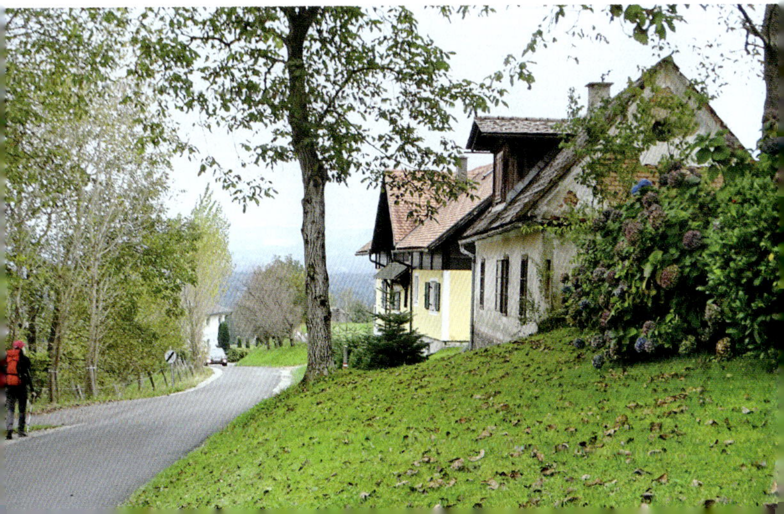

21 Eibiswald – Serschenhof (Remschniggalm)

7.30 Std.

↑910 ↓640

Eine Wanderung auf das südlichste Gebirge der Steiermark

Die heutige Wanderung führt über das meist bewaldete, bis 1000 m hohe Wandergebiet des Poßruck. Das südlichste Gebirge der Steiermark bildet auch gleichzeitig die Grenze zu Slowenien. Obwohl in der Vergangenheit kein klassischer Grenzzaun vorhanden war, wurde streng kontrolliert. Wenn man auf das jugoslawische Gebiet kam, musste man sogar mit einer Festnahme rechnen. Als einfache Orientierungshilfe empfahl man den Klapotetz, ein in beiden Ländern verbreitetes hölzernes Windrad: »Bei uns hat der Klapotetz acht Flügel, in Jugoslawien nur sechs. Wenn Sie einen Klapotetz mit sechs Flügeln sehen, rasch umkehren.« Heute wandern wir ganz entspannt an ehemaligen Grenzkontrollstellen und zahlreichen Grenzsteinen vorbei und werden dabei zu philosophischen Betrachtungen über Grenzen angeregt. Der erste Teil der Etappe von Eibiswald bis zur Kirche St. Pongratzen verläuft stetig bergauf und durch die charakteristischen Nordhänge des Poßruck mit schönen Mischwäldern, bestehend aus Buchen, Ahorn, Ebereschen, Edelkastanien, Fichten und Tannen. Der zweite Teil ist eine gemütliche Höhenwanderung auf einer durchschnittlichen Seehöhe von 750 m – mit schönen Almflächen und herrlichen Ausblicken auf die Südsteiermark.

Ein gemütliches Auf und Ab in Richtung Poglei-Hütte auf der Remschniggalm.

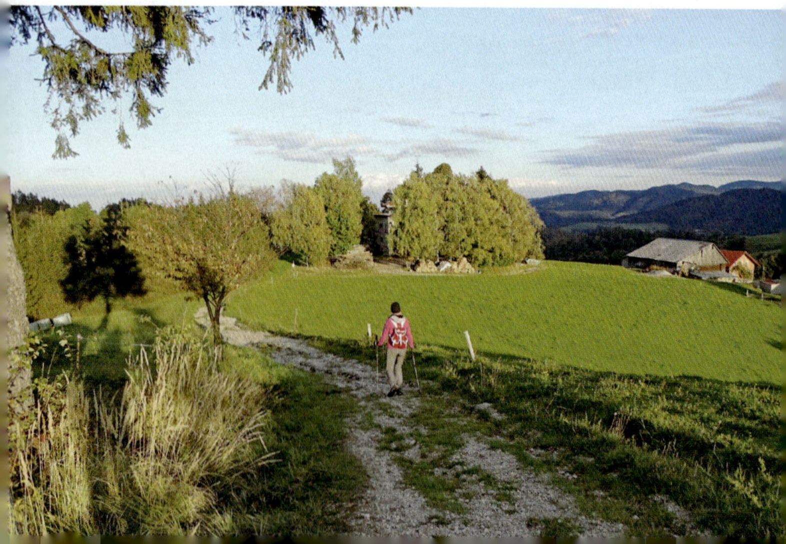

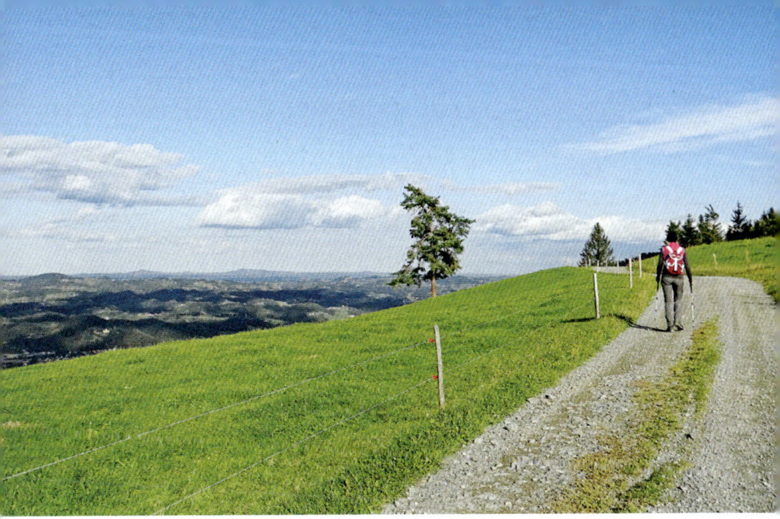

Aussichtsreiches Weitwandern im südlichsten Gebirge der Steiermark.

Ausgangspunkt: Eibiswald, 361 m.
Streckenlänge: 21 km.
Anforderungen: Einfache Wanderung mit einigen steileren Abschnitten. Die Wegbeschaffenheit ist ein Mix aus befestigten Straßen bis hin zu schmalen, steilen Wanderwegen.
Einkehr: **Panoramaschenke Tertinek**, ✆ +43 3455 6145, www.tertinek.at. Remschniggalm: **Poglei-Hütte**, ✆ +43 660 5235201.
Unterkunft: **Serschenhof**, ✆ +43 664 2277480, www.serschenhof.at.
Verkehrsmittel: WEINmobil, ✆ +43 123500 4411, www.weinmobil.at, tgl. 10–23.30 Uhr.
Information: **Tourismusverband Schilcherland Eibiswald-Wies**, ✆ +43 3466 43256, www.schilcherland.at. **Tourismusverband »Die Südsteirische Weinstraße«** in Leutschach an der Weinstraße, ✆ +43 3454 7070, www.suedsteirische-weinstrasse.at.
Hinweis: Da es beim Serchenhof nur wenige Betten gibt, sind die Unterkünfte in Leutschach (vgl. Etappe 22) eine gute Alternative. Mit dem WEINmobil kann man vom Serschenhof abgeholt und am nächsten Tag wieder hingebracht werden.
Karten: Freytag & Berndt-Wanderkarte: WK 411 – Steirisches Weinland, Südwest-Steiermark.

Vom Hauptplatz in **Eibiswald (1)**, 361 m, gehen wir zur Kirche, wobei die gelben Wegweiser in Richtung »St. Pongratzen« (Wege Nr. 592/03a) die Richtung weisen. Kurz nach der Kirche und dem Hotel Klöpferkeller biegen wir nach links oben in einen asphaltierten Gehweg ein. Wir gehen bis zu einer Kreuzung, dort rechts und folgen der Asphaltstraße bis zur **Pommer Kapelle (2)**, 449 m.
Nun wandern wir ca. 1 km bergauf bis zu einer Kreuzung. Achtung! Hier gehen wir nach links und gleich in der Linkskurve zweigt der Wanderweg

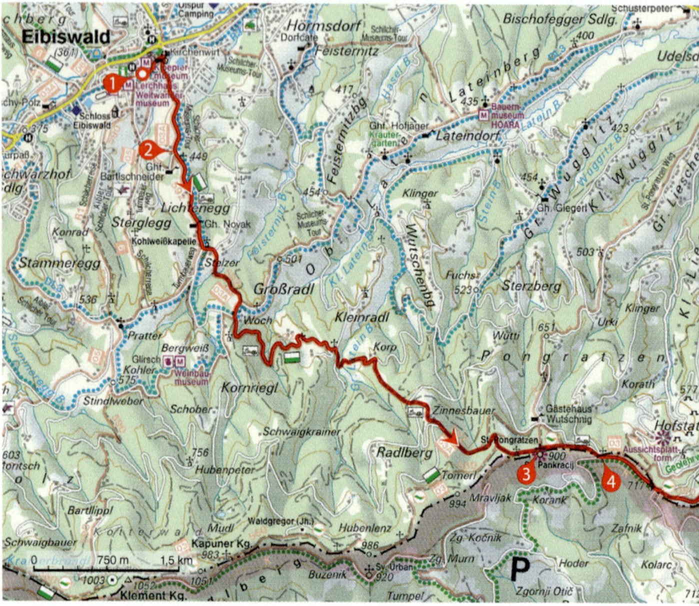

rechts nach unten ab. Er führt ein kurzes Stück über Wiesen bergab, dann wieder bergauf und stößt auf eine Asphaltstraße. Hier geht es nach rechts, unterhalb des Bauernhofes vorbei und dann gleich nach links. Jetzt wandern wir knapp 2 km eben bzw. leicht bergauf, bis wir die Straße scharf rechts verlassen und leicht bergab gehen. Zur weiteren Orientierung auf die rot-weiß-roten Markierungen achten! Es geht über ein Bacherl und danach die nächsten 3 km steiler bergauf. Wir wandern auf Straßen – teilweise direkt durch Hofstellen hindurch – sowie auf Schotter- und Wanderwegen hinauf zum höchsten Punkt der heutigen Wanderung, der Kirche **St. Pongratzen (3)**, 900 m. Die Kirche selbst steht zur Gänze auf slowenischer Seite.
Ab jetzt folgen wir dem »Grenzpanoramaweg«. Der Weg ist auseichend gut markiert und führt wieder etwas steiler hinunter zu einer Straßenkreuzung (Richtung Oberhaag), wo sich auch ein **Rastplatz (4)**, 741 m, befindet. Weiter den rot-weiß-roten Markierungen folgend, gehen wir den Rücken entlang in Richtung Osten bis zu einem Grenzübertritt und weiter in Richtung »Remschnigg« (Wege Nr. 560/03). Der Weg verläuft abwechselnd auf Asphaltstraßen, Wander- und Schotterwegen auf einer Seehöhe von ca. 700 m leicht bergauf und bergab bis zur **Panoramaschenke Tertinek (5)**, 715 m (früher:

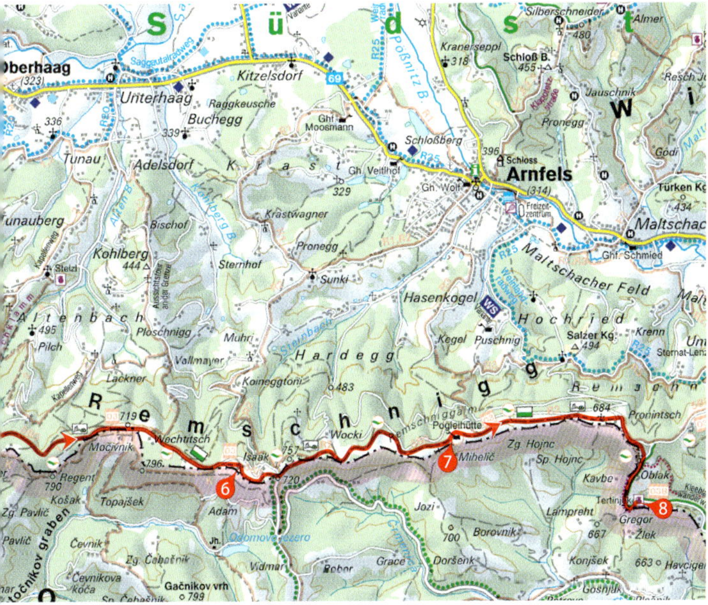

Mukonig). Auch die nächsten 4 km führen folgen dem »Grenzpanoramaweg« – wir achten auf die Markierungen – und kommen am Haus **Isaak (6)**, 773 m, vorbei.

Die nächsten 3 km bis zur **Pogleihütte (7)**, 735 m, auf der Remschniggalm gestalten sich ähnlich. In unmittelbarer Nähe der Pogleihütte befindet sich ein Pausenplatz mit einem eingezäunten Grenzstein. Weiter immer in Richtung Osten zweigen wir kurz vor dem ehemaligen Gasthaus Pronintsch nach rechts unten ab. Leicht bergab, weiterhin dem »Grenzpanoramaweg« in Richtung »Hlg. Geist (Sv. Duh)« folgend, erreichen wir unser Etappenziel, den **Serschenhof (8)**, 623 m, auf der Remschniggalm.

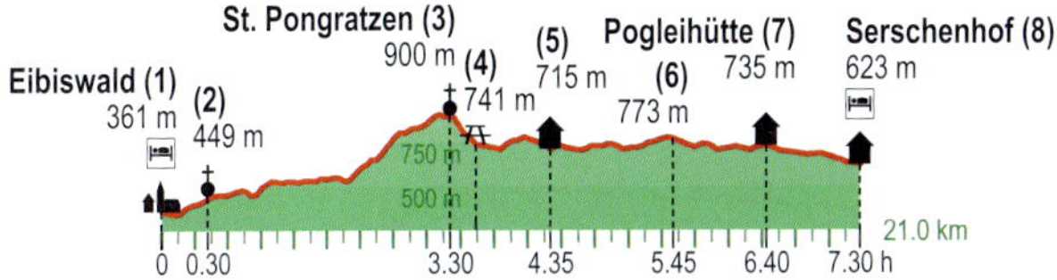

22 Serschenhof (Remschniggalm) – Leutschach

5.30 Std.

↑500 ↓780

Zum südlichsten Punkt der Steiermark

Während der heutigen Wanderung haben wir einen schönen Ausblick auf die reizvolle Landschaft des Südsteirischen Weinlandes. Der Weg führt bis zur bekannten Wallfahrtskirche Sveti Duh, deutsch »Kirche zum Heiligen Geist« kontinuierlich bergauf, bis auf über 900 m Seehöhe. Von hier ist es nicht mehr weit bis zum südlichsten Punkt der Steiermark, der mit einer Hinweistafel im Wald eher unscheinbar gekennzeichnet ist. Ab hier geht es nun bergab, und wir verlassen endgültig die »Bergregion« der Südsteiermark. Der Abstieg ist sehr abwechslungsreich und zwischendurch hat man schon einen schönen Blick auf Leutschach. Der Weg verläuft durch Weingärten und Wälder und an kleinen Bauernhöfen und Winzerhäusern vorbei hinunter in den Talboden. Dann wandern wir entlang von Hopfenanbauflächen direkt auf Leutschach zu. Auch wenn man das im Weinland nicht gleich vermutet, befindet sich hier das größte Hopfenanbaugebiet Österreichs. Gerade die Vielseitigkeit – Bier, Wein und Kürbiskernöl – macht das wanderbare Gebiet rund um Leutschach sehr attraktiv.

Ausgangspunkt: Serschenhof (Remschniggalm), 623 m.
Streckenlänge: 17 km.
Anforderungen: Einfache Wanderung mit einigen steileren Abschnitten, die bei Nässe mitunter sehr rutschig sind.
Einkehr: **Weingut oberGuess**, ✆ +43 664 4380838, www.oberguess.com. **Buschenschank Dobay**, ✆ +43 3454 6581 oder +43 677 63053394, www.dobay.at. Bei der Wallfahrtskirche Sveti Duh Einkehrmöglichkeiten auf slowenischer Seite. **Panoramaschenke Kure**, ✆ +43 3454 6412, www.panoramaschenke-kure.at. **Buschenschank Ruad'l** (Fam. Poscharnig), 200 m links vom Weg, ✆ +43 3454 6139, www.ruadl.at.
Unterkunft: Leutschach: **Rebenlandhof**, ✆ +43 3454 271, www.rebenlandhof.at. **Lang-Gasthof Tscheppe**, ✆ +43 3454 246, www.langgasthof-tscheppe.at. **Titscherhof**, ✆ +43 664 1144767, www.titscherhof.at (diese Unterkunft befindet sich bereits auf der Etappe 23).
Verkehrsmittel: WEINmobil, ✆ +43 123500 4411, www.weinmobil.at, tgl. 10–23.30 Uhr
Information: **Tourismusverband »Die Südsteirische Weinstraße«** in Leutschach an der Weinstraße, ✆ +43 3454 7070, www.suedsteirischeweinstrasse.at.
Karten: Freytag & Berndt-Wanderkarte: WK 411 – Steirisches Weinland, Südwest-Steiermark.

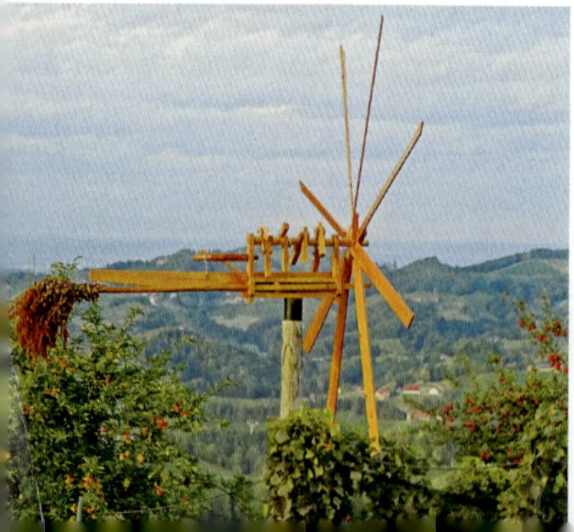

Der Klapotetz, Symbol des Südsteirischen Weinlandes.

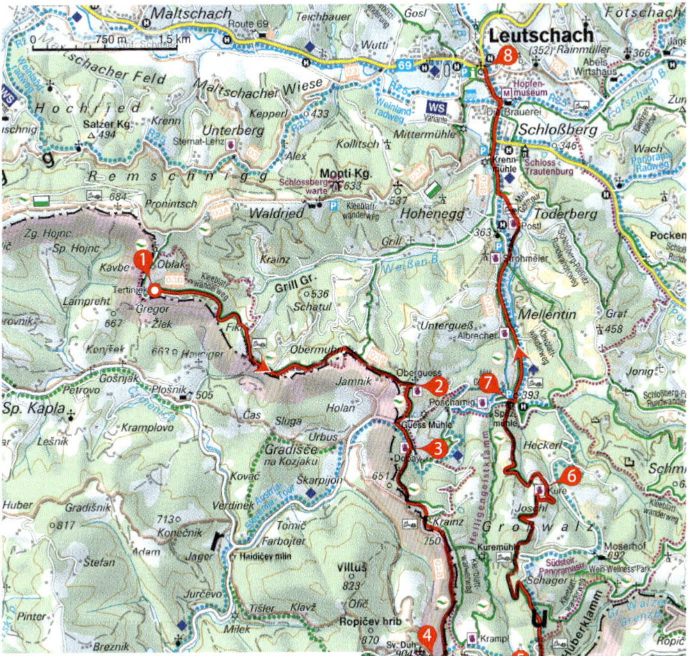

Vom **Serschenhof (1)**, 623 m, am Remschnigg gehen wir in Richtung »Hg. Geist (Sv. Duh)« direkt durch den Serschenhof, wobei man vorm Weggehen noch die »Jausenbox« (Selbstbedienungs-Kiosk mit regionalen Produkten) besuchen sollte. Der Weg ist gut markiert und verläuft über Forst- und Asphaltstraßen bzw. Wanderwege. Zur Orientierung dient die Wegmarkierung des Grenzpanoramaweges. Erst geht es leicht bergab und dann bergauf, bis wir kurz vor dem Bauernhof Hart-

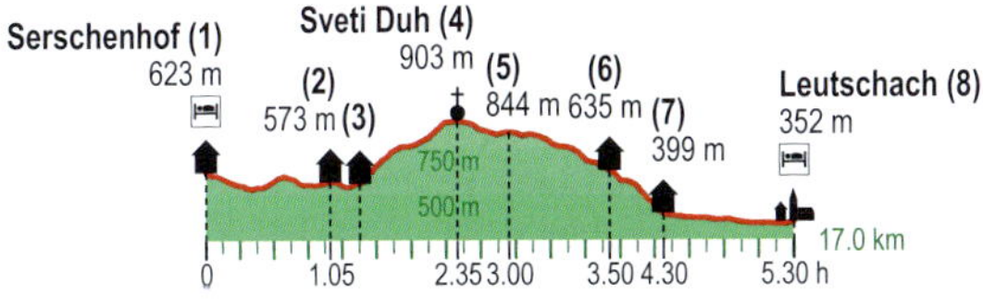

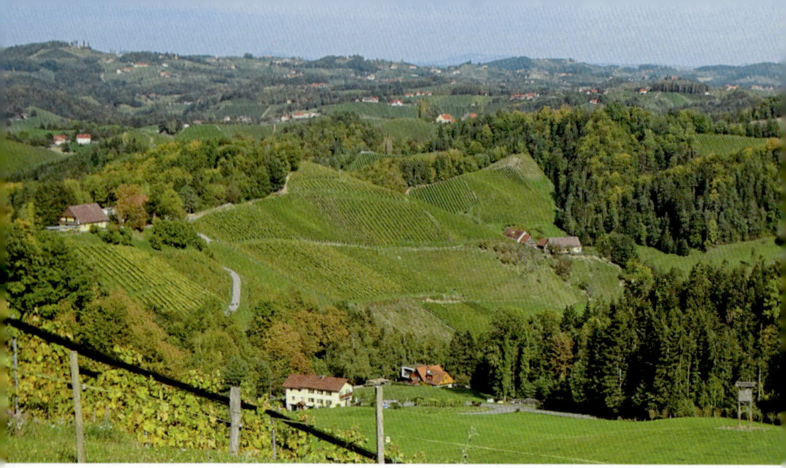

Immer wieder eröffnen sich grandiose Ausblicke über Weingärten und Wälder hinweg.

mann links abzweigen und dem Wiesenweg folgen. Wir wandern direkt entlang der Grenze an Weingärten vorbei, wobei die Markierungen uns über die Wiesen- und Weideflächen führen. Beim Buschenschank des **Weinguts oberGuess (2)**, 573 m, folgt der Wanderweg der Straße bergab, passiert einen Grenzübergang und steigt an bis zum **Buschenschank Dobay (3)**, 563 m. Spätestens hier sollte man eine Pause machen, da es gleich nach dem Haus nach rechts bergauf geht.

Über Wanderwege und Forststraßen führt der gut markierte Weg an der »Jausenbox« der Schäferei Kurihof vorbei. Nach ca. 2,5 km erinnert der geschichtsträchtige Grenzstein mit der Inschrift »St. Germain 10. Sept. 1919« an den Friedensvertrag, der nach dem Ende des Ersten Weltkrieges die Auflösung der österreichischen Reichshälfte und die Bedingungen für die neue Republik Österreich regelte. Daran vorbei lohnt der kurze Abstecher hinauf zur bekannten Wallfahrtskirche **Sveti Duh (4)**, 903 m.

Unser Weiterweg folgt nach links der Asphaltstraße zu einem Grenzübergang und zum mitten im Wald gelegenen **südlichsten Punkt der Steiermark (5)**, 844 m. Ab nun wandern wir auf Wanderwegen, Forst- und Asphaltstraßen kontinuierlich bergab. Die grün-weiße Markierung mit den weißen Pfeilen bringt uns zur **Panoramaschenke Kure (6)**, 635 m. Der Wanderweg führt direkt zwischen den Gebäuden hindurch und dann über die Wiese bergab. Wir folgen dem grün-weiß-markierten Weg über Forststraßen und Wanderwege, bis wir nach ca. 1,5 km beim **Parkplatz 4 (7)**, 399 m, fast den Talboden erreichen. Hier geht es nach rechts und nach der Mühle gleich wieder nach links. Ab nun wandern wir direkt, hauptsächlich entlang der Straße und zwischendurch auf Schotterstraßen, bis nach **Leutschach (8)**, 352 m.

6.00 Std.

↑720 ↓720

Leutschach – Ratsch 23

Von Weingarten zu Weingarten im Naturpark Südsteirisches Weinland

Die heutige Wanderung führt uns durch die reizvolle Landschaft der Windischen Bühel. Dieser gut eingebürgerte Name charakterisiert eine reich gegliederte Gegend, in der sich Hügel an Hügel reiht, die durch schmale Gräben mit kleinen Bächen voneinander getrennt werden. Der Weg verläuft im ständigen Auf und Ab an Weingärten und gepflegten Streuobstwiesen vorbei oder durch schattenspendende Mischwälder. Auch wenn man es in der Südsteiermark nicht gleich erwarten würde, ist diese Wanderung durchaus mit einer Bergetappe vergleichbar. Sehr angenehm sind die zahlreichen Einkehrmöglichkeiten und die schönen Rastplätze inmitten der Weinberge. Ein besonders interessanter Rastplatz ist der Grenztisch, ein Tisch, der zur Hälfte in Österreich und zur Hälfte in Slowenien steht und als Symbol für die Freundschaft der Menschen beider Länder am 16. Juni 2013 errichtet wurde. Die Südsteiermark steht für duftige, frische Weine, vor allem die der Leitsorte Sauvignon Blanc. Jedoch ist auf der ca. 2500 ha großen Rebfläche der Südsteiermark Platz für ein breites Weinsortenspektrum, vom Welschriesling über Morillon und Muskateller bis zum Traminer. Ein schönes Fotomotiv für diese Weinwanderung ist die Riesenweintraube aus Glas auf dem Eorykogel, die nur wenige Minuten vom Weg entfernt ist.

Ausgangspunkt: Leutschach, 352 m.
Streckenlänge: 16,6 km.
Anforderungen: Ständiges Auf und Ab, z. T. auf steil angelegten Wanderwegen.
Einkehr/Unterkunft: **Weinhof Narat-Zitz**, ✆ +43 660 4554508 und +43 3454 351, www.narat-zitz.at. **Buschenschank & Familienweingut Oberer Germuth**, ✆ +43 3454 6734 oder +43 676 9482891, www.oberergermuth.com. **Weingut & Buschenschank Trunk**, ✆ +43 3453 6813, www.trunk.st. **Weinhof Prettner**, ✆ +43 3453 2561 oder +43 664 580 0542, www.weinhofprettner.at. Ratsch: **Ratscher Weinstöckli**, ✆ +43 664 925 3836, www.weinstoeckli.at. **Gasthaus und Gästezimmer Schlauer**, ✆ +43 3453 4332. **Ratscher Landhaus** (außerhalb, an Etappe 24), ✆ +43 3453 23130, www.ratscher-landhaus.at. **Weingut Schwarzl** (ebenfalls außerhalb), ✆ +43 3453 2820, www.gutschwarzl.at. Ottenberg (4 km nördlich von Ratsch): **Weingut Gruber**, ✆ +43 664 4211554, www.weingut-gruber.at.
Verkehrsmittel: WEINmobil, ✆ +43 123500 4411, www.weinmobil.at, tgl. 10–23.30 Uhr.
Information: **Tourismusverband »Die Südsteirische Weinstraße«** in Leutschach an der Weinstraße, ✆ +43 3454 7070, www.suedsteirischeweinstrasse.at.
Karten: Freytag & Berndt-Wanderkarte: WK 411 – Steirisches Weinland, Südwest-Steiermark.

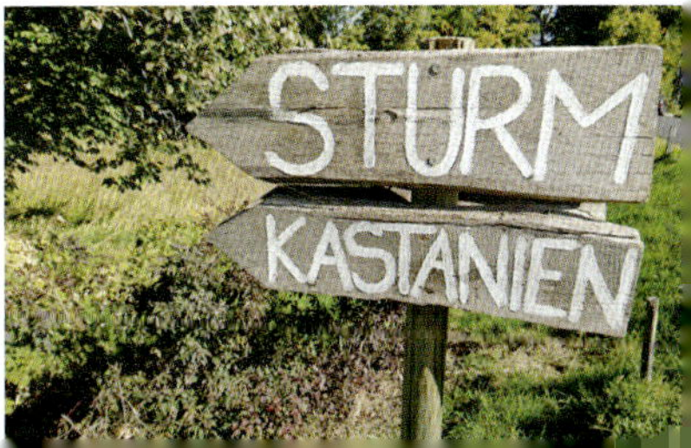

Keine Wetterwarnung, sondern eine kulinarische Spezialität.

Von **Leutschach (1)**, 352 m, gehen wir ein kurzes Stück der gestrigen Etappe bis zur Ortstafel »Schloßberg Ort« zurück. Hier biegen wir links in die Nebenstraße in Richtung »Leutschacher Rundwanderweg« bzw. in den Radweg R25 (»Weinlandradweg«) ein. Der Radweg verläuft über Forstwege und an Hopfenplantagen vorbei. Wir treffen auf die Landstraße L613, gehen links und nur wenige Meter danach zweigen wir nach rechts vom Radweg in eine Seitenstraße ein. Bitte auf die Beschilderung »Glanzer Hoftour« und die gelb-weiß-grünen Markierungen achten. Entlang von Nebenstraßen führt der Weg leicht bergauf, am Titscherhof vorbei und dann ca. 2,5 km an Wiesenflächen entlang, durch schöne Laubwälder und durch Weingärten.

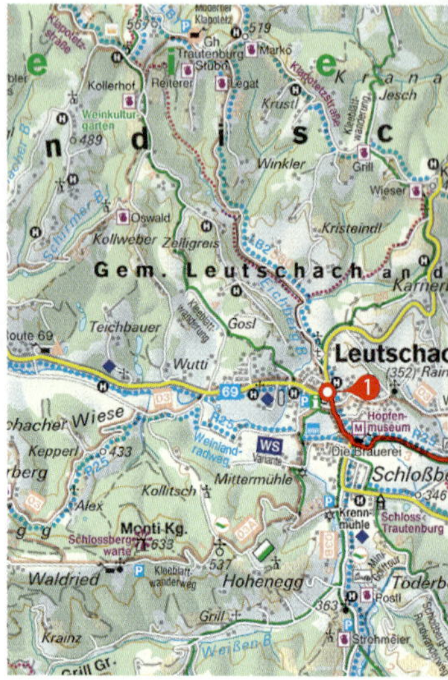

Beim **Weinhof Narat-Zitz (2)**, 460 m, gehen wir direkt zwischen Wohnhaus und Weinkeller hindurch und folgen der Straße bis zur Kreuzung. Hier kann man einen Abstecher zum Eorykogel machen, wo sich die Riesenweintrau-

Die Weinberge des Südsteirischen Weinlandes.

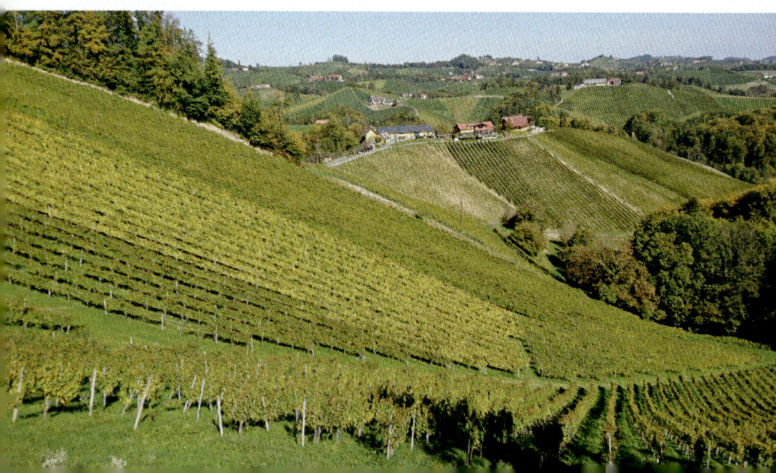

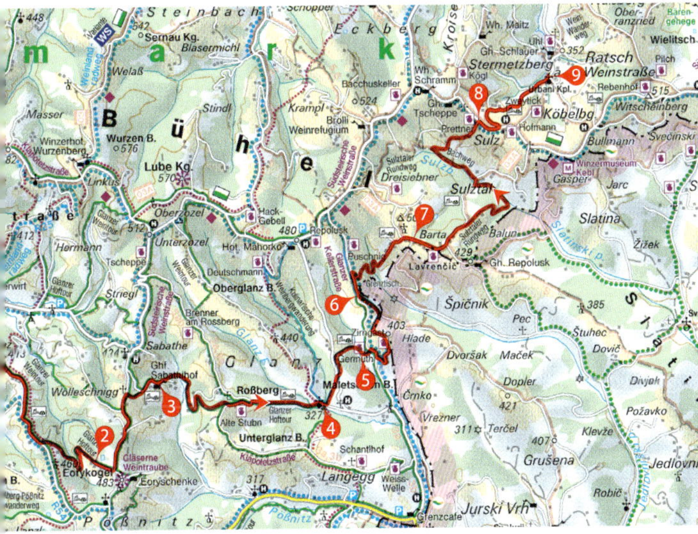

be aus Glas befindet. Der Wanderweg biegt links ab, nach ca. 800 m geht es nach rechts unten in ein Waldstück. Kurz darauf passieren wir das **Weingut Sabathi (3)**, 415 m. Auch die nächsten 3 km verlaufen im ständigen Auf und Ab auf Nebenstraßen, durch Waldstücke und direkt durch Weinberge hindurch, bis wir den Talboden erreichen. Auf einer Wiese steht eine **Kapelle (4)**, 327 m. Gleich nach der Brücke geht es nach links wieder bergauf, zur Orientierung durch die Weingärten sind die Wegweiser zum »Kulinarischen Weinberg-Wanderweg« sehr nützlich. Am **Weingut Germuth (5)**, 350 m, vorbei führt der Weg durch wunderschön gepflegte Weingärten, zwischendurch auch direkt entlang der Grenze bis zum symbolträchtigen **Grenztisch (6)**, 430 m. Wir folgen ein kurzes Stück der Straße, biegen dann gleich rechts in Richtung »Trobiergrabenweg« ab und wandern durch den Weingarten bergab, über ein Bacherl und wieder bergauf bis zu einer Kreuzung, wo wir rechts in Richtung »Herzerlstraße« weitergehen.

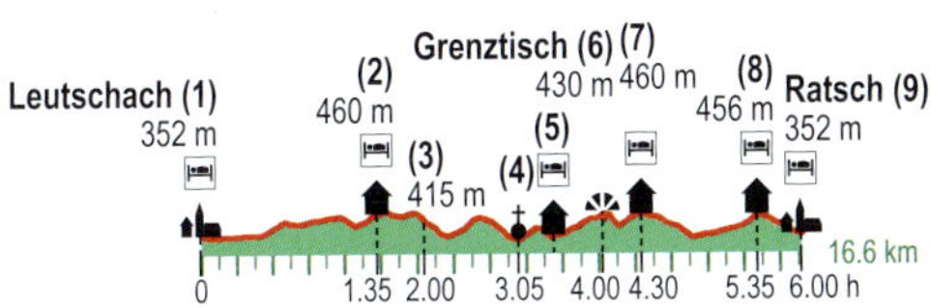

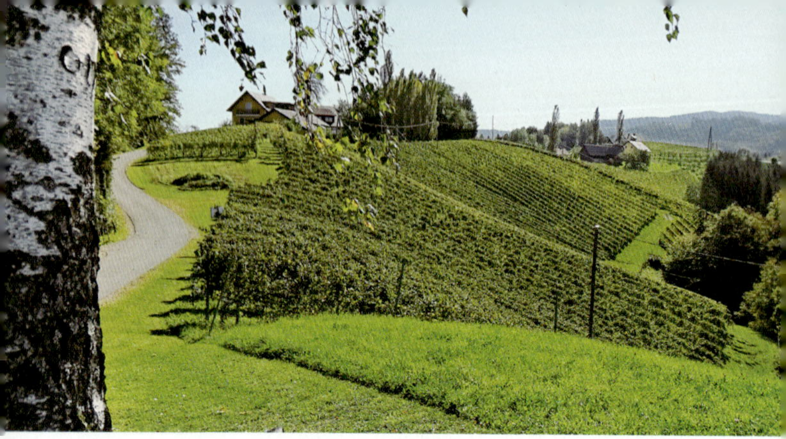

Schöne Fotomotive finden sich am Weg.

Ab dem **Weingut Trunk (7)**, 460 m, folgen wir den gelben Wegweisern des »Sulztaler Rundweges« und wandern an der Sulztaler Weinstraße entlang. Nach ca. 700 m geht es nach rechts unten weiter. Wir erreichen den Sulzbach, halten uns links am Bach entlang, queren die Sulztaler Weinstraße und folgen weiter dem Bach, bis wir rechts bergauf über den Weinberg zur Buschenschank **Weinhof Prettner (8)**, 456 m, glangen. Hier gehen wir rechts und biegen nach ca. 200 m nach scharf links unten ab. Auf der Asphaltstraße wandern wir hinunter zu unserem Tagesziel **Ratsch (6)**, 352 m.

Der Wanderweg führt teilweise direkt durch den Weinberg.

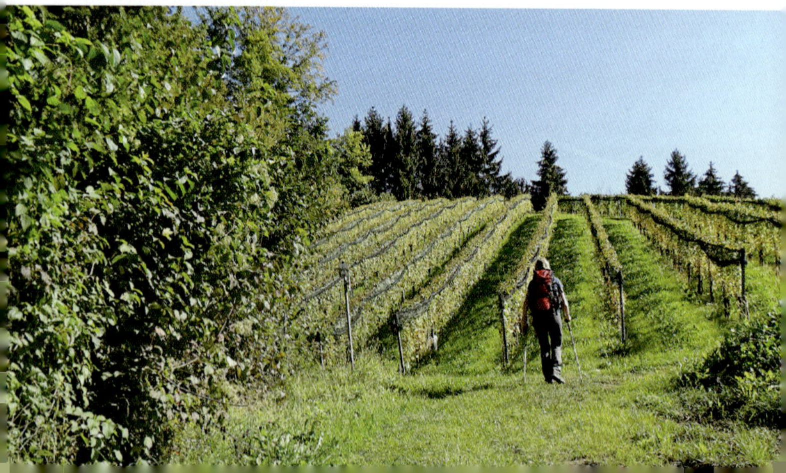

4.45 Std.

↑420 ↓510

Ratsch – Ehrenhausen **24**

Von Weinort zu Weinort

Der Klapotetz gilt als Symbol bzw. Markenzeichen für die Region Südsteiermark. Während der letzten Etappen hört und begegnet man dem hölzernen Windrad, das die Hämmer bewegt und dadurch ein lautes Klappern erzeugt, immer wieder. Die Hämmer werden aus Buchenholz und das Aufschlagbrett wird aus dem Holz von Steinobstbäumen (Zwetschke, Kirsche, Pfirsich) angefertigt. Der Klapotetz hat die Funktion, durch Lärm die Vögel zu vertreiben, die an den reifen Weintrauben großen Gefallen finden. Die heutige Etappe verbindet die zwei Weinorte Ratsch und Ehrenhausen miteinander, wobei ein großer Teil des Weges über Asphaltstraßen verläuft und im Vergleich zur gestrigen Etappe dank geringerer Höhenunterschiede gemütlicher ist. Einen schönen Zwischenstopp kann man bei der Platschbergwarte, die bereits in Slowenien steht, machen. Hier hat man einen traumhaften Überblick auf die umliegende Grenzregion. Den Abschluss bildet der Weinort Ehrenhausen, der sich am Beginn der Südsteirischen Weinstraße befindet. Ehrenhausen beeindruckt mit einem alten Siedlungskern aus schönen Bürgerhäusern, der Burg Ehrenhausen, die 1240 erstmals erwähnt wurde, und dem Mausoleum, einem der bedeutendsten kulturhistorischen Bauten der Steiermark.

Ausgangspunkt: Ratsch, 352 m.
Streckenlänge: 14,2 km.
Anforderungen: Leichte Wanderung hauptsächlich auf Asphaltstraßen und Forstwegen durch das Weinbaugebiet.
Einkehr: Weingut und Buschenschank Gallunder (geöffnet Mo–Fr 14–22 Uhr). Einkehrmöglichkeit neben der Platschbergwarte.
Unterkunft: Ehrenhausen: **Kirchenwirt an der Weinstraße,** ✆ +43 664 88383651, www.kirchenwirtanderweinstrasse.at. **Privatzimmer Peinsipp,** ✆ +43 664 1022212, www.privatzimmer-peinsipp.at. **Villa zur Schmiedn,** ✆ +43 664 2473730, www.villa-schmiedn.at.
Verkehrsmittel: Ehrenhausen ist mit der Bahn erreichbar. Auskünfte unter: ÖBB, www.oebb.at, oder Verbundlinie Steiermark, www.busbahnbim.at. Von hier kann man das WEINmobil in Anspruch nehmen: ✆ +43 123500 4411, www.weinmobil.at, tgl. 10–23.30 Uhr.
Information: Tourismusverband »Die Südsteirische Weinstraße« in Leutschach an der Weinstraße, ✆ +43 3454 7070, www.suedsteirischeweinstrasse.at.
Karten: Freytag & Berndt-Wanderkarte: WK 411 – Steirisches Weinland, Südwest-Steiermark.

Von der Kirche in **Ratsch (1)**, 352 m, folgen wir der Straße ca. 1 km leicht bergauf und biegen bei der Kreuzung beim Weingut Bullmann nach links in den Weitwanderweg 03A ein. Er verläuft ein Stück entlang der Straße, dann nach links durch den Wald. Nach dem Weingut Pilch zweigen wir bei der nächsten Kreuzung nach links in die Asphaltstraße ein. Hier sind wir direkt auf der Staatsgrenze unterwegs, worauf uns auch ein großes Hinweisschild

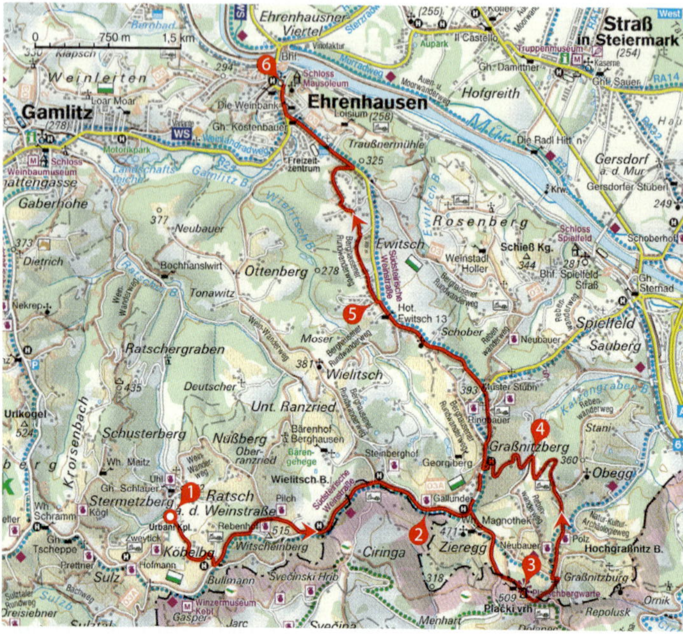

aufmerksam macht. Der Weg ist eindeutig und beeindruckt mit der Aussicht auf die Weinberge, lediglich der Autoverkehr ist etwas störend. Kurz nach dem **Buschenschank Gallunder (2)**, 465 m, verlassen wir den Weitwanderweg 03A nach rechts, um auf einer Nebenstraße in Richtung »Anschluss Wanderweg Spielfeld« weiterzuwandern. Man könnte hier auch nach links direkt bis ins ca. 600 m entfernte Graßnitzberg gehen; die rund 4,8 km längere Schleife über die Aussichtswarte lohnt sich aber auf jeden Fall.

Wir folgen also den gelben Wegweisern in Richtung »Aussichtswarte Plac«. Kurz vor der Staatsgrenze lenken uns die gelb-weißen Markierungen nach links durch den Wald leicht bergauf zur **Platschbergwarte (3)**, 510 m. Von der Warte folgt der Wanderweg einem Themenweg in Richtung »Graßnitzburg«, dann biegen wir links in eine Asphaltstraße ein (Hochgraßniz Bergweg) und gleich darauf wieder rechts in den Obergraben-Schunter Weg, vorbei am Weingut & Buschenschank Pölz. Wir gehen in die Sackgasse und folgen der Beschilderung des »Rebenwanderweges 32« leicht bergauf zur Station 13 (große Infotafel), halten uns links, passieren einzelne Häuser (Am Obegg) und wandern durch ein Waldstück bergab. Bei der Straße geht es

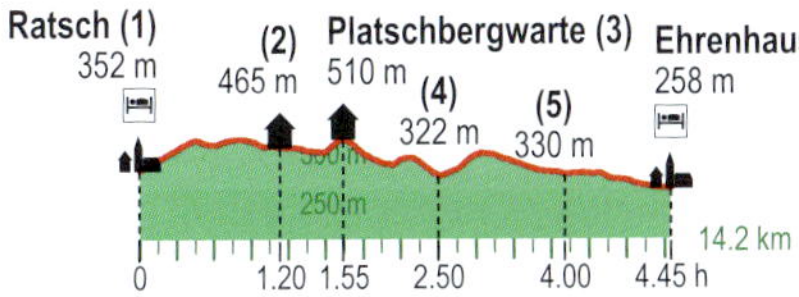

weiter bergab, bis wir den Talboden und eine Kreuzung mit einer großen **Infotafel (4)** über die »Spielfelder Weingärten« erreichen, 322 m. Achtung! Hier müssen wir uns nach links leicht bergauf halten, um gleich nach rechts zum Weinhof Kugel weiterzugehen. Ab hier steigt der Weg bis zur stark befahrenen Weinstraße (L613) an. Wir gehen nach rechts, am Weingut Georgiberg vorbei, in Richtung Gemeinde Berghausen. Nach gut 200 m folgen wir rechts der Nebenstraße bis zu einer großen Straßenkreuzung. Wir achten auf die gelben Wegweiser in Richtung »Gemeinde Berghausen« und gehen rechts, direkt an der Landstraße (L613) ohne Gehsteig, leicht bergab. Nach rund 1,5 km gelangen wir zum Gemeindeamt **Berghausen (5)**, 358 m (ein eher unscheinbares Einfamilienhaus).

Hier verlassen wir die Landstraße und folgen links einer Nebenstraße, wobei die gelben Wegweiser des »Berghausener Rundwanderweges Nr. 2« die Richtung vorgeben. Wir wandern durch Siedlungsgebiet und Weingärten leicht bergab bis zur L613. Hier gehen wir nach links und folgen der Straße bis ins Zentrum von **Ehrenhausen (6)**, 258 m.

Sehr schöner Ausblick von der Platschbergwarte.

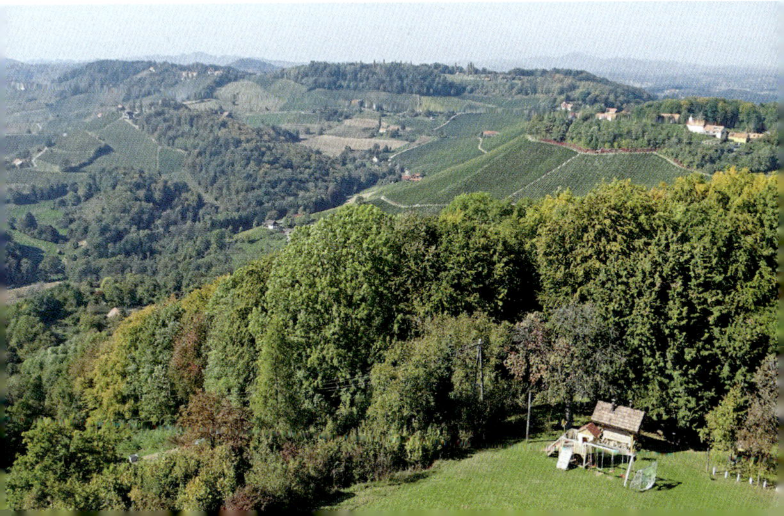

25 Ehrenhausen – Leibnitz

4.00 Std.

↑310 ↓300

Geschafft! Gemütliche Abschlussetappe bis nach Leibnitz

Die letzte Etappe der Südroute ist ein genussvolles Ausgehen in der hügeligen Landschaft der Südsteiermark, wobei wir auf unterschiedlichen Naherholungswegen, größtenteils auf Nebenstraßen, unterwegs sind. Im gemütlichen Auf und Ab wandern wir an schön gepflegten Kulturflächen und Streusiedlungen vorbei, die für den Abschluss der Südroute genau das Richtige sind. Da die Etappe eher kurz ist, kann man sich für die Orte Ehrenhausen und Leibnitz genügend Zeit lassen. In Vogau bei Ehrenhausen befindet sich die »kulinarische Schatzkammer« der Südsteiermark. Das »Genussregal« hat auf einer Fläche von 1700 m² eine Produktauswahl von ca. 2500 regionalen Weinen und Delikatessen, eine sehenswerte Ausstellung, bei der man Wissenswertes, Kurioses und Erstaunliches über Essen und Trinken sowie Land und Leute erfährt. In Leibnitz, der Hauptstadt des gleichnamigen Bezirkes, steht einem eine Vielzahl an Geschäften und Lokalen zur Auswahl. Der Abschluss gehört so und so mit einem Glas Wein besiegelt, da wir nun auch in der Weinhauptstadt des Naturparks Südsteiermark angekommen sind.

Schön gepflegte Häuser entlang des Weges.

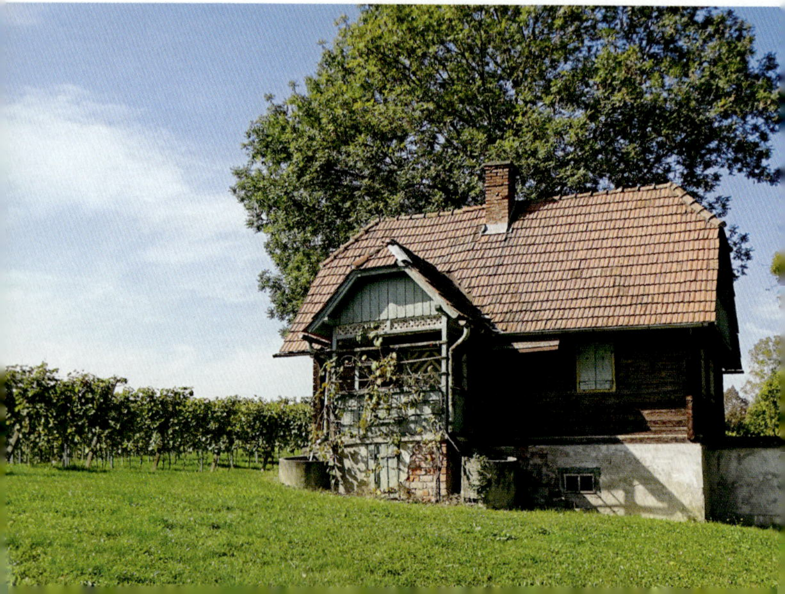

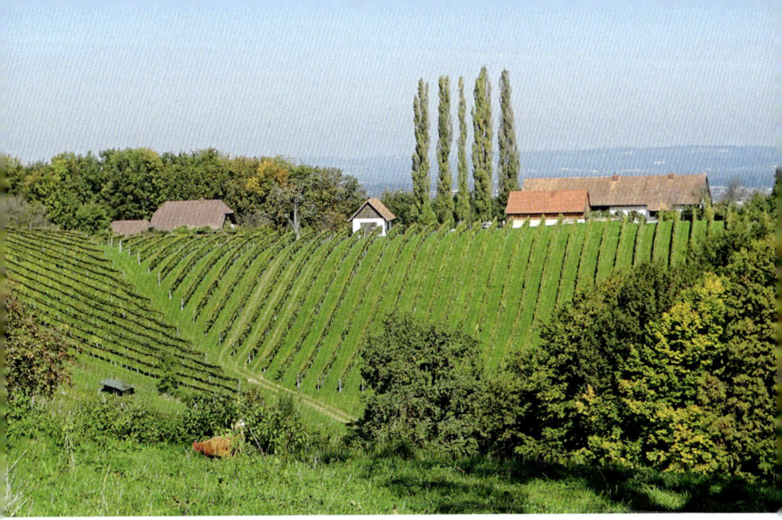

Ein schöner Abschluss: durch die Weingärten kurz vor Leibnitz.

Ausgangspunkt: Ehrenhausen, 258 m.
Streckenlänge: 12,9 km.
Anforderungen: Kurze und leichte Wanderung, hauptsächlich auf Asphalt- und Schotterstraßen.
Einkehr: Rettenbach: **Gasthof Holzhütt'n**, ✆ +43 3452 84412, www.holzhuette.co.at. Seggauberg: **Buschenschank & Weingut Assigal**, vgl. »Unterkunft«. Frauenberg: **Gh. Moser**, ✆ +43 3452 82627, www.gasthaus-moser.co.at.
Unterkunft: Seggauberg: **Buschenschank & Weingut Assigal**, ✆ +43 3452 86811, www.assigal.at. Leibnitz: **Hotel-Restaurant Alte Post**, ✆ +43 3452 82373, www.zur-alten-post.at. **Privatpension Lang**, ✆ +43 3452 85415 oder +43 664 4289208, www.privatpension-lang.at. **Hotel & Wirtshaus Römerhof**, ✆ +43 3452 82419, www.hotel-roemerhof.info.
Verkehrsmittel: Leibnitz ist mit Bahn und Bus erreichbar. Auskünfte unter: ÖBB, www.oebb.at, oder Verbundlinie Steiermark, www.busbahnbim.at.
Information: **Tourismusverband Leibnitz Südsteiermark** in Leibnitz, ✆ +43 3452 76811, www.leibnitz.info.
Karten: Freytag & Berndt-Wanderkarte: WK 411 – Steirisches Weinland, Südwest-Steiermark.

Vom Zentrum von **Ehrenhausen (1)**, 258 m, gehen wir über den Marktplatz und den Gamlitzbach in Richtung Schule. Wir sind hier auf dem Rundwanderweg 2 (»Ehrenhausen, Weinleiten, Retznei«) unterwegs und folgen der Weinleitenstraße leicht bergauf, dann weiter auf dem Ladlerweg. Dieser mündet in einen Schotterweg, der alsbald wieder auf eine Asphaltstraße trifft. Wir folgen der Beschilderung des Rundwanderweges 2 bis zur **Buschenschank Zweytick (2)**, 343 m.
Ca. 700 m danach zweigen wir nach scharf rechts unten ab und folgen der Beschilderung Nr. 1 bis nach Aflenz. Wir gehen durch die Ortschaft hin-

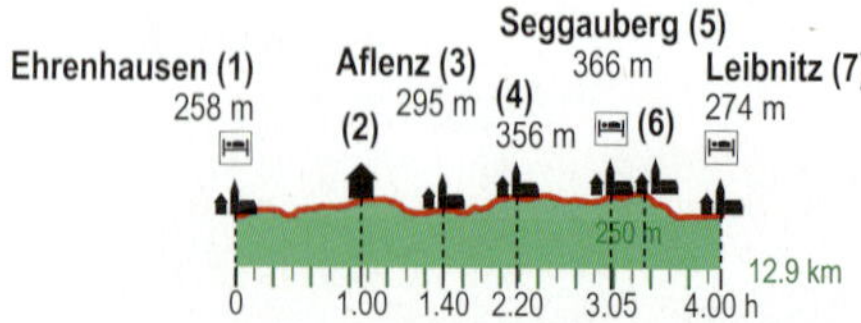

durch, bei der Kreuzung nach rechts und dann leicht bergauf bis zur Kapelle inmitten der Kreuzung von **Aflenz (3)**, 295 m.

Hier geht es nach links, an der Ruine des Wächterhauses eines ehemaligen Außenlagers des KZ Mauthausen vorbei, in Richtung »Seggauberg, Leibnitz« (Straßenbeschilderung). Ab nun orientieren wir uns an einer anderen Wegmarkierung, nämlich der »Genussplatzrunde – Voller Genuss«. Wir zweigen links in den Wiesenbauerweg ab und folgen ihm bergauf, bis wir zu einer Kreuzung kommen, an der rechts ein Trafo steht. Nach links kommen wir am Gasthof Holzhütt'n in **Rettenbach (4)**, 356 m, vorbei. Nach etwa 1 km gelangen wir zu einer Straßenkreuzung, wo wir nach rechts mit Weg 560 in

Nach 25 Etappen haben wir unser Ziel erreicht.

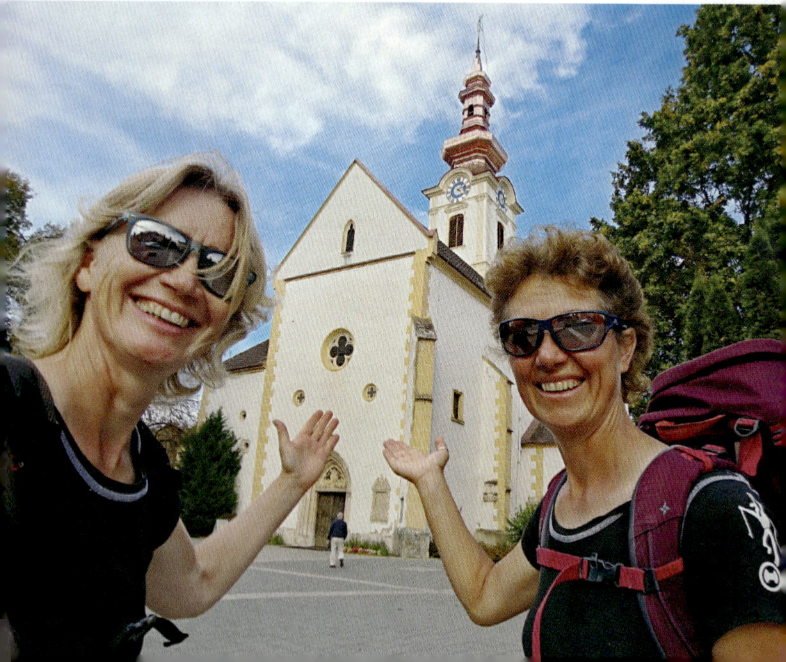

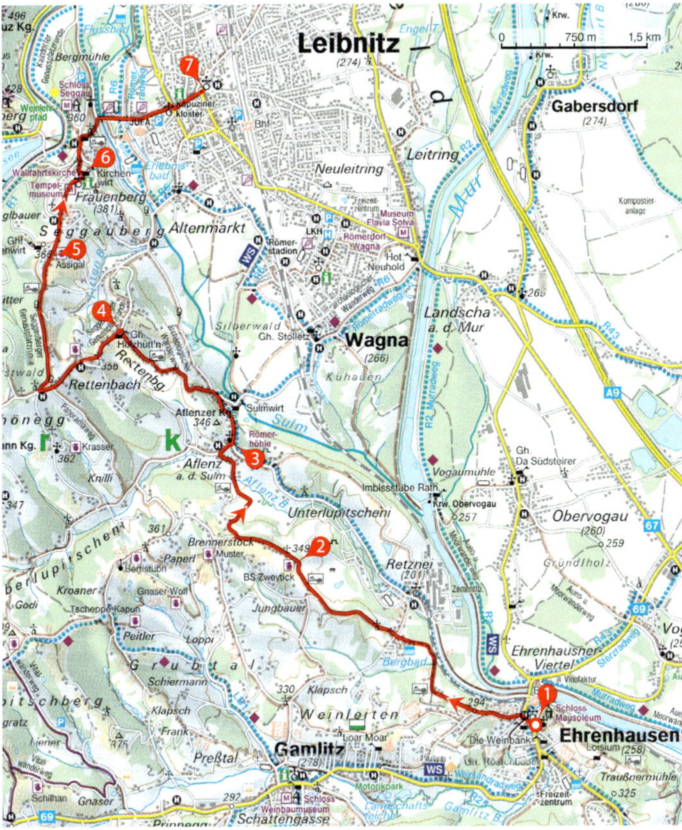

Richtung »Leibnitz« weitergehen. Nun folgen wir wieder dem Straßenverlauf und der rot-weiß-roten Markierung bis zum Buschenschank Assigal im Ortsteil **Seggauberg (5)**, 366 m.

Nach der Kirche in **Frauenberg (6)**, 375 m, biegen wir direkt beim Gasthof Moser nach links unten in Richtung »Kreuzweg Schloss Seggau« ab. Wir sind immer noch auf Weg 560 unterwegs, bis wir kurz vor dem Schloss Seggau nach rechts unten abbiegen. An einem Tennisplatz vorbei gehen wir weiter bergab bis zu einer Straße und überqueren nach rechts die Sulmbrücke. Immer geradeaus gelangen wir ins Zentrum von **Leibnitz (7)**, 274 m.

Stichwortverzeichnis

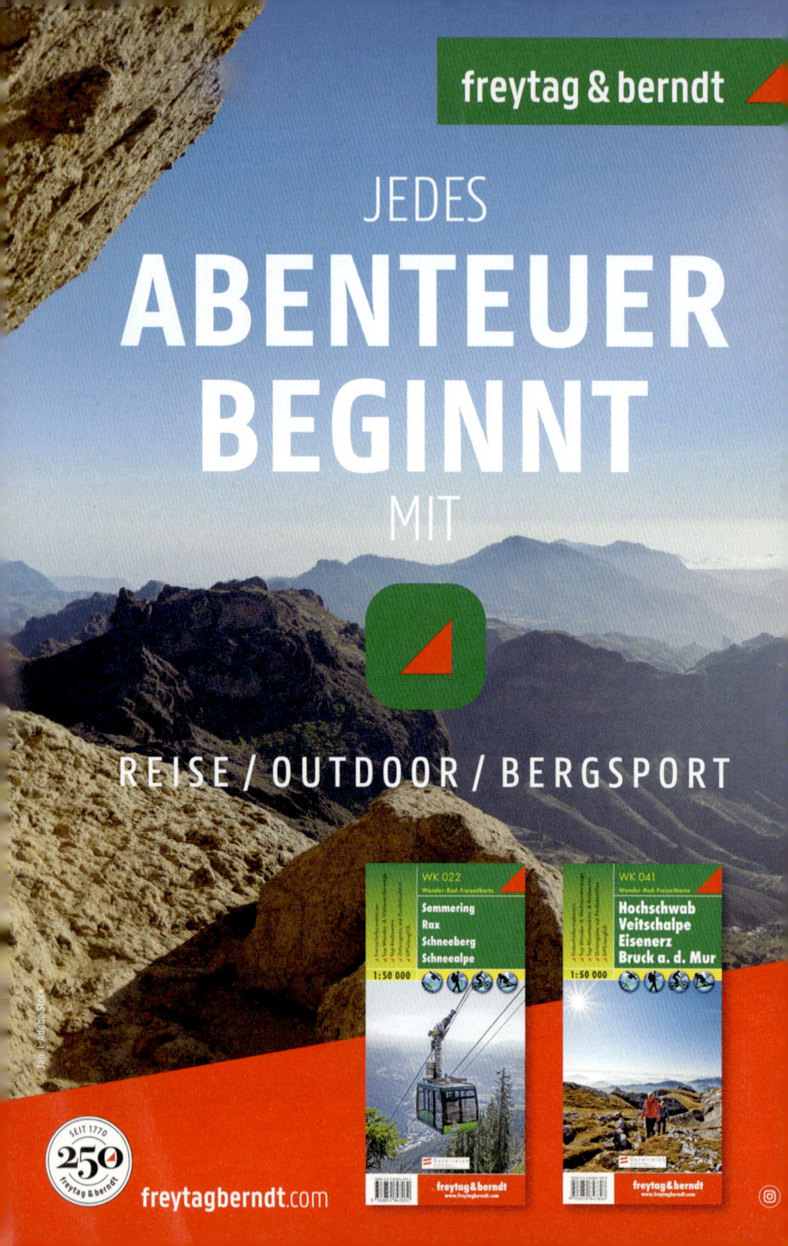
freytag & berndt
JEDES
ABENTEUER
BEGINNT
MIT
REISE / OUTDOOR / BERGSPORT
WK 022
Wander-Rad-Freizeitkarte
Semmering
Rax
Schneeberg
Schneealpe
1:50 000
freytag & berndt
WK 041
Wander-Rad-Freizeitkarte
Hochschwab
Veitschalpe
Eisenerz
Bruck a. d. Mur
1:50 000
freytag & berndt
SEIT 1770
250
freytag & berndt
freytagberndt.com

Umschlagbild:
Ein unvergessliches Naturerlebnis auf dem Karstplateau »Am Stein« (Nordroute, Etappe 2).

Foto im Innentitel:
Weingärten und Buschenschenken am Weg (Südroute, Etappe 22).

Foto S. 38/39:
Beim Queren von Schneefeldern ist besondere Vorsicht geboten (Nordroute, Etappe 2).

Foto S. 160/161:
Morgenstimmung auf der Feisterscharte (2198 m) mit Blick auf die Schladminger Tauern (Nordroute, Etappe 2).

Alle 178 Fotos von den Autorinnen,
Logo S. 21: © Steiermark Tourismus.

Kartografie:
60 Wanderkärtchen im Maßstab 1:75.000 und
2 Übersichtskarten im Maßstab 1:850.000 und 1:2.000.000
© Freytag & Berndt, Wien

2., aktualisierte Auflage 2020

ISBN 978-3-7633-4550-2

FSC
www.fsc.org
MIX
Papier aus verantwortungsvollen Quellen
FSC® C021956

Wir freuen uns über jeden Korrekturhinweis zu diesem Wanderführer!

ROTHER BERGVERLAG · München
D-82041 Oberhaching · Keltenring 17 · Tel. (089) 608669-0
Internet www.rother.de · **E-Mail** leserzuschrift@rother.de